BIBLIOTHÈQUE
DE L'ÉCOLE
DES HAUTES ÉTUDES

PUBLIÉE SOUS LES AUSPICES
DU MINISTÈRE DE L'INSTRUCTION PUBLIQUE

SCIENCES HISTORIQUES ET PHILOLOGIQUES

DEUX CENT DEUXIÈME FASCICULE

HISTORIOGRAPHIE DE CHARLES-QUINT

Première Partie
SUIVIE DES
MÉMOIRES DE CHARLES-QUINT

Texte Portugais et Traduction Française

PAR

ALFRED MOREL-FATIO

Membre de l'Institut
Professeur au Collège de France
Directeur adjoint à l'École pratique des Hautes Études

PARIS
LIBRAIRIE HONORÉ CHAMPION, ÉDITEUR
5, QUAI MALAQUAIS

1913

Tous droits réservés.
Téléphone : 828-20

HISTORIOGRAPHIE
DE CHARLES-QUINT

PREMIÈRE PARTIE

MACON, PROTAT FRÈRES, IMPRIMEURS.

HISTORIOGRAPHIE
DE
CHARLES - QUINT

PREMIÈRE PARTIE
SUIVIE DES
MÉMOIRES DE CHARLES-QUINT
TEXTE PORTUGAIS ET TRADUCTION FRANÇAISE

PAR

Alfred MOREL-FATIO
Membre de l'Institut
Professeur au Collège de France
Directeur adjoint à l'École pratique des Hautes Études

PARIS
LIBRAIRIE HONORÉ CHAMPION, ÉDITEUR
5, QUAI MALAQUAIS, 5

1913

Cet ouvrage forme le 202e fascicule de la Bibliothèque de l'École des Hautes Études.

INTRODUCTION

Une histoire détaillée du règne de Charles-Quint, qui porterait à la fois sur l'action personnelle de l'empereur, le gouvernement intérieur de l'Espagne et l'administration des divers États annexés à la monarchie espagnole, sur les guerres et les conquêtes, les négociations diplomatiques, et enfin sur les nombreuses et compliquées questions religieuses et économiques, comme la lutte contre la Réforme en Allemagne et la colonisation du Nouveau Monde, est actuellement une entreprise impossible à réaliser d'une façon quelque peu satisfaisante. Vers la fin du xixe siècle, un historien allemand de l'école de Sybel, Hermann Baumgarten, qui avait formé le dessein, interrompu par la mort, d'écrire cette histoire [1], s'est fort bien rendu compte des graves lacunes que présentait son travail et les a très loyalement signalées. Les sources qu'on est convenu de nommer *diplomatiques* et qui comprennent, outre les actes de chancellerie émanés du souverain, toute sa correspondance publique ou privée, celle aussi des divers agents de son gouvernement, ces sources-là sont en grande partie inédites et le demeureront. Tout ce qu'il sera possible d'en publier se réduira sans doute à un choix plus complet et mieux conçu que les recueils si insuffisants de Lanz [2]; le reste devra être consulté dans les liasses des grandes archives d'Europe, qui n'en ont même pas exécuté encore

---

1. La *Geschichte Karls V*, dont trois volumes ont paru à Stuttgart, chez Cotta, de 1885 à 1892, ne dépasse pas l'année 1539.
2. *Korrespondenz des Kaisers Karl V*, Leipzig, 1844-46, 3 vol. — *Staaspapiere zur Geschichte des Kaisers Karl V*, Stuttgart, 1845. — *Aktenstücke und Briefe zur Geschichte Kaiser Karls V*, Vienne, 1853.

l'inventaire. Comment exiger d'un historien, réduit à ses propres forces et qui voudrait s'en tenir à un ouvrage de dimension raisonnable, — Baumgarten comptait atteindre son but en quatre volumes — qu'il s'initie à une si formidable documentation et qu'il en tire les matériaux d'une histoire ? Néanmoins Baumgarten estima utile de raconter à nouveau le règne de Charles-Quint, de refaire Robertson, en utilisant ce qui jusqu'à la fin du xix° siècle avait été rendu accessible de ces sources diplomatiques et le peu que lui-même réussit à y joindre en recourant aux documents inédits de quelques dépôts publics. On ne peut certes qu'admirer son courage et lui tenir compte de ses bonnes intentions. Des tableaux d'ensemble, des résumés historiques sont choses fort recommandables et qu'il serait malséant de proscrire, sous prétexte qu'ils ne répondent pas à tous les desiderata. Mais la mesure reste en cette matière très difficile à trouver. A divers égards, la *Geschichte* de Baumgarten entre trop dans le détail pour un livre qui repose sur une documentation si restreinte. On sent que l'auteur cherche, pour quelques points qui l'intéressent particulièrement ou qu'il juge importants, à épuiser le sujet, mais que les moyens lui manquent. Aussi d'autres essais de narrer sommairement l'histoire de l'empereur semblent-ils mieux réussis, parce qu'ils affichent moins de prétentions et qu'ils se contentent, comme celui de Gachard, de nous donner un canevas chronologique des faits les plus notables de la vie de Charles-Quint[1], ou, comme celui de M. Edward Armstrong, de diviser le règne en un certain nombre d'épisodes, à propos desquels l'auteur nous expose ce que sa connaissance de l'histoire générale et l'utilisation de beaucoup de travaux de détail lui ont appris[2]. Le dernier en date de ces résumés, celui de M. Konrad Häbler[3],

1. On fait ici allusion à l'article *Charles-Quint* publié en 1872 dans la *Biographie nationale belge*, t. III, col. 523 à 960.
2. *The Emperor Charles V*, Londres, 1902, 2 vol. in-8. L'auteur indique ce qu'il a voulu faire : « This book does not profess to be a history of the reign but of the man, and therefore prominence has been given to the events in which the Emperor's personality is most apparent ».
3. *Geschichte Spaniens unter den Habsburgern*, t. Ier, Gotha, 1907 (*Allgemeine Staatengeschichte* de K. Lamprecht).

a été conçu comme un chapitre d'une histoire d'Espagne sous les Habsbourg, ce qui signifie que les entreprises de l'empereur hors d'Espagne n'y occupent pas la place qui leur reviendrait dans une histoire générale du règne.

En résumé, une histoire détaillée de Charles-Quint ne peut être tentée aujourd'hui avec quelques chances de succès que si on la restreint à certaines parties du sujet. Alexandre Henne[1] et M. H. Pirenne[2] ont pu traiter du règne de l'empereur en Belgique, parce que la science historique est assez avancée dans leur pays, que les sources diplomatiques ou narratives de cette période y ont été assez étudiées pour permettre à un historien de creuser toutes les questions essentielles et même d'en aborder un certain nombre d'autres. Pour les mêmes raisons, on a pu très bien éclaircir les démêlés de l'empereur avec les protestants allemands et les diverses phases de la politique impériale dans le centre de l'Europe[3]. Au contraire, il nous manque encore pour l'Italie bien des travaux préparatoires, notamment une histoire politique, administrative et sociale de la domination espagnole et des monographies relatives aux principaux auxiliaires ou adversaires de Charles-Quint à Rome, à Naples, à Florence et à Milan ; il nous manque surtout des études critiques sur les historiens du xvi⁰ siècle autres que Machiavel et Guichardin, ainsi que sur les principaux dépôts d'archives[4]. L'Espagne de Charles-Quint nous est encore bien moins connue : impossible ici de rien approfondir, tout doit être repris et étudié à nouveau, après une longue enquête portant sur tous les genres de sources, les sources narratives entre autres dont la critique reste entièrement à faire.

---

1. *Histoire du règne de Charles-Quint en Belgique,* Bruxelles et Leipzig, 1858-59, 10 volumes in-8.
2. *Histoire de Belgique,* t. III. *De la mort de Charles le Téméraire à l'arrivée du duc d'Albe dans les Pays-Bas* (1567), Bruxelles, 1907.
3. Voir, par exemple, les tomes II et III de la *Geschichte des deutschen Volkes* de Janssen, où ont été mis à profit les travaux de l'érudition allemande sur ce sujet.
4. En attendant, on peut se renseigner dans l'ouvrage de Giuseppe de Leva, *Storia documentata di Carlo V in correlazione all'Italia,* Venise, Padoue et Bologne, 1863-94, 5 volumes in-8.

On a pris l'habitude, depuis l'ouverture des archives d'État, d'accorder aux sources diplomatiques une préférence marquée sur les autres : un livre d'histoire moderne qui ne repose pas sur la mise en œuvre de documents d'archives passe volontiers pour non avenu. Il va de soi qu'on ne peut plus se contenter aujourd'hui d'écrire l'histoire d'après les récits des contemporains, sans recourir à la documentation d'ordre politique, administratif ou judiciaire qui permet de les corriger et de les compléter. Toutefois, même pour des époques récentes, les sources narratives gardent leur valeur et ne sauraient être tenues pour négligeables. Sans parler des mémoires dus aux témoins des événements, le travail historique, qui depuis le xvie siècle a produit des ouvrages de grande portée, mérite qu'on lui accorde une attention soutenue, vu qu'il nous a souvent conservé des informations prises à des sources aujourd'hui perdues, et que les jugements portés dans ces ouvrages, quand ils ont pour auteurs des hommes supérieurs, ou qu'ils traduisent avec sincérité les sentiments d'une époque ou d'un milieu, servent incontestablement à nous éclairer et à nous instruire.

L'histoire ancienne reste l'occupation à peu près exclusive des professionnels qui connaissent les méthodes, si tous ne les appliquent pas toujours avec beaucoup de discernement. L'histoire moderne, chacun se croit en état de l'écrire. Des amateurs, des gens du monde, des hommes politiques, d'ailleurs parfois intelligents, mais d'une culture intellectuelle restreinte, s'improvisent historiens avec une facilité déconcertante. La connaissance sommaire de quelques langues, des fouilles ou des sondages dans quelques archives, la consultation rapide, par acquit de conscience, de ce que d'autres ont écrit sur le même sujet, voilà ce que l'on juge suffisant. Quand encore cette littérature n'affiche d'autre prétention que de nous intéresser à quelque petit problème curieux ou de faire revivre une figure de second plan, l'inconvénient n'est pas énorme, mais quand l'historien improvisé touche à l'histoire générale et aux grandes figures, le résultat apparaît parfois assez pitoyable. Pour ne parler que des sources narratives, on le voit citer de Thou, Brantôme, Pierre Mathieu et tant d'autres, sans qu'il se soit demandé un instant quel genre et quel degré d'autorité ces auteurs possèdent pour les faits qu'ils allèguent et si leur témoignage vaut d'être pris en considération : il ignore qu'il n'a en bien des cas affaire qu'à des reflets, à de simples répétitions de témoignages plus anciens, souvent altérés par négligence ou de propos délibéré. Même des personnes plus averties et plus rompues aux méthodes négligent trop cette enquête préalable, prescrite cependant et réalisée par de grands historiens. Léopold von Ranke nous a donné à cet égard d'excellentes recettes. Son premier ouvrage, *L'histoire des peuples romans et germaniques de 1494 à 1514*, s'accompagnait déjà d'une étude critique et approfondie des sources. Or, si la partie narrative du livre a vieilli et a été remplacée par des écrits d'une information plus étendue et plus sûre, on peut dire que le *Zur Kritik neuerer Geschichtschreiber*, qui ne nécessiterait que peu de retouches, a gardé presque toute sa valeur. Le recensement, puis l'étude méthodique et critique des sources demeurent donc, pour l'historien des temps modernes aussi bien que pour celui des temps reculés, un devoir impérieux, auquel il ne saurait se soustraire sous peine de commettre les plus graves erreurs et même de s'égarer complètement.

La plupart des nations européennes possèdent des bibliographies raisonnées ou au moins convenablement classées des sources narratives de leur histoire. L'Espagne fait exception ; aucune bibliographie historique générale n'existe pour ce pays, et les quelques travaux spéciaux consacrés à certaines périodes de l'histoire péninsulaire ne répondent pas tous aux exigences de l'érudition[1]. En ce qui touche

---

[1]. A signaler comme très recommandables et très utiles la thèse de M. G. Cirot sur les *Histoires générales entre Alphonse X et Philippe II*, Paris, 1904, et l'essai de D. Rafael Ballester y Castell, *Las fuentes narrativas de la historia de España durante la edad media (417-1474)*, Palma de Mallorca, 1903. Nous n'avons pas vu l'*Indice de bibliografía histórica* du vicomte de Bétera, Valencia, 1883, 2 vol. in-12, qui n'a été tiré qu'à douze exemplaires ; voy. *Catálogo de libros y folletos raros*, etc. de la Viuda de Rico, Madrid, 1908.

l'histoire de Charles-Quint, l'ébauche de bibliographie de D. Francisco de Laiglesia, quoiqu'elle puisse rendre des services, soulève bien des critiques[1]. Divisée en cinq sections, — livres de la propriété de l'auteur; livres « à acquérir »; relevé de ce qui intéresse Charles-Quint dans la *Colección de documentos inéditos para la historia de España*; liste de manuscrits de la bibliothèque de l'Escurial; liste de manuscrits de la *Nacional* de Madrid; liste de manuscrits de la Bibliothèque nationale de Paris — cette ébauche, on le voit par l'énoncé de son contenu, est loin de nous fournir l'énumération complète des ouvrages imprimés relatifs à Charles-Quint, même au point de vue strictement espagnol, et ne nous apprend rien du tout de leur valeur respective, puisqu'il n'y a ici ni groupement méthodique, ni appréciation critique d'aucun genre. Le plus utile sont les listes de manuscrits de l'Escurial et de la *Nacional* de Madrid; mais ces listes assez fautives ont été établies d'après des catalogues et non d'après l'examen des manuscrits eux-mêmes.

Quoique restreints aux premières années du règne de Charles-Quint, aux années notamment qui ont été remplies par la tentative d'insurrection des communes de Castille, les travaux de Constantin von Höfler et de D. Manuel Danvila ne peuvent être passés sous silence. Höfler a publié, dès 1872 jusqu'en 1887, une série d'études historiques sur Philippe le Beau, Jeanne la Folle, Charles-Quint et Adrien VI, où il a surtout mis en œuvre des correspondances et autres documents tirés de Simancas et d'ailleurs. Parmi ces dissertations, il en est une, intitulée *Zur Kritik und Quellenkunde der ersten Regierungsjahre K. Karls V* (Vienne, 1876, 84 pages in-4), qui rentre tout à fait dans notre cadre, puisqu'elle contient un examen critique de quelques sources narratives et diplomatiques concernant essentiellement les années 1520 et 1521. Höfler était un esprit brouillon et fumeux, pourvu, en outre, à un degré peu commun, du don de l'inexactitude. Il savait mal l'italien et encore plus mal l'espagnol; ses textes sont criblés de fautes grossières, ses

---

[1] F. de Laiglesia, *Estudios históricos (1515-1555)*, Madrid, 1908, p. 397-418.

récits ou ses exposés pleins de quiproquos et d'incohérences. Il rebute aussi le lecteur par sa manière d'écrire et de discuter qui n'est pas moins négligée que son érudition. Malgré tant de graves défauts, les travaux de Höfler doivent être consultés, mais avec de grandes précautions. Les plus utiles sont ceux où l'on trouve la reproduction intégrale ou partielle de pièces d'archives, ou bien simplement des catalogues de documents, comme les *Spanische Regesten* de 1515 à 1520, publiés dans le deuxième fascicule des *Monumenta hispanica* (Prague, 1882), qui, si seulement Höfler avait su y respecter l'ordre chronologique, en mettant plus de soin dans ses citations et dans la transcription des noms de lieux et de personnes, serviraient de guide assez pratique à l'investigation historique. En tant qu'appréciateur des sources narratives de la période qu'il a étudiée, Höfler ne compte guère. Très vulnérable lui-même, il n'inspire qu'une médiocre confiance quand il juge les autres. Toutefois le *Zur Kritik*, premier essai d'un examen un peu étendu et détaillé d'une partie de l'historiographie impériale, — car certains examens critiques de Ranke, quelle qu'en soit la valeur, n'ont qu'entamé le sujet — offre au moins le mérite d'avoir inauguré une étude indispensable et contient çà et là des remarques judicieuses dont l'historien peut faire son profit. — L'homme politique qu'était D. Manuel Danvila a consacré une grande partie de son activité aux études historiques. On lui doit une dissertation copieuse sur la *Germania* de Valence, — contre-partie des *Comunidades* de Castille — un grand ouvrage, mais de pure compilation, sur le « pouvoir civil » en Espagne, c'est-à-dire sur l'organisation politique, judiciaire et sociale du pays jusqu'à la fin du xviiie siècle, puis une histoire de Charles III. Il entreprit plus tard une grande enquête sur la révolte des communes castillanes lors de l'avènement de Charles-Quint à la couronne, à l'aide de copies de Simancas, remises en 1853 à l'Académie de l'Histoire par un garde de ce dépôt ou achetées en 1895 par la même académie à un autre archiviste. De tout cela et de l'étude de la littérature historique nationale déjà publiée, Danvila composa en six volumes une *Histoire critique et documentée de la révolte des communes de Castille*, qui fut publiée de 1897 à 1899[1]. Le mot « histoire » déjà bien ambitieux, le devient ici encore plus suivi du mot « critique ». En fait, ces six volumes nous représentent une suite de documents, toujours très incorrects et parfois inintelligibles[2], disposés dans un ordre approximativement chronologique, raccordés les uns aux autres par des dissertations peu soignées[3] et précédés d'une introduction semée d'erreurs et qui est le désordre même. Assurément quiconque s'occupe des événements en question est tenu de recourir à ce recueil de pièces, mais à la condition de tout reprendre et de tout vérifier de très près. Danvila, comme beaucoup d'hommes politiques de son pays qui se vouent à l'histoire dans leurs moments perdus, manquait tout à fait de méthode et travaillait à la vapeur, en s'aidant d'auxiliaires incapables ou peu consciencieux. Il embrassait trop et n'approfondissait rien. De plus, ainsi qu'il arrive trop souvent encore en Espagne, il s'est mis à l'œuvre sans se demander si beaucoup de choses qu'il croit exposer pour la première fois n'avaient pas été dites avant lui par des érudits étrangers et si beaucoup de pièces qu'il

---

1. Cette histoire occupe les tomes XXXV à XL du *Memorial histórico español*, publication de l'Académie de l'Histoire.

2. On pourrait cueillir presque au hasard dans cet ouvrage. Voici entre autres quelques perles du pouvoir envoyé par l'empereur à Adrien VI. de la Corogne, 18 mai 1520 (*Memorial histórico*, t. XXXV, p. 336) : « plugo a la divina clemencia que por los prínçipes electores del ynperio rromano en *vtima* concordia *fue* elegido por emperador », pour « *unanime* concordia *fui* elegido ». — « luego como fuere llegado a de yr a la *cibdad de apays* ? (sic) *granase consacrar* », pour « a la cibdad de Aquisgran a se consacrar ». — « a resçibir el juramento .. que como enperador y señor del me es devido y *serme a del jazer* », pour « *se me ha de hazer* ». Notez que ce pouvoir avait été auparavant très correctement imprimé par Gachard, *Correspondance de Charles-Quint et d'Adrien VI*, Bruxelles, 1859, p. 237.

3. Un exemple : Dans l'historique du mois d'avril 1520 (*Mem. hist.*, t. XXXV, p. 328), Danvila nous parle d'une conspiration de l'entourage de l'infant Ferdinand. Or, cette conspiration est bien antérieure, elle date de 1517, et au mois d'avril 1518 l'infant avait déjà été embarqué à destination des Pays-Bas, ainsi que le même Danvila le dit d'ailleurs plus haut, p. 242. Quant à la dépêche non datée du roi Charles à Adrien, que Danvila reproduit comme ayant été écrite à propos de cette conspiration en 1520, il n'aurait eu qu'à ouvrir les *Papiers d'État de Granvelle* au tome I*er*, p. 89, pour s'apercevoir que cette lettre est du 7 septembre 1517.

exhume ne se trouvaient pas reproduites ailleurs en lettres de forme. A part quelques rares livres de Gachard, il n'a rien connu de la littérature historique française, allemande, belge et italienne relative à Charles-Quint, il n'a à peu près rien su des travaux de Höfler qui portent exactement sur sa période et qui reposent en partie sur les mêmes documents de Simancas[1]. Or, écrire sur Charles-Quint en se cantonnant volontairement dans la littérature et la documentation espagnoles est une entreprise chimérique et d'une rare puérilité. La bibliographie de Danvila, qui seule nous intéresse ici, se compose d'une liste d'ouvrages imprimés espagnols, anciens et modernes confondus, et de plusieurs listes de manuscrits conservés à l'Académie de l'Histoire, à la Bibliothèque nationale de Madrid, à la Bibliothèque particulière du roi : l'Escurial, on ne sait pourquoi, n'a rien fourni. Ces listes, comme celles de D. Francisco de Laiglesia, ont été dressées d'après d'anciens inventaires, les manuscrits n'ont pas été examinés, d'où bien des erreurs et des omissions. En fait d'omissions, en voici une assez importante. Höfler décrit dans le *Zur Kritik* une Relation manuscrite des *Comunidades* du jurat de Tolède Diego Hernández Ortiz, et il en publie dans les *Monumenta hispanica* un passage d'où il appert que l'historien Sandoval se l'est appropriée. La relation de cet Ortiz fait partie des manuscrits de l'Académie de l'Histoire, et cependant elle brille par son absence dans la liste de Danvila.

Il ne saurait être question de passer ici en revue les études critiques spéciales ne portant que sur un seul épisode de l'histoire impériale. A cause de leur valeur exceptionnelle et de leur importance, on ne peut s'interdire cependant de rappeler les deux mémoires de Georg Voigt sur la campagne de Tunis et la guerre contre les protestants d'Allemagne[2], qui, malgré leurs dates relativement anciennes,

---

[1]. Dans le tome XXXVI, p. 788 et suiv. du *Memorial histórico*, il s'est contenté de marquer d'un astérisque les pièces publiées en tout ou en partie par Höfler dans les *Monumenta hispanica*.
[2]. *Die Geschichtschreibung über den Zug Karl's V. gegen Tunis*, Leipzig, 1872. — *Die Geschichtschreibung über den Schmalkaldischen Krieg*, Leipzig, 1874.

restent fort instructives et surtout fournissent d'excellents modèles de la méthode qu'il convient d'appliquer à l'étude des sources historiques de l'époque moderne.

Que doit donc faire, à défaut d'une bibliographie générale raisonnée et d'une critique d'ensemble des sources, l'historien de Charles-Quint? Force lui est de s'orienter à ses risques et périls, en examinant beaucoup d'ouvrages imprimés ou manuscrits pour savoir ce qu'ils représentent, dans quelle mesure il convient de s'en servir et quels genres d'informations il est permis de leur demander. C'est ce travail long et délicat qu'on voudrait ici, en partie au moins, éviter ou faciliter aux futurs historiens de l'empereur. On se propose en effet d'étudier un certain nombre de sources narratives de l'histoire à la fois royale et impériale de Charles-Quint, d'origine soit espagnole, soit italienne. Cette étude comprendra plusieurs parties, dans chacune desquelles seront insérés, après l'examen critique de telles ou telles sources, des textes historiques encore inédits ou qui n'ont pas été publiés d'une manière vraiment satisfaisante. Dans le premier fascicule se rangent les représentants de l'historiographie officielle espagnole du règne et les principaux auteurs espagnols ou italiens qui ont entrepris de raconter les faits et gestes de l'empereur, de son vivant même ou au lendemain de sa mort. On l'a complété par une nouvelle édition des *Mémoires* de Charles-Quint, traduits en 1862 par le baron Kervyn de Lettenhove, sous le titre impropre de *Commentaires*. La version portugaise, qui, en l'absence de la dictée primitive française, représente le plus exactement la pensée impériale, n'a jamais été publiée et méritait de l'être, jointe à une nouvelle traduction plus fidèle que celle du premier traducteur. Le deuxième fascicule sera consacré à Sandoval, ce vaste réservoir où ont afflué des sources d'origines et de qualités très diverses qui s'y sont confondues et perdues, et où depuis trois siècles on pêche, c'est le cas de le dire, en eau trouble. Comme appendice à l'étude critique de la *Vida y Hechos de Carlos V*, viendront les Mémoires de Sancho Cota, secrétaire de la reine Éléonore, dont le manuscrit autographe existe à la Bibliothèque nationale et que M. H. Léonardon et moi avons copié non sans quelque peine. Un troisième fascicule comprendra les historiens d'épisodes du règne, ce que les Espagnols nomment *historiadores de sucesos particulares,* et, en second lieu, avec la collaboration de M. H. Léonardon, une édition critique et annotée aussi copieusement que possible de la Chronique scandaleuse de D. Francesillo de Zúñiga, fou de la cour de l'empereur, dont le texte inséré dans la *Biblioteca Rivadeneyra* est tout à fait inutilisable.

Le présent fascicule est le premier fruit d'une série de leçons faites au Collège de France depuis 1910, sur l'historiographie espagnole aux xvie et xviie siècles, grâce aux ressources créées par la marquise Arconati Visconti, qui ont permis au professeur de la chaire de langues et littératures du midi de l'Europe de beaucoup étendre ses investigations et de rassembler un nombre considérable de matériaux extrêmement dispersés. Que la généreuse donatrice en soit ici remerciée.

Un témoignage de vive reconnaissance mérite d'être inscrit à l'adresse de D. Julián Paz, directeur des Archives générales de Simancas, dont les précieux renseignements relatifs aux historiographes de Castille, tirés des registres ou des liasses de ces archives, seront cités au cours de ce travail.

CHAPITRE PREMIER

De l'historiographie officielle sous le règne de Charles-Quint.

L'historiographie officielle remonte en Castille à Alphonse X le Savant, sous les auspices duquel fut publiée une *Estoria de España*, qui va depuis l'histoire des premiers habitants de l'Espagne jusqu'à la mort de saint Ferdinand, prédécesseur immédiat d'Alphonse X. Durant toute la période du moyen âge, il y eut, dans le principal État de la Péninsule ibérique, des historiographes qui prirent soin de recueillir, année par année, les faits dont la mémoir paraissait digne d'être conservée et d'en composer des chroniques pour faire suite à l'*Estoria de España,* laquelle nous apparaît ainsi comme une sorte de récapitulation, destinée à servir de point de départ aux histoires particulières d'Alphonse X et de ses successeurs. Il en résulta un ensemble de chroniques qui représente la partie la plus notable du travail historique exécuté en Castille de la fin du xiiie à la fin du xve siècle. Cette historiographie castillane par règne, qui n'exclut pas d'ailleurs de nouvelles tentatives de recommencer l'œuvre d'Alphonse X, c'est-à-dire d'écrire à nouveau des histoires générales de la nation depuis ses origines les plus reculées, n'a pas encore été étudiée comme elle mériterait de l'être. Nous sommes encore assez mal renseignés sur la personne de plusieurs de ces chroniqueurs, sur la façon dont ils comprirent leur tâche et sur les moyens dont ils disposèrent pour la mettre à exécution. A quel moment précis remonte la création de l'emploi d'historiographe officiel et rétribué, c'est ce qu'on ne voit pas exactement. Le célèbre généalogiste D. Luis de Salazar y Castro, nommé lui-même historiographe du roi

Charles II en 1685, n'admet pas de *cronistas* castillans en titre avant l'époque d'Henri IV[1]. Cette question ne paraît pas résolue et demanderait à être examinée de près, mais il ne s'agit pas ici de la période du moyen âge.

Sous Charles-Quint se produit, semble-t-il, une innovation L'œuvre historiographique de caractère officiel ne dépend plus uniquement du souverain, elle n'est plus uniquement inspirée et dirigée par lui. La nation y prend part, ou tout au moins s'y intéresse et demande, par l'organe de ses députés aux cortès, que la rédaction des annales du pays devienne en quelque sorte un service public, comme celui, par exemple, de la publication des lois et ordonnances. Voici une série de pétitions empruntées aux « cahiers » des assemblées et dont la première se réfère à la *Recopilación* des lois du royaume exécutée par ordre des Rois Catholiques :

(Cortès de Valladolid de 1523): 57. Assi mismo somos ynformados que otro tanto se hizo de las ystorias y coronicas y grandes cosas y hazañas hechas por los rreyes de Castilla, de gloriosa memoria, y de las que hizieron en sus tiempos en guerra y en paz, y es bien que se sepa la verdad de las cosas passadas, lo qual no se puede saber por otros libros privados que se lehen : por ende, suplicamos a vuestra Alteza mande saber la persona que tiene hecha la dicha copilacion, y la mande corregir e ynprimir, porque será letura provechosa y aplazible.

A esto vos respondemos que está bien, y que asy se porná en obra...

(Cortès de Tolède de 1525): 20. Iten suplicamos a vuestra Magestad mande poner en efeto de hemendar y copilar las leyes y hordenamientos y prematicas, para que se ynpriman en un volumen y esten juntas, y lo mismo las ystorias y coronicas destos rreynos, como vuestra Magestad lo prometió en las Cortes de Valladolid.

A esto vos respondemos que mandaremos cunplir con brevedad lo que fue rrespondido en las Cortes de Valladolid...

(Cortès de Madrid de 1528): 34. Hazen saber a V. M. que en las Cortes de Toledo e Valladolid se suplicó a V. M. mandase co-

---

1. « En lo poco que sabemos de las cosas de Castilla, no hallamos noticia de persona destinada a escrivir la Historia, que es lo que llamamos Cronista, hasta el tiempo de Enrique IV que diò este cuydado, ò oficio à Diego Enriquez del Castillo, su Capellan, y de su Consejo, por quien tenemos una de las Cronicas de aquel Principe » (*Advertencias históricas*, Madrid, 1688, p. 157).

rregir y enmendar las leyes destos rreynos, e ponerlas todas en un velumen, e otro tanto de las ystorias e coronicas destos rreynos, y V. M. suplican que mande que se haga asy e si está hecho lo mande publicar.

A esto vos respondemos, que conoçiendo que lo que nos suplicays es cosa justa, con acuerdo de los de nuestro Consejo mandarémos dar la horden necesaria para que se cumpla y efetue como conviene lo que nos suplicays...

(Cortès de Tolède de 1538) : 113. Suplicamos a Vuestra Magestad mande a personas dotas que entiendan a recopilar las coronicas viejas y antiguas destos reynos porque no se olvide la memoria de los grandes hechos de sus altos predecesores y de sus subditos.

A esto vos respondemos que lo mandaremos proveher como convenga [1]...

Cette préoccupation, attestée par les cahiers des députés, d'avoir une histoire marquée de l'estampille officielle, garantie par le gouvernement, « car on ne peut pas, disent les pétitionnaires, savoir la vérité des choses passées par les livres privés qu'on trouve à lire », est curieuse. Nous verrons plus loin, à propos de Florián de Ocampo, que les députés aux cortès ne se contentèrent pas de solliciter brièvement, comme par le passé, que l'autorité se chargeât de faire écrire les annales de la nation, — demande à laquelle cette autorité répondait d'ailleurs assez mollement — mais qu'ils intervinrent en termes plus précis dans des questions afférentes à la rédaction de l'histoire et au traitement de l'historiographe. Une des conséquences de l'intervention des cortès en matière historiographique fut qu'il y eut désormais deux sortes de *cronistas* ou *coronistas* [2], pour les appeler de leur nom espagnol, les uns officiers du roi, rési-

---

1. *Cortes de los antiguos reinos de Leon y de Castilla*, publ. par l'Académie de l'Histoire, t. IV, p. 382, 415 et 466, et t. V, p. 154.
2. A propos des formes *corónica* et *coronista*, le P. Gerónimo de San José écrit ceci : « Nuestra lengua española, que no sufre aspereza ni dificultad en la pronunciacion y sonido de las palabras, y por eso añade ó quita letras á las dicciones asperas, pareciendoselo esta, le añade una o en la primera sylaba, diciendo Corónica, y de aí Coronista; aunque los muy escrupulosos eruditos siempre retienen la propiedad griega, diciendo Cronica, y Cronista, y aun la ortografia de aquella lengua escribiendo con h Chronica, cosa que ya parece escusada... » (*Genio de la historia*, éd. de Madrid, 1768, p. 40). — Pour abréger et éviter le plus possible le mot long et lourd d'historiographe, on emploiera ici en français les mots de *chroniste* et de *chronique*, qui désigneront l'agent salarié par le roi ou l'État et son travail.

dant auprès de lui et attachés à sa personne pour enregistrer ses faits et gestes ; les autres, fonctionnaires publics, qui remplirent la charge de chronistes de Castille (*por el Reino*) et dont l'emploi consista surtout à écrire l'histoire du passé, à continuer ou à refaire l'histoire générale d'Espagne. Ces deux sortes de chronistes se retrouvent aussi en Aragon, avec cette particularité qu'une même personne pouvait cumuler les deux fonctions [1].

Les listes des chronistes de Charles-Quint, qui nous ont été fournies par divers auteurs, diffèrent un peu entre elles, ce qui tient au fait que ces listes n'ont pas été établies d'après les livres de comptabilité où sont inscrits les gages payés aux titulaires de l'emploi, mais dressées au petit bonheur à l'aide de renseignements non contrôlés. Citons d'abord le témoignage d'un poète contemporain, si l'on peut donner le nom de poète à D. Luis Zapata, auteur des plus pédestres du *Carlo famoso*, sorte de chronique rimée de la geste de l'empereur. Zapata, qui aime à prôner les gloires de son pays, n'omet pas ses émules les chronistes ; il leur consacre quelques strophes :

> ... Pero Mexia entra aqui, que ha á España abierto
> De la antigua Barbaria la carrera,
> Y Santacruz tambien, y Estrella justo,
> Sepulveda, Florian, Çurita, y Busto.
>   Y de ti, doctor Paez esclarescido
> Por letras, haya en esto aqui memoria,
> A quien tu oculto hado te ha escogido
> A escrivir de un gran Rey la dina historia :
> En esto ambos dichosos haveys sido,
> Tu en subjecto alcançar de tanta gloria,
> Y ella en tener la trompa tan sonora
> Que deseava Alexandre cada hora...
>   De aquestos veo en los siglos venideros

---

[1]. Le P. Gerónimo de San José, après avoir énuméré les chronistes de la couronne d'Aragon, nommés et rétribués par la province, dit ceci : « Todos estos han sido nombrados por el Reyno de Aragon para Historiadores suyos. Suele su Magestad tambien nombrar por su parte á los mismos, ó á otros con particular decreto y merced que les hace, dandoles titulo y oficio de sus Reales Coronistas en este Reyno : cosa que en muy pocos otros se acostumbra el tener personas señaladas para este ministerio por la Provincia, y por el Principe » (*Genio de la historia*, éd. citée, p. 26).

Resplandecer con titulo muy justo
A los doctores sabios y severos,
Sepúlveda, Çurita, Estrella y Busto,
Y el buen Pero Mexia en los primeros,
Y el doctor Paez discreto y de buen gusto,
Y Sancta Cruz, varon de juyzio entero [1]...

Parmi ces noms il y en a deux à éliminer : Zurita et Calvete de Estrella, qui appartiennent au règne de Philippe II ; les autres, Florián de Ocampo, Sepúlveda, Busto, Pedro Mexía, Paez de Castro et Santa Cruz remplirent en effet la charge de chronistes au temps de Charles-Quint, Santa Cruz seulement hors cadre, si l'on peut ainsi dire. Mais la liste de Zapata n'est pas complète. Dans son traité *De adserenda Hispanorum eruditione,* publié pour la première fois à Alcalá en 1553, Alfonso García de Matamoros fut naturellement amené à s'entretenir des historiographes impériaux, dont il dit : « Habet enim Caesar tres, quos ego noverim, ornatissimos viros, qui de rebus a se gestis, diverso quidem stilo, sed non dispari fide aut diligentia, conscribant [2] », puis il nomme Pedro Mexía, Juan Ginés de Sepúlveda et Florián de Ocampo, s'efforçant pour chacun d'eux de définir sa manière d'écrire : appréciations sur lesquelles il y aura lieu de revenir plus bas. Une consulte du Conseil de la Chambre de Castille adressée à Philippe III, à propos d'une pétition d'un Fr. Atanasio de Lobera, qui prétendait au titre de chroniste, rappelle dans l'ordre suivant ces historiographes de Charles-Quint : « Fr. Antonio de Guevara, Florián de Ocampo, Pedro Mexía y el Dr Sepúlveda, natural de Guadalaxara (*sic*), y el Doctor Bustos [3] ». Ici apparaît enfin et à sa place celui qui fut en effet le premier des chronistes de l'Empereur : Don Fray Antonio de Guevara. D. Luis de Salazar, quelque renseigné qu'il fût, n'en énumère que trois : « Carlos V [eligió] à Fray Antonio de Guevara, despues obispo de Mondoñedo, à Pedro Mexia, Cavallero de Sevilla, y à Florián de Ocampo, Canonigo de Zamora, y de ilustre nacimiento [4] ». Vient en-

1. *Carlo famoso,* Valencia, 1566, chant 38, fol. 204v°, et chant 10, fol. 46v°.
2. *Alphonsi Garsiae Matamori Opera omnia,* Madrid, 1769, p. 61.
3. *Revista de archivos, bibliotecas y museos,* 1re série, 2e année (1872), p. 172.
4. *Advertencias históricas,* p. 157.

suite, vers la fin du xviiie siècle, D. Juan Pablo Forner, publiciste de grande valeur, qui dans son *Discours sur la façon d'écrire et d'améliorer l'histoire d'Espagne* s'est beaucoup occupé de la question des historiographes et a exposé à ce sujet des vues très intéressantes[1]. Forner, quoiqu'il semble avoir eu des renseignements précis sur la suite des chronistes, puisqu'il en fixe exactement le nombre, pour les xvie et xviie siècles, à cinquante-trois, a cependant commis une erreur en désignant ceux de Charles-Quint, outre qu'il en a oublié plusieurs : « Charles-Quint, dit-il, confia la rédaction de l'histoire générale d'Espagne à Ocampo et Garibay, et la sienne propre à Fr. Antonio de Guevara et au très docte Juan Ginés de Sepúlveda ». Or, Garibay appartient au règne suivant et n'a travaillé que pour Philippe II.

Mais, erreur sur ce point de détail à part, le mémoire de Forner mérite qu'on s'y arrête. Forner y prononce un énergique plaidoyer en faveur de l'institution des historiographes officiels, il attribue à ces derniers la plupart des progrès accomplis en Espagne dans l'art et la science historiques et oppose au travail collectif, peu fructueux et souvent mal dirigé des académies, l'action efficace de professionnels instruits, entièrement voués à leur métier et responsables devant la nation. Forner est de ceux qui, contrairement à D. Luis de Salazar, font remonter assez haut, au xive siècle, à Alphonse XI de Castille, l'historiographie officielle. « La grande époque de notre histoire commence au règne de ce sage et heureux monarque, car c'est à lui qu'est due la création des chronistes, qui sans interruption ont toujours exercé cet emploi public (et de grand lustre) jusqu'à l'établissement de l'Académie de l'Histoire qui les a absorbés, peut-être avec plus d'inconvénients que d'utilité. » Quoique académicien lui-même, Forner établit par une discussion très serrée qu' « une compagnie littéraire n'est pas qualifiée pour bien écrire l'histoire », et que « les emplois de chronistes étaient utiles en Espagne ». En effet, « les places d'académiciens constituent plutôt un titre honorifique que des emplois comportant une occupation bien déterminée. Les

---

1. La seule édition complète de ce discours se trouve dans les *Obras de Don Juan Pablo Forner, escogidas y ordenadas por Don Luis Villanueva*, Ier, Madrid, 1843, p. 1 à 143.

membres de l'Académie de l'Histoire ne sont pas de purs hommes de lettres placés là pour s'occuper uniquement et exclusivement d'histoire. Chaque académicien a un emploi ou une carrière qui épuise le meilleur de son activité, et les travaux académiques ne comptent que comme une occupation accessoire... Un avantage qu'offrait l'institution des chronistes consistait dans l'exploitation des archives publiques et privées du royaume. La plupart des documents historiques doivent leur mise au jour à la diligence des chronistes. Les anciens royaumes d'Espagne, contraints de fournir des matériaux aux historiens officiels, fouillaient continuellement leurs archives, en tiraient des informations et des copies, et ainsi d'immenses dépôts de documents livraient leurs trésors : aujourd'hui ces dépôts demeureraient hermétiquement clos, si l'on n'avait eu la la bonne idée de rétablir la place de chroniste des Indes... L'Académie de l'Histoire possède, il est vrai, de riches collections de documents, de livres, de manuscrits, d'inscriptions, de médailles et d'antiquités de tout genre, mais si elle s'en réserve jalousement l'usage, l'Académie ne sera qu'une archive de plus en Espagne, aussi fermée que les autres à la curiosité des érudits... Autre avantage des chronistes : la composition de l'histoire incombait alors aux personnes capables de l'écrire. Il arrivait rarement qu'une place de chroniste du roi ou des royaumes fût occupée par quelqu'un qui n'aurait pas donné préalablement des preuves publiques de son instruction et de sa compétence en matière d'histoire ». Bref, la conclusion de Forner est que si l'on se décide à rétablir les charges de chronistes ou si le roi d'Espagne juge à propos de donner le titre d'historiographe à une personne déterminée, il conviendrait que l'élu obtînt automatiquement une place dans l'Académie avec le droit de se servir de tous les papiers et documents qui y ont été accumulés ainsi que de ceux qui pourraient exister dans les autres archives de la nation. « Si l'on n'agit pas de la sorte, l'histoire d'Espagne est à vau-l'eau, car on ne l'écrira jamais, ou, si on l'écrit, on ne l'écrira pas bien ». Il y a beaucoup de vrai dans ces considérations de Forner et l'expérience a prouvé d'une part que l'Académie de l'Histoire, héritière des chronistes, n'a que très incomplètement continué leur œuvre, de l'autre que les richesses documentaires amassées par elle ou dont elle a reçu la garde n'ont que fort peu profité à l'érudition en général ou même aux travaux de ses propres membres, qui se recrutent trop souvent dans des milieux totalement étrangers à la méthode historique. Resterait cependant à savoir si l'institution des historiographes royaux, qui avait toute sa raison d'être sous un régime monarchique absolu, s'accommoderait des idées régnantes aujourd'hui et si l'intervention d'une autorité, la plupart du temps incompétente, dans l'élaboration d'une œuvre d'histoire nationale ne présenterait pas de graves dangers. Ce à quoi il faut peut-être se tenir, c'est à demander à l'État de mettre en valeur et de rendre facilement accessibles les dépôts documentaires qu'il a institués, et aux académies de ne pas accaparer à leur unique profit, et sans presque aucun profit, les trésors qu'elles détiennent.

Pour en revenir aux chronistes de l'époque de Charles-Quint, il serait d'autant plus difficile d'en dresser une liste complète, maintenant, qu'en dehors des officiers ou fonctionnaires rétribués du service historiographique, et dont la trace peut être retrouvée dans les registres de la comptabilité déposés à Simancas, les souverains accordaient volontiers le titre honorifique de chroniste à des érudits de mérite, qui pouvaient, ce qu'ils firent souvent, se prévaloir de ce titre mais qui rarement aussi le justifièrent par des travaux d'histoire. Un exemple de ce cas, que cite le chroniste de Philippe III Gil González de Avila[1], est celui du grand exégète Benito Arias Montano, auteur de la Polyglotte d'Anvers.

L'ordre dans lequel se sont succédé les principaux chronistes de Charles-Quint est le suivant : D. Fr. Antonio de Guevara, Juan Ginés de Sepúlveda, Pedro Mexía, Florián de Ocampo, Barnabé Busto, Juan Paez de Castro, D. Lorenzo de Padilla et Alonso de Santa Cruz. Nous arrivons ainsi au nombre de huit, alors que Sandoval, qui écrivait au

---

1. « Y quando los mismos Reyes querian honrar la santidad, virtud y letras de algun vassallo, le davan aqueste titulo, aunque no escriviesse Historia. Assi lo platicò el Rey Filipe II que honrò con el al Doctor Arias Montano, que fue el que todos sabemos » (*Teatro de las grandezas de Madrid*, Madrid, 1623, p. 330).

commencement du xviie siècle, n'en compte que cinq [1], mais on verra par la suite de ce travail les raisons pour lesquelles il a paru convenable d'ajouter trois noms à la liste. Pourquoi ne pas y avoir mis aussi Pierre Martyr d'Anghiera, qui continua d'exercer sous Charles-Quint, pendant un peu plus de dix ans, les fonctions d'historiographe qui lui furent octroyées par les Rois Catholiques? Il a été omis ici parce que son œuvre d'historiographe a été exclusivement consacrée à l'histoire des Indes occidentales. Ce qu'il a écrit sur Charles et sur les premières années de son gouvernement en Castille se trouve dans un ouvrage sans caractère officiel, le fameux *Opus epistolarum.* Or, cet ouvrage en particulier et toute l'activité historique de cet humaniste italien au service de l'Espagne ont été à la fin du xixe siècle l'objet de plusieurs travaux qui ont très suffisamment éclairé la question, et après lesquels il reste peu de chose à dire. On se borne donc à renvoyer aux écrits de Schumacher (1879), Gerigk (1881), Heidenheimer (1881), Mariéjol (1887). Le plus récent et le meilleur de tous est celui de J. Bernays, *Petrus Martyr Anglerius und sein Opus epistolarum* (Strasbourg, 1891), qui pèche seulement par une composition assez défectueuse et par l'absence d'un index des noms de personnes.

---

[1]. « Aviendose cargado cinco coronistas de hazer esta obra, que en menos de un año començé y acabé » (*Carlos Quinto,* livre XXVII, § 6).

CHAPITRE II

D. Fr. Antonio de Guevara.

Sur D. Fr. Antonio de Guevara, auteur du *Marc Aurèle*, de l'*Horloge des Princes*, des *Épîtres familières* et autres écrits qui ont fait la joie pendant un demi-siècle de toute l'Europe lisante, les informations abondent, mais les unes émanent de ce conteur assez peu scrupuleux et ne méritent pas toujours créance ; d'autres, beaucoup plus sûres, proviennent de documents d'ordre administratif dont la teneur est assez sèche et ne nous révèle que certaines parcelles de vérité. Néanmoins le personnage se détache aujourd'hui avec une netteté suffisante sur le fond qui l'entoure et nous en percevons distinctement les traits essentiels.

Né, selon ce qu'on peut croire, en 1480[1] et probablement dans une localité de la région appelée *la Montagne*[2], qui comprend surtout les provinces actuelles de Santander et d'Oviedo[3], Antonio de Guevara appartenait à une branche

---

1. Lettre à D. Alonso Espinel, corregidor d'Oviedo, datée du 12 février 1524 (*Epist. famil.* II. 15) : « De mí, señor, os sé decir que he hecho recuento con mis años, y hallo por mis memoriales que he los cuarenta y cuatro cumplidos ». Les *Epistolas familiares* sont divisées en deux livres ; on cite, sauf indication contraire, l'édition de la *Biblioteca Rivadeneyra*. Alfonso de Ulloa, traducteur en italien de Guevara, dit qu'il naquit le 22 mai 1480 (« Vita e costumi di Monsig. Don Antonio di Guevara », dans *La prima parte del libro chiamato Monte Calvario*, Venise, 1555). On se demande où il s'est renseigné.

2. « Nací en Asturias de Santillana » (*Ep.* I, 34, lettre tout entière consacrée à l'éloge de *la Montagne* et où Guevara a l'air de comprendre dans cette région les provinces basques : « Cuando preguntamos á un vecino del Potro de Córdoba... de donde es natural, luego dice que es verdad haber él nacido en aquella tierra, mas sus abuelos vinieron de la montaña : por manera que en el tener quieren ser castellanos, y en el linaje quieren ser vizcainos »).

3. Cette origine a été contestée et l'on a prétendu que Guevara était

de la noble famille de ce nom, la branche des seigneurs d'Escalante et Treceño. Son père D. Beltrán III avait épousé une Dⁿ Elvira de Noreña ou Noroña Calderón, dame d'honneur de la reine Isabelle la Catholique. Ce D. Beltrán III avait un frère aîné, nommé D. Ladrón (nom fort répandu dans la famille et devenu presque inséparable de celui de Guevara[1]), qui exerça des emplois de cour importants, celui de grand maître de la maison des infantes de Castille et aussi celui de majordome de Philippe le Beau[2]. D. Julián de San Pelayo a conjecturé avec assez de vraisemblance que ce D. Ladrón († 1503) s'intéressa à l'éducation du fils cadet de son frère D. Beltrán, mais il n'a pas indiqué dans quelle circonstance l'oncle, semble-t-il, a pu servir de mentor à son neveu. Dans le prologue du

originaire de la province d'Alava. Voir le compte rendu d'une polémique à ce sujet dans Ferrer del Rio, *Historia del levantamiento de las Comunidades de Castilla*, Madrid, 1850. p. 141, note 1. Le dernier biographe de Guevara, D. Julián de San Pelayo Ladrón de Guevara, prétend que son héros naquit à Treceño, localité de la province de Santander, mais le passage sur lequel il s'appuie ne tranche pas la question : « Acuérdome que siendo muy niño, en Treceño, lugar de nuestro mayorazgo de Guevara, ví á D. Ladron, mi tio ... » (*Ep.* I, 43). Le nom de Guevara est celui d'un bourg près de Vitoria, capitale de l'Alava. Peut-être les Guevara se sont-ils transplantés du pays basque dans la Montagne de Santander, et ce qui le ferait croire est l'inscription de la chapelle édifiée par Antonio de Guevara à San Francisco de Valladolid qui porte les mots « *patria alabensis* » (Florez, *España sagrada*, t. XVIII. p. 225). On ne voit pas où Florez a pris qu'Antonio naquit à Guevara (*Ibid.*, p. 221). Alfonso de Ulloa (*l. c.*) dit : « nacque in Alaba *città* di Spagna », bévue un peu forte pour un Espagnol.

1. « Por especial blason tienen en España llamarse los Guevaras Ladrones, como tienen los de Mendozas llamarse Hurtados » (*Ep.* II, 20).

2. Sur D. Ladrón, chef de la famille et seigneur d'Escalante et Treceño, voir L. de Salazar, *Casa de Lara*, t. I, p. 473 et t. II, p. 354. Sur la descendance d'Antonio, voir Lopez de Haro, *Nobiliario*, t. I, p. 502 et 506, qui à propos de D. Ladrón dit : « Sucedio en la casa y mayorazgo del valle de Escalante y Trezeño, fue mayordomo mayor de las infantes hijas de los Reyes Catolicos, caballero del Tuson y capitan general de una armada contra las gentes francesas ». D. Julián de San Pelayo, dans sa biographie d'Antonio de Guevara publiée à Bilbao, en 1893, en tête d'une nouvelle édition du *Menosprecio de corte*, et répétée sans changements en tête d'une autre édition de l *Arte de marear* (Bilbao, 1895), accepte les données généalogiques de Lopez de Haro confirmées d'ailleurs par bien des allusions des *Epistolas* ; il s'est servi aussi de documents de l'archive des Ordres militaires qui ne les contredisent pas, mais il convient d'avertir que la généalogie des maisons de Saavedra et Guevara, insérée dans l'édition des *Epistolas familiares* de Madrid 1668, s'accorde mal avec Lopez de Haro.

Menosprecio de corte. Antonio rapporte qu'il « vit la cour de Maximilien » et dans une de ses lettres datée du 8 octobre 1525 (I, 6), il dit qu'il y a trente-huit ans qu'il fut conduit à la cour de César. Ou cette dernière affirmation est inexacte, ou la date de la lettre doit être changée, car en 1487 Maximilien n'était pas empereur, — il ne le devint qu'en 1493 — mais il n'y a pas de raison pour contester le fait en lui-même qu'Antonio fut présenté à la cour impériale, soit par son oncle D. Ladrón, et en ce cas avant 1503, soit par un autre de ses oncles paternels, D. Pedro de Guevara, qui entra aussi au service de Maximilien et de Philippe le Beau[1]. Quoi qu'il en soit de ce séjour à la cour de Maximilien, dont la date ne saurait être déterminée, le jeune Montagnard fut amené par son père à la cour des Rois Catholiques à l'âge de douze ans[2], et là, dans l'entourage des enfants de Ferdinand et d'Isabelle, auprès desquels il remplit sans doute l'emploi de page, il aurait, dit-il, mené une existence assez dissipée, « plus accompagnée de vices que de pensées sérieuses » : exagération probable, étant donné ce que nous savons de l'austérité de la Reine Catholique. La mort très prématurée du prince Jean, héritier de la couronne, qui fut fauché à la fleur de l'âge en 1497, lui inspira peut-être l'idée de renoncer au monde : le fait est que sept ans plus tard, après la mort d'Isabelle, Antonio entra en religion et prit le froc franciscain à San Francisco de Valladolid. Il ne paraît pas avoir exercé de fonctions bien importantes dans son ordre; il fut gardien à Soria, à Arévalo, à Avila, custode de la province de la Conception et en dernier lieu définiteur. Sa destinée l'appelait à d'autres devoirs. « Étant donc en mon monastère, bien loin de penser que j'allais rentrer dans le monde, voici que l'empereur, mon seigneur et maître, m'en tira pour faire de moi son prédicateur et son historiographe : j'ai passé dix-huit ans à sa cour, le servant dans ce qu'il a voulu, mais non pas aussi bien que je l'aurais dû ». Ces mots appartiennent au prologue du *Menosprecio de corte* publié en 1539. Ainsi Guevara aurait été pourvu de ces deux charges en

---

1. Zurita, *Anales de Aragon*, part. V, liv. 3, ch. 14, et part. VI, liv. 8, ch. 26.
2. « A mi ... me truxo don Beltran de Guevara, mi padre, de doze años a la corte de los reyes Catolicos » (*Menosprecio*, prologue).

1521. De la première oui, et cela ressort d'une dépêche royale du 4 octobre 1521, par laquelle le religieux franciscain est appelé, avec l'autorisation préalable de son provincial, à prêcher dans la chapelle royale[1]. Charles-Quint, alors aux Pays-Bas, semble à première vue fort étranger à la nomination d'Antonio, mais il faut tenir compte de cette circonstance qu'un an auparavant, en septembre 1520, le frère aîné de notre franciscain, le Dr D. Fernando de Guevara, membre du Conseil de Castille, avait été envoyé auprès de l'empereur par Adrien d'Utrecht pour le tenir au courant des incidents de la lutte contre les *Comuneros*[2]. N'est-il pas admissible que D. Fernando ait profité de l'oc-

---

1. « El Rey. — (*En marge* : El padre de Guevara). Devoto padre, porque yo me quiero servir de vos de predicador de nuestra capilla real, scrivo al padre provincial desa provincia os de licencia para que nos podays servir a nos servir (*sic*) en nuestra capilla rreal. Por ende, por la presente os rruego y encargo que luego quel dicho provincial vos diere la dicha licencia, os vengays a qualquier parte donde estovieren los nuestros visoreyes e governadores y esteys y rresidays con ellos, predicando en nuestra capilla, e no agays otra cosa, porque en ello me areys mucho servicio. Fecha en la cibdad de Burgos a quatro de octubre de 1521 años. El Cardenal. El Condestable. Señalada de Zapata e Venegas, secretario Castañeda » (Simancas. Cédulas de la Cámara, Libro número 54, fol. 129). Cette pièce avait été signalée par Danvila, *Memorial histórico,* t. XXXVIII, p. 628.

2. La dépêche d'Adrien à l'empereur, datée de Valladolid, 14 septembre 1520, porte l'indication qu'elle a été confiée aux soins du Dr Guevara (*Calendar of state papers. Spain*; Supplém. aux vol. I et II p. 223). Dans la dépêche on lit : « Lo que gastare el doctor Guevara los contadores diz que lo tomaran de los dineros de la guarda hasta que de otra parte se pueda haver » (*Ibid.*, p. 229, et *Memorial histórico,* t. XXXVI, p. 23) ; d'ailleurs Antonio lui-même parle de cette mission de son frère : « el doctor Guevara, mi hermano, fué en nombre del Consejo á Flandes » (*Ep.* I, 48). Mention est faite du D^r D Fernando, dans le privilège de la deuxième partie des *Epistolas familiares,* éd. de Valladolid 1545, où l'on voit que ledit privilège fut accordé à un serviteur de feu D. Antonio de Guevara, évêque de Mondoñedo, et à la demande du « docteur D. Fernando de Guevara, frère dudit évêque et conseiller de l'Empereur ». D. Fernando hérita d'une partie des biens de son frère Antonio (Gil Gonzalez de Avila, *Teatro eclesiástico de las iglesias de España,* t. III, fol. 426, d'après le testament de l'évêque). Cf. D. Julián de San Pelayo, éd. du *Menosprecio de corte,* p. LXIV, note 1. A noter ici que le Dr D. Fernando a été jugé sans indulgence par un de ses collègues du Conseil Royal, Lorenzo Galindez de Carvajal, qui lui reproche son manque d'expérience, d'études et d'autorité. « Je ne sais, dit-il, s'il est de sang pur. On dit que oui et que sa femme est une convertie. Lui est de Madrid, elle de Burgos » (Mémoire adressé à Charles-Quint, sans date, mais sûrement du commencement du règne. *Colección de documentos inéditos,* t. I, p. 125).

casion qui s'offrait à lui de pousser son cadet? Au surplus la dépêche du 4 octobre 1521 ne contient pour ainsi dire qu'une désignation; la nomination en forme de prédicateur de l'empereur ne devait venir que plus tard, après le retour de ce dernier en Espagne. Nous savons en effet par Wadding que le général des franciscains, D. Fr. Francisco de Quiñones, se trouvant à Valladolid dans l'été de 1523, Charles-Quint lui demanda Guevara pour prédicateur de sa chapelle et que le général accueillit cette demande, comme en témoigne la note que nous a conservée l'annaliste fransciscain :

> Die xxiii Augusti institui in praedicatorem capellae Caesareae Majestatis venerabilem patrem, fratrem Antonium de Guevara, eximium praedicatorem, ab ipso imperatore requisitum. Cui per obedientiam praecepi, ut sequeretur Curiam, et in ipsa maneret, atque resideret praedicaturus ubicumque terrarum imperator steterit. Cui etiam concessi, ut omnibus praedicatorum regalium privilegiis gaudere posset, atque unum nostri ordinis, cujuscumque provinciae voluntarium, sibi consolabilem socium habere. Omnibusque praelatis nostri ordinis praecepi, nullum sibi obstaculum seu impedimentum ponerent. Et ultra hoc praecepi, ut in omnibus conventibus illorum locorum, ubi Curia resederit, caritative et benigne cum socio, ut par est, reciperetur et tractaretur [1].

L'autre nomination au poste d'historiographe eut-elle lieu en même temps que la première? C'est ce qu'il serait fort aventureux de prétendre sur la simple affirmation de Guevara, consignée dans le prologue du *Menosprecio de corte* et indirectement aussi dans plusieurs lettres datées du 8 mars 1521 (I, 45), du 10 mars 1521 (I, 44) et du 14 février 1522 (I, 3), où il y a des allusions à la « chronique » et dont deux, on le remarquera, sont même de plusieurs mois antérieures à la dépêche qui appelle Fr. Antonio à la chaire de la chapelle royale. De telles allusions ne prouvent rien, vu le caractère spécial de cette prétendue correspondance sur lequel nous aurons à revenir. Les premiers documents authentiques qui nous montrent Fr. Antonio dans l'exercice de sa charge sont : 1° un ordre, adressé par Charles-Quint, de Grenade le 7 décembre 1526, aux

---

1. Wadding, *Annales Minorum,* ad. ann. 1523, t. XVI (Rome 1736) p. 158.

maîtres des comptes, d'avoir à payer dès le commencement
de l'année 1527 une somme de 80 000 maravédis, taux du
traitement payé au feu chroniste Pierre Martyr, à « Fr. Antonio de Guevara, de l'ordre de saint François, mon prédicateur », parce qu'ayant été chargé d'écrire « l'histoire de
notre temps », il faut que, outre les renseignements qui lui
sont fournis par les secrétaires de l'empereur, il s'en pro-
cure d'autres à l'aide de correspondants à l'étranger, à Rome,
en Flandres, en Allemagne, à Venise, etc., qui ont charge
de l'informer de ce qui se passe en ces pays[1] ; 2° un second
ordre du même jour à tous les détenteurs des papiers de
Pierre Martyr pour avoir à livrer à Fr. Antonio de Guevara, son successeur, la chronique ou histoire que ledit
Pierre Martyr a laissée inachevée sur la découverte des
Indes et toute autre qu'il pourrait avoir faite ou commencée[2]. Pierre Martyr d'Anghiera, spécialement chargé
d'écrire l'histoire des Espagnols aux Indes, étant mort en
septembre ou en octobre 1526[3], il semble bien probable que
Guevara fut nommé à sa place, mais avec une commission
plus étendue, celle d'écrire l'histoire générale de l'empereur.
En tout cas, et si même sa nomination de chroniste devait
remonter à une date antérieure à 1526, c'est à partir du
commencement de 1527 qu'il fut appointé, qu'il reçut le traitement laissé vacant par Anghiera, et c'est à ce moment
sans doute qu'il se mit pour la première fois au travail.

1. *Menosprecio de corte*, éd. San Pelayo, p. LXXVI.
2. « El Rey. — Qualquier persona o personas en cuyo poder queda-
ron y estan los libros y escripturas de Pedro Martir, nuestro coronista
que fue, ya difunto, yo vos mando que, luego que con esta mi cedula
fuerdes rrequeridos, deys y entregueys a fray Antonyo de Guevara,
mi coronista, la coronyca o historia que el dicho Pedro Martir dexó
començada del descubrimiento de las nuestras Indias e yslas e tierra
firme del mar occeano y otra qualquier coronyca que tenga fecha y
encomençada de otra qualquier historia, para que el las prosiga y acave
como por my le esta mandado, y si asy no lo hizierdes o en ello escusa
o dilacion pusierdes, por esta mi cedula mando a los alcaldes de nuestra casa y corte y otras qualesquier nuestras justiçias que vos conpelan
y apremyen a ello conforme a justicia, e los unos ny los otros, etc.
so pena de la my merced e de 10 000 maravedis para la nuestra Camara, etc. Fecha en Granada, a 7 de diciembre de 1526 años. Yo el Rey.
Refrendada del secretario Covos. Señalada de Carvajal » (Simancas.
Cédulas de la Cámara. Libro número 75, fol. 363 v°). Cet ordre a été
signalé par Danvila, *Memorial histórico*, t. XXXIX, p. 584, mais avec
un renvoi faux au fol. 245.
3. J. Bernays, *Petrus Martyr Anglerius und sein Opus epistolarum*,
Strasbourg, 1891, p. 30, note 2.

Avant de le suivre dans sa carrière et d'examiner ce qu'il fit pour répondre aux intentions de son maître, il importe de résumer les autres pièces de chancellerie qui le concernent et qui nous livrent sur son compte quelques données tout à fait sûres. Du 7 mars 1529 nous avons une lettre à Guevara, où l'empereur lui notifie que l'ayant nommé évêque de Guadix, il a donné l'ordre aux maîtres des comptes de payer au nouvel évêque les 80 000 maravédis, jadis payés à Pierre Martyr, tout le temps qu'il s'emploiera à « écrire notre chronique » et quoiqu'il soit tenu de résider en son évêché[1]. Du 7 juillet de la même année, un ordre de la reine Jeanne qui prescrit auxdits maîtres des comptes de payer à Fr. Antonio, évêque de Guadix, ses gages de prédicateur, comme s'il continuait de résider à la cour et d'assister à la chapelle[2]. Du 3 février 1537, un autre ordre toujours aux maîtres des comptes d'avoir à payer à Guevara son traitement arriéré de prédicateur pendant les années 1536 et 1537, à raison de 60 000 maravédis par an, vu les services qu'il a rendus à l'empereur pendant la campagne de Tunis et le voyage d'Italie[3]. Enfin de l'examen de la liasse 8 des *Quitaciones de corte* (Salaires des officiers de la cour), conservée aux Archives de Simancas, résulte que les 80 000 maravédis, salaire de la charge d'historiographe, furent comptés sans interruption à Guevara jusqu'en 1544, sur l'attestation fournie par lui qu'il continuait de travailler à la chronique et qu'il avait à sa charge les émoluments des correspondants étrangers.

Comment Guevara comprit-il sa tâche? Pour s'en faire une idée, il convient de s'enquérir de ses occupations et de ses relations dès l'an 1520 environ et du rôle qu'il assuma au début du règne de Charles-Quint. Si l'on tenait pour avéré tout ce qu'il narre dans son Épistolaire, Guevara aurait pris une part considérable dans le grand conflit entre les communes de Castille et l'autorité royale pendant les années 1520 et 1521, qui aboutit au triomphe de la monarchie absolue. Guevara, il l'affirme avec force et

---

1. *Menosprecio de corte*, éd. San Pelayo, p. cxlv, note 1. Ligne 3 du bas, il faut lire *mi voluntad* au lieu de *un voluntad*.
2. *Menosprecio de corte*, éd. San Pelayo, p. cxlvi, note 1.
3. *Menosprecio de corte*, éd. San Pelayo, p. lxxiv, note 1, et une seconde fois, p. clviii, note 1.

insistance, aurait cherché à réconcilier les partis opposés, à servir de médiateur entre les commandants de l'armée royaliste et la *Sainte Junte,* comité de salut public des *Comuneros*. Son ̣pistolaire contient plusieurs lettres à des insurgés de marque, à Juan de Padilla, à sa femme Doña Maria de Pacheco, à D. Pedro Girón, à l'évêque de Zamora, D. Antonio de Acuña, qu'il morigène tous d'importance et qu'il cherche par une argumentation des plus vigoureuses à ramener dans le droit chemin. On trouve même dans l'une de ces lettres (I, 48) la teneur d'une harangue qu'il prononça devant les fortes têtes de la Junte à Villabrájima près Medina de Rioseco, le 2 janvier 1521[1], laquelle provoqua la verte réplique de l'évêque de Zamora dont Guevara n'a éprouvé aucun scrupule de reproduire les termes fort pittoresques. Tous les historiens modernes, sauf de rares exceptions[2], ont cru à ce récit comme à bien d'autres détails soi-disant historiques que renferme l'Épistolaire. Très à tort, pensons-nous. Comment admettre qu'un religieux connu seulement alors par son talent de sermonnaire[3], et qui n'avait d'autres titres à se mêler d'af-

1. Et non le 2 novembre 1520, comme s'est obstiné à le dire C. von Höfler, *Zur Kritik und Quellenkunde,* I, p. 47; *Der Aufstand der castillianischen Städte,* p. 138, et *Monumenta hispanica,* II, p. 78. Guevara dit formellement : « Ayer, que fué *dia de año nuevo,* prediqué á los Gobernadores... » Il parla donc à l'autre parti le 2 janvier. Cette incroyable erreur de Höfler l'a entraîné à discuter tout à fait dans le vide. Au surplus, il ne s'en est pas tenu là. Dans le *Zur Kritik,* il s'est imaginé que le Dr Guevara de la dépêche d'Adrien d'Utrecht du 14 septembre 1520 était notre Antonio. Or, dit-il, envoyé en Flandre en septembre 1520, il n'a pas pu haranguer les *Comuneros* le 2 novembre. Évidemment! Et c'est ainsi qu'on écrit l'histoire dans les Mémoires de l'Académie de Vienne! Le *Calendar* anglais de Hume ne vaut pas mieux. Cet auteur, trouvant le Dr Guevara cité dans une lettre de Philippe II à son père du 25 mars 1545, l'identifie avec Antonio dont il fait « a famous legist (!) and historian ». Ailleurs, Antonio devient le confesseur de l'empereur et Hume lui attribue un écrit, déjà publié par Maurenbrecher (*Karl V und die deutschen Protestanten,* Düsseldorf, 1865, p. 29*), qui est de Fr. Pedro de Soto et où le landgrave de Hesse reçoit le sobriquet de *galillo de Alemania* (voir *Calendar of state papers. Spain,* vol. VIII, p. 74 et 354).
2. Voir Ferrer del Rio, *Historia del levantamiento,* p. 151, note 1 : « Don Martin de los Heros, que no presta crédito alguno al padre Guevara... »
3. « Eximius praedicator », dit le P. Francisco de Quiñones. Les *Razonamientos* épars dans l'Épistolaire ne donnent pas une idée bien favorable du talent de prédicateur de Guevara ; mais il aurait fallu l'entendre. Lui-même le dit à quelqu'un qui lui demandait un sermon

faires d'État que sa parenté avec le conseiller D. Fernando, ait pu être chargé d'une mission si délicate et, de si graves conséquences? Mais ce qui surtout doit inspirer des doutes sur la véracité du P. Antonio, c'est qu'on ne découvre dans les écrits de l'époque, relations historiques ou pièces d'archives, aucune trace du rôle qu'il s'attribue soit à Villabrajima en janvier 1521, soit en d'autres circonstances de cette époque si troublée. Parmi les documents relatifs aux *Comunidades* qui remplissent six volumes du *Memorial histórico*, aucun ne mentionne même le nom d'Antonio de Guevara, alors qu'il y est souvent question de son frère, le Dr D. Fernando, et d'autres membres de la famille [1]. N'est-ce pas assez probant? Concluons donc, sans grande crainte d'être démenti par de nouvelles investigations, qu'Antonio, qui cultiva avec succès la supercherie littéraire, qui trompa ses contemporains, en inventant par exemple une correspondance de Marc Aurèle avec des Romains fictifs, les trompa aussi sur son propre compte en jouant au personnage important, qui serait intervenu comme messager de paix et suprême réconciliateur entre les partis adverses. Toutes les lettres qui remplissent l'Épistolaire, aussi bien celles qui portent l'adresse de *Comuneros* que d'autres écrites à de hautes individualités de l'autre bord, ont dû être inventées de toutes pièces ou au moins refaites et entièrement changées quand l'épistolier se décida à en composer un recueil.

Ce qui vient d'être dit n'implique pas que l'Épistolaire soit dépourvu de valeur historique. Si la prudence exige que l'on mette en quarantaine la plupart de leurs faits et de leurs dates, il n'en reste pas moins que ces lettres nous offrent un tableau très curieux, très poussé dans le détail et très vivant des premières années surtout du règne de Charles-Quint. Toute la vie espagnole, même domestique et privée, nous passe ici sous les yeux. La situation de Guevara à la

---

qu'il avait prêché devant l'empereur: « si es en nuestra mano de enviaros lo que decimos, no podemos enviaros la gracia con que le predicamos » (*Epist.* I, 4).

1. On aimerait bien savoir d'où Ferrer del Rio a tiré le fac-similé de la signature de notre Guevara (*Historia del levantamiento*, p. 409). Danvila, qui produit une abondante liste de fac-similés de signatures dans le tome XL du *Memorial histórico*, ne la donne pas.

cour, ses fonctions de prédicateur et de chroniste le mettaient en rapports constants avec le beau monde de son temps. Sa naissance, quoiqu'il affecte de dire souvent que la naissance ne crée pas le mérite et que la vraie noblesse est la vertu, lui donne un imperturbable aplomb ; sa vanité nobiliaire se glisse partout et dans les privautés qu'il se permet avec les grands seigneurs de l'époque il a bien soin de laisser entendre qu'il les prend non pas à cause de sa robe de franciscain, qui lui assurait un certain franc parler avec tous, mais à cause de son sang qui l'autorise à frayer avec les plus huppés. « Si vous êtes chef des Velasco, moi je suis Ladrón de Guevara », écrit-il un jour au connétable de Castille. Vraiment on s'étonne quelquefois de ce langage, et l'on se demande comment il a pu être toléré par ces *riches-hommes* de Castille, à peine sortis de la période féodale, et qui étaient à coup sûr d'assez puissants seigneurs. Mais d'abord Guevara le prend toujours sur un ton familier et plaisant d'homme du monde qui s'adresse à des personnes plus haut placées mais appartenant en somme à la même coterie que lui : il eût été maladroit de la part de ces personnes de prendre en mauvaise part les plaisanteries d'un des leurs. Son habit de religieux le protégeait peut-être moins : à une époque où les moines mendiants étaient en butte à toutes sortes d'attaques et de satires, un franciscain n'en imposait pas beaucoup à des Grands d'Espagne. Ce qui le protégeait mieux étaient ses fonctions. Assez près du trône et de plus en plus, au moins pendant un certain temps, dans la confidence du souverain, il y a lieu de croire que la feuille des bénéfices lui passait parfois entre les mains. Beaucoup avaient donc intérêt à se faire bien voir de lui. Sans doute les *riches-hommes* se croyaient souvent encore les égaux des rois, Charles-Quint eut à composer avec eux pendant la crise des *Comunidades* ; mais une fois la paix rétablie, après l'élection à l'Empire, qui valut au souverain espagnol un prestige énorme, et après la hiérarchisation de la haute noblesse espagnole (institution de la Grandesse), l'empereur reprend le dessus et peu à peu la noblesse, friande de charges de cour, de grands commandements, de vice-royautés en Italie et aux Indes, se domestique. La chasse aux emplois commence et il devient facile de concevoir à quel point un religieux, apparenté aux

grandes familles du pays et autorisé par ses emplois à parler
souvent au chef de l'État, pouvait servir les ambitions de
ses proches et de ses amis. Quand on voit combien étaient
ménagés par ces Grands des ministres sans naissance, tels
que le premier Granvelle et Los Cobos, et quelles platitudes
ils commettaient pour obtenir leur faveur, on comprend
mieux certaines familiarités de Guevara avec des connétables et des almirantes de Castille. Ce qui surprend aussi
dans les *Épîtres familières* — et à cet égard elles justifient
leur titre — ce sont les détails de vie privée qui s'y lisent.
Voici, par exemple, des conseils à une femme sur la conduite à tenir vis-à-vis d'un mari qui se dérange, puis des
conseils à un homme sur le retour qui n'est pas disposé à
dételer et voudrait entreprendre de nouvelles campagnes
galantes. Et les correspondants sont nommés, les noms ne
sont pas de convention ! Ces personnes vivaient quand les
lettres furent publiées, du moins la plupart, et, en tout cas,
leurs proches, leurs amis vivaient. Comment a-t-on supporté
de telles indiscrétions? Quelques protestations se firent
entendre. Dans les critiques dirigées contre Guevara par un
humaniste du nom de Pedro Rhua, qui s'employa surtout
à souligner les innombrables bévues du prédicateur en fait
d'histoire ancienne, cet homme docte et consciencieux
l'accuse aussi d'avoir désigné par leur propre nom ceux dont
il reprend les vices, les traitant ainsi en ennemis. Sur ce
reproche de manque de tact, Guevara ne trouva rien à
répondre, car il se sentait en faute. Manque de tact, de
mesure et de goût, tel est en effet son péché capital. Il abuse
de son caractère sacré en s'ingérant dans la vie intime de
beaucoup de ses semblables, il piaffe et se pavane toutes
les fois qu'il parle de sa famille [1], il nous agace par sa fatuité
à prôner ses talents [2]. Point de tact non plus dans sa façon
d'écrire. Son style, qui possède de réelles qualités, une clarté
presque trop grande qui fait songer à Macaulay et une
bonne saveur castillane, il l'a gâté par la répétition constante et l'insupportable abus des mêmes procédés de parallélisme, d'antithèse et d'allitération.

1. « A todos los grandes de este reino tengo, á unos por deudos, á otros por señores », etc. (*Ep.*, I, 26).
2. « Tengo la memoria tan fecunda y la elocuencia tan pronta, que con gran facilidad hallo lo que busco y digo lo que quiero » (*Ep.*, II, 41).

Revenons à la chronique. Il n'est nullement démontré que Guevara ait jamais eu l'intention d'écrire un récit suivi des faits et gestes de l'empereur. De toutes façons, s'il a eu cette intention, il ne l'a pas exécutée. Ce qu'il désigne sous le nom de « sa chronique » ou des « chroniques de César » doit s'entendre plutôt d'une sorte de journal où il notait au fur et à mesure ce qui lui paraissait digne de mémoire. Qui sait même si cette chronique en fin de compte n'a pas pris simplement la forme des *Épîtres familières*, selon le modèle que lui fournissait l'œuvre posthume de son prédécesseur Pierre Martyr d'Anghiera? On veut parler du fameux *Opus epistolarum*, publié en 1530 et qui répond tout à fait à une chronique au jour le jour de la cour d'Espagne sous les Rois Catholiques et pendant les premières années de Charles-Quint. Guevara aurait amassé des notes, se disant qu'il les utiliserait plus tard, puis ayant décidé la publication de ses lettres, il y aurait introduit tout ce qui pouvait en faire l'équivalent du récit historique de toute une période. A l'encontre de cette hypothèse, on pourrait invoquer de nombreuses citations de la chronique dans les *Épîtres* qui ont l'air de renvoyer à un ouvrage en préparation; mais avec Guevara il faut toujours se méfier et ces citations ne prouvent pas grand chose. Les voici néanmoins dans l'ordre des *Épîtres*, car les dates finales offrent trop peu de garantie pour servir de principe de classement.

I, 3. A D. Antonio de Zúñiga, prieur de l'ordre de Saint-Jean. Medina de Rioseco, 18 février 1522. « Pour ce qui est de la commission que le seigneur Hernando de Vega m'a faite de votre part, c'est à savoir qu'il y ait de vous mention dans la *chronique*, puisque vous vous distinguez tant dans la guerre, tenez-vous pour dit que si votre lance se montre digne de la lance d'Achille, ma plume sera l'égale de celle d'Homère. »

I, 17. A D. Juan de Moncada. Tolède, 6 avril 1523. « Ayant à voter à l'Inquisition, à prêcher au Palais et à écrire chaque jour dans les *chroniques de César*, les affaires m'absorbent et le temps me manque. »

I, 26. A l'almirante D. Fadrique Enriquez. Madrid, 15 octobre 1529, à propos du connétable de Castille, mort le 17 décembre 1528. « Je n'ai rien à vous dire de plus que ceci: si le bon connétable a terminé sa vie ici à Madrid, sa mémoire vivra éternellement dans ma *chronique*. »

I, 44. A l'évêque de Zamora, D. Antonio de Acuña. Tordesillas, 10 mars 1521. « Sachez qu'étant, comme je le suis, prédicateur et *chroniste* de Sa Majesté, il sera fait abondante mention de Votre Seigneurie dans la *chronique impériale.* »

I. 45. A Juan de Padilla. Medina del Campo, 8 mars 1521. « Si vous aviez écouté mes conseils, je vous aurais placé dans nos *chroniques* parmi les hommes illustres d'Espagne, à côté de Viriathe, du valeureux Cid, du bon comte Fernand Gonzalez, du chevalier Tirant le Blanc et du Grand Capitaine. »

I, 58. A Don Pedro Girón, exilé à Oran. 16 avril 1524. « Il n'est pas juste que vous vous plaigniez de votre exil en Afrique, car grâce à cet exil ma plume vous rendra immortel. Vous savez en effet que je suis *chroniste* de César et votre ami. »

II, 13. Au duc d'Alburquerque. Valladolid, 26 janvier 1540. « Je me souviens, l'ayant écrit dans les *chroniques de César,* combien, lorsque vous étiez capitaine général à Fontarabie, vous avez montré de sagesse en asseyant le camp, de soin en gardant la frontière, de courage en combattant contre la France et de hardiesse en risquant votre personne [1]. »

Quand on y regarde d'un peu près, toutes ces citations font plutôt l'impression d'artifices ou de précautions à l'adresse de gens assez indiscrets pour s'enquérir de l'état d'avancement de la fameuse chronique. Il est vrai que lorsque parut, en 1539, la première partie des *Épîtres familières,* Charles-Quint avait déjà perdu patience et que, sans toutefois casser aux gages son premier historiographe, il lui en avait adjoint un autre, comme nous le verrons dans le chapitre suivant, en parlant de Juan Ginés de Sepúlveda.

Entre temps, Guevara avait poussé sa fortune. Chargé d'abord, en qualité d'inquisiteur, de catéchiser et de convertir à la foi catholique les Morisques de Valence et d'Andalousie, il fut nommé en 1527 à l'évêché de Guadix et promu dix ans plus tard à l'évêché de Mondoñedo en Galice. En 1535, il accompagna l'empereur à Tunis, où il donna de grandes preuves de dévouement en soignant les blessés, comme l'atteste l'ordre royal rapporté plus haut et d'autres

---

1. Cf. encore dans le prologue d'un autre ouvrage de Guevara, intitulé *Vidas de los diez emperadores romanos* : « A la verdad despues que cumplia con los oficios de mi iglesia, y leia en la Sacra Escritura, y aun escrivia en la *Imperial Chronica,* no me quedava mas tiempo del que hurtava del negociar y ahorrava del dormir ».

témoignages[1] ; puis il suivit Charles-Quint en Italie et nous savons par diverses allusions de ses œuvres qu'il séjourna à Naples, à Rome, à Lorète, à Gênes et dans plusieurs autres villes. Dans un passage de l'*Arte de marear*, il dit qu'il n'y a port, crique ou golfe de la Méditerranée où il ne se soit vu et où il n'ait même couru de grands dangers, et dans un autre passage du même livre il indique quelques localités maritimes par lui visitées, telles que Fréjus et Aigues-Mortes, où il n'a pu se rendre qu'en 1536 et en 1538 à la suite de l'Empereur. En 1539, il prêcha le sermon aux obsèques de l'impératrice Isabelle de Portugal[2], et cette même année, étant à Valladolid, il dédia à D. Francisco de Los Cobos son *Arte de marear* et son *Aviso de privados*, traités qu'il publia alors avec d'autres ouvrages. Désormais on n'entend plus guère parler de lui. Il mourut à Mondoñedo le vendredi-saint 3 avril 1545. Ses restes furent transférés en 1552, avec ceux de son frère le Dr Don Fernando, également mort à Mondoñedo, dans le couvent de San Francisco de Valladolid, où Antonio avait fait ériger une chapelle en 1542. On mit sur sa tombe l'épitaphe suivante :

> En sacer antistes, clarissimus orbe Guevara,
>   Artibus insignis, religione pius,
> Inclytus orator, cœlestis preco sophiæ,
>   Cæsaris interpres hystoricusque fuit.
> Stemmata qui tegit sacco saccumque tiara
>   Ornavit, niveo marmore nunc tegitur.
>   Obiit ann. MDXLV[3].

En 1601, la pierre et son inscription étaient encore intactes, comme en fait foi le Flamand Jehan Lhermite, qui visita alors le couvent[4]. Au temps de Florez, la tombe, à

---

1. Sandoval, *Carlos Quinto*, livre XXII, § 12.
2. Sandoval, *Carlos Quinto*, livre XXIV, § 11.
3. Florez, *España sagrada*, t. XVIII, p. 227. — Alfonso de Ulloa (trad. italienne du *Monte Calvario* de Guevara) donne, pour le décès de Guevara, la date fausse du jeudi saint 10 avril 1544, qui a été adoptée par N. Antonio, et cependant le même Ulloa mentionne cet événement dans sa *Vita di Carlo V* sous l'année 1545 (éd. de Venise, 1566, fol. 177 v°).
4. « Il s'y voit aussi (à Valladolid) en une chapellette, au couvent des Cordeliers de St Françoys, la sépulture de don Antonio de Guevara, evesque qui fust de Mondoñedo, prescheur et grand chroniste au temps

l'origine surélevée, ayant été baissée au ras du sol, on n'y lisait plus que quelques lettres. Le testament du prélat, daté de Valladolid, 7 janvier 1544, et dont Gil González de Avila[1] et Florez ont cité quelques extraits, contient ce curieux article relatif à sa chronique : « Item nous disons et déclarons qu'en qualité de chroniste de Sa Majesté nous avons écrit les chroniques jusqu'à notre retour de Tunis, et qu'ensuite nous nous sommes mis à écrire d'autres ouvrages. En conséquence, nous voulons et ordonnons qu'à partir de notre dit retour de Tunis jusqu'à ce jour le salaire, que Sa Majesté nous donne chaque année pour notre travail de chroniste, lui soit restitué. » Guevara était donc tourmenté par la pensée d'avoir indûment perçu des gages pour un travail non exécuté, au moins dès l'année 1536 environ. Donnons-lui acte du repentir qu'il exprime dans ce testament et sachons-lui gré d'une information qui doit être exacte, au moins en ce qui touche le moment où il cessa de s'occuper de la chronique. Dès 1536, plus de travail historiographique, c'est entendu. Mais auparavant? Que faut-il penser de l'affirmation si catégorique : « nous déclarons avoir écrit les chroniques jusqu'à notre retour de Tunis? » Le terme de « chroniques » est vague, et, comme il a été dit plus haut, tout porte à croire que par « chroniques » il ne faut pas entendre une véritable œuvre d'histoire, mais des journaux, des notes, des informations diverses, dont Guevara renonça à tirer une narration suivie et qu'il se contenta d'utiliser dans ses *Épîtres*. Guevara

de feu l'empereur Charles V. Il y a fondé ceste chapellette et y est enterré au mitant d'icelle desous une tombe eslevée de terre environ un pied, et sur icelle sont engravées ses armoyries qui sont les mesmes que ceulx de Guevara, portant comme se peult veoir par celles du comte de Oñate, tymbrées d'un chapel de prelat » (*Le Passetemps de Jehan Lhermite*, Anvers, 1896, t. II, p. 333). Lhermite reproduit ensuite exactement l'epitaphe.

1. *Theatro eclesiastico de las iglesias de España*, t. III, p. 426. Cet auteur, qui reproduit très incorrectement l'épitaphe de la tombe de Valladolid, donne, d'après le testament, deux renseignements qui manquent dans Florez : « Al convento de San Francisco (manda) su libreria y manuscriptos. Dexò por heredero del resto de sus bienes à su hermano D. Fernando de Guevara, del Consejo Real y de la Camara, del abito de Santiago ». Au temps de González de Avila, le testament se trouvait entre les mains d'Antonio, Don Sancho Davila y Guevara, de l'ordre d'Alcántara, qui avait été gouverneur de la province de Zacatecas au Mexique. Florez lui le vit dans le couvent d St François de Valladolid.

n'était pas homme à garder dans son cabinet ni à dérober au public un ouvrage qu'il aurait entrepris d'écrire ; s'il avait vraiment donné ses soins à une histoire de l'empereur, nous le saurions et de cette histoire, même inachevée, subsisterait quelque chose. Or, grâce à un de ses successeurs dans l'emploi de chroniste royal au xviie siècle, nous pouvons nous faire une idée assez exacte de son héritage littéraire. Fr. Prudencio de Sandoval, qui entreprit et acheva tant bien que mal une histoire détaillée de l'empereur, nous a conté comment il s'enquit des papiers laissés par Guevara et ce qu'il en trouva :

Je dois mentionner ici la mort de Fray Antonio de Guevara, évêque de Mondoñedo, chroniste de l'empereur, religieux très docte et considérable, et de famille illustre, lui ayant succédé et à ceux qui le suivirent, et ayant reçu ses papiers. Il mourut en 1545 et fut enterré en une riche chapelle qu'il avait fait édifier au monastère de Saint-François de Valladolid. Il écrivit divers livres qui ont été publiés. Pour ce qui est de l'histoire, son principal emploi, il n'a laissé que peu de chose et sans ordre. Du moins le brouillon de la chronique qu'il était en train d'écrire n'en a pas. J'ai trouvé ces papiers dans le hameau d'Almenara près Olmedo [1], où Guevara édifia une maison. Je les examinai, quoique très rapidement, car ils étaient en la possession d'une femme qui espérait en tirer l'entretien de ses enfants. Quatre jours me suffirent pour en extraire ce qui pouvait être utile à cette histoire [2].

Voilà qui confirme bien ce que nous disions tout à l'heure : point d'histoire en forme, rien de rédigé, mais des notes, des morceaux, des copies de documents. Dans un autre passage de son *Carlos Quinto*, Sandoval cite certains papiers laissés par Guevara et cette citation va nous permettre d'en retrouver quelques-uns :

Dans des papiers originaux de Fr. Antonio de Guevara, chroniste de l'empereur et évêque de Mondoñedo, qui traitent de ces *Comunidades*, il est dit que les habitants de Dueñas se soulevèrent et s'insurgèrent contre le comte et la comtesse de Buendia en leur infligeant de graves insultes [3].

1. Almenara, hameau du district judiciaire d'Olmedo et de la province de Valladolid. Le legs des papiers de notre Guevara à St François de Valladolid, que mentionne Gil González de Avila, ne fut donc pas exécuté.
2. *Carlos Quinto*, livre XXVII, § 6.
3. *Carlos Quinto,* livre VIII, § 54.

Ainsi : des papiers de Guevara concernant le mouvement insurrectionnel des communes de Castille. De ceux-là on peut dire avec certitude que Sandoval les a tenus dans ses mains ; il leur a incontestablement emprunté certaines lettres de villes de Castille, fabriquées de toutes pièces par Guevara et qui portent, à n'en pas douter, la marque de son style. Voici, par exemple, la teneur d'une lettre-circulaire que Tolède aurait envoyée aux autres villes de Castille le 7 novembre 1519. J'y note par des caractères italiques les spécialités du style guevaresque : phrases symétriques avec antithèses, assonances et autres gentillesses bien connues :

Magnificos, nobles y muy virtuosos Señores. Caso que algunos vezes os escrivimos *en particular*, maravillarse an agora V. mercedes como escrivimos a todos *en general*. Pero savida la necessidad imminente que ay *en el caso*, y el peligro que se espera *en la dilacion dello*, mas seremos arguidos de *perezossos* en no lo aver *hecho antes* que de *importunos* en *hazerlo agora*. Y saven V. mercedes, y se acordaran, la *venida* del Rey Don Carlos nuestro Señor en España quanto fue *desseada* y como agora su *partida* es muy *repentina*, y que no menos *pena* nos da agora su *ausencia* que entonces *alegria* nos diò su *presencia*. Como su Real persona en los Reynos de Aragon se ha detenido *mucho*, y en estos Reynos de Castilla aya residido *poco*, ha sido gran ocasion que las cosas deste Reyno no ayan tomado algun assiento. Y porque, yendose como se va su Magestad, procediendo mas adelante, las cosas correrian peligro, parecenos, Señores, si os parece, que pues a todos toca el *daño*, nos juntassemos todos a pensar el *remedio*, segun parece y es notorio caso quen muchas cosas particulares aya, Señores, estrema necessidad de v. consejo, y despues del *consejo* ay necessidad de vuestro favor y *remedio*. Parecenos que sobre tres cosas nos devemos juntar, y platicar sobre la buena expedicion dellas. Nuestros mensageros a su Alteza embiar [1], conviene a saver suplicandole, lo primero, que no se vaya de España ; lo segundo, que por ninguna manera permita sacar dinero della ; lo tercero, que se remedien los oficios que estan dados a estrangeros en ella. Mucho, Señores, os pedimos por merced que, vista esta letra, luego nos respondan, ca conviene que los que uvieren de yr

---

[1]. Le placement voulu de l'infinitif à la fin de la phrase est un trait distinctif du style de Guevara. Par ex: « Oh ! palabras dignas de notar y muy dignas de en vuestro sepulcro se *esculpir* » (*Ep.* I, 3). — « Es nuestro fin de dezir esto para a los principes *rogar*, y a los que están cabe ellos *amonestar* » (*Vidas de los diez emperadores*, prologue).

vayan *juntos* y propongan *juntos,* porque siendo de todo el Rèyno la *demanda,* darles an mejor y con mas acuerdo la *respuesta.* Nuestro Señor su Magestad y noble persona guarde. De Toledo, a 7 de Noviembre 1519 [1].

On pourrait citer encore la lettre d'appel de Ségovie à Tolède du 29 juillet 1520 (Sandoval, livre V, § 45), celle de Medina del Campo à Valladolid du 22 août 1520, sur le fameux incendie allumé par les soldats de Fonseca (Sandoval, livre VI, § 1), et bien d'autres qui offrent exactement les mêmes particularités ; mais cela nous mènerait trop loin. Il suffit de comparer ces lettres de Sandoval aux lettres authentiques publiées dans le *Memorial histórico* pour se convaincre de la fausseté des premières [2]. D'ailleurs aucune des lettres suspectes n'a été retrouvée dans les archives de Simancas, et les historiens modernes qui les citent les ont empruntées à Sandoval et pour cause ! H. Baumgarten, il faut le dire à sa louange, s'est aperçu de quelques-unes de ces supercheries, quoiqu'il n'ait pas su en découvrir l'auteur. A propos d'une lettre de Tolède à Murcie du 17 juillet 1520, et où la première ville informe l'autre qu'elle a envoyé un secours d'infanterie et de cavalerie à Ségovie pour la défendre contre les entreprises de l'alcade Ronquillo, l'historien allemand écrit ceci : « On ne conçoit pas comment, après cette notification du 17 juillet, l'appel de Ségovie à Tolède du 29 juillet tel que Sandoval le publie (I, 243) a été possible. Cet appel, ainsi que beaucoup d'autres documents recueillis par Sandoval semblent, quand on les examine de près, bien suspects. On composait alors, non pas seulement des discours, mais des pièces historiques pour donner de la couleur au récit et Sandoval n'a reproduit que trop de ces morceaux de rhétorique. Par exemple la fausseté de la lettre de Ségovie à Medina du 24 août (I, 253) est rendue évidente par les faits mêmes qui y sont mentionnés [3] ». Mais il s'est trop vite arrêté en si bon

1. Sandoval, *Carlos Quinto,* livre V, § 3.
2. Que l'on rapproche, par exemple, la lettre fausse de Medina del Campo à Valladolid du 22 août 1520 des lettres authentiques de la première ville à la junte d'Avila et à Valladolid des 22, 23 et 28 août 1520 (*Memorial histórico,* t. XXXV, p. 519-522) et la différence de style sautera aux yeux.
3. *Geschichte Karls V,* t. 1, p. 251, note.

chemin. Quelques lignes plus loin, il nous invite à tenir pour authentique la déploration absolument guevaresque de Medina à Valladolid du 22 août, « qui, dit-il, malgré sa rhétorique riche en antithèses, semble pourtant admissible, car parler de cette façon en de telles circonstances répond tout à fait au tempérament espagnol[1]. » Il est possible, mais la lettre n'en est pas moins manifestement fausse. N'omettons pas de dire que D. Manuel Danvila accepte les yeux fermés toute cette documentation de Sandoval, sans se douter le moins du monde de sa provenance, et s'efforce de la combiner avec les pièces de Simancas. Comment il y réussit, c'est ce qu'il serait sans intérêt de rechercher.

Donc aux *Épîtres familières*, Guevara a donné comme pendant une correspondance fictive entre villes de Castille au temps des *Comunidades* et sans doute divers autres pastiches de la même venue, dont Sandoval a été heureux de grossir sa hâtive compilation. Tout cet ensemble forme la fameuse chronique. Faut-il, après cela, regretter qu'il n'ait pas conduit jusqu'au bout son ouvrage, qu'il n'ait pas inscrit son nom sur un livre portant le titre d'histoire de Charles-Quint? Évidemment le P. Antonio manquait à un point extraordinaire des qualités fondamentales qui font l'historien et, cela étant, que nous aurait-il apporté d'autre qu'un tissu d'anecdotes et de fables? Mieux vaut qu'il ait posé sa plume d'historiographe pour prendre celle du moraliste. Toutefois il y a lieu, semble-t-il, de déplorer un peu la perte des papiers de Guevara que ne remplacent sans doute pas entièrement les emprunts de Sandoval. Celui qu'un fou de cour traitait de « predicador parlerista ó coronista de su Majestad *in magnam quantitatem*[2] » a dû y laisser beaucoup de bavardage, mais de ce bavardage amusant et instructif, qui éclaire certains côtés de la vie d'autrefois et d'une société disparue que les historiens sérieux ne nous aident pas du tout à nous représenter. Ce cadet d'une vieille famille de l'Espagne du Nord, l'Espagne qui a le mieux conservé les traditions du terroir, ce cordelier devenu homme de cour offre un singulier mélange d'orgueil nobiliaire, de bonhomie, de pédanterie et de vulgarité. Il

---

1. *Geschichte Karls V*, t. I, p. 252, note.
2. *Crónica de Don Francesillo de Zúñiga*, éd. Rivadeneyra p. 52[b].

reste néamoins sympathique, on aime à l'entendre jaser de son pays, de ses gens et de mille détails d'institutions et de coutumes qui nous montrent bien ce qu'était la vieille Castille au moment du grand conflit provoqué par l'avènement du fils de Jeanne la Folle. En somme, une riche nature : « virum mirae facundiae et incredibilis ubertatis naturae », a dit de lui le grave humaniste Alfonso García de Matamoros, qui ne lui pardonne cependant pas ses intempérances de style et des études insuffisantes : « Qui si illam extra ripas effluentem verborum copiam artificio dicendi repressisset, et graviorum artium instrumento locupletasset, dubito quidem, an parem in eo eloquentiae genere in Hispania esset inventurus [1]. »

1. *Alphonsi Garciae Matamori Opera omnia*, Madrid, 1769. p. 64.

CHAPITRE III

Juan Jinés de Sepúlveda.

Après un Castillan du Nord, voici un Andalou, mais un Andalou grave, — il y en a. Né en 1490 à Pozo Blanco, près Cordoue, de parents de condition moyenne, *non ignobiles*, disent ses biographes [1], Juan Ginés de Sepúlveda, après quelques études à Cordoue et à Alcalá, fut choisi en 1515 par le cardinal Ximénez et le chapitre de Tolède pour remplir une place de boursier vacante dans le collège espagnol d'Albornoz à Bologne. Là il s'adonna à la philosophie sous la direction du célèbre péripatéticien Pietro Pomponazzi, qui lui inspira l'amour d'Aristote. Mais s'étant rendu compte qu'il n'arriverait à rien de sérieux en philosophie, en théologie ni même en droit civil et canonique que par la connaissance approfondie du grec et l'acquisition d'une correcte et élégante latinité, moyens uniques alors, surtout en Italie, pour se produire dans les cercles érudits, Sepúlveda consacra aux langues classiques tous ses moments de loisir et s'entraîna à des exercices de traduction. Pour payer en quelque manière l'hospitalité qu'il recevait dans la fondation faite à Bologne au XIVe siècle par le cardinal Gil de Albornoz et pour répondre aussi à diverses sollicitations, il écrivit et publia en 1521 une histoire du fondateur, suivie d'une brève description de son collège. Ce fut à Bologne d'abord, puis aussi auprès de son premier protecteur, Alberto Pio, prince de Carpi, qu'il commença de se vouer avec une ardeur extrême à l'étude et à l'interprétation d'Aristote, non

---

[1]. *De vita et scriptis Jo. Genesii Sepulvedae Cordubensis Commentarius*, en tête de l'édition complète des œuvres de l'auteur, publiée par l'Académie de l'Histoire de Madrid, en 1780, 4 vol. in-4.

pas de l'Aristote médiéval, mais du vrai Aristote étudié dans son texte grec et chez ses meilleurs commentateurs[1] : « Totus exarsit ad Philosophi principis doctrinam ex ipsis Graecae linguae adytis perscrutandam, pluresque ejus libros atque ejusdem enarratorum fideliter ac philosophice non Ciceroniane vertendos », dit Nicolas Antonio. On suppose qu'il suivit à Rome, en 1525, Alberto Pio, chargé d'y remplir auprès de Clément VII les fonctions d'envoyé du roi de France. En 1526, nous le voyons contempler d'une fenêtre le coup de main de D. Hugo de Moncada sur la ville éternelle ; en 1527, il assiste au sac et se réfugie *in Castello* avec Alberto Pio. Dans cette même année, il publie sa première œuvre de polémiste, un traité dirigé contre Luther et ses idées sur la prédestination, etc. : *De Fato et libero arbitrio libri tres*. Il y défend, entre autre choses, cette idée que l'hérésie luthérienne s'est développée grâce aux humanités, que le goût des littératures grecque et latine et de la réthorique a porté préjudice aux *graviores disciplinae* qui protégeaient l'orthodoxie en Allemagne. Cette constatation le gêne bien un peu, lui l'humaniste convaincu, comme on le voit par une lettre à un ami, où il cherche à concilier son amour pour le grec avec ce qu'il avait dit dans son traité de l'influence néfaste sur les Allemands des *homines graecarum litterarum et eloquentiae studiosi* ; ce qu'il voudrait en somme c'est qu'on cultivât le grec et les humanités... pour le bon motif.

Le sac de Rome et ses conséquences politiques contraignirent son patron le prince de Carpi à se réfugier en France et lui dut se retirer à Naples, mais il en revint

---

1. Nous devons à l'obligeance de M. Dorez, bibliothécaire au département des manuscrits de la Bibliothèque nationale, la communication de cet extrait d'un registre du Vatican, lat. 3966, fol. 53, qui atteste à la date du 5 novembre 1524 les relations entre Sepúlveda et Alberto Pio, et les travaux sur Aristote du premier : « Die quinto novembris anno MDXXIIII, ego Jo : Sepulveda accepi a custodibus bibliothecae palatinae, de mandato sanctissimi D. nostri Papae facto R⁽ᵈᵒ⁾ D. Foelici episcopo Theatini (*sic*), vive vocis oraculo, Commentaria Eustratii (*sic*) in Aristotelis Ethica manu scripta in papyro, in nigro, extractum codicem ex quarto armario bibliothecae parvae secretae numero 54⁰. Pro quo dedi pignori poculum argenteum cum insignibus Domini Al[berti] Carpensis. Quem promitto restituere ad omnem ipsorum requisitionem, et in testimonium veritatis manu propria hoc chirographum scripsi et subscripsi. J. Sepulveda ». En marge : « Restituit »

bientôt et entra à Rome au service d'un compatriote, D. Fr. Francisco de Quiñones, ce général des franciscains que nous avons vu protéger Guevara, et qui depuis lors avait reçu le chapeau de cardinal (en 1527). Il l'accompagna à Gênes, en 1529, avec Alexandre Farnèse et Hippolyte de Médicis pour y recevoir l'empereur qui venait en Italie se faire couronner par Clément VII. Charles s'étant ensuite rendu à Plaisance, où il séjourna du 6 septembre au 24 octobre, Sepúlveda l'y suivit toujours avec le cardinal Quiñones et lui offrit une traduction de la *Météréologie* d'Aristote. Peu de temps après, il adressa à l'empereur une harangue pour l'inciter à la guerre contre le Turc. Cette harangue, imprimée à Bologne en 1529, a pour objet d'abord d'établir le droit qu'ont les nations chrétiennes de s'opposer à l'extension de la puissance ottomane, puis de montrer par l'histoire que les forces du Turc et sa façon de combattre ne sont pas si redoutables qu'on le croit, et que l'armée de César, composée d'Italiens, d'Espagnols et d'Allemands, possède une valeur militaire bien supérieure à celle de ces barbares. Ici apparaissent déjà quelques indices du goût que Sepúlveda manifesta toute sa vie pour les questions de droit public et, quelque étonnant que cela soit de la part d'un homme d'étude, pour les questions de suprématie militaire. En 1531, il est appelé à défendre contre Erasme la mémoire de son protecteur Alberto Pio, mort en France cette même année. Les deux hommes avaient eu d'assez âpres disputes : Sepúlveda intervint par une *Antapologia pro Alberto Pio in Erasmum*, où il prend parti pour le prince lettré et se livre à une critique assez vive de certaines opinions du grand humaniste, qui antérieurement, dans son *Ciceronianus*, avait traité Sepúlveda avec une condescendance un peu dédaigneuse, disant que le traité *De Fato et libero arbitrio* permettait de concevoir de belles espérances de l'auteur, ce que naturellement l'Espagnol, un peu piqué, estima insuffisant. Mais il allait être détourné de plus en plus de ses travaux de polémique religieuse et de philosophie par des occupations d'un autre ordre. Son séjour à Bologne en 1532, où il se rencontra avec Charles retour d'Allemagne et avec beaucoup de jeunes militaires de la noblesse espagnole, lui inspira l'idée d'écrire un opuscule dialogué, à la manière des traités philosophiques de Cicéron, pour démontrer le parfait accord qui règne entre le métier des armes et la religion chrétienne : *De Convenientia militaris disciplinae cum christiana religione Dialogus, qui inscribitur Democrates*. Ce nom de *Democrates* est le nom de l'interlocuteur grec qui dispute avec l'Allemand Léopold et Alfonso de Guevara, vieux soldat espagnol. Le dialogue date de 1535, car l'auteur y parle des dix-huit années qu'il a passées en Italie. Déjà à cette époque, et avant d'y être invité par son souverain, Sepúlveda songeait à l'histoire et avait conçu le plan d'annales des rois d'Espagne. Une lettre du 21 octobre 1533 d'un D. Ramiro Nuñez de Guzmán, dont le fils avait été placé à Rome sous la férule de l'humaniste espagnol, nous découvre cette nouvelle orientation de son inlassable activité. On n'a pas pris garde à ce témoignage qui ne saurait être plus explicite. « Is, dit D. Ramiro de son fils, mihi nuper significavit, te Hispanorum Regum historiae expoliendae atque a barbarie vindicandae provinciam suscepisse, quo mihi nihil gratius afferri potuit. Scio enim, qua eloquentia atque prudentia es, neque ad stilum, neque ad rerum gestarum fidem tibi quidquam defuturum. Age igitur, et nostratium Principum gloriam, quae vel temporum culpa, vel scriptorum ignoratione tamdiu latuit, in lucem profer[1] ». De quoi s'agit-il ici au juste ? Peut-être d'une sorte d'abrégé de l'histoire d'Espagne, dans le genre de l'*Historia hispanica*, écrite au siècle précédent par Rodrigo Sanchez de Arévalo et que notre Cicéronien aurait récrit pour les Italiens en un style plus digne du sujet et de sa propre réputation. L'empereur eut-il connaissance de ce projet ? La chose n'aurait rien d'invraisemblable, mais ce qui surtout dut décider l'empereur à charger Sepúlveda de la charge d'historiographe ce fut — sans parler du mérite exceptionnel de ce compatriote qu'il vit à son passage à Rome en avril 1536 et dont on lui prôna sans doute la profonde érudition — le fait que le futur chroniste avait plusieurs mois auparavant écrit une relation de la glorieuse campagne de Tunis, d'après deux journaux et des récits de témoins oculaires, ainsi qu'il nous l'apprend lui-même dans une lettre adressée le 12 janvier 1536 à D. Luis de Avila,

---

1. *Epist.* IV, 2. On cite ici les lettres de Sepúlveda d'après les *Epistolarum libri VII* insérés dans le tome III de l'édition de 1780.

auteur d'une autre relation de la dite campagne qu'il avait fait tenir à Sepúlveda : « Nametsi ex duplicibus commentariis aliorum et multorum praeterea, qui rebus interfuerunt, sermone, historiam hujus Africi belli conscripseram, tua tamen diligentia multum me juvari posse video, fide porro et auctoritate in iis, de quibus ambigebam, vehementer confirmari[1] ». Bref, Charles-Quint, très désireux d'avoir auprès de lui un historiographe appliqué et non plus un fantaisiste comme Guevara, maintenant que la geste impériale comptait de si splendides victoires, et séduit aussi par la gravité et les aptitudes de Sepúlveda, n'hésita pas à lui conférer cet emploi[2]. Le nouveau chroniste, très heureux de cette flatteuse distinction, mais sentant que les devoirs de sa charge l'éloigneraient forcément d'études qui lui tenaient au cœur, prit son parti avec courage, bien décidé à se donner tout entier à son labeur d'historien. En annonçant sa nomination au dataire du pape et évêque de Vérone, Gian Matteo Giberti, il lui explique d'abord ce que signifie cet emploi : l'empereur est l'homme le moins vaniteux du monde et s'il a fait choix d'un historiographe, c'est qu'il a voulu se conformer à un usage établi : « nec id ambitioso ejus consilio, quo nihil est, uti scis, ἀφιλοτιμότερον, sed more majorum. » Pour lui, il suivra César, il vivra de la vie des camps, il se mêlera à la milice, il pensera et écrira dans le fracas du canon et au son de la trompette guerrière. Ce qui le console des inconvénients de sa nouvelle vie et du sacrifice de ses doctes études, c'est la pensée que la postérité lui saura gré d'avoir raconté les événements, non d'ouï-dire mais *de visu* : « Me tamen in castrensibus molestiis studiorumque jactura, illa cogitatio nonnihil solabitur atque juvabit, quod quae memoriae posteritatis tradenda suscepi, haec eo commodius, et cum majore fide proditurus esse videor, si me posteri rerum gestarum non scriptorem tantum, sed testem etiam fuisse cognoverint[3] ». Il comprenait donc l'une des conditions de la bonne histoire, la valeur du témoignage direct; malheureusement il ne put pas toujours réaliser ses désirs, car il ne suivit pas l'empereur dans beau-

---

1. *Epist.* II, 4.
2. Le décret est daté de Rome, le 15 avril 1536 (Simancas. Quitaciones. Legajo 29).
3. *Epist.* I, 11.

coup de ses déplacements et une bonne partie du *De Rebus gestis Caroli Quinti* repose sur des informations de seconde main.

Avant d'examiner en détail le grand ouvrage historique de notre auteur, nous devons l'accompagner au pays natal et voir comment s'écoula la seconde partie de son existence.

Charles-Quint, après la malencontreuse campagne de Provence, s'était replié sur la rivière de Gênes ; il passa à Gênes même les quinze premiers jours de novembre 1536, puis s'embarqua pour l'Espagne. Son historiographe, qui s'était arrêté quelques mois à Bologne pour y procéder, par ordre de Quiñones, à une réforme du collège espagnol, rejoignit son maître à Gênes, qu'il nous décrit comme une ville inhospitalière et totalement étrangère au culte des lettres. Rentré en Espagne à la suite de l'empereur, il fixa d'abord sa résidence à Valladolid, mais cet Andalou avait besoin de soleil, aussi ne se résigna-t-il pas à vivre d'une façon permanente dans le nord de la péninsule. L'hiver le rappelait au territoire de los Pedroches, ainsi appelé à cause de son sol pierreux et où est situé Pozo Blanco ; il y trouvait un climat très doux et une retraite favorable à l'étude : « ad quem commodissimum patriumque secessum libenter ipse soleo, cum licet, hibernandi studiorumque gratia confugere [1] ». Malgré la résolution qu'il avait prise en Italie de tout sacrifier à ses fonctions d'historiographe impérial, il ne s'y résigna pas : son esprit avide de savoir, son tempérament de polémiste qui le portait à répandre des vérités et à détruire des erreurs qu'il jugeait préjudiciables au bon fonctionnement de l'État, puis des tâches dont le souverain le chargea et auxquelles il ne put se soustraire le contraignirent souvent à laisser la chronique. Outre des écrits de philosophie, de théologie et de droit public, il en composa sur des matières de pure érudition, de chronologie par exemple, et soutint des polémiques à ce sujet et sur d'autres points avec des savants renommés de l'époque. De cette activité si intense, nous ne pouvons retenir ici, pour en dire quelques mots, que la part qu'il prit à l'éducation de l'héritier de la couronne, le futur Philippe II, puis sa longue et par moments très violente campagne à propos du

1. *De Rebus gestis Caroli Quinti*, XVIII, 21.

droit de conquérir les Infidèles, dirigée surtout contre l'humanitarisme du fameux Père Las Casas. Charles-Quint souffrait assez d'avoir si mal profité des leçons de ses précepteurs, du plus éminent surtout, Adrien d'Utrecht, et voulait éviter à son successeur l'humiliation d'une instruction par trop incomplète. En 1542, il avait adjoint au précepteur ordinaire du prince, Juan Martinez Siliceo, futur archevêque de Tolède, deux autres hommes doctes, le Valencien Honorato Juan et notre Cordouan, afin que Philippe, en assistant aux entretiens de ces trois personnages et en parlant avec eux, s'exerçât à la conversation latine ; il voulait qu'une fois roi il pût comprendre, sans interprète, les ambassadeurs étrangers, ce que Charles lui ne pouvait pas. Or, le témoignage de Sepúlveda nous permet de constater que les maîtres du fils ne réussirent guère mieux que ceux du père. Il laisse d'abord entendre que le choix du principal précepteur n'avait peut-être pas été fort heureux, Martinez Siliceo étant meilleur théologien que bon latiniste, mais il confesse aussi que lui n'obtint pas de bien bons résultats. Écrivant le 23 septembre 1549 à Philippe, que Charles-Quint avait appelé aux Pays-Bas pour le montrer à ses futurs sujets flamands, Sepúlveda lui rappelle le temps où ils travaillaient ensemble : « Plût au ciel que ces études eussent commencé de meilleure heure ! mes efforts auraient produit plus d'effet. Je suis bien convaincu que Votre Altesse, depuis qu'Elle réside là-bas, se sera souvenue du temps passé et aura regretté de n'avoir pas dépensé plus d'heures et plus de peine dans l'apprentissage du latin [1] ». Le maître d'occasion dut se résigner donc à n'avoir formé chez son élève qu'un fort médiocre latiniste. Mais les heures qu'il consacra à cette éducation princière ne durent pas être très nombreuses ; il perdit bien plus de temps dans sa terrible dispute à propos des Indiens.

On sait combien l'épineuse question du droit de conquête des terres nouvellement découvertes et de leurs habitants préoccupa tous les intellectuels espagnols du xvie siècle, qui la retournèrent dans tous les sens, les uns ne tenant compte que du droit des gens et de la raison d'État, les au-

---

1. *Colección de documentos inéditos para la historia de España*, t. LI, p. 128.

tres invoquant des idées morales et les principes de la religion
chrétienne. Sepúlveda, en sa qualité de juriste et de très
fervent défenseur de la légitimité de la conquête, consacrée
par de nombreux actes de l'autorité pontificale, se prononça
énergiquement, dès que cette question vint solliciter son
attention, en faveur des prétentions des conquistadors et
défendit le principe que les races inférieures doivent céder
aux races supérieures et se soumettre à leur autorité. Par
là il se trouva directement en conflit avec Barthélemy de
Las Casas, l'apôtre des Indiens, le défenseur acharné de la
thèse opposée, celle de l'humanitarisme pur. La dispute, qui
dura longtemps, prit un caractère aigu surtout de 1547 à
1551, par la diffusion de l'écrit de Sepúlveda, en forme dialo-
guée comme le premier *Democrates* et qu'il intitula pour cela
Democrates alter, écrit qu'il n'eut d'ailleurs pas l'autorisation de publier en Espagne et qui provoqua de la part de
Las Casas de violentes ripostes[1]. Du long et grave conflit
résulta en somme le triomphe des idées de Las Casas, dont
on retrouve plus que l'écho dans les *Lois des Indes,* pro-
mulguées sous le règne de l'empereur et qui mirent un
terme à beaucoup d'abus fâcheux en assurant aux indigènes
des Indes occidentales un traitement très équitable. Sepúlveda ne se rendit point, et dans un passage de son *De Rebus
gestis Caroli Quinti* il déclare ces lois dangereuses et injustes, parce qu'elles mettent sur le même pied des barbares et des civilisés, et qu'elles dépouillent des hommes
valeureux de récompenses qu'ils avaient bien méritées. Il
ne faudrait pas, sur le vu de ce passage et d'autres analogues,
prendre avec trop de décision parti contre lui. Si les idées
humanitaires de Las Casas ont définitivement triomphé, on
doit reconnaître qu'à l'époque où elles furent formulées
beaucoup de bons esprits ne les partageaient pas et qu'en
outre leur auteur gâta sa cause par beaucoup de partialité,
des accusations injustes et des exagérations évidentes[2]. Sur-

1. Voir, sur cette dispute, la biographie de Las Casas par Quintana
dans ses *Vidas de Españoles célebres* et les *Vida y escritos de Fray Bartolomé de Las Casas* par D. Antonio María Fabié (*Colec. de doc. inéd.,*
t. LXX et LXXI).
2. Quintana, qui n'est pas suspect, a écrit à propos de la *Destruction
des Indes,* l'un des principaux traités de l'apôtre : « El tono es acre,
las formas exageradas, los cálculos de poblacion y de estrago abulta-
dos hasta la estravagancia, y aun contradictorios entre sí ».

tout ce dont il faut se garder est de croire les conquistadors plus cupides et plus cruels que leurs contemporains d'autres pays. Si la conquête des Indes n'avait pas été accomplie par des Espagnols, elle l'aurait été par des Français ou des Anglais, et les indigènes n'y auraient rien gagné : la conduite des Anglo-Saxons dans l'Amérique du Nord nous en fournit la preuve.

Après cet incident et pendant la dernière partie de sa vie, Sepúlveda revint à d'autres travaux et s'employa principalement à polir et à repolir son grand ouvrage historique sur le règne de Charles-Quint et deux autres qui s'y rattachent : sept livres *De Orbe novo* jusqu'à l'an 1521 et trois livres d'une histoire de Philippe II jusqu'en 1564. Pendant l'année 1557, il eut la pensée touchante de visiter son vieux maître qu'il n'avait pas revu depuis leur séparation en 1543 ; il fit le long pèlerinage de Yuste, mais nous ne savons rien de plus sur la rencontre in extremis de l'empereur et de son historien. Puis il se retira au lieu de sa naissance, où il mourut le mardi 17 novembre 1573, à l'âge de quatre-vingt-trois ans, après avoir par son testament réparti ses livres, imprimés et manuscrits, entre la cathédrale de Cordoue et quelques parents ou amis. Ses restes furent déposés dans l'église de Pozo Blanco dédiée à sainte Catherine[1].

Pour en revenir à l'œuvre historiographique, la première question qui se pose est de savoir dans quelle mesure Sepúlveda possédait les aptitudes que requiert la profession. Il en possédait à coup sûr un certain nombre. Très docte, d'une érudition forte et alimentée surtout par son accoin-

---

1. A plusieurs reprises, Sepúlveda obtint soit de Charles-Quint, soit de Philippe II des permissions de ne pas résider à la cour. En principe, il ne fut tenu qu'à une résidence de six mois par an, mais très souvent on lui accordait des congés supplémentaires : « Cédula de 20 junio 1548 en que le dieron licencia para estar en la Universidad de Alcalá durante los meses de marzo, abril y mayo de aquel año y el más tiempo que necesitase, mientras se examinaba y despachaba el libro que compuso en justificación de la conquista de las Indias... Cédula de Felipe II de 24 junio 1560 en que amplió por otros cuatro años la licencia que, en atención á su vejez y á sus servicios, se le habia concedido durante los cuatro años pasados 1556 á 1559 para cobrar su sueldo, aunque residiese en su casa, donde estaba terminando la crónica del Emperador y continuaba la de Felipe II. Por otra cédula de 4 agosto 1564 se le prorrogó aquella gracia por otros cuatro años más. Por otra de 7 noviembre 1568 se le prorrogaron otros cuatro » (Simancas, Quitaciones. Legajo 29).

tance si intime avec Aristote ; à la fois théologien, juriste consommé, familiarisé avec tous les problèmes de la philosophie ancienne, philologue et antiquaire non médiocre, voilà qui constitue un ensemble de connaissances appréciable et que même au xvie siècle on ne trouvait pas facilement réuni en un seul individu. Mais le savoir, même solide et étendu, n'implique pas forcément l'ouverture d'esprit, la souplesse de l'intelligence ni la connaissance des hommes. Sepúlveda aurait pu rester sa vie durant un savant de collège ou de cabinet et ne jamais sortir de son cercle d'études spéciales. Par bonheur, son transplantement en Italie, surtout sa familiarité avec des princes comme Alberto Pio, et avec la haute prélature romaine, de longs séjours à Rome, dans cet incomparable milieu, ont fait de cet étudiant espagnol échappé d'Alcalá, puis de Bologne, un homme et un homme vraiment assez complet. L'Italie, Rome le déniaisèrent. Toujours, il garda un souvenir profond et presque ému de cette vie romaine libre, docte et simple, « ubi magna est tum studendi occasio, tum facultas simpliciter et sine fuco fallaciisque degendi », de ce commerce si sûr et agréable avec tant d'individualités d'élite qu'il oppose dans une de ses lettres aux mesquineries et aux jalousies qui l'assaillirent une fois rentré chez lui. Il y a de braves gens et des gens instruits en Espagne, mais ce n'est pas Rome, dit-il : « Quamquam enim in Hispania multi viri optimi sunt, et iidem gravissimi, quidam etiam doctrina praestantes, et animo candido, nulla tamen Roma est... » Et il se plaint dans cette même lettre d'avoir été mieux traité par les étrangers que par ses propres compatriotes : « Me longe aequiores externos homines expertum fuisse, quique candidius de meis studiis tum voce tum scriptis praedicarent, quam meorum Hispanorum quosdam[1] ». Après sa nomination au poste d'historiographe, il devient un officier de la maison de l'empereur qu'il accompagne parfois, qu'il interroge, qu'il ne perd jamais de vue ; il hante la cour et les grands, quoique ses goûts simples lui fassent préférer la retraite au moins pendant une partie de l'année ; il correspond avec certains d'entre eux ; il reste pour le prince Philippe, dont il a dirigé les premières études, un conseiller

---

1. Lettre à Luis Lucena, docteur en médecine (*Epist.* V, 10).

vigilant qui se croit permis de lui adresser des avis motivés quand l'occasion s'en présente. Il a été dit que Sepúlveda portait un intérêt marqué aux questions militaires. Ayant frayé avec divers grands hommes de guerre de son temps et réfléchi, comme pouvait le faire un penseur de sa trempe, sur certains problèmes qui se posaient au sujet de la suprématie de l'Espagne, il saisit un jour un bon prétexte pour ouvrir sa pensée au prince devenu roi depuis quelques années. Ce prétexte furent les désastres subis par une expédition espagnole à l'île de Djerba en 1560 et par un coup de main malheureux en 1558 sur Mostaganem, où le comte d'Alcaudete, commandant des troupes chrétiennes, trouva la mort. « Je n'ai pas été soldat, dit-il à Philippe II dans le mémoire qu'il lui adressa en 1560[1], et n'ai point fait la guerre, mais je suis un vieillard de soixante-dix ans, j'ai vu diverses parties du monde et j'ai examiné avec une attention soutenue les affaires qui concernent la paix et la guerre; j'ai passé vingt-deux ans en Italie, dont huit à Bologne voué à l'étude dans le Collège des Espagnols et quatorze à Rome où j'ai servi le pape par mes travaux au temps où éclatèrent en cette contrée de grandes guerres, et quoique je ne m'occupasse alors que de mes recherches érudites, travaillant et écrivant, je prenais soin de savoir ce qui se passait d'important et d'en rechercher les causes, et c'est ce que j'ai fait aussi depuis vingt-cinq ou plus que j'ai servi l'empereur et Votre Majesté dans l'emploi de chroniste qui réclame cette application. » Sepúlveda rappelle ensuite qu'en 1542 se trouvant à Monzón avec l'empereur et le prince, au moment où les Français avaient envahi le Roussillon, il condamna énergiquement le projet de livrer bataille à l'armée du Dauphin, forte de vingt-six mille vieux soldats et d'une nombreuse cavalerie, et rédigea à cet effet un mémoire qui fut fort apprécié par D. Juan de Zúñiga, gouverneur du prince et homme des plus expérimentés. Ce mémoire avait pour objet de montrer qu'il est toujours dangereux pour des envahis de combattre en rase campagne avec une armée d'envahisseurs, en général composée de bons soldats qui, se sentant en territoire ennemi et convaincus qu'ils n'échapperont pas à la mort s'ils sont vaincus,

---

1. *Colección de doc. inéd.*, t. VIII, p. 560.

se battent en désespérés. Pour repousser l'envahisseur, le seul moyen est de se défendre à l'abri de forteresses bien pourvues d'artillerie, de chercher à couper les communications de l'ennemi et de le priver d'approvisionnements. C'est ainsi qu'ont procédé Fabius Maximus à l'encontre d'Annibal et François Ier lors de l'invasion de la Provence. Le second point du mémoire portait sur la nécessité d'avoir de vieux soldats rompus au métier ; les nouvelles recrues n'ont quelque valeur que dans les contrées du Nord où l'on craint moins la mort que dans les terres chaudes ou tempérées. En tout cas, il faut mêler les jeunes soldats aux vieux et les encadrer d'officiers ayant fait la guerre. Le troisième point était que le souverain attaqué ne doit pas se mettre à la tête de ses soldats, mais demeurer dans un lieu fort pour que, si le capitaine qui a mené l'armée au combat est battu, le roi puisse refaire une armée : l'histoire montre de quelles conséquences fut la mort de Darius, celle du roi Rodrigue et récemment celle du roi Louis de Hongrie. Ces considérations, qui trouvèrent en 1542 un accueil favorable dans l'entourage de l'empereur, l'autorisent aujourd'hui, dit-il, à en présenter d'autres au roi, à propos des derniers événements. Trois choses lui semblent indispensables et urgentes : l'armement d'un grand nombre de galères, au sujet duquel il importe de s'entendre avec le pape et les autres nations intéressées à réprimer l'accroissement de la puissance ottomane ; l'acquisition d'armes offensives et défensives en Flandre et en Allemagne, car de longues paix ont laissé l'Espagne aussi dépourvue qu'elle pouvait l'être au temps du roi Rodrigue, où la pénurie d'armes a été cause de sa perte ; enfin le renforcement des garnisons d'un grand nombre de villes maritimes, où devront entrer non seulement des soldats espagnols et italiens, mais pour la moitié ou plus des soldats allemands, car l'expérience prouve, depuis le temps du Grand Capitaine jusqu'aujourd'hui, que les victoires remportées par les Espagnols en Italie, en France, en Allemagne et en Afrique l'ont été à l'aide d'Allemands.

Voilà les idées militaires de l'homme auxquelles on ne refusera pas de reconnaître quelque chose de judicieux et de perspicace.

Un autre trait digne de considération chez Sepúlveda

est la grande variété de ses connaissances et sa façon largement humaine de comprendre l'existence. Au lieu de s'enfermer dans ses études ou dans ses fonctions et de s'organiser une petite vie paisible, bien terre à terre, il reste, malgré son aversion pour le tracas de la cour, mêlé au mouvement général des idées et aux affaires qui agitent le monde. Il s'intéresse à tout, même aux questions d'économie rurale et de culture. Son amour pour son lieu de naissance Pozo Blanco[1], pour une propriété qu'il possédait sur les flancs de la Sierra Morena, la Huerta del Gallo, qu'il dénommait en son latin *meum praedium marianum,* n'est pas seulement celui du savant pour la retraite, mais celui du bon propriétaire qui se préoccupe du rendement de sa terre, des genres de culture les plus appropriés au sol, de plantations, d'ensemencements et de constructions, comme on le voit dans une lettre adressée à son collègue Honorato Juan, où une remarque sur la fâcheuse habitude espagnole de construire en pisé lui rappelle un passage de Pline le Jeune, car l'érudition ne perd jamais ses droits : « Mihi erat in animo aedificia coepta perducere, serere arbores, ac ex plantariis semina radicata transferre : nihil horum permittit pluviis durissima hiems. Ego vero, quod pertinet ad aedificia, absolutis etiam timere cogor, ut constant magna ex parte, more nostrae gentis antiquo, parietibus formaceis, quos sine magna sane causa magnopere demiratur Plinius Secundus, multum scilicet de sua admiratione remissurus, si ei accidisset, ut tali quopiam anno imbribus eos pervictos passim ruere conspiceret[2]. » Une autre fois il se décrit tout absorbé par les migrations des grives, le travail de ses abeilles, la taille de ses arbres fruitiers, le déchaussement et le provignement de sa vigne. Dans de tels moments, ses *dies marianenses,* comme il les nomme, la nature le ressaisit et la politique lui devient indifférente, il ne s'en soucierait plus, si le devoir de gagner honnêtement son salaire ne le retenait pas : « Quid Carolus

---

1. « Fateor : sed cum aestatem in Principis aula, et magna nobilissimorum virorum frequentia transegerim, mihi annua consuetudine ad Cordubensia hiberna redeunti pergratus est non sine causa tempori accommodatissimus Petrochiensis Putalbanusque secessus » (*Epist.* IV, 10).
2. *Epist.* III, 5.

Caesar, quid frater Fernandus agat, quid Henricus Gallorum rex… moliatur, jam pridem ignoro, nec equidem scire si salvo officio id facere possem, magnopere curarem »[1].
Même le souci des choses rurales, de l'élevage des animaux domestiques se montre dans ses consultations juridiques, comme le jour où il élucide pour le marquis de Gibraleón la question de savoir s'il est licite d'élever des colombes qui se nourrissent du grain qu'elles vont quêter dans les champs[2]. Il y a aussi chez lui des aperçus d'ordre plus général, où se glissent parfois des expressions heureuses et graphiques, par exemple quand il compare son Andalousie, desséchée par une série continue de vents du nord, à une Égypte mais sans Nil[3].

Un caractère ne s'éprouve et ne s'épanouit complètement que sous l'action des contrariétés et du malheur. Sepúlveda avait longtemps vécu heureux et tranquille et tout faisait prévoir que son existence s'achèverait libre de grands soucis. Mais voici qu'éclate la grosse affaires des Indiens, les ordres religieux s'agitent, Las Casas entreprend sa campagne, le public se passionne pour ou contre la propagande du fervent apôtre. Ayant affirmé son opinion dès le début de l'affaire, Sepúlveda eut à soutenir presque tout l'effort des avocats des Indiens, il tint tête à l'orage, mais il en sortit meurtri et comme décontenancé. Il ne s'attendait pas de la part de ses adversaires à tant de passion et à tant d'injustice, car ils ne se bornèrent point à attaquer sa façon de voir, ils le calomnièrent, en lui prêtant des opinions qu'il n'avait jamais soutenues, en l'accusant d'avoir épousé par intérêt la cause des conquistadors, enfin, ce qui en Espagne était le grand moyen, en le dénonçant à l'Inquisition[4]. Sepúlveda protesta en maintes occasions avec beaucoup de fermeté et de dignité, car, dit-il, il n'a jamais demandé que les barbares fussent réduits à la servitude, il a demandé qu'ils fussent soumis sans violence ni spoliation à un pouvoir civilisé et cela dans leur propre intérêt : « Non ergo Barbaros illos in servitutem abstrahendos esse dico, sed in

---

1. *Epist.* IV, 13.
2. *Epist.* VI, 1.
3. *Epist.* IV, 3.
4. *Epist.* VII, 2. Cf. aussi la lettre du 23 septembre 1549 au prince Philippe (*Col. de doc. inéd.*, t. LI, p. 128).

ditionem redigendos ; non bonis spoliandos, sed sine injuria conservandos ; nec heriliter eis, sed regie ac civiliter ad ipsorum scilicet utilitatem imperandum »[1]. A Las Casas il garda une rancune profonde, il le traita durement et même dédaigneusement : « Est homo natura factiosus et turbulentus... Is monachus, sive Barbarorum misericordia, itemque religione, sive studio rerum novarum, quarum natura cupidus, et seditiosus erat, inductus... »[2]. D'ailleurs il ne démordit pas de ses opinions et dans son histoire il raconta la dispute en défendant ce qu'il croyait vrai et sans se soucier de mécontenter qui que ce fût.

Un tel homme, nourri dès sa jeunesse de bonnes lettres, admis par ses mérites et par sa charge dans les milieux où se traitent les grandes affaires, ouvert à toutes les idées qui préoccupaient son époque et mûri par une expérience parfois douloureuse de la méchanceté ou de la bêtise humaine, pouvait à coup sûr écrire l'histoire de son temps. Comment s'y prit-il ?

Le *De Rebus gestis Caroli Quinti*, divisé en trente livres, remplit deux volumes in-4 d'une impression assez grosse. Il s'agit donc d'un ouvrage de dimension moyenne. Par sa méthode et jusqu'à un certain point par la façon dont il a agencé le récit, Sepúlveda se réclame de l'histoire humanistique telle qu'elle fut conçue par Leonardo Bruni et les autres humanistes italiens à la solde de princes ou de républiques, mais avec la préoccupation de suivre, pour le style, les meilleurs historiens grecs et latins, ceux-là surtout qui ont recherché la concision, et en s'inspirant aussi des écrivains contemporains d'Italie, de Paul Jove en particulier. Les éditeurs des œuvres complètes de notre auteur croient retrouver chez lui l'abondance de Tive Live, principalement dans les discours que, suivant l'usage classique, il met dans la bouche de ses personnages. Sa prose narrative, en tout cas, se ressent plutôt de son cicéronianisme et de la lecture de César[3]. Naturellement le *De Rebus gestis Caroli*

---

1. *Epist.* VI, 3.
2. Lettre du 23 septembre 1549 et cf. aussi le *De Rebus gestis Caroli Quinti*, XXI, 31.
3. « Ad stylum quod attinet poetica leviter tinctus fuit, soluta oratione Ciceronem semper aemulatus Hispanos inter excelluit... » (A. Schott, *Hispaniae Bibliotheca*, Francfort, 1608, p. 468). — « Genus

Quinti tombe sous le coup des critiques qu'on a depuis longtemps adressées à l'histoire écrite par les humanistes, qui sacrifie à peu près tout à l'art de la composition et au style. Ce qui ne peut pas se dire en beau latin ne vaut pas la peine d'être dit, telle est à peu près la formule de l'école. Sans aller tout à fait aussi loin, il est bien certain que Sepúlveda, lui aussi, a sacrifié à la forme et qu'il a passé sous silence beaucoup de choses qui ne se prêtaient pas à une narration élégante ou qui ne sollicitaient pas sa plume. Il a choisi dans l'histoire de Charles-Quint ce qui lui paraissait digne d'être raconté et ce choix dépend en partie de motifs littéraires. C'est le reproche le plus grave qu'on puisse lui faire[1].

Voyons maintenant quels principes il a suivis dans la recherche des faits et dans leur examen, où il a puisé ses matériaux et quels témoins il a interrogés de préférence, voyons en somme sa méthode historique.

Quatre ans environ après avoir pris possession de sa charge, le 26 août 1540, il adressa à la marquise del Zenete, que sa forte culture intellectuelle a rendue aussi célèbre que sa monstrueuse grosseur, une lettre où il parle d'une façon intéressante de la mise en train de son livre. « J'ai pris, lui dit-il, mon métier au sérieux et non en plaisantant comme d'autres semblent l'avoir fait avant moi », allusion très évidente à Guevara. Et il ajoute : « S'ils avaient accompli leur tâche, j'aurais bien moins à travailler, mais il faut présentement tout reprendre *ab ovo*. » Il écrivit donc en premier lieu ce qui le touchait de plus près, la période qui va depuis la retraite des Turcs en 1532 devant l'armée de Charles jusqu'au départ de ce dernier pour les Pays-Bas en 1539, et pour cette partie il mit à profit sans doute sa relation déjà composée de la campagne de Tunis. Mais maintenant, reprend-il, il s'agit de remonter aux débuts

---

orationis habet fusum, tractum et cum lenitate quadam profluens, quale historia, auctore Cicerone, postulare videtur » (Matamoros, *De adserenda Hispanorum eruditione*, éd. citée, p. 63).

1. Et c'est ce qu'a déjà vu G. Voigt : « So bequem machte sich ein Historiograph seinen Beruf, den er freilich ruhmvoller durch ein angenehmes Latein als durch reiche und gute Nachrichten zu erfüllen meinte. Sepulveda war durch die italienische Schule der Humanisten gegangen » (*Die Geschichtschreibung über den Schmalkaldischen Krieg*, Leipzig, 1874, p. 46).

du règne, afin de résumer les faits antérieurs à l'époque actuelle et de décrire ce qu'était l'Espagne à l'avènement de Charles[1].

Pour se faire une idée exacte de sa méthode d'investigation, on ne saurait rien lire de plus instructif que sa lettre au chanoine de Salamanque, docteur en droit canonique, Diego Neyla, que les éditeurs des *Opera* ont à juste titre mise en tête du *De Rebus gestis*. A cet ami, qui lui avait conseillé de ne pas publier de son vivant son histoire et de ne la montrer qu'avec précaution à quelques personnes choisies, Sepúlveda répond qu'il partage cet avis et que, s'il s'est fait lire par des hommes graves, il n'a pas agi par vanité mais pour profiter de leurs corrections, qu'on obtient mieux par ce procédé qu'en posant des questions : « Veritas eo modo, et continente lectione, quam percunctationibus, perquisitius atque plenius exquiritur ». Il va de soi, continue-t-il, que l'historien n'est pas tenu d'avoir assisté à tous les événements qu'il raconte ; tous les historiens anciens n'ont en grande partie écrit que sur les rapports d'autrui. Lui a vu de ses yeux bien des choses et, dans le cas contraire, il a eu recours aux informations directes les plus sûres, aux lettres de l'empereur et des grands directeurs de sa politique qui lui furent communiquées par ordre ; il a aussi interrogé des militaires, des ambassadeurs, des grands, l'empereur lui-même, qui avec une sincérité presque religieuse, tant il était ami du vrai, consentait gracieusement à lui répondre. Puis il a lu les écrits de beaucoup de contemporains, les uns courts et manuscrits, les autres très longs et imprimés: en latin, Paul Jove, qui s'occupe de préférence de l'histoire des Turcs ; Sleidan, auteur qu'il a lu avant que l'Église eût condamné ses ouvrages, et qui est à consulter sur les affaires d'Allemagne, quoique contaminé d'idées protestantes, à cause de son exactitude presque trop minutieuse; Cappella, qui traite de l'histoire d'Italie pendant dix années, à partir de 1520. Après, les Espagnols qui ont écrit en leur langue: D. Luis de Avila et son Commentaire de la guerre d'Allemagne ; la guerre de Naples d'Antonio Ixart[2] ; les récits de beaucoup de guerres

---

1. *Epist.* III, 1.
2. Ce nom catalan ou valencien désigne sans doute l'auteur d'une relation manuscrite.

sur terre et sur mer de Pedro de Salazar, ce qui désigne l'*Hispania victrix. Historia en la qual se cuentan muchas guerras succedidas entre christianos y infideles assi en mar como en tierra* (Medina del Campo, 1570). Pour finir, les Italiens en langue italienne : Marco Guazzo et son histoire générale jusqu'en 1546; Roseo Mambrino, qui a écrit jusqu'en 1558 et Alfonso de Ulloa dont l'histoire de Charles-Quint parut en 1560. Armé de tous ces matériaux, il s'est alors mis à l'œuvre et a élaboré cette histoire, qui est celle à la fois de « l'empereur, de notre roi et de notre nation », sans s'en rapporter à son propre jugement, mais en consultant souvent pour le fond et la forme des personnes autorisées, comme il a coutume de le faire pour ses écrits de philosophie et de théologie. Avec précaution toutefois, car il faut se méfier des gens qui, persuadés qu'ils sont dans le vrai, accusent un auteur d'avoir menti et calomnient son ouvrage, et il nous conte à ce propos une assez plaisante anecdote. Cheminant avec un gentilhomme entre Rome et Turin, la conversation tomba sur un incident de la campagne de Tunis que Sepúlveda avait conté dans sa relation d'une certaine façon que le gentilhomme déclara mensongère, affirmant qu'il y avait assisté. Le chroniste se défendit comme il put, mais sans succès, jusqu'à l'arrivée d'autres témoins de la campagne qui unanimement confirmèrent son dire. Le gentilhomme, un peu penaud, s'excusa alors en disant : « Il est vrai que je ne puis affirmer que la chose se soit passée ainsi, car je n'étais pas présent et ne l'ai pas vue de mes yeux; mais je n'étais pas loin et j'affirme que d'autres m'ont garanti la version que j'en donne ». Conclusion : Sepúlveda, pour se conformer aux avis de Neyla, laissera son ouvrage sur le métier, se réservant d'y apporter jusqu'au dernier moment des changements ; il ne le communiquera qu'à très peu de lecteurs soigneusement triés et abandonne à la postérité le soin de le mettre au jour. Ce que Sepúlveda dit ici de son histoire, vers 1560 à ce qu'il semble[1], reçoit une confirmation d'une autre lettre datée de Pozo Blanco, 8 mars 1563, où il se représente écrivant la chronique du roi Philippe, « car celle

---

1. L'allusion à l'*Hispania victrix* indique toutefois qu'il retoucha la lettre à Neyla une dizaine d'années plus tard.

de son père je l'ai déjà terminée, quoique je n'aie pas encore fermé sur elle la porte au point de ne rien pouvoir y ajouter, si je recevais une relation authentique de quelque chose d'important dont je n'aurais rien dit, comme cela arrive[1] ».

En tant que répertoire de faits se rapportant à l'action politique et guerrière de l'empereur ou bien à la vie de la nation espagnole sous son règne, puisque l'auteur poursuivait ces deux objets le *De Rebus gestis*, a perdu une grande partie de sa valeur. Si le livre avait été publié au lendemain de la mort de Charles-Quint ou même sous Philippe II, vers la fin du xvie siècle, il eût été instructif. Aujourd'hui, après l'ouverture des archives et tant de travaux de tout genre, ce qui frappe en le lisant ce sont surtout les lacunes, les erreurs de détail inévitables, la pauvreté de l'information sur des problèmes importants, depuis longtemps creusés et en partie élucidés. De ces défauts-là l'auteur ne porte vraiment pas la responsabilité, car nul n'eût mieux fait à sa place et ces défauts dépendent des conceptions de son temps. Au surplus, il serait puéril de lui chercher noise parce qu'il ne nous apporte pas assez de faits précis et dûment contrôlés : nous savons où les prendre. Si nous nous appliquons encore à suivre toute cette phraséologie vieillotte et ces grâces de style assez fanées, c'est pour y recueillir des impressions directes d'hommes et de choses, des détails personnels qui peignent certaines individualités qu'on voudrait connaître de plus près, des jugements spontanés, sincères et par là révélateurs de l'esprit de l'époque. Par les citations suivantes du *De Rebus gestis*, qu'il serait d'ailleurs facile de multiplier, le lecteur appréciera ce qui constitue aujourd'hui le mérite non médiocre de ce livre connu trop tard et trop tôt négligé.

II, 27. La part prise par D. Antonio de Fonseca, frère de l'évêque de Burgos, dans l'incendie de Medina del Campo du 21 août 1520, événement qui contribua beaucoup à l'extension du mouvement *comunero*, reste encore un cheval de bataille entre écrivains de partis politiques opposés. Or, Sepúlveda innocente Fonseca, mettant l'incendie de l'opu-

---

1. Andrés de Uztarroz et Dormer, *Progresos de la historia en el reino de Aragon*, éd. de Saragosse, 1878, p. 371.

lente ville des foires sur le compte des soldats et non du chef qui les aurait dissuadés d'accomplir cet acte de sauvagerie. Son autorité est le fameux alcade Ronquillo, présent à l'affaire et qui en rendit lui-même compte sous serment à l'historiographe : « Antonius, Ronquillo etiam admonente, suis ne quid tale admitteretur, denuntiavit, et per dimissos nuntios irrumpentibus interdixit, ut mihi postea praetor ipse sancte juratus confirmavit ». Vraie ou fausse, l'allégation a son importance. Comment l'antiroyaliste Ferrer del Rio, qui donne d'ailleurs du récit de Sepúlveda une traduction tout à fait erronée, ne la mentionne-t-il pas ?

VII, 10. Dieu merci, il y a sur le sac de Rome plutôt surabondance que pénurie d'informations. Aussi n'est-ce que par acquit de conscience qu'on signale ici le passage qui se rapporte à Renzo da Ceri et à sa pitoyable conduite, « me vidente et audiente, dit Sepúlveda, atque hominis sive stupor ille fuit, sive ignavia, demirante ».

XVII, 26, 29. Au sujet de l'entrevue d'Aigues-Mortes en 1538, il y a à noter qu'à une question posée par son historiographe, Charles-Quint répondit qu'à l'exception d'une seule personne qui manifesta sa confiance, les autres officiers de sa cour, et Doria plus que les autres, lui déconseillèrent de se mettre entre les mains de François Ier. Puis un détail des fêtes. L'Espagnol remarque que le roi de France admit à sa table des membres de sa suite, ce qui était contraire à l'étiquette d'Espagne : « Nam regibus Galliae minus severa est et hilarior cum suis vivendi ratio ».

XVIII, 18. Presque tout le livre XVIII a été consacré aux cortès de 1538-39, si célèbres dans l'histoire parlementaire d'Espagne par le refus qu'opposa la noblesse aux demandes de l'empereur : il s'agissait d'établir un impôt (la *sisa*) pour subvenir aux dépenses publiques, surtout aux entreprises de la politique impériale à l'étranger. De ce refus résultèrent l'exclusion de la noblesse des cortès de Castille et chez Charles-Quint une profonde blessure d'amour-propre, attestée par le mot que rapporte Sepúlveda. Lui ayant, plusieurs années après l'événement, rappelé un jour à Madrid ces cortès, Charles lâcha cette parole : « C'est alors que j'ai compris le petit pouvoir dont je dispose. » Le mot semble en tout cas plus authentique que celui que lui prête Sandoval : « Je vous ferai jeter par la fenêtre », aurait-il dit au connétable de Castille. A quoi celui-ci aurait riposté : « Que votre Majesté prenne garde, car, si je suis petit, je pèse lourd ».

XVIII, 22. A l'égard des ministres en qui Charles avait placé sa confiance, notre auteur, fonctionnaire de la cour impériale, se montre, comme bien l'on pense, fort retenu. Il se laisse toutefois aller çà et là à quelques insinuations. Le mariage du petit-fils de Gonsalve de Cordoue avec la fille d'un des ministres d'État les plus appréciés de l'empereur, Francisco de Los Cobos, l'invite à essayer un portrait. Comme le personnage était de fort petite naissance, qu'il devait beaucoup à sa bonne étoile et même, dit-on, à sa femme, Sepúlveda commence ainsi : « Tantum potest virtus, *fortuna comitante*, quae Franciscum Covum ex honesto quidem, sed humili loco tam sublimem evexerat... » Après il loue sa grande affabilité et l'agrément de sa parole qui lui conciliaient de nombreuses amitiés et apaisaient les sentiments haineux que suscita, à partir d'un certain moment, l'habitude qu'il prit de ne plus se laisser facilement aborder et de retarder par suite l'expédition des affaires.

XIX, 41. On ne rappelle ici que pour mémoire le récit souvent cité du meurtre du protestant Juan Diaz par son frère Alonso, que Sepúlveda recueillit à Valladolid de la bouche même de l'assassin peu d'années après le crime ; mais n'est-ce pas ici l'occasion d'examiner un peu son attitude à l'endroit de la question religieuse ? Quoique très imbu des préjugés de son milieu et de son pays, il ne nous apparaît pas toujours et partout comme un féroce mangeur d'hérétiques. L'appellation de *luthérien* ne le pousse pas hors des gonds, comme tant d'autres, et, parfois, il sait même rendre justice à des écrivains du parti opposé. Ainsi le jugement qu'il porte sur Sleidan, dans une lettre écrite à Guillaume Van Male, le 1ᵉʳ juin 1557, témoigne d'une certaine liberté d'esprit et en tout cas d'une grande modération. Le style de l'auteur protestant le chagrine un peu, il l'estime *parum cultus* et médiocrement classique, mais il loue sa diligence et son exactitude, qui malheureusement n'excluent pas de terribles longueurs, des minuties fastidieuses et un très grand éparpillement de données qu'on voudrait trouver réunies. Et il conclut : « Longum est et laboriosum singula negotia ex his commentariis perdiscere. »

En somme, une appréciation à laquelle souscrirait plus d'un critique de nos jours.

XX, 23-24. Curieuse histoire de deux jeunes gens, auteurs de pasquins, composés de centons de Virgile et d'Horace, qui furent affichés une nuit de l'année 1542 sur la porte de l'église Saint-Paul de Valladolid. Ces placards, qui effleuraient seulement l'empereur et le prince, contenaient à l'adresse de beaucoup d'autres notabilités, présentes aux cortès de Valladolid, de graves injures. Charles, décidé à ne pas laisser cette mode italienne s'introduire en Espagne, ordonna de rechercher les délinquants. La justice ne tarda pas à découvrir que l'un était fils de D. Pedro Laso, un des chefs du mouvement *comunero* à Tolède, l'autre un bâtard du poète Garcilaso de la Vega, mort glorieusement pendant la campagne de Provence : le souvenir du père desservait donc le premier et servait le second. Mais l'empereur les traita de même et, s'il leur fit grâce de la vie, il les condamna tous deux à deux ans d'emprisonnement à la Mota de Medina del Campo, puis à un exil perpétuel[1].

XXI, 22 et suiv. Pendant l'année 1542, Sepúlveda suivit la cour et nous a laissé dans ce livre de son histoire des narrations intéressantes où les pays par lui traversés, Navarre, Aragon, Catalogne et Valence, nous apparaissent avec les variétés de leur nature physique et de leur état politique. Là ce sont certains travaux hydrauliques et d'irrigation qui captivent son attention de propriétaire rural ; ailleurs, en Aragon, le juriste découvre des institutions qui n'ont pas d'analogues en Castille, par exemple le *justicia*, le grand juge, qu'il compare aux éphores lacédémoniens créés par Théopompe et dont il décrit le rôle dans la constitution aragonaise. Plus loin, en Catalogne, il se heurte à une législation douanière qui a le privilège d'exciter sa colère et qu'il voue à l'exécration. Il s'indigne surtout de voir que le roi lui-même n'échappe pas à la visite de ses bagages. Chez nous, en Castille, dit-il, nous avons aussi nos péages, mais on ne fouille pas les bagages des notables dont les mules portent des couvertures (*reposteros*) aux

---

[1]. Ce récit est à rapprocher de celui de Vandenesse (Gachard, *Voyages des souverains des Pays-Bas,* t. II, p. 206), qui donne la date exacte de l'affichage des pasquins (23 avril 1542), mais qui paraît moins bien renseigné que Sepúlveda sur les détails de l'affaire.

armes du propriétaire. A Séville seulement, à cause de l'affluence extraordinaire des allants et venants, il n'y a que les personnes royales d'exemptes. La raison que lui donnent les Catalans à l'appui de leur procédé égalitaire vaut qu'on la rapporte : c'est pour rendre plus facilement acceptables par tous des mesures si vexatoires qu'ils les ont étendues même au roi. Celui-ci d'ailleurs, pour s'y soustraire, possède un moyen bien simple : diminuer la cote de l'impôt dû par la province, en échange de quoi les Catalans se montreront accommodants. A Valence, il note l'industrie de la soie qui occupe beaucoup de bras. Aux alentours la sécheresse règne ; il faut faire venir du dehors le vin, le blé, le bétail. Toutefois un système d'irrigations bien conçu permet de cultiver des mûriers pour l'élevage des vers à soie, d'autres arbres fruitiers, des cannes à sucre et du riz, la grande nourriture qui remplace le pain. La population, surtout urbaine, vouée à des occupations sédentaires et inapte aux travaux des champs qui fortifient le corps et l'âme, a trop de tendance à s'abandonner aux voluptés. — Les § 31 à 36 du même livre XXI sont consacrés à Barthélemy de Las Casas et à la grande affaire du traitement des Indiens. On n'a pas à y revenir, mais le simple fait que Sepúlveda a estimé nécessaire d'en parler dans son histoire montre l'importance qu'il attachait au conflit dont il avait été peut-être la principale victime.

XXIII, 1 et ss. En 1543, Sepúlveda accompagne Juan Martínez Silicco, alors évêque de Carthagène et l'un des chefs de l'ambassade chargée de recevoir à la frontière la princesse Marie de Portugal, femme du prince Philippe. Il profite de ce voyage, qui lui fait traverser des régions riches en antiquités romaines, pour en prendre note et même pour en donner la description à son ancien élève. En passant par Merida, il admire les constructions affectées aux réserves d'eau, qui, en temps de sécheresse, servent à alimenter les moulins. Le récit de l'ambassade, les cérémonies de la réception de la princesse, les disputes de préséance, etc. tiennent assez de place ici. Pour un moment, notre historien devient vraiment *aulicus* et semble ajouter de l'importance à ces questions d'étiquette.

XXIII, 40. En ce paragraphe est signalée l'influence de Pedro de Soto, dominicain et confesseur de l'empereur, sur le choix des théologiens chargés de représenter l'Espagne au concile de Trente. Ce choix eut lieu au détriment du clergé séculier. Rien d'extraordinaire à cela, dit Sepúlveda, les religieux, surtout d'un même ordre, s'aident entre eux : « ut monachi solent monachis, praesertim ejusdem familiae, studiose suffragari ». Plus loin, aux § 42 et suiv., la mort de l'archevêque de Tolède Juan Tavera, en 1545, l'amène à parler de son remplaçant, Juan Martínez Siliceo. Charles-Quint aurait désiré que Paul III ne nommât qu'un administrateur afin de pouvoir affecter une grande partie des revenus de l'opulent archevêché aux dépenses de ses guerres, mais le pape n'y consentit pas. L'empereur nomma alors archevêque Martínez Siliceo, après avoir obtenu de ce prélat qu'il abandonnerait sur son revenu une somme annuelle de quarante mille ducats, qui fut ensuite réduite à trente, pour subvenir à l'entretien de la flotte d'André Doria. Siliceo paya ainsi cent vingt mille ducats, puis il s'arrêta quand il s'aperçut, lui-même le déclara au chroniste, qu'on affectait d'exiger de lui ce qui avait été de sa part une concession gracieuse : « Coepit de omni pensione recusare, et recusandi causam hanc ipse mihi colloquendo fuisse dixit, et praedicabat, quod ea pecunia, quam ipse sua voluntate ac liberalitate tribueret, a se quasi jure debita exigeretur ».

XXIV, 5 et suiv. Sur la guerre contre les protestants d'Allemagne en 1546 et 1547, le *De Rebus gestis* ne pouvait être que le reflet d'autres écrits, notamment du livre de D. Luis de Avila[1], puisque l'historiographe ne suivit pas son souverain pendant cette guerre ; mais dans ce qu'il a emprunté à d'autres se glissent çà et là quelques détails qu'il tient de témoins oculaires, puis des vues, des considérations d'une réelle valeur. Il pose, par exemple, très nettement la question du motif de la guerre. Ce motif est d'ordre religieux. De même que Charles a conquis les Indes, avec l'autorisation des papes, pour y introduire la foi chrétienne, de même il a le devoir de combattre l'hérésie en Allemagne, étant le champion de la catholicité. Telle a été la principale cause

---

1. Voir *Epist.* III, 7 et 8. Lettre de D. Pedro de Avila, marquis de Las Navas, qui envoie à l'historiographe un exemplaire du *Comentario de la guerra de Alemaña* de son frère D. Luis, et réponse de Sepúlveda.

de la guerre : « Atque haec quidem fuit causa belli faciendi gravissima. » Mais, comme il s'agissait de ne pas ameuter toutes les provinces infectées d'hérésie contre l'empereur, au début de la campagne, on mit en avant un prétexte politique. Les historiens modernes s'accordent entièrement sur ce point avec Sepúlveda. G. Voigt a déjà signalé un trait curieux rapporté par notre historien et qui concerne la conduite de l'empereur, après la bataille de Muhlberg, à l'endroit de l'électeur de Saxe[1]. Charles aurait été enclin à le condamner à mort[2], mais son alcade de cour, Diego Birbiesca de Muñatones, lui conseilla de temporiser et sauva ainsi la vie du prince allemand. Sepúlveda déclare tenir le fait de Muñatones lui-même. Il sait aussi qu'il y eut plus tard une tentative d'empoisonner le landgrave de Hesse et qu'un Juan de Guevara vint de Milan avec le poison préparé à cet effet, mais que Charles-Quint ne voulut pas entendre parler d'une action si noire : « Desinite, inquit, vosque meque fatigando frusta niti ; ego enim viro principi nihil indignius, nihil turpius esse statuo, quam veneno pugnare... » Pour en finir avec l'Allemagne et l'Empire, notons encore qu'au sujet de ce qui fut pendant un temps un projet très chéri de Charles, le transfert de la couronne impériale, après la mort de Ferdinand, sur la tête de Philippe II, Sepúlveda déclare avec une belle franchise (XXVI, 88) que les Espagnols ne se souciaient aucunement de cet honneur, qu'ils en avaient assez de l'Empire et de ses charges, qu'ils voulaient un souverain à eux et résidant parmi eux.

Sepúlveda aurait menti à son programme et contrevenu à l'un des préceptes de l'histoire humanistique s'il avait omis de nous tracer un portrait au physique et au moral de son héros. Après nous avoir, dans son livre XXX, dépeint l'empereur, aux approches de 1556, terrassé par la maladie, vieilli avant l'âge, contraint de se calfeutrer dans une

---

1. *Die Geschichtschreibung über den Schmalkaldischen Krieg*, p. 46.
2. D. Luis de Avila affirme très nettement cette intention première de l'empereur : « Començo a inclinarse mas a la misericordia, que se devia tener de un principe tan grande puesto en tan miserable fortuna, que no a poner en effecto la primera determinacion, que era cortarle la cabeça » (*Comentario de la Guerra de Alemaña*, éd. d'Anvers, 1550, fol. 95).

chambre et ne plus paraître en public, dégoûté de tout au point de rester neuf mois sans vouloir signer une dépêche, il essaye quelques pages plus loin (XXX, 24 et ss.), et quand il a raconté le voyage des Pays-Bas à Yuste, de marquer les traits essentiels qui composent le personnage. Pour le physique, il n'omet rien de ce qui est caractéristique, notamment le menton proéminent et les lèvres qui ne s'ajustent pas. Il parle aussi sans réserve de l'état morbide du souverain, de la goutte qui l'envahit dès sa trentième année, de ses excès de table, de la perte de ses dents vers cinquante ans qui l'oblige à manger le plus possible seul, de la simplicité de son vêtement. Sur le côté moral, il s'étend davantage. Des aptitudes militaires il dit ceci : Personnellement brave, et plus porté à s'exposer aux périls qu'il ne convient à un prince, Charles aimait à diriger lui-même les opérations et se chargeait volontiers de détails qui pouvaient être laissés à des sous-ordres. Il montra parfois une ténacité extraordinaire à lutter contre les circonstances trop clairement défavorables, comme au siège de Metz. Véridique avant tout, d'une constante gravité et d'un attachement absolu aux décisions une fois prises, rien ne pouvait le détourner de ce qu'il avait résolu de faire. Au sujet de sa libéralité, les opinions diffèrent. Ceux qui ne se croyaient pas assez récompensés de leurs services le taxaient d'avarice ; d'autres au contraire l'accusaient de prodiguer l'argent de ses sujets. Il fut tenu à bien des expédients. Il toléra, moyennant une imposition de cinquante ducats, l'usage des mules, proscrit par une loi, pour pouvoir acheter des chevaux aux officiers et soldats qui avaient perdu les leurs dans l'expédition d'Alger. Il vendit des commanderies des ordres militaires, des charges de magistrature, il créa des emplois pour en tirer de l'argent. Il tenait à avoir un clergé vertueux et instruit ; souvent il nommait des inconnus dont on lui avait vanté les mérites et négligeait ceux qu'il avait autour de lui parce qu'il connaissait trop leurs défauts. Juste par tempérament, il inclinait toutefois vers la sévérité plutôt que vers la clémence dans les affaires graves. Ambitieux et amant de la vraie gloire, il dédaignait tous les manèges de la vanité. Ici, une anecdote. Sepúlveda, désirant un jour avoir l'avis de l'empereur sur un passage quelconque de son histoire, mais ne voulant pas le fatiguer de questions, lui proposa de lire le passage : l'empereur laisserait passer sans rien dire ce qu'il tiendrait pour exact et arrêterait le lecteur là seulement où il le prendrait en faute. « Je ne me soucie point, lui répondit Charles, de lire ou d'entendre ce qu'on écrit sur mon compte. D'autres liront cela, quand je serai mort. Mais toi si tu veux savoir quelque chose, interroge-moi, je te répondrai volontiers. » Une autre anecdote sur le même sujet et où est mêlé Paul Jove trouvera sa place dans un autre chapitre, car la version de Sepúlveda demande à être un peu contrôlée.

On ne dira pas qu'il y ait là des preuves d'une pénétratration très grande ni d'une psychologie fort aiguisée ; on le dira d'autant moins que parmi ces notes d'après nature il en est qu'on trouve aussi ailleurs et chez des écrivains que Sepúlveda a pu connaître. Mais incontestablement l'historiographe a bien vu certaines choses : le modèle a souvent posé devant le peintre, celui-ci a pu le surprendre en des occurrences qui comptent dans la vie d'un souverain et il a bien marqué l'impression qu'il avait gardée de ces inoubliables minutes. L'ensemble du portrait se tient et les réflexions que suggère à l'auteur ce qu'il a observé n'ont rien de banal, on y sent un homme capable d'interpréter des paroles et des gestes, et un homme aussi qui garde une louable indépendance de jugement, qui ne sacrifie rien à la courtisanerie.

Concluons donc, en général, à propos, non plus seulement de ce livre XXX mais de l'ouvrage entier, que le *De Rebus gestis Caroli Quinti*, tentative très honorable de résumer l'histoire d'un grand souverain et d'une grande époque, avec des moyens insuffisants sans doute et dans une forme qui a depuis longtemps perdu son prestige, demeure néanmoins une œuvre qu'il serait très injuste de traiter avec dédain. Quelles que soient ses lacunes, quelles que soient ses erreurs, il y a toujours profit à la consulter, ne serait-ce que pour se pénétrer de l'esprit d'une époque, et se représenter comment un contemporain et un compatriote a vu l'empereur, et comment il l'a jugé : sans compter qu'en matière de faits et d'informations — nos analyses ont peut-être permis de le constater — le livre n'est pas si négligeable qu'on le croirait à première vue.

Reste à faire en quelques mots l'histoire du livre demeuré inédit et presque inconnu jusqu'à la fin du xviii° siècle. Le premier bibliographe qui mentionne le *De Rebus gestis* est le jésuite flamand André Schott :

> Caesar illum [Sepulvedam] Carolus V. vere Augustus, ex Italia per Germaniam sponte adductum, nihilque tale ambientem ultro in domesticorum numerum retulit, et Historici titulo cohonestavit, Epist. 8. 9. et 29. Cujus etiam Imperatoris res praeclare domi, forisque gestas, ut summa fide diligentiaque, sic et elegantia pari litteris prodidit: asservarique aiunt, eos commentarios a Regibus Catholicis, qui inanis gloriae contemtum, iis hactenus latere jussis, declarant, dum tempore, ut fit, invidia decedat : posteri enim incorruptius fere judicant [1].

Au temps de Schott donc, c'est-à-dire vers la fin du règne de Philippe II ou au commencement de celui de Philippe III, les Commentaires de Sepúlveda sur Charles-Quint se trouvaient, dit-on, dans la maison royale, les descendants de l'empereur, par dédain de la vaine gloire, ayant estimé préférable de ne pas en prescrire la publication. Nicolas Antonio transcrit simplement l'information de Schott relative au *De Rebus gestis*; il ajoute toutefois dans sa notice qu'il possédait le récit de l'expédition de Tunis (*De Bello africo*), détaché de la grande histoire, « veluti ἀποσπασμάτιον », et provenant d'un manuscrit du collège de Saint-Paul de la Société de Jésus à Grenade [2]. Que les successeurs immédiats de Charles, Philippe II et Philippe III, aient agi par « dédain de la vaine gloire » en s'opposant à la divulgation du *De Rebus gestis,* c'est ce qui ne paraît pas très certain ; en tout cas l'empereur à la veille de sa mort en jugeait autrement. Quel que fût son détachement des choses d'ici-bas, il suivait encore les travaux de son historiographe et demandait qu'on l'informât de ses progrès. Dans une lettre écrite de Yuste, le 9 juillet 1558, à son serviteur Juan Vazquez, il le charge de la commission suivante:

> Puisque la princesse [3] a écrit au chapitre de l'église de Zamora

---

1. *Hispaniae Bibliotheca*, Francfort, 1608, p. 467. Le renseignement donné par Schott que l'empereur aurait fait venir Sepúlveda d'Italie en Allemagne est inexact.
2. *Bibliotheca hispana nova*, s. v. *Ioannes Genesius de Sepulveda.*
3. La princesse Doña Juana, fille de l'Empereur et gouvernante d'Espagne en l'absence de Philippe II.

au sujet de la chronique que Florián de Ocampo a rédigée, il conviendra qu'en ce qui concerne cette chronique, et celle aussi que rédige le chroniste Sepúlveda, on donne l'ordre qu'au cas où, vu leur âge avancé à l'un et à l'autre, ils viendraient à mourir avant de les avoir imprimées, leur travail soit mis en sûreté pour qu'il ne se perde pas et qu'on l'imprime [1].

Charles-Quint comptait donc parfaitement que l'ouvrage dont il avait confié le soin à Sepúlveda serait publié. La mort de l'Empereur, survenue le 25 septembre suivant, arrêta tout. Le chroniste eut-il connaissance des intentions de son maître? On hésite à le croire, puisqu'il n'y fait aucune allusion et qu'en diverses circonstances il affirme son intention de retoucher indéfiniment son ouvrage et de laisser à la postérité le soin de le publier. De toutes façons, Philippe II, qui déjà s'était arrangé à faire le silence sur les propres mémoires de son père, ne mit aucun empressement à s'occuper de l'ouvrage historique de son ancien précepteur. Peut-être, vu sa fort médiocre connaissance du latin, ne chercha-t-il jamais à le lire. Ou bien, et c'est encore une hypothèse vraisemblable, apprit-il par des personnes qui l'avaient lu que Sepúlveda y gardait son franc parler sur certains points délicats, comme par exemple l'affaire des Indiens, et qu'il rappelait certains incidents de la vie de Charles-Quint que son fils estimait plus opportun de laisser dans l'ombre. Quelle qu'ait été la pensée de Philippe II, le fait est que sous son règne il ne fut jamais question de livrer au public le *De Rebus gestis Caroli Quinti*.

Qu'advint-il du manuscrit de l'auteur? Si l'on en croyait Schott, le roi, Philippe II ou Philippe III, se serait fait livrer l'ouvrage, en original ou en copie. Une copie à la rigueur, mais l'original ou les originaux restèrent en d'autres mains, comme nous l'indiquent très nettement les éditeurs des œuvres complètes de Sepúlveda au xviiie siècle. A cette époque un autographe du *De Rebus gestis* fut retrouvé par hasard dans un tas de vieilles paperasses par un nommé Juan Antonio Ximénez Alfaro, paléographe du Conseil de Castille, qui, sur le conseil d'un académicien, en fit cadeau au roi Charles III avec une copie qu'il avait tirée dudit au-

---

[1]. Gachard, *Retraite et mort de Charles-Quint au monastère de Yuste*, t. Ier, p. 340.

tographe. Le souverain, intéressé par cette découverte, chargea l'Académie de l'Histoire de présider à la publication de l'ouvrage. Quatre académiciens, Antonio Murillo, Antonio Barrio, Casimiro Ortega et Francisco Cerdá acceptèrent cette mission et celle de mettre au jour toutes les œuvres imprimées et manuscrites de l'érudit cordouan. Sur ces entrefaites, apparut un autre manuscrit autographe appartenant au comte de Torrepalma. De la confrontation des deux manuscrits résulta que le second, celui de Torrepalma, représente une première rédaction très corrigée, et le premier, celui retrouvé par Alfaro, une mise au net, avec quelques corrections nouvelles et des additions concernant l'histoire d'Angleterre, aux livres XXVIII et XXIX, que les éditeurs supposèrent provenir d'une revision de ces livres par le cardinal Pole[1]. Aujourd'hui l'Académie de l'Histoire possède, sous la cote $\frac{12-27-1}{E. 1, 2, 3.}$, trois manuscrits des œuvres historiques de notre auteur qui contiennent : 1° une première rédaction avec corrections du *De Rebus gestis* et du *De Orbe novo* ; 2° une mise au net du premier ouvrage ; 3° une mise au net du second ouvrage[2]. Il y a lieu de croire que ces trois volumes correspondent simplement aux manuscrits Torrepalma et Alfaro, ce dernier aura été divisé en deux.

La publication des académiciens de Madrid, exécutée avec assez de soin, quoiqu'on n'y ait pas relevé, pour les œuvres historiques, les corrections de l'auteur aptes à éclairer des passages un peu obscurs, mit dès 1780 à la portée des historiens de Charles un livre qu'ils pouvaient considérer comme détruit ou perdu : ils n'en profitèrent pas beaucoup. La faute en est en partie à son apparition très tardive, à un moment où beaucoup d'écrivains avaient déjà pris position et avaient eu recours à d'autres sources d'information.

---

1. Voir le tome Ier des *Opera*, p. xc, et la lettre de Sepúlveda du 1er octobre 1555 au cardinal Pole, où il le prie de lire ce passage de son livre : « Eam igitur partem historiae, quae Principes nostros, et communiter rem Britannam attingit, ex commentariis quibusdam, quae ad manus meas pervenerunt, et tam aliorum gravium virorum, tam ipsius Philippi Regis epistolis ad Joannam sororem missis, a me proxime prima manu confectam tibi mitto... » (*Epist.* VI, 14).

2. Communication de M. G. Cirot, qui a récemment examiné ces manuscrits.

Robertson date de 1769. S'il avait connu Sepúlveda, il lui aurait sans doute beaucoup emprunté, et, quelque différent que fût son point de vue, peut-être lui aurait-il rendu justice, comme plus tard le fit Ranke, dans les termes suivants qui seront la conclusion de ce chapitre : « Sepúlveda omet beaucoup de choses, mais ce qu'il raconte, il le raconte exactement ; son style est simple, clair et enjoué. Ce qui n'a pas lieu souvent, on peut lire cet ouvrage d'histoire pour se récréer l'esprit. Peut-être est-ce une erreur aujourd'hui de croire la beauté de la forme liée à l'emploi des langues vivantes, comme c'en était une jadis de la croire liée à l'emploi des langues anciennes [1]. »

1. *Zur Kritik neuerer Geschichtschreiber*, Leipzig, 1874, p. 109.

CHAPITRE IV

I. Pedro Mexía. — II. Florián de Ocampo. — III. Barnabé Busto. — IV. Juan Paez de Castro. — V. D. Lorenzo de Padilla. — VI. Alonso de Santa Cruz.

I. Encore un Andalou, et beaucoup plus connu dans l'histoire littéraire que le précédent. Le « très magnifique gentilhomme Pedro Mexía » eut la chance de venir au bon moment, et c'est ce qui lui valut sa grande réputation. Vers le milieu du xvi⁰ siècle, les livres de vulgarisation en langue espagnole n'abondaient pas. Mexía se dit qu'il y avait quelque chose à tenter en faveur du grand public incapable de lire le latin souvent très indigeste des humanistes, et que le moment était venu de l'instruire de beaucoup de choses demeurées jusque-là le patrimoine exclusif d'un petit nombre d'initiés. Issu d'une bonne famille noble de Séville [1], il naquit à l'extrême fin du xv⁰ siècle, en 1499, fit ses études d'humanités à Séville, puis se rendit à Salamanque pour s'initier au droit : entre temps, il ne négligeait pas les exercices inséparables de l'éducation du gentilhomme accompli et devint très fort en escrime. Protégé par le grand bibliophile Ferdinand Colomb, fils naturel du découvreur, et par un docte prélat, D. Baltasar del Rio, qui fut chanoine et archidiacre de Séville, évêque de Scala dans le royaume de Naples, Pedro Mexía, tout en continuant à cultiver les lettres, à correspondre avec le célèbre humaniste Vives et à rimer des vers castillans, s'appliqua à l'étude des mathématiques et de l'astronomie avec tant de succès

---

1. Il s'en vantait un peu : « Fidelis est et valde circumspectus in historia, et quodammodo, ut Quintilianus de Messala dixit, *prae se ferens in dicendo nobilitatem suam* » (Matamoros, *De adserenda Hispanorum eruditione*, éd. citée, p. 61).

qu'il mérita le surnom de l'*Astrologue*. Il trouva le temps aussi de remplir divers emplois publics dans sa ville natale, celui d'échevin (*veinticuatro*), de comptable de la *Contratación* ou chambre de commerce, etc. Tant de labeur, dans un milieu où l'on ne travaille guère, le débilitèrent beaucoup, il devint souffreteux, douillet, évitait avec soin de s'exposer à l'air après le coucher du soleil et vivait emmitouflé. On l'appelait « l'homme aux sept bonnets », parce que sous sa calotte il superposait plusieurs bonnets pour se mieux garantir contre le froid. Il mourut le 7 janvier 1551, âgé de cinquante-deux ans[1].

Le premier en date de ses écrits est la fameuse *Silva de varia lección* (Séville, 1542), — ou, comme disent nos traducteurs, les *Diverses leçons de Pierre Messie* — sorte de pot-pourri à la façon des *Nuits attiques* d'Aulu-Gelle. Après vient l'*Histoire impériale et césarée*, notice sur tous les empereurs de Rome depuis Jules César jusqu'à l'empereur Maximilien inclus (Séville, 1545), et, en troisième lieu, des *Colloques* ou *Dialogues* (Séville, 1547), qui tendent au même but que la *Silva*, c'est-à-dire à la propagation de connaissances utiles, mais ici au moyen de disputes entre personnages fictifs, dont le rôle est de permettre à l'auteur de vider sans trop de pédanterie le sac de son érudition. De tels livres, qui ont perdu toute importance pour le fond, il serait même très exagéré de dire que la forme en sauve quelques parties. Essayiste à la façon de Montaigne[2], mais sans génie, Pedro Mexía n'aurait pu survivre qu'à la condition d'avoir montré dans le style une originalité qui faisait totalement défaut à sa pensée. Or, il n'écrit pas mal; sa langue a de la correction, de la fermeté, une bonne tenue, mais en somme rien de bien saillant, aucune de ces gentillesses ni de ces trouvailles qui font les délices des *Essais* de Montaigne[3]. Son époque l'a apprécié au delà de

---

1. Voir la notice biographique de Francisco Pacheco qui accompagne son portrait au crayon de Mexía dans le *Libro de retratos*, Séville, 1883. Cette notice avait déjà été publiée dans le *Semanario pintoresco* de 1844, puis dans le tome Ier des *Historiadores de sucesos particulares* de la Bibliothèque Rivadeneyra, p. xiv.

2. On a exagéré les emprunts de Montaigne à Mexía; ils se réduisent à peu de chose (Pierre Villey, *Les Sources et l'évolution des Essais de Montaigne*, Paris, 1908, t. Ier, p. 177).

3. On lui reprochait des latinismes : « Fuisset tamen quorumdam

ce qu'il méritait, parce qu'il a su comprendre ses besoins ; la nôtre ne saurait lui conserver qu'une estime rétrospective en songeant aux services qu'il a rendus.

En tant qu'historien, il a droit à plus d'égards de notre part. Cette *Histoire impériale*, qui traitait en dernier lieu du grand-père paternel de Charles-Quint, venant après la *Silva*, qui fut un événement pour les intellectuels mondains auxquels elle servit longtemps de livre de chevet, recommanda Mexía à l'attention de l'empereur et de son entourage. Francisco Pacheco, dans la notice qu'il a consacrée à Mexía, nous dit que ces livres arrivèrent en Allemagne, après les victoires des années 1546 et 1547, et que soit l'empereur lui-même, soit son confesseur Fr. Domingo (ou Pedro ?) de Soto, soit d'autres grands personnages leur firent le meilleur accueil. De là à être désigné pour occuper la charge d'historiographe, il n'y avait pas loin. C'est ce qui eut lieu à Augsbourg, le 8 juillet 1548, date que portent un premier décret nommant Mexía chroniste, aux gages habituels de 80 000 maravédis, et un second décret qui l'autorise à jouir de ce traitement, quoique résidant à Séville, vu que ses indispositions ne lui permettent point de suivre la cour [1]. Il n'y a pas lieu de se demander si Sepúlveda, en possession du titre depuis 1536, avait démérité aux yeux de son maître. Non, Charles n'avait pas eu à se plaindre de celui-ci, mais il ne se croyait nullement obligé de s'en tenir à un seul narrateur de ses faits, il donnait assez de travail aux historiens pour en avoir plus d'un à sa solde, et nous verrons dans ce chapitre qu'il en nomma plusieurs autres encore. Mexía se mit aussitôt à sa tâche ; « il commença à écrire, dit Pacheco, avec tant de véracité et une si copieuse éloquence que s'il avait pu terminer cette histoire, elle serait sans doute l'une des meilleures qu'on eût jamais composées ». Mais il ne termina pas. En deux ans et demi que dura encore sa vie, il ne put mener la chronique impériale au delà de l'année 1530. Ce qui subsiste de cette œuvre se compose de cinq livres. Les deux premiers ont chacun dix-huit chapitres, le troisième vingt et un, le quatrième qua-

eruditorum auribus multo dulcior, si linguam hispanam paucis vocabulis latinis non vitiasset » (Matamoros, *l. c.*, p. 64).

1. Ces deux décrets (*cédulas*) se trouvent à Simancas dans les Quitaciones de corte, liasse 37.

torze et le cinquième un seul incomplet. Dans l'un des manuscrits de l'Académie de l'Histoire décrits par Gachard, ce dernier chapitre est intitulé ainsi : « Comment l'empereur décida de passer en Italie pour se faire couronner, et ce qui arriva à Antonio de Leiva en Lombardie avec l'armée française. 1529 ». Dans un autre manuscrit de l'Escurial, le dernier chapitre porte un titre différent : « De ce qui résulta de la guerre et du siège que l'empereur dirigea contre Florence et des autres choses qui se passèrent jusqu'à la fin de l'année 1530 ». En tête de ces cinq livres inachevés, Mexía a mis un prologue dont il convient de détacher ces mots : « Comme si j'avais pressenti que je serais chargé d'écrire l'histoire de l'empereur, toujours je prenais soin d'être informé et d'avoir une connaissance suffisante de ce qui se passait; outre cela, je me suis depuis renseigné auprès de personnes véridiques qui ont assisté aux événements et j'y ai employé toute la diligence qu'on peut humainement exiger[1] ». Habitant Séville, c'est-à-dire à grande distance des résidences les plus habituelles de la cour impériale, — quoique Séville fût alors un centre important et où devaient affluer bien des nouvelles[2], — et menant à cause de sa santé fort délicate une existence retirée, Mexía ne se trouvait à coup sûr pas dans des conditions très favorables pour écrire l'histoire contemporaine. Ses relations, sa diligence, sa curiosité naturelle ne suffisaient pas; il lui aurait fallu aussi la connaissance directe de quelques premiers rôles et de la personne même de l'empereur, ce qui avait été le cas pour

---

1. Gachard, *Les Bibliothèques de Madrid et de l'Escurial*, Bruxelles, 1875, p. 543 et 572. Outre les mss. de la chronique de Mexía conservés dans la Bibliothèque nationale de Madrid, dans celles de l'Académie de l'Histoire et de l'Escurial, et qui ont été énumérés ou décrits par Gachard et Rosell, il faudrait encore tenir compte d'un ms. de Vienne (Cod. 5726) dont s'est servi Ranke (voir l'appendice III, intitulé *Chronisten Karls V*, de sa *Deutsche Geschichte im Zeitalter der Reformation* t. II. p. 382) et d'un autre ms. incomplet du British Museum. Eg. 1870 (voir le Catalogue de Gayangos, t. I, p. 220). Sur les mss. de la chronique dans les bibliothèques espagnoles du xviie siècle, voir N. Antonio, s. v. *Petrus Mexia*.

2. C'est ainsi que Mexía reçut une relation de la bataille de Muhlberg du fameux aventurier picaresque D. Alonso Enríquez de Guzmán, dont les mémoires ont été publiés dans le tome LXXXV de la *Colección de documentos inéditos*. La relation ne nous est connue que par une très mauvaise traduction italienne insérée dans les *Lettere di Principi*, libro terzo, fol. 179 v° de l'édition de Venise, 1577.

Sepúlveda. S'il lui avait été loisible aussi d'écrire d'une façon tout à fait indépendante, sans la préoccupation de sa charge, en essayiste comme dans la *Silva*, peut-être eût-il introduit dans son récit plus de choses vues et vécues, plus de souvenirs et d'impressions. D'après les *Colloques*, on voit qu'il avait recueilli des anecdotes sur l'empereur et son entourage. C'est là qu'il parle de la mode de servir sur les tables de la bourrache, introduite par des courtisans qui en avaient vu manger à l'empereur et qui dès lors prônèrent cette plante comme un mets exquis ; de l'autre mode de porter les cheveux courts, due aussi à une décision de l'empereur et qu'il prit, ce que Mexía ne dit pas, au moment de s'embarquer pour l'Italie en 1529[1] ; enfin d'un parfum, le storax, adopté par tout le monde, depuis qu'on avait entendu l'impératrice en faire l'éloge[2]. Mais dans ce que nous connaissons de son histoire de Charles-Quint, le ton demeure assez compassé, un peu terne, et l'historien par ce qu'il raconte n'a pas l'air d'avoir été mis dans la confidence de secrets d'État bien importants, ni même en général de faits inconnus aux spectateurs ordinaires de la marche des événements.

La seule partie aujourd'hui accessible de son histoire est le second livre, entièrement consacré à l'épisode des *Comunidades* de Castille, qui a été publié dans le tome Ier des *Historiadores de sucesos particulares* de la Bibliothèque Rivadeneyra par D. Cayetano Rosell. Ce livre suffit pour nous donner une idée exacte de la manière de composer et d'écrire de Mexía et une idée approximative de sa documentation. Mexía, comme l'a indiqué Höfler[3], a eu à sa disposition un certain nombre de documents officiels mais non pas tous ceux que nous possédons aujourd'hui ; il s'en est consciencieusement servi. Tout son récit porte la marque d'un esprit pondéré, soigneux qui recherche l'exactitude et qui y atteint. La plupart de ses dates, beaucoup plus nombreuses que chez d'autres contemporains, sont exactes. Rarement il cite ses sources ; il ne l'a fait que deux fois dans ces dix-huit chapitres à propos de témoignages directs

---

1. Sandoval, *Carlos Quinto*, livre XVIII, § 1.
2. *Coloquio II, del convite*, éd. de Madrid, 1767, p. 103.
3. *Zur Kritik und Quellenkunde*, p. 21.

qu'il recueillit de la bouche même des acteurs ou des témoins : la première fois (ch. ıı), il cite une communication verbale de D. Pedro Laso à propos de l'entretien qu'eut ce représentant de Tolède avec l'empereur à Benavente, en mars 1520 : « Segun hoy dia lo cuenta don Pedro Lasso » ; la seconde fois (ch. xıv), il invoque l'opinion de diverses personnes mêlées aux négociations secrètes de l'époque sur la trahison présumée de D. Pedro Girón : « Verdad es que algunos, que se precian de haber bien entendido y sabido los secretos destos negocios, me han dicho á mi y querido certificar que verdaderamente don Pedro Giron... habia traido sus tratos secretos con el almirante de Castilla y con el condestable su tio... » Quoiqu'il défende avec la plus grande décision les prérogatives de la couronne et le droit du roi de s'absenter d'Espagne pour aller en Allemagne se faire élire empereur, il reconnaît volontiers qu'il y avait dans les pétitions adressées à Charles par les députés de Tolède « quelques choses qui pouvaient être profitables et d'autres qui de soi sont bonnes » ; mais il s'en tient là et n'épouse pas la querelle de ceux qui protestèrent violemment contre l'octroi de faveurs et de charges à des étrangers, surtout aux Flamands[1]. Mexía montre que l'empereur « a observé en cela une telle modération qu'il n'y avait pas lieu de se plaindre et que si l'on peut l'accuser de largesses excessives, ces largesses ont plutôt été faites en faveur d'Espagnols, car à Milan, à Naples, en Sicile et dans d'autres États on trouvera beaucoup d'Espagnols en possession de charges et d'emplois ; en revanche infiniment peu de naturels de ces pays en détiennent en Espagne » (ch. ı^{er}). De ce que Mexía a une fois employé l'expression d' « esclaves » (*siervos*) pour désigner les sujets de Charles (ch. ıı), il ne s'ensuit pas qu'il ait fait preuve de servilité ; toutefois il est clair qu'il faut voir en lui un partisan sans réticence du pouvoir absolu qui ne pactise avec rien de ce qui enlèverait au souverain une parcelle de son autorité légitime. On reprocherait peut-être avec plus de raison à Mexía une certaine partialité en faveur de son

---

[1]. C'est Pierre Martyr d'Anghiera qui a donné à ces récriminations le ton le plus acerbe, sans doute pour se faire bien venir des Espagnols, ou parce qu'il n'avait pas obtenu d'Adrien d'Utrecht assez de faveurs. D'autres, et en particulier Sandoval, ont ensuite renchéri sur l'Italien.

pays natal, ce qui n'a pas lieu de surprendre en Espagne où l'amour du terroir a tant de force. Ainsi il cherche évidemment à atténuer autant que possible, et plus même que de droit, la part prise par Séville dans le mouvement *comunero* : « Estando las cosas en este estado, que ni regalos ni fuerzas bastaban para sustentar en la fe del Rey á los mas de los lugares de Castilla, guardaba la ciudad de Sevilla, do yo esto escribo y soy natural, tanta lealtad y fidelidad con él... » Tout ce chapitre VIII trahit une tendance apologétique dont il convient de se méfier un peu.

Somme toute, l'extrait qu'on nous en a donné laisse de l'œuvre historiographique de Pedro Mexía une impression favorable et fait naître le désir de connaître le reste. Une édition complète de l'*Historia de Carlos V* par le chroniste sévillan ne serait pas une entreprise compliquée ni difficile et présenterait deux avantages : celui de mettre à notre disposition les parties inédites d'un ouvrage important et celui de remplacer, pour le livre II, par un texte mieux établi le texte composite de Rosell qui n'inspire pas grande confiance.

II. La notoriété assez suspecte dont jouit Florián de Ocampo repose sur les travaux qu'il entreprit pour élucider l'histoire ancienne de l'Espagne et qui aboutirent en 1543 à la publication d'une *Crónica general de España* en quatre livres (augmentée d'un cinquième dans la deuxième édition de 1553), qui ne vont, le cinquième compris, que jusqu'à l'an 200 environ avant J.-Chr. Quoi qu'il eût commencé son travail vers 1527 et sans mission officielle, il y a lieu de croire que son activité s'accrut beaucoup depuis qu'il fut mis en possession du titre et des 80 000 maravédis auxquels se montait le salaire d'historiographe, ce qui se réalisa en 1539 et en vertu d'un décret daté du 7 janvier de cette année[1]. En lui conférant cette charge, Charles-Quint voulut

1. Voici le sommaire de ce qui concerne Ocampo à Simancas, Quitaciones de corte, legajo 15 : « Cédula de Carlos V en que nombró su cronista con 80 000 maravedís de salario á Florián de Ocampo desde primero de Enero de 1539. Toledo, 7 Enero 1539. Siguen los libramientos hasta 1559, pero una nota advierte que falleció en 1558. — Cédula Real de 30 Enero 1541 para que pudiese residir por seis meses en su

sans doute donner satisfaction aux députés des cortès, qui réclamaient avec tant d'insistance une chronique nationale. Ocampo, aussitôt nommé, alla au plus pressé et, avant de publier le premier fruit de son labeur personnel, il donna en 1541, à Zamora, sa ville natale, une édition de la *Crónica general* du roi Alphonse le Savant, qu'il dédia au familier de l'empereur et lui-même historien, D. Luis de Avila. Nous n'avons pas ici à nous occuper des travaux d'histoire ancienne d'Ocampo, c'est-à-dire de sa chronique d'Espagne, qu'il poussa à peine au delà du cinquième livre de la première partie; contentons-nous de dire que le plan de cette chronique comportait trois parties, la première jusqu'à l'ère chrétienne en vingt livres, la seconde jusqu'à l'invasion arabe en vingt livres aussi, et la troisième jusqu'au règne de Charles-Quint en quarante livres. Mais cet ouvrage gigantesque n'absorbait pas, on va le voir, tout le temps ni la capacité de travail d'Ocampo. Dans la pétition CXXVIII des cortès de Valladolid de 1555, où est sollicitée pour l'historiographe une prébende autre que sa place de chanoine à Zamora qui l'empêchait de travailler, on lui fait dire (*segun dize*) qu'il a mis au net (*puesto en registro*) la partie principale et essentielle de tout ce qui restait à écrire de la chronique, c'est-à-dire soixante-quinze livres[1]. Lui-même, dans une lettre de l'année 1549 probablement, déclare avoir l'intention de s'entendre avec un imprimeur de Salamanque pour imprimer son ouvrage tout entier en une fois jusqu'à la mort du Roi Catholique[2]. Doit-on croire ce qu'on lui prête et ce qu'il affirme avec une intention vraisemblablement

---

casa ó fuera de la Corte para continuar la recopilación de la crónica de España. — Id. de primero de Mayo 1543 para que los contadores tuviesen por residido al maestro Florián de Ocampo durante seis meses que en 1542 estuvo ausente de la Corte entendiendo en la impresion de la crónica de España, que recopiló por mandado del Emperador. — Id. de 17 Agosto 1543 para que se le tuviese por residido el año 1543, durante el cual se ocupó en la impresion de cierta parte de la crónica de España, que habia recopilado. — Id. de 22 Enero 1547 para que se le abonase su quitación de los años 1545 y 1546 en que estuvo ocupado en la impresion de cierta parte de la recopilación de la crónica general de España ».

1. *Cortes de los antiguos reinos de Leon y de Castilla publicadas por la Real Academia de la Historia*, t. V (Madrid, 1903), p. 700-702.

2. Perez Pastor, *La Imprenta en Medina del Campo*, Madrid, 1895, p. 103, et cf. G. Cirot, *Les histoires générales d'Espagne entre Alphonse X et Philippe II*, Paris, 1904, p. 100.

intéressée ? On le doit d'autant moins que son successeur dans l'emploi, Ambrosio de Morales, un homme qui mérite toute confiance, nous informe qu'il ne trouva dans les brouillons laissés par Ocampo qu'un fragment du sixième livre de la première partie[1]. Si donc Ocampo renonça, pour des raisons qu'on ne discerne pas bien, à son histoire ancienne, à quoi passait-il son temps? Dans la lettre qui vient d'être citée, il y a une allusion à une continuation de la chronique, laquelle, d'après le plan primitif devait s'arrêter à la mort du Roi Catholique : « Le reste, dit-il, ne sera publié qu'après ma mort. » Au début de la lettre aussi, il annonce à son correspondant, le Dr Vergara, qu'il lui envoie ce qu'il a écrit de la vie du cardinal Ximénez de Cisneros « jusqu'à l'endroit où j'étais arrivé, dit-il, quand on m'a pourvu de l'emploi de chroniste. ce qui m'a empêché de la continuer, *fatigué que je suis d'écrire les choses de notre temps*, et de fournir aux imprimeurs de la copie pour publier cette chronique que tant de gens demandent. » Et enfin, toujours dans la même lettre, il parle encore de biographies d' « hommes notables *de notre temps* » qu'il a commencé à écrire sous forme d'additions aux *Claros varones* de Fernando del Pulgar. Ces indications sont encore complétées par une autre lettre au même Dr Vergara, où, après avoir parlé d'une suite qu'il compose à la chronique de Pulgar, depuis la prise de Grenade, point où s'arrêtait Pulgar, jusqu'à la mort de Ferdinand, il ajoute : « Cetera vero quae postea sequuta sunt, per commentarios seu ephemerides relinquere est in animo, quo gratam posteritatem mihi devinciam[2] ». De tout cela une conclusion s'impose. Ocampo s'est occupé, concurremment à sa chronique, d'histoire contemporaine, et il l'a fait, non pas spontanément, mais en vertu de sa charge, et en forme de notes assez brèves, d'éphémérides, comme il le dit, destinées à servir aux historiens futurs, puisqu'il renonçait à en rien publier de son vivant.

---

1. G. Cirot, *l. c.*, p. 105. — Il existe sous la cote &-II-1, à l'Escurial, un cinquième livre manuscrit d'une chronique générale d'Espagne qui paraît être celle d'Ocampo (Rudolph Beer, *Die Handschriftenschenkung Philipp II an den Escorial*, Vienne, 1903, p. xxix et xxxvi).
2. Adolfo Bonilla, *Clarorum Hispaniensium Epistolae ineditae*, Paris, 1901, p. 57.

Le résultat de ce travail n'a pas péri. Nous le possédons dans deux manuscrits de la Bibliothèque nationale de Madrid, anciennement cotés Ff, 99 et Ff, 100 et qui contiennent, d'après le catalogue sommaire imprimé dans l'*Ensayo* de Gallardo, le premier : « Sucesos acaecidos desde el año 1521 hasta 1549 », le second : « Sucesos desde el año 1550 hasta 1558. » M. G. Cirot dit à ce propos : « Ocampo songeait donc à écrire l'histoire de son temps. Pensait-il la donner à part ? Ou voulait-il l'incorporer à sa *Crónica* ? Dans sa lettre à Vergara, il parle seulement de publier celle-ci d'un seul coup, en poussant jusqu'à la mort du Roi Catholique. En tout cas les deux manuscrits ne sont que des copies, et il faudrait pour les lui attribuer, surtout le second, qui va jusqu'à 1558, une preuve formelle [1]. » Ces réserves il est bon de les faire pour ce qui concerne le texte même des deux volumes, que personne ne semble avoir examiné de près ; tout porte à croire cependant qu'on ne les a pas attribués à tort à Ocampo. Quant à la date de 1558, elle ne soulève pas d'objection, puisque nous savons maintenant que le chroniste vivait encore en cette année-là [2]. Ce qui incite aussi à tenir pour authentiques les « Sucesos », ce sont un certain nombre de lettres contenues dans des miscellanées manuscrites de l'Escurial et qui furent adressées à Ocampo par divers correspondants qu'il avait sans doute invités à lui envoyer des nouvelles. On a vu déjà plus haut (p. 27) qu'une des charges qui incombaient au chroniste consistait à se pourvoir de correspondants rétribués chez les nations étrangères. Voici, d'après un catalogue manuscrit de la bibliothèque de l'Escurial [3], le relevé de ces lettres qui figurent sous la rubrique *Carta*. Bien entendu, il pourrait y en avoir aussi sous d'autres rubriques et l'on ne garantit ici ni l'exactitude des notices ni celle des cotes marquées dans le catalogue en question. Toutes ces indications demanderaient à être vérifiées, mais elles peuvent provisoirement donner une idée de la façon dont Ocampo avait organisé son bureau de renseignements.

---

1. *Les Histoires générales d'Espagne*, p. 103.
2. Ce point ressort des documents de Simancas et de la lettre de Charles-Quint du 9 juillet 1558 citée plus haut, p. 69.
3. Bibliothèque nationale de Paris, ms. Espagnol 414.

Carta de Pedro de Palacios para el Maestro Florian de Ocampo, dandole las noticias de Roma y demas que sabia, fecha en Roma a 1º de mayo de 1551. U-ii-4, fol. 379.

Carta de Castilla, criado de S. M., al licenciado Leguizama de las nuevas de guerra, fecha en Cremona a 20 de junio de 1543. Es copia dirigida á Florian de Ocampo. U-ii-4, fol. 198.

Carta que Miguel de Aguirre escribió al licenciado Aguirre del Consejo de S. M., dándole noticias del exercito del Emperador, fecha en Avena, último de octubre de 1543. El sobre á Florian de Ocampo, es copia de la época. U-ii-4, fol. 238.

Carta de Agustin de Zárate al maestro Florian de Ocampo, quejándose de no tener contestación y dándole las noticias que se sabian en Madrid, fecha en Madrid á 18 de abril de 1547, autógrafa. U-ii-4, fol. 302.

Carta de Diego de Hermosilla al señor Florian de Ocampo, dándole las noticias que se sabian en Madrid. Autógrafa, está sin fecha, pero debe ser de fines del año 1541. U-ii-4, fol. 171.

Carta del Doctor Diego Gasca al Maestro Florian de Ocampo, dándole noticias del Perú, fecha en Valladolid a 18 de Agosto, sin año, pero creo ser 1549. Es original. U-ii-4, fol. 358.

Carta de D. Juan de la Cerda (segun infiero á Florian de Ocampo), remitiéndole otra del Doctor Vergara y suplicándole conteste, escrita la mitad en latin, la mitad en castellano, fecha en la Universidad de Salamanca á 2 de Julio sin año, sospecho que 1549.
U-ii-4, fol. 361 vº.

Carta anónima, dando las noticias que se sabian de los exercitos y armada del Emperador hasta 19 de Junio de 1543, sin fecha ni firma, dirigida al Maestro Florian de Ocampo. U-ii-4, fol. 196.

Carta del Dr Diego Gasca á Florian de Ocampo sobre asuntos de América, escrita en castellano, en papel, acia fines del siglo XVII. J-ii-3, fol. 77.

Dans la mention que l'empereur deux mois avant sa mort lit d'Ocampo et dont il a été parlé dans le chapitre consacré à Sepúlveda, on ne saurait décider si les mots « lo de la crónica que Florian de Campo tiene escrita » se rapportent à toute l'œuvre historiographique du chroniste de Zamora ou seulement à la partie qui, à cette date, devait surtout intéresser Charles, c'est à savoir la partie moderne et contemporaine. Il est assez plaisant qu'en ce passage de sa lettre du 9 juillet 1558, l'empereur traite Ocampo de « si vieux » : en fait, ce dernier avait exactement un an de plus que son souverain.

Ocampo a-t-il vraiment mérité la confiance que lui témoigna l'empereur, tant par ses aptitudes professionnelles que par ses qualités morales? A première vue, on serait tenté de répondre : non.

Dans ce qu'il nous a laissé de son histoire ancienne de l'Espagne, Ocampo a menti avec une rouerie incroyable: le mot est de M. Cirot, qui a admirablement débrouillé cette prodigieuse mystification. C'est au point qu'on se demande comment un homme, d'ailleurs érudit et qui ne manquait pas d'un certain talent de narrateur, a pu mettre en circulation de pareilles sornettes sans soulever dans le monde savant de son pays un tollé général. Mais n'oublions pas que l'historien humaniste, qui, sous l'inspiration de Tite-Live et à son exemple, cherche par-dessus tout à rehausser le sujet de sa narration, qu'il s'agisse d'une nation, d'une ville ou d'un prince, n'éprouve aucun scrupule à broder sur des fables déjà existantes pour magnifier des cités ou des héros. A bien des égards, Ocampo s'écarte de la pure méthode humanistique, d'abord parce qu'il écrit en langue vulgaire et ne cherche pas à faire œuvre de styliste, ensuite parce qu'il donne dans sa chronique une place considérable à la géographie et aux recherches d'érudition ; mais l'idée de faire de sa nation la première du monde, d'« absorber le passé des autres peuples, ou du moins de quelques-uns, dans celui de sa propre patrie » est assez dans la tradition des Leonardo Bruni et autres. M. Cirot, après avoir mis au jour une à une les supercheries de son auteur avec une patience exemplaire, au lieu de s'indigner, finit par être pris d'admiration pour l'habileté de l'inventeur. Il demande qu'on veuille bien considérer sa chronique comme « un essai de reconstitution historique, quelque chose même (car le sujet du troisième livre y fait un peu penser) comme une Salammbô, moins le style et moins l'intérêt dramatique, mais non en somme sans un certain agrément »[1]. Concédons-lui cela, seulement de telles tendances et de telles aptitudes ne recommandent pas beaucoup un historiographe officiel. A la vérité, il serait équitable de distinguer ici entre l'histoire ancienne et l'histoire contemporaine. Dans le domaine préromain, et vu la pénurie de témoignages historiques, le narrateur, pour avoir quelque

---

1. *Les Histoires générales d'Espagne*, p. 144.

chose à conter, céda au besoin de lâcher la bride à son imagination. Il en a dangereusement abusé, c'est entendu, mais rien ne prouve qu'il a ou qu'il aurait agi de même en narrant des faits contemporains beaucoup plus faciles à contrôler. Inventeur d'énormes bourdes en traitant de la période ibérique ou carthaginoise, Ocampo pouvait enregistrer en chroniste véridique et exact les faits et gestes de son empereur. Notons que si celui-ci l'a choisi, c'est qu'apparemment il le tenait pour un honnête homme, et il faut même qu'il l'ait tenu pour tel, car Ocampo avait dans son passé politique quelque chose d'assez grave à se faire pardonner. Les documents sur les *Comunidades*, amassés par Danvila, nous ont en effet révélé qu'en 1521, à Alcalá, maître Florián, sous les ordres de son recteur, le terrible Juan de Hontañón, se conduisit en farouche *comunero* et prit parti avec le plus grand entrain pour le fameux D. Antonio de Acuña, évêque de Zamora, un des chefs de la rébellion, lorsque celui-ci entra à main armée dans la ville Ces documents qualifient Ocampo de secrétaire ou de domestique (*criado*) de l'évêque[1]. Sans doute, le futur chroniste était entré au service du prélat antérieurement à l'époque indiquée et cet enfant de Zamora n'avait pas voulu abandonner son évêque, même révolté contre l'autorité royale et en passe, si le mouvement insurrectionnel avait réussi, de devenir archevêque de Tolède. Quoi qu'il en soit, Charles ne tint pas rigueur à Ocampo de sa conduite, et prenant en considération qu'il descendait, au moins de la main gauche, d'une fort noble famille[2], il fit de l'ancien *comunero* un officier de sa cour : le réfractaire se laissa domestiquer.

Du peu que nous savons donc de sa contribution à la chronique de Charles-Quint, il résulte au moins qu'il y aurait intérêt à confronter les *Sucesos* des manuscrits de Madrid avec les lettres énumérées ci-dessus et d'autres qui existent peut-être soit à l'Escurial soit ailleurs : de cette façon le travail d'Ocampo apparaîtrait dans tout son jour et les historiens de l'empereur seraient informés de la nature et de la valeur des renseignements qu'ils trouveraient dans ces

1. *Memorial histórico español*, t. XXXVII, p. 673, 675, 676.
2. Le père de Florián, Lope de Ocampo, était un fils naturel du maréchal de Castille D. Diego de Valencia.

gazettes, que le chroniste a rédigées avec le concours de divers correspondants.

III. Sur Barnabé Busto, nous savons par les *Quitaciones* de Simancas (liasse 9) qu'il fut appointé par décret de Ratisbonne, 31 juillet 1546, aux gages de 80 000 maravédis et à partir du 16 février de la même année, moment où il commença ses fonctions de chroniste. Les payements s'effectuèrent jusqu'en 1557, et une note indique qu'il mourut le 20 octobre de cette année-là. Le *Catalogus familiæ totius aulæ cæsareæ per expeditionem adversus inobedientes usque Augustam Rheticam, omniumque principum, comitum, baronum, statuum ordinumque Imperii et extra Imperium, cum suis consiliariis et nobilibus ibidem in comitiis anno 1547 et 1548 præsentium* du Luxembourgeois Nicolas Mamerannus le mentionne en ces termes parmi les officiers de la chapelle : « Barnabas Bustus, doctor, archidiaconus Galistei ecclesiæ Cauriensis, theologus, historiographus hispanus, quem chronistam vocant ». Galisteo est une localité de la province de Cáceres en Estramadure, qui appartient en effet au diocèse de Coria. La nouvelle de la nomination de ce Busto se répandit vite parmi les intéressés ou les candidats éventuels à un poste somme toute assez convenablement rétribué. Paez de Castro, dont nous allons avoir à parler, la notifie de Trente, le 8 juin 1546, à Gerónimo Zurita : « D'ici je n'ai rien à vous faire savoir, sinon que Busto est, dit-on, chroniste de Sa Majesté »[1].

Qui était ce ce personnage? Il ne semble pas qu'il ait laissé beaucoup de traces. Dans la *Bibliotheca hispana nova* d'Antonio, il y a un article ainsi conçu : « Barnabas de Busto, puerorum regiorum pædagogus sive præceptor, scripsit : *Introductiones grammaticas*. Salmanticæ 1533, in-8. » Ce pédant de collège et instituteur des enfants royaux correspond bien pour le nom et la date à notre *theologus* et *historiographus*. Peut-être le traité de grammaire cité par Antonio contient-il quelques données biographiques sur l'auteur.

---

1. Andrés de Uztarroz et Dormer, *Progresos de la historia en el reino de Aragon*, éd. de Saragosse, 1878, p. 540.

Des travaux d'histoire de Busto subsistent deux écrits que nous ne connaissons d'ailleurs que par le catalogue manuscrit de l'Escurial déjà cité. Voici les articles concernant Busto, qui y sont classés sous les mots *Empresa* et *Noticia* :

Empresa y conquista Germanica del Emperador Carlos V, escrita y compuesta por el arcediano Busto, capellan y cronista, escrita en papel, á fines del siglo XVI.   L-I-6, fol. 206.

Noticia de lo que pasó en Africa con Hernando de Vega y D. Sancho de Leiva por el coronista Busto, segun se lee al principio.
    U-II-3, fol. 283.

Le premier de ces écrits contient donc une relation de la guerre de l'empereur contre les protestants allemands en 1546 et 1547, semblable à celle de D. Luis de Avila peut-être, à moins qu'elle ne soit plus résumée. En tout cas, ce travail représente sans doute ce que l'empereur, en nommant Busto, attendait de lui. A défaut de Sepúlveda, demeuré en Espagne, il fallait qu'un journal fût tenu des événements si importants qui se précipitaient en Allemagne par un remplaçant quelconque, chargé, sinon précisément de rédiger la chronique impériale, au moins de la préparer. Il importerait donc de connaître de plus près ces écrits de Busto, surtout de savoir quelle est la valeur de l'*Empresa y conquista germánica* et en quoi elle diffère, par exemple, du *Comentario* de D. Luis de Avila, ouvrage de caractère presque officiel, puisqu'il fut rédigé sous les yeux de l'empereur et qu'il traduit assez fidèlement sa pensée.

IV. — Avec Juan Paez de Castro, nous pénétrons dans le clan des philologues. Cet homme de très haute valeur et qui, bien qu'il n'ait rien publié de son vivant, a joui de l'estime et de l'admiration de ses contemporains, naquit à Quer, petit hameau de la province de Guadalajara dans le premier quart du XVIe siècle[1]. Formé par l'enseignement de

1. Charles Graux, *Essai sur les origines du fonds grec de l'Escurial*, Paris, 1880, p. 79, et D. Juan Catalina García, *Biblioteca de escritores de la provincia de Guadalajara*, Madrid, 1899, p. 393. Ces deux auteurs ont renouvelé l'étude de la vie et des études de Paez de Castro. — N. Antonio indique à tort comme lieu de naissance de Paez de Castro la ville de Quero, qui appartient à la province de Tolède.

l'Université d'Alcalá, où il s'adonna surtout aux études juridiques, Paez de Castro s'y lia avec divers érudits, tels que Florián de Ocampo, Juan de Vergara, Ambrosio de Morales, Alvar Gomez de Castro et autres qui discernèrent chez lui des aptitudes remarquables d'exégète et de critique. Il trouva bientôt aussi des protecteurs auprès de quelques membres de l'aristocratie lettrée, tels que D. Diego de Mendoza, ambassadeur à Venise, à Trente et à Rome, et le cardinal D. Francisco de Mendoza, évêque de Burgos. Ayant accompagné en 1545 à Trente un des prélats espagnols envoyés au Concile, il profita de ce séjour pour étudier les manuscrits grecs acquis par D. Diego de Mendoza à Venise et entreprit de grands travaux sur Aristote et Platon d'après leurs commentateurs, d'autres travaux aussi sur les mathématiques et la médecine grecque, et en général sur tous les auteurs grecs anciens, recherchant partout des manuscrits pour épurer les textes. Il se forma alors à Trente, parmi certains assistants au concile italiens et espagnols, une sorte d'académie aristotélique, où Paez déploya une grande activité et donna des preuves nombreuses de son savoir étendu et précis. Paez de Castro demeura longtemps à l'étranger. Il suivit à Rome D. Diego de Mendoza, qui aimait à l'avoir auprès de lui comme conseiller littéraire. Plus tard, nous le retrouvons aux Pays-Bas dans l'entourage de l'empereur, qui, le 14 septembre 1555, le nomma chroniste, aux gages de 80 000 maravédis payables dès le 1ᵉʳ juin de ladite année[1]. Pourquoi Charles porta-t-il son choix sur ce philologue, cet helléniste que ses travaux ne semblaient guère désigner pour écrire l'histoire contemporaine? La raison en est que Paez sollicita l'emploi et qu'il se servit de ses belles relations[2] pour l'obtenir. Il profita

---

1. Simancas. Quitaciones de corte, liasse 28.
2. « Todo esto devo a un grande amigo que tengo en la Camara de su Magestad Flamenco, que se llama Guilielmo Malineo (Guillaume Van Male), al qual yo conoci en el Concilio de Trento: èl ha sido el movedor de todo, despues le ayudaron muchos, entre los quales fue el Cardenal mi patron, y el Comendador Mayor Don Luys de Avila » (Lettre de Paez à Zurita, Bruxelles, août 1555, dans Andrés de Uztarroz et Dormer, *Progresos de la historia en el reino de Aragon*, p. 553). A ces personnages, il faut ajouter le secrétaire d'État Gonzalo Perez (voy. la même lettre et une autre lettre du même au même, Bruxelles, 17 septembre 1555: *Ibid.*, p. 554). Les Flamands aussi faisaient grand cas de l'érudition de Paez: « Quid omnium Hispanorum doctissimus Joannes

au surplus du faux bruit, mais qu'il crut vrai, de la mort d'Ocampo, qu'on colportait à Bruxelles en avril 1555[1], et demanda à remplir l'emploi laissé vacant par le chroniste de Zamora. Charles ne se soucia pas de faire vérifier si la nouvelle était vraie ou fausse, — rien ne limitait le nombre des chronistes et nous avons déjà vu que l'empereur accordait ce titre assez facilement, l'usage étant d'ailleurs à cette époque de donner l'expectative, — et Paez eut son titre et son salaire; il eut même une lettre de chancellerie pour se faire livrer tous les papiers du pauvre Ocampo qu'on enterrait malgré lui. Une lettre de Paez, adressée à Zurita de Bruxelles, le 17 septembre 1555, annonce sa nomination en ces termes : « Je vous ai déjà écrit comment Sa Majesté m'a fait la grâce de me nommer son chapelain et son chroniste. Le jour que le roi notre sire entra ici, il manda que j'allasse lui baiser la main. J'y fus avant la messe et, après, il me reçut gracieusement; à mon remerciement pour la grande faveur que j'avais reçue, il répondit : « Je l'ai fait très volontiers à cause de vos mérites », puis il me congédia. Je crois que je vous enverrai le décret pour que je puisse toucher le salaire en temps voulu ; grâce à votre autorité le payement s'effectuera mieux et grâce à votre bonté il sera de durée[2]. » Paez, qui avait vécu en bons termes avec celui qu'il croyait remplacer, ne devait cependant pas priser beaucoup la méthode ni les débordements d'imagination, pour ne pas dire autre chose, d'Ocampo. Un mot d'une lettre à Zurita le donnerait à entendre : « Je défends ici le plus possible son histoire, et j'affirme sa diligence et son érudition, quand l'occasion s'en présente »[3]. Ces deux hommes appartenaient à des écoles différentes : Ocampo, érudit à l'ancienne mode, bavard, rabâcheur et imaginatif, n'avait rien de la réserve prudente, de la pénétration critique ni du soin dans le détail de son émule. Paez ne se pressa pas de

Paysa? » (Snouckaert, *De Republica, vita, moribus, etc. Caroli Quinti,* Bruges, 1559, p. 233).

1. Lettre de Paez à Zurita, Bruxelles, 26 avril 1555 : « Aqui se dize como murió Florian Docampo, Dios le perdone ; no seria malo hazer diligencia de aver sus cosas, a lo menos lo de mano, assi suyas, como de otros, que todovia creo que tenia buenas cosas » (Andrés de Uztarroz et Dormer, *Progresos,* p. 551).
2. *Progresos,* p. 554.
3. Paez à Zurita, Trente, 26 octobre 1546 (*Progresos,* p. 543).

rédiger ni d'écrire. Habitué à examiner les textes à la loupe, à comparer des variantes, à disséquer des passages douteux, ce philologue avait besoin de temps pour amasser ses matériaux et les soumettre à un examen approfondi. Près de quatorze ans après sa nomination, onze ans après la mort de l'empereur et un an avant sa mort à lui, voici encore où il en était, de son propre aveu[1] : « En ce qui touche l'histoire, j'ai fait des instances auprès de Sa Majesté et de ses ministres pour que nul ne puisse m'adresser de reproches. Vous vous rendez bien compte qu'il ne convient pas que j'écrive en me servant de lettres de soldats[2], ou de propos qui se tiennent sur les places publiques, mais de renseignements d'authenticité bien établie. Si Sa Majesté attache quelque importance à ce que ses actions soient écrites avec le sérieux et l'autorité convenables, la raison veut qu'il fasse le nécessaire. Je suppliai notre roi de consentir à me faire communiquer ce que l'empereur a écrit des motifs qu'il eut pour toutes ses guerres et en particulier pour celle d'Allemagne. Il répondit qu'il y consentait et qu'à ce sujet je m'entendisse avec Erasso. Je le fis et cela n'aboutit jamais. Dernièrement, ayant su qu'à l'instigation du Dr Velasco les papiers d'État devaient être mis à votre disposition et que vous deviez visiter les archives de Simancas, — le décret disant que cette décision avait été prise pour diverses causes et entre autres pour que les chronistes de Sa Majesté sussent où se renseigner — j'écrivis à l'illustrissime Cardinal[3], en l'informant de cela et de beaucoup

---

1. Lettre à Zurita, datée de Quer, 30 janvier 1569 (Andrés de Uztarroz et Dormer, *Progresos*, p. 557).

2. Dans le catalogue manuscrit de l'Escurial cité plus haut, on trouve, sous le mot *Relacion*, la mention suivante: « Relacion de la toma de Gota y su castillo en Alemania, anónima, dirigida, segun el sobre, al Dr Juan Paez de Castro, escrita en papel. U-II-3, fol. 215 ». — Une relation de la campagne de Tunis mise sous le nom de Juan Paez de Castro (*Colección de doc. inéd.*, t. I, p. 159, note 2) et conservée dans un ms. de l'Escurial doit être une relation *envoyée* à notre docteur. G. Voigt (*Die Geschichtschreibung über den Zug Karl's V. gegen Tunis*, p. 47) voudrait identifier le Juan Paez de Castro de cette relation avec un capitaine Juan Paez cité par Sandoval, *Carlos Quinto*, livre XXII, § 5. Conjecture en soi peu vraisemblable, mais qui est ruinée par le fait que le capitaine de Sandoval se nomme Juan *Perez* et non *Paez*.

3. Le cardinal D. Diego de Espinosa, président du Conseil de Castille dès 1565.

d'autres choses, comme vous le savez, mais jusqu'ici je n'ai obtenu aucun résultat. Je crois, Monsieur, que je ne serais pas un mauvais ouvrier, si l'on me fournissait une matière première de même valeur que mon outil. S'il s'agissait d'une chose à inventer ou qu'on pourrait tirer de chartes et d'auteurs anciens, j'aurais déjà beaucoup produit. Le corps de l'histoire, je me charge de le dresser, mais si les papiers des conseils d'État et les instructions ne me sont pas remis, ce sera un corps sans âme. Suffit, car je suis très peiné de vous entretenir d'une chose de si grande importance et dont on s'occupe si mal.

« Quant à la question de ma résidence à la cour, vous savez bien ce que j'ai dépensé pour cette maison et pour jouir de mes aises dans ce dernier tiers de ma vie ; vous savez quelle quantité de livres j'ai réunis pour écrire quelque chose qui puisse être lu par la postérité et combien il y a ici de matériaux pour écrire l'histoire et n'importe quoi d'autre ; vous savez mon âge et mes maladies. Eh bien, malgré cela, si Sa Majesté me faisait la grâce de quelque bonne pension, je partagerais l'année et écrirais pendant des semestres, comme fit un jurisconsulte. Autrement, il n'y a pas moyen, tant sont considérables mes débours pour subvenir aux besoins de frères, de neveux et d'autres gens... »

Philippe II, qui avait si mal répondu aux désirs exprimés dans cette lettre, jugea en revanche expédient de faire rechercher ce qui subsistait à Quer de la chronique, aussitôt qu'il fut informé du décès du docteur. L'ordre, daté de Cordoue, 10 avril 1570 — ce qui prouve que Paez mourut très probablement à la fin de mars ou au commencement d'avril[1] — est adressé au Dr Gasca, qui devra s'entendre avec Ambrosio de Morales, historiographe du roi, résidant à Alcalá, pour procéder à l'inventaire de tous les papiers relatifs à ladite chronique et des autres papiers qu'il convient de garder[2]. Nous possédons le procès-verbal de cette enquête, dont un extrait a été publié par Graux[3], et d'où il ressort qu'Ambrosio de Morales ne trouva à Quer

---

1. La dernière lettre de Paez à Zurita est datée de Quer, 15 novembre 1569 (*Progresos de la historia en el reino de Aragon*, p. 558). Sur cette date, voir ci-dessous p. 102, note 1.
2. Andrés de Uztarroz et Dormer, *Progresos*, p. 100.
3. *Essai sur les origines du fonds grec de l'Escurial*, p. 429.

que le prologue de la chronique relié avec d'autres papiers et donnant l'impression d'être, non le début d'un ouvrage sur le métier, mais au contraire un morceau isolé que l'auteur avait joint, pour le conserver, à d'autres écrits. Morales parle encore dans ce procès-verbal de « mémoriaux que le dit docteur avait compilés pour ladite chronique », mais la conclusion de son examen est qu' « on peut croire avec certitude que la chronique n'a pas disparu d'entre ses papiers, mais qu'il n'en écrivit jamais rien. »

Les mémoriaux en tout cas subsistent, au moins en partie. Le catalogue manuscrit de l'Escurial enregistre, sous les mots *Anotaciones* et *Apuntes,* les trois articles suivants :

Anotaciones curiosisimas escritas de mano del Dr Juan Paez. El anotar todas y cada una de las materias comprendidas en este codice seria sumamente prolijo, pues por lo que se ve eran las anotaciones que el autor hacia para componer su historia, para la cual hay noticias muy interesantes, y una serie de los sucesos acaecidos en Europa desde el año 1517 hasta el 1556, nombre de los paises, descripciones &, parte en latin, parte en castellano. Un codice en papel en 4°, pasta. &-iii-10.

Anotaciones y relaciones diversas de lo sucedido en Europa desde el año de 1510 hasta el de 1559, recogidas por el Dr Juan Paez, coronista del Rey D^n Felipe 2°, las mas escritas de su propria mano, un codice en papel, 4°, pasta. &-iii-23.

Apuntes o miscelanea de Joan Paez de Castro, sin ningun orden y de infinitos asuntos, llenos de enmiendas y borrones, y la mayor parte de las cosas sin titulo, de modo que es dificil adivinar si son suyas ó de otros autores, escritos en latin, griego y castellano por mano del autor (excepto un poema), en papel á fines del siglo XVI. Un codice en 4°, en pergamino. &-iiii-22.

Graux et Catalina García n'ont examiné que les volumes cotés &—III—10 et &—III—23, auxquels le premier joint un *Matritensis,* coté V—248. Voici ce que dit Graux du contenu de ces trois recueils :

« Même, des matériaux qu'il avait réunis, il reste à notre connaissance trois volumes entiers, dont deux sont conservés à la bibliothèque de l'Escurial et le troisième à la *Biblioteca nacional*. Ces volumes concernent les événements qui ont eu lieu dans les différentes contrées de l'Europe pendant la première moitié du xvie siècle. Les *Escorialenses* vont respectivement de l'an 1517 à l'an 1556, et de l'an 1510 à l'an 1559 ; le premier est composé de 214 feuillets, l'autre de 412. Le *Matritensis* compte 236 feuillets ; nous n'avons point cherché les dates extrêmes des événements dont il y est question. On voit dans ces trois volumes de courtes notes, des observations personnelles ; des listes de noms propres, et beaucoup de ces indications qu'on prend pour s'aider dans le travail ; puis, des copies de pièces (comme la réponse du pape à la protestation de Mendoza, lors de la translation du concile à Bologne ; le texte d'un traité de l'an 1525 entre Albert, le grand-maître des chevaliers Teutoniques, et le roi de Pologne Sigismond, etc.). On y trouve la série sèche des événements de telle année ou de telle campagne, comme dans une chronique proprement dite ; un petit nombre de morceaux sont déjà rédigés en style d'histoire. Presque tout est de cette petite écriture, très fine, de Paez, tantôt tracée à main posée, souvent rapide et cursive, toujours propre et nette. Aucun plan de l'ouvrage, aucun commencement réel d'exécution.

Catalina García a ajouté à l'analyse qu'on vient de lire quelques observations qui la complètent. Il note que dans cette « mosaïque assez désordonnée », Paez a souvent inséré des passages de lettres d'amis, des dépêches officielles, des copies d'inscriptions, des réfutations d'historiens étrangers, de Paradin, par exemple ; il nous apprend aussi qu'il existe des deux recueils &—III—10 et &—III—23 une copie incomplète à la Bibliothèque nationale de Madrid, sous la cote R, 352 et 353. Un nouvel examen des deux *Escurialenses* auquel a récemment procédé M. G. Cirot, et dont il a bien voulu me communiquer le résultat, confirme tout à fait ce qu'ont dit Graux et Catalina García. Nous n'avons là, en somme, qu'un recueil de matériaux : dont quelques-uns sans presque aucun rapport avec le sujet, d'autres nullement dégrossis et un petit nombre de morceaux qui offrent un essai de rédaction. Pourquoi ni Graux ni Catalina Garcia n'ont-ils parlé du recueil marqué &—IIII—22 ? On ne s'en rend pas bien compte. Ce dernier recueil au surplus semble plutôt contenir des notes qui se rapportent aux travaux philologiques de l'auteur.

Avant de prendre congé de Paez de Castro, il importe de parler d'une dissertation qui est son œuvre et qui porte sur certaines copies le titre : « La Forme selon laquelle le Dr Juan Paez de Castro se proposait d'écrire son histoire », sur d'autres : « Méthode pour écrire l'histoire, par le D[r]

Juan Paez de Castro ». Le premier titre vaut mieux, car il rend exactement compte de ce que Paez a voulu faire en adressant ce mémoire à l'empereur, déjà retiré à Yuste ou sur le point de s'y rendre, c'est-à-dire vers 1556. Il existe plusieurs copies de cet écrit qui a été publié, au dire de Catalina Garcia, dans les tomes XXVIII et XXIX de la *Ciudad de Dios*, revue d'érudition rédigée par des religieux augustins. N'ayant pas cette revue à notre portée, nous analyserons le mémoire d'après le manuscrit 5938 de la Bibliothèque nationale de Madrid.

L'histoire, étant une construction, réclame : 1° un architecte ; 2° un plan et des matériaux ; 3° des ressources afin de parer aux dépenses de l'œuvre. Par une faveur spéciale, Paez a été choisi pour architecte d'une histoire d'Espagne, conçue de telle sorte qu'on sente dès les premières pages que l'effort principal portera sur le règne de l'empereur, auquel tout doit aboutir comme à son centre. L'entreprise a de quoi effrayer les plus intrépides, vu que maintenant les esprits des hommes sont si éveillés et les lettres si cultivées qu'on tient pour à peine tolérable ce qui, il y a soixante ans, passait pour merveilleux. Paez suppléera ce qui lui manque en fait de talent et d'érudition par sa diligence et son application : il a réuni une grande quantité de livres, il possède une fortune suffisante et jouit d'une belle santé. De bons maîtres, rares partout, mais surtout en Espagne, « où les lettres et les arts sont toujours arrivés plus tard qu'ailleurs », lui ont manqué. Malgré cela, il réussit à apprendre les quatre langues au moyen desquelles a été écrit tout ce qui mérite d'être lu. Les deux premières, le grec et le latin, il les possède autant que qui ce soit, des deux autres, hébreu et chaldéen, il en sait ce qu'il faut pour comprendre suffisamment l'Écriture Sainte, dans ses langues originales. Après les « arts », il passa au droit dans l'intention de faire de la pratique, mais il s'en dégoûta vite, voyant l'arbitraire des juges, les tracas et les inimitiés qui dérivent de l'exercice de cette profession. En revanche, il s'appliqua avec ardeur à l'étude « contemplative » des lois, fort captivante, à cause du profit moral qu'on en peut tirer et parce qu'elle facilite l'intelligence des auteurs qui sont « pleins de droit romain ». Après, il voulut connaître les secrets des animaux, des plantes, des minéraux et il approfondit les mathématiques qui, indépendamment d'autres mérites, ont celui d'offrir un degré de certitude plus grand que les autres disciplines. De tout temps, on a cherché à conserver la mémoire des choses. Les hommes, avant de posséder l'écriture, ont chanté leurs prouesses, puis ils les ont peintes sur la peau ou la toile, comme on le voit encore chez les Indiens ; — il annonce ici un traité sur la conformité qui existe entre les mœurs et les religions des Indes occidentales et celles des peuples anciens, comme nous les représentent les historiens — enfin sont venus les Grecs, créateurs de l'histoire telle que nous la concevons, ce sont eux et les Romains qui ont défini les règles de l'histoire en disant : *prima (lex), ne quid falsi dicere audeat; deinde, ne quid vere non audeat*. A propos de la seconde règle, il y a des réserves à faire. Toutes les vérités ne sont pas bonnes à dire, et l'histoire verserait souvent dans le libelle diffamatoire ou les enfantillages, si l'on n'y mettait bon ordre. Vient la question du style. Chez les Espagnols, il était à l'origine barbare, puis on a essayé de le remonter en imitant, mais maladroitement, les Latins : de là les transpositions de Juan de Mena (*fundándome en aquella de Séneca palabra*) et d'Enrique de Villena. Aujourd'hui on écrit mieux, grâce à la faveur que les écrivains trouvent chez le souverain. Le style historique ne doit pas demeurer trop terre à terre (*no sea estrecho ni corto de razones*) et ne doit pas non plus s'élever trop haut ; il ne faut pas emboucher la trompette comme pour des vers d'Homère, mais tendre à quelque chose de coulant et d'abondant, où l'effort ne se sente pas. La matière historique se compose des faits de paix ou de guerre, puis de l'explication de ces faits, autrement elle ressemblerait trop à des contes de nourrice ou à des livres de chevaleries. L'historien doit être un moraliste et posséder un grand don d'éloquence pour peindre et faire revivre le passé, en quoi il touche à la poésie. Il se munira aussi de connaissances spéciales afin de parler avec propriété dans ses descriptions de contrées, etc. Enfin, après d'autres considérations générales, qui aboutissent à solliciter de l'empereur la création de bibliothèques pour y garder les meilleurs modèles historiques, car sans l'imitation des anciens on ne peut rien écrire de bon en aucune langue, « comme je le montrerai, dit-il, ailleurs plus à propos »,

Paez en vient au plan de l'ouvrage qu' « avec l'aide de Dieu et la faveur de César il espère pouvoir mener à bonne fin ». Ce plan lui a été demandé, de la part de Charles, par son familier Guillaume Van Male. Avant tout, il se refuse à continuer l'œuvre d'autrui, qui, si elle est caduque, entraînerait la ruine de la sienne : il veut composer une histoire qui ait pieds et tête, comme on dit. Impossible de marquer plus clairement qu'il ne se souciait nullement de prendre la suite de la chronique d'Ocampo. Ceci posé, son travail consistera à donner comme préface à l'histoire une description topographique du pays, puis il entreprendra l'étude de la période la plus reculée en avançant petit à petit jusqu'à l'époque actuelle et à la merveilleuse extension de la puissance espagnole sur tout le monde habité. Le couronnement de l'édifice sera l'histoire de l'empereur qu'il traitera avec tout le détail exigible. Celui-ci y retrouvera le souvenir de ses grandes actions en temps de paix et de guerre, sans fatigue, dans le recueillement où il vit, comme l'homme en sécurité sur la terre ferme contemple la tempête. La décision que César a prise de se démettre du gouvernement au profit de son fils et de vivre désormais dans la retraite réclame un livre à part, que Paez s'engage à écrire sous le titre de *Retraite des princes*. Tel est le plan de l'histoire. Reste à parler des matériaux. L'histoire n'étant pas une œuvre d'imagination ou de talent (*cosa de invencion ni de solo ingenio*), il importe de voyager et de voir de près les localités d'Espagne, d'Italie, d'Allemagne et, si faire se peut, de toutes les contrées où ont été portées les armes impériales ; il importe ensuite de réunir les matériaux les plus divers, depuis les inscriptions jusqu'aux livres imprimés, les chartes des villes et des monastères, les documents généalogiques, etc., sans négliger les témoignages oraux, même celui de l'Empereur. Jadis les empereurs tenaient des journaux de leur vie, que l'historiographe n'avait qu'à étendre en forme d'histoire. Maintenant les princes ne sont plus si curieux, mais Charles montre aussi sa supériorité sur ses émules en ce qu'il « prend note des faits dignes de mémoire ». En dernier lieu et pour finir, le coût de la fabrique Paez ne l'évalue pas, il se borne à dire que l'historiographe a besoin de se sentir libre de tout souci, eu égard à l'extrême difficulté et à la complication de sa tâche.

Le mérite du prospectus de Paez de Castro c'est qu'il évite les banalités et s'attache au détail précis[1]. On se rend vraiment compte, après l'avoir lu, de ce que l'auteur aurait fait s'il avait mis à exécution son dessein. Doit-on déplorer avec Catalina García qu'une œuvre si bien conçue soit restée à l'état de projet? Assurément, mais qu'on se persuade bien que des natures comme celle de Paez n'exécutent jamais de travaux de longue haleine. Réparer des textes endommagés, proposer d'heureuses conjectures, élucider telle ou telle question obscure ou controversée dans de petites dissertations bien conduites, voilà le propre du philologue. Ne lui demandez pas de longs exposés auxquels répugnent son souci de l'exactitude, son besoin d'approfondir, sa crainte de s'aventurer sur un terrain où le pied pourrait lui manquer. Au fond, Paez nous a laissé ce qu'il pouvait : des copies, des notes, des critiques. Beaucoup ont probablement perdu leur valeur, mais qui sait ce qui se cache encore d'utile dans ces recueils?

V. Ce n'est pas sans hésitation qu'on fait figurer ici D. Lorenzo de Padilla, de la noble famille, dit-on, des *Adelantados* de Castille, archidiacre de Ronda, au diocèse de Malaga, et, d'après Nicolas Antonio, « munere historici Regii ab augustissimo Carolo Cæsare, atque Hispaniarum Rege ornatus », ce que confirment Andrés de Uztarroz et Dormer, qui le qualifient également de « cronista del emperador Carlos V ». Lui-même se réfère à un travail historique qui lui aurait été commandé par l'empereur, mais il ne dit pas qu'il ait jamais rempli l'emploi d'historiographe. A la fin de sa chronique de Philippe le Beau, dont il va être parlé, se lisent ces mots : « Je supplie Votre très invincible Majesté de se souvenir que seize ans se sont écoulés depuis le moment où, après la rencontre à Nice de Votre Majesté et de Paul III, j'ai quitté le service de ce pontife pour en-

---

1. Graux a conjecturé (*Essai*, etc, p. 83, note) que le mémoire de Paez pourrait être identique au prologue de la chronique décrit par Morales ; mais Catalina García (*l. c.*, p. 410) montre bien que le mémoire a été écrit à une époque où Paez n'avait même pas encore amassé de matériaux et ne pouvait pas songer à un prologue. Le mémoire semble donc bien un simple prospectus destiné à être mis sous les yeux de l'empereur.

trer au vôtre. Depuis j'ai colligé et mis en forme de véritable histoire toutes les chroniques d'Espagne jusqu'au temps de Votre Majesté, parce qu'Elle me l'a ordonné étant à Tolède, et jamais on ne m'a donné ni subvention ni salaire [1] ». La phrase en question date de 1554, puisque l'entrevue de Nice eut lieu en 1538. Dans un autre écrit, l'approbation du *Carlo famoso* de D. Luis Zapata, chronique rimée des prouesses de Charles-Quint dont nous avons déjà traité (ci-dessus, p. 16), Padilla s'exprime ainsi: « Pour répondre à ce que vous désirez savoir de moi, j'entends mon opinion sur votre œuvre et sur les généalogies qu'elle contient, je vous dirai qu'en ce qui touche votre poème, son excellence est si notoire que je ne trouve rien à ajouter. Quant aux armes des cent écus de lignages que vous y avez mises, comme la chose concerne ma profession et ce que j'écris par ordre de Sa Majesté, j'affirmerai seulement que vous exprimez en peu de vers, au sujet de ces lignages, ce qu'un autre ne dirait pas en noircissant beaucoup de papier ». D'autre part, les *Progresos de la historia en el reino de Aragón* nous apprennent que dans la dédicace à Philippe II d'une Histoire générale d'Espagne, divisée en quatre livres et qu'on imprima, mais incomplètement, en 1569, Padilla dit qu'il y a plus de trente ans, à compter depuis 1538, que l'empereur lui a commandé cette histoire [2]. De son côté, N. Antonio, dans l'article *D. Laurentius de Padilla* de la *Bibliotheca hispana nova* cite « *La Historia general de España* : ad Carolum V Cæsarem, in quatuor partes divisa », et il en donne l'incipit : « *Invictissimo Cesar. Determinado e muchas veces*, etc ». Le manuscrit original de cet ouvrage se trouvait au temps d'Antonio dans la bibliothèque des dominicains de Cordoue. Andrés de Uztarroz, chroniqueur d'Aragon, possédait aussi quelques feuilles imprimées appartenant sans doute à l'édition inachevée de 1569. Après, Antonio mentionne *El libro primero de las antiguedades de España*, qui va des origines de l'histoire d'Espagne jusqu'à la mort de saint Ferdinand et que D. José Pellicer publia en partie en 1669 ; l'ouvrage complet, qui comptait trois livres, fut, au dire de Pellicer, dédié à Charles-Quint en 1534 [3].

1. *Colección de doc. inéd para la hist. de España*, t. VIII, p. 267.
2. *Progresos*, éd. de Saragosse, 1878, p. 158.
3. L'édition des *Antiguedades*, de Valence 1669, n'existe pas à Paris :

Quels rapports y a-t-il entre l'*Historia* et les *Antiguedades*? C'est ce qu'on ne voit pas bien. Pellicer dit de ce dernier livre qu'il est le premier qui introduisit dans l'histoire d'Espagne en langue vulgaire la méthode et les règles de la science historique, accusant Florián de Ocampo de s'en être servi sans le citer[1], ce que répète après lui N. Antonio. Sur ces deux ouvrages d'ailleurs étrangers à notre sujet, comme sur la question du plagiat imputé à Ocampo, il convient d'attendre un travail de M. Cirot qui nous éclairera complètement[2]. Pour l'instant et pour ce qui nous concerne, nous devons seulement signaler deux manuscrits de la Bibliothèque nationale de Madrid, cotés T, 13 et 14, et qui renferment de Padilla une « Crónica de los emperadores, desde Carlo-Magno hasta Cárlos V », dont aucun bibliographe ne parle, puis une autre chronique en deux livres, assez improprement dénommée « Particular Crónica del Católico y sobre Ilustre Rey Don Philippe Primero deste nombre de los Monarcas de España », et qui est en réalité, comme l'explique l'hommage à Charles-Quint et comme on le constate en la lisant, une histoire d'Espagne depuis la prise de Grenade jusqu'à la mort de Ferdinand le Catholique[3]. Padilla a-t-il continué cet ouvrage et les mots cités plus haut qui en forment comme l'explicit : « j'ai colligé... toutes les chroniques d'Espagne *jusqu'au temps de Votre Majesté* » signifient-ils qu'il aurait aussi écrit l'histoire de Charles-Quint ? Cela paraît peu probable, mais il faudrait savoir ce que représente au juste la *Chronique des empereurs*. La Chronique dite de Philippe Ier ne donne pas une idée favorable de l'information ni de la critique de

---

on en parle ici d'après la *Bibliotheca formada de los libros i obras publicas de Don Joseph Pellicer*, Valence, 1671, où on lit à la page 104 : « Fue este Grande Escritor (Padilla) Arcediano de Ronda, en la Santa Iglesia de Malaga, i Cronista del Señor Emperador Don Carlos Maximo que Dedicò esta Obra a su Magestad Cesarea el Año de 1534 ».

1. *Bibliotheca*, p. 104 à 106.
2. D. José Godoy Alcántara a eu entre les mains un exemplaire, peut-être unique, de 84 feuillets imprimés de l'*Historia*, qu'il attribue, sur la foi du chroniste d'Aragon D. Francisco de Urrea, à l'année 1570. D'après Godoy, les *Antiguedades* de Pellicer sont un remaniement de la première partie de l'*Historia* (Voir *Historia critica de los falsos croniconcs*, Madrid, 1868, p. 22 et 27).
3. Publiée dans le tome VIII de la *Colección de documentos inéditos*, p. 6 à 267, sauf quelques chapitres omis par les éditeurs.

Padilla. Höfler, qui l'a soumise à un examen assez attentif, la juge sévèrement, disant qu'elle ne peut qu'induire en erreur sur bien des points et qu'elle passe sous silence de très importantes négociations [1]. Padilla fait l'effet d'un esprit mal équilibré et agressif, comme l'indiquent ses attaques contre les *Annales d'Aragon* de Zurita qui manquent tout à fait d'équité et de pondération [2]. S'il n'a pas écrit l'histoire de l'empereur, comme on peut le croire, nous n'y perdons pas grand chose.

VI. Alonso de Santa Cruz n'a pas été chroniste de l'empereur, il ne l'a été que de Philippe II, au dire de N. Antonio. Sous Charles-Quint, il fut premier cosmographe (*cosmógrafo mayor*) : « Alphonsus de Santa Cruz, Hispalensis, Mathematicarum omnium artium peritissimus, quare Archicosmographus Regius sub Carolo V. deligi promeruit... Qui cum et historiam omnemque eruditionem optime nosset Historici Regii titulo a Philippo II. fuit cohonestatus ». Rigoureusement donc Santa Cruz n'a pas droit de paraître ici en compagnie des autres chronistes; mais il faut considérer qu'en tant que cosmographe il appartenait, comme les chronistes, à la maison royale et qu'il a écrit l'histoire à peu près au même titre qu'eux. Celui-là au moins a sûrement composé une histoire de l'empereur, peu connue il est vrai, mais qui existe. Avant d'en parler, quelques indications sur l'auteur ne sembleront pas inutiles.

Originaire de Séville [3], Alonso de Santa Cruz prit part en 1525 à l'expédition aux îles des Épices dirigée par Sébastien Cabot, en qualité de trésorier. Il revint à Séville en 1530. Dès 1536, on le voit exerçant l'emploi de cosmographe près la *Contratación*. En 1539, il devait s'embarquer à bord de la flotte envoyée au détroit de Magellan, mais l'em-

---

1. *Kritische Untersuchungen über die Quellen der Geschichte Philipps des Schönen*, Vienne, 1883. p. 21.
2. Voir à ce sujet les *Progresos*, p. 154.
3. D. Martin Fernández de Navarrete, dans sa notice sur Santa Cruz (*Colección de opúsculos*, Madrid, 1848, t. II, p. 61 et suiv.), dit que divers auteurs l'ont fait sévillan, parce qu'il vécut longtemps à Séville comme cosmographe de la *Contratación*; mais Santa Cruz lui-même écrit dans une supplique : « la cibdad de Sevilla, donde es mi naturaleza ».

pereur le retint auprès de lui pour entendre ses leçons de cosmographie et d'astronomie auxquelles assistait aussi le futur saint François de Borgia. Cette flatteuse distinction lui valut un supplément important de salaire : en effet, le 6 janvier 1540, Charles, se trouvant alors de passage à Paris, donna ordre aux comptables de la *Contratación* de payer à Santa Cruz, trente-cinq mille maravédis à titre de *contino* et trente mille à titre de cosmographe, où qu'il résidât, à Séville, à la cour ou ailleurs[1]. Onze ans plus tard, le 10 novembre 1551, Santa Cruz adresse à l'empereur une intéressante supplique, où, faisant valoir que, malgré un fâcheux état de santé, il a terminé une histoire des Rois Catholiques de 1490, date où s'arrêtait Pulgar, jusqu'à la mort de Ferdinand, puis une histoire de Charles-Quint jusqu'à l'année 1550 et divers autres travaux d'astronomie et de géographie, il sollicite de son souverain la place de directeur des travaux de l'Alcazar, ce qui lui permettra de vivre tranquille et de remédier à la cherté de Séville, où tout se paye un prix fou à cause de l'énorme affluence de l'argent[2]. Dans sa partie, Santa Cruz était un vrai savant. On conserve de lui, en manuscrit, une méthode pour trouver les longitudes, qui passe pour une œuvre du plus haut mérite. Il inventa divers instruments très ingénieux à cet effet, et ce don d'inventeur le recommanda beaucoup à l'empereur qui raffolait de mécanique et d'horlogerie. Santa Cruz mourut probablement vers la

---

1. Navarrete, *l. c.*, p. 63. Ce décret se trouve à Simancas, Continos. Letra S. Voici ce qui dans cette liasse concerne encore le cosmographe : « Real cédula en favor de Alonso de Santa Cruz, á quien se nombró contino de la casa de S. M. con 35 000 maravedís de salario. Valladolid, 21 Diciembre 1537. Consta á continuación que residió en la Corte los años de 1538 y 1539. — Cédula de la Emperatriz en favor de Alonso de Santa Cruz, cosmógrafo, para que pudiese estar ausente de la Corte durante dos meses en Sevilla á partir del mes de Abril, ocupado en el servicio del Emperador, sin que por ello se le dejase de abonar su quitación de contino. Valladolid, 20 Junio 1538. — Cédula de Carlos V para que se tuviese al cosmógrafo Santa Cruz por residido en la Corte los cuatro meses que estuvo ausente de ella ocupado en cosas del servicio de S. M. Madrid, 22 Agosto 1539 ».
2. Navarrete, *l. c.*, p. 64. D'Après Almirante, *Bibliografía militar de España*, Madrid, 1876, p. 790, ce document se trouve à Simancas, Estado, leg. 84. D. Felipe Picatoste y Rodríguez (*Apuntes para una biblioteca científica española del siglo XVI*, Madrid, 1891, p. 294) cite des passages de cette supplique qu'il date du 6 novembre 1551, mais il ne donne pas les phrases relatives aux travaux historiques.

fin de l'année 1569, comme nous l'apprend une lettre de Paez de Castro à Zurita, qui renferme cette curieuse oraison funèbre : « La mort du pauvre Santa Cruz m'a fait un grand chagrin, non pas à cause du préjudice qu'elle portera aux lettres ou aux affaires des Indes, mais parce que l'homme est mort si astrologiquement. Que Dieu en son infinie miséricorde veuille lui pardonner ! Amen[1]. » Le très méritant cosmographe comptait un peu trop sur l'intérêt que lui portait l'empereur. À la fin, cet intérêt diminua, car Charles se dégoûta de tout, même de ses passions. A Yuste, il avait d'ailleurs un mécanicien et horloger fort habile, le fameux Giovanni Turriano de Crémone, qui le dispensait d'avoir recours à d'autres. Santa Cruz le comprit et s'en plaignit à Philippe II. Dans une lettre à ce souverain du 28 février 1557, il lui dit : « Il y a deux ans que j'ai attendu en cette cour la venue de l'empereur dans l'espoir que, puisqu'il est maintenant délivré des affaires, il voudrait se servir de moi comme il le faisait jadis ou m'accorderait au moins une gratification qui me permît d'aller me reposer chez moi, comme il me l'a promis en récompense de mes nombreux et bons services. Mais ni l'une ni l'autre chose n'a été réalisée par sa venue, car ce qu'il aimait jadis, il le déteste maintenant ; il fuit le commerce des hommes pour ne pas en être importuné... Étant allé le voir tous les jours qu'il a passés en cette cour[2], car il me l'ordonna, il prit grand plaisir à me voir et me demanda beaucoup de choses qu'il désirait savoir. Et un jour lui ayant demandé s'il s'était souvenu de moi, la dernière fois qu'il avait eu à s'occuper de ma supplique, il me ré-

---

1. Cette lettre est datée de Quer, 15 novembre 1567 dans les *Progresos de la historia en el reino de Aragon*, aussi bien dans la réimpression de Saragosse de 1878 (p. 558) que dans l'édition originale de 1680 (p. 490), mais il faut évidemment corriger 1569, car les lettres de Paez sont ici classées chronologiquement et la lettre précédente porte la date : Quer, 30 janvier 1569. Nous savons d'ailleurs que Paez était à Quer le 11 octobre 1569 (voir une lettre de lui à Mariana, British Museum, ms. Egerton 1875, fol. 64 (Catalogue Gayangos, t. I, p. 198). Navarrete, dans sa *Biblioteca maritima española*, t. I, p. 30, suppose que Santa Cruz mourut en 1572, parce qu'en octobre de cette année ses papiers furent remis à son successeur dans la charge de cosmographe, mais cet argument, accepté aussi par Picatoste, *Apuntes*, p. 294, est sans valeur.

2. Sans doute à Valladolid, où l'empereur séjourna en 1556 du 20 octobre au 4 novembre.

pondit qu'en effet il avait vu mes lettres et ce que je sollicitais, et qu'il en avait remis l'expédition à Votre Majesté, qui à l'occasion m'accorderait toutes les gratifications possibles et qu'il intercéderait auprès d'Elle en ma faveur... » Tout cet exposé était fait en vue d'obtenir du roi une place dans le Conseil des Indes. Une pétition non datée, mais qui se trouve à Simancas dans la même liasse et qui doit avoir été rédigée en même temps que la lettre, expose les desiderata du cosmographe. Il y demande, dit-il, « une place à la *Contratación* de Séville, lieu de ma naissance, pour y pouvoir achever les livres que j'ai commencés sur la géographie et l'histoire de toutes les provinces du monde », puis, comme dans la lettre, une place de conseiller au Conseil des Indes [1]. A quel moment Philippe II l'aurait-il nommé chroniste? On l'ignore, Navarrete conteste même qu'il ait jamais occupé cet emploi : « Il ne semble pas, dit-il, que Santa Cruz ait joui du titre de chroniste, comme quelques-uns le pensent. Quoiqu'il ait écrit diverses chroniques et des ouvrages d'histoire, son instruction était plus grande en matière de cosmographie et de nautique qu'en histoire. »

Nicolas Antonio attribue à notre auteur deux ouvrages historiques inédits : 1° Un récit de ce qui se passa à Séville au temps des *Comunidades* ; 2° Une histoire de Charles-Quint. La section des manuscrits de la Bibliothèque nationale de Madrid possède un exemplaire de la Chronique des Rois Catholiques, mentionnée par Santa Cruz en même temps que son Histoire de Charles-Quint dans sa supplique du 10 novembre 1551. A part Ferrer del Rio, qui n'a cité qu'en passant le premier de ces ouvrages [2], il ne semble pas que les érudits espagnols aient utilisé les travaux historiques de Santa Cruz. Ranke vit à Rome un manuscrit de la *Chronica del muy alto y muy poderoso y justo principe Don Carlos Emp. de Alemaña y rey de Romanos y de España, compuesta por Alonso de Santa Cruz, su cosmografo mayor*, dont il dit qu'elle est plus détaillée que l'histoire de Pedro Mexía et que l'auteur la dédia au prince Don Carlos, fils

---

1. Ces deux documents ont été publiés dans la *Revista de archivos, bibliotecas y museos* du 15 septembre 1874.
2. *Historia del levantamiento de las Comunidades de Castilla*, p. xiv.

de Philippe II, qui voyait en son grand-père l'idéal d'un souverain : « Soyez, s'écrie Santa Cruz, le disciple de celui dont vous avez mérité d'être le petit-fils! » Quoique le temps lui eût fait défaut pour étudier de près cet ouvrage, Ranke cependant constata que la Chronique de Charles-Quint par Santa Cruz a été mise à contribution par Sandoval, mais moins que Mexia dont des chapitres entiers ont passé dans la compilation du chroniste de Philippe III[1]. Rien ne donne à penser que le travail de notre cosmographe consacré au règne de l'empereur jusqu'en 1550 contienne d'importantes révélations, mais il ne serait pas inutile de s'en assurer, d'autant plus que la réputation d'historien de Santa Cruz a pâti de son acerbe censure des *Annales d'Aragon* de Zurita, qui lui valut une réplique assez cinglante d'Ambrosio de Morales, où il est renvoyé à ses compas et à ses astrolabes[2]. Comme narrateur d'événements contemporains, peut-être ne s'est-il pas si mal acquitté de sa tâche.

1. *Chronisten Karls V*, dans la *Deutsche Geschichte im Zeitalter der Reformation*, t. II. p. 383.
2. *Progresos de la historia en el reino de Aragon*, p. 161.

CHAPITRE V

Paul Jove.

Pour deux raisons, Paul Jove mérite d'occuper une place dans une étude sur l'historiographie de Charles-Quint. D'abord il a failli devenir lui-même chroniste de l'empereur, et au même titre à peu près que ses émules espagnols ; puis son œuvre principale, les *Historiae sui temporis,* et ses biographies ont en quelque sorte plané au-dessus du travail historique qui s'accomplit en Espagne au xvie siècle : les historiens de ce pays l'ont si souvent mis à contribution ou réfuté qu'il se rattache vraiment et par les liens les plus étroits à notre sujet. Sans lui, Sepúlveda n'aurait peut-être pas composé, dans la forme que nous connaissons, son *De Rebus gestis*, sans lui, Sandoval et d'autres n'auraient pas entrepris de réhabiliter la conduite des Espagnols en Italie depuis l'époque du Grand Capitaine. Il ne s'agit pas ici d'étudier l'ensemble de l'œuvre ni le rôle si considérable tenu par l'homme dans la société de son temps, travail des plus compliqués et dont les éléments même n'ont pas été encore réunis. On ne se propose ici que de préciser les relations entre Jove et l'empereur, d'examiner quels souvenirs Jove a gardés de son commerce avec le souverain, comment il les a traduits dans ses écrits et d'une façon générale ce qu'il a fait pour répandre la connaissance des choses d'Espagne et de quelques grands Espagnols de son temps.

Jove vit pour la première fois l'empereur à Gênes au mois d'août 1529, et cette première rencontre lui laissa comme aux Génois présents une impression agréable, qui démentit heureusement la réputation de férocité qu'on avait faite au jeune souverain : « Caesar ipse, secus ac crediderant homines, faciem praetulit, lenis clementisque animi indicem, ipsoque juventae flore maxime decoram, quam honestabant mores civili modestia conditi et eloquia benignae comitatis, sic ut famam conceptae apud Italos feritalis extingueret[1] ». Mais l'entrée quelques mois plus tard de l'empereur à Bologne, entouré de la splendide pompe du couronnement, lui offrit le prétexte d'un portrait plus poussé, où les qualités morales comme les agréments physiques trouvent leur place : c'est un Charles-Quint dans tout l'épanouissement de la jeunesse, heureux et fier de ses premiers succès, qui en attend de plus grands et qu'ont encore épargné les désillusions et la maladie. Ici aussi, Jove insiste sur la surprise que causèrent à Clément VII et aux autres Italiens la douceur et l'affabilité du souverain, eux qui s'attendaient à voir un Cimbre ou un Teuton :

Erat vultus Caesaris in gestu militari et gravi, blanda quadam lenitate verecundiaque perfusus. Clementis vero facies ita subito ad ejus occursum exhilarata est, ut vel ob id maxime laetari crederes, quod illum multo humaniorem et augustiorem quam putarat, esse conspiceret. Varia siquidem ab Hispanis, et falsa quidem, de Caesare plerique maligne retulerant, et multi etiam ultro trepidis animis, propter acceptas tot inusitatas clades, sibi illum fingebant, uti alterum Ariovistum... Sed jam fuerat exceptus Genuae, Placentiae cognitus, Parmae demum, Regii et Mutinae cum summa omnis generis hominum gratulatione salutatus... Enimvero, quo nihil est in rege popularius et gratius, aditum cunctis, atque aures summa benignitate et singulari patientia praebuerat; ... Illam vero militum licentiam diuturna impunitate confirmatam, iis qui vel oblata rapuerant, vel ante diem arroganter stipendia flagitarant, supplicio protinus affectis, ita represserat, ut illo quod teneret longe maximo omnium imperio dignissimus haberetur... Nunquam enim praeclarum, nobile et firmum ejus ingenium, vel irarum impetus perturbarat, vel caeca vindictae libido pupugerat, vel ulla humana mollities, quin recta sentiret, expugnarat. Erat ejus vultus, ut hoc quoque curiosi minime desiderent, argenteo et grato quodam pallore dilucidus, oculi caerulei, suaves, nulla acri severitate formidabiles, et ii quidem ad ingenuum pudorem virilemque modestiam instituti. Nasus a medio clementer assurgebat, quod magnitudinis animi signum in Persarum etiam regibus ab antiquis fuit observatum; mentum erat ad exiguam venustioris injuriam paulo prominentius, et quod gravitatis speciem addebat, sub crispa et flaventi barba convestitum capillum, vero fulgore

---

1. *Historiae*, livre XXVII, éd. de Lyon, 1561, t. II, p. 237.

pallentis auri, more Romanorum Caesarum circumtonsum ostendebat. Porro statura corporis, ut in ipso aetatis integrae flore et prosperrima valetudine, non ab inerti succo, sed a valido nervorum nexu longe firmissima; peramplae item robustaeque manus ad stringendum ferrum idoneae; crura autem venustissime extantibus toris, trunci proportione directa, quod tum maxime apparebat, quum equo veheretur. Tanta enim ei inerat cum dignitate equitandi peritia, ut nullus eo armato atque equum incitante et in gyrum reflectente, vel pulchrior, vel vividior, vel inferendo armorum pondere patientior eques reperiri posse videretur [1].

Au bel équilibre moral, au caractère empreint de dignité, de fermeté, d'empire sur soi-même répondent la tournure la plus fringante, une superbe musculature, des membres bien proportionnés et quelques traits de race, la pâleur argentée du visage, le nez aquilin et ce léger défaut, qui devint chez certains de ses héritiers une tare, la proéminence du menton. Tout cela paraît ici dépeint pour la première fois et en termes réussis dont se sont emparés bien des écrivains postérieurs. Notez que ce portrait plutôt flatté du monarque — antérieur de dix-huit ans au Charles-Quint de Muhlberg, où le pinceau de Titien, cependant porté à embellir, a tenu à marquer les effets du chagrin et d'un état morbide — figure dans la seconde partie des *Historiae* parue à Florence en 1552, l'année même de la mort de l'auteur, preuve assez évidente de sa sincérité, vu qu'alors il n'avait depuis longtemps plus rien à attendre de Charles : le peintre ne s'est pas vengé des dédains du modèle.

En 1532, nouvelle rencontre qui nous est décrite à la fin du livre XXX des *Historiae*. Charles revenait d'Allemagne, fort mécontent du cardinal Hippolyte de Médicis, neveu du pape, qui s'était improvisé condottiere et qu'il avait dû mettre à la raison, éveillant ainsi chez Clément VII un grave ressentiment. Pour amadouer le pontife, Charles se servit de Jove, qui, à l'entendre, s'acquitta fort bien de cette mission délicate, car l'empereur lui parut en cette occurrence plus défiant et plus sévère que d'habitude, ce qui lui fournit d'ailleurs le prétexte d'une nouvelle appréciation générale des plus flatteuses : « Erat enim in Caesare, nisi naturam acerbiore facto exagitares, summa aequitas,

---

1. *Historiae*, livre XXVII. éd. cit., t. II, p. 279 et suiv.

rara modestia, patientia singularis, adeo ut in tanta fortuna nihil repentinum aut insolens, vel judicio vel sermonibus ejus excideret[1] » C'est pendant le second séjour de Charles à Bologne, en décembre 1532, en janvier ou février 1533, que se place l'incident rapporté par Sepúlveda, qui nous montre Jove dans le rôle qu'on lui a si souvent prêté de publiciste faisant argent de son métier[2]. Une demande de gratification qu'il avait adressée à l'empereur, se servant pour cela de l'appui d'Alexandre de Médicis, n'ayant pas été agréée, Jove, assez piqué, se mit à déblatérer sur le compte du souverain et écrivit une lettre à Rome, où il se plaignait de son avarice. Ces propos rapportés à Charles motivèrent de sa part la déclaration suivante : « Si Jove s'est imaginé que parce qu'il écrit l'histoire, il m'incitera à lui donner ce qu'il se promettait déjà d'obtenir, il s'est trompé. C'est précisément parce qu'il écrit l'histoire qu'il n'a rien à attendre de moi[3] ». Un détail du récit de Sepúlveda retient l'attention, parce qu'il peut servir à en montrer l'authenticité. Dans la lettre envoyée à Rome, Jove aurait dit : « Comment Charles n'a-t-il pas eu la pensée de me donner au moins *une mule boiteuse*? » Or, cette expression apparaît dans deux autres lettres de Jove, datées de Naples le 12, et de Rome le 28 décembre 1535[4], où il raconte à l'évêque de Faenza, nonce en France, ses entretiens avec l'empereur retour de Tunis. Dans la première, il s'exprime ainsi : « Sa Majesté nous a conté, et en partie à ma demande, une quantité de belles choses de la Goulette, qui ont trait à mon histoire. Je me persuade qu'elle lui plaira beaucoup Je l'ai montrée à Granvelle et à des personnes doctes... Pour moi j'attends la *mule boiteuse*, et même sans elle je mettrai

---

1. *Historiae*, livre XXX, éd. cit., t. II, p. 573.
2. G. Voigt (*Die Geschichtschreibung über den Zug Karl's V. gegen Tunis*, p. 74) place l'incident en 1530, mais alors Alexandre de Médicis n'accompagnait pas l'Empereur, ce qui eut lieu en 1532 : « A quella Città (Bologne) giunse dipoi Carlo V, dopo essere stato a Modena, dove dal Duca di Ferrara avea ricevuto uno splendido trattamento. Seco era Alessandro de' Medici, ito già ad inchinarlo in Mantova » (Muratori, *Annali d'Italia*, ad ann. 1532).
3. *De Rebus gestis Caroli quinti*, livre XXX, § 33.
4. *Lettere volgari di Mons. Paolo Giovio da Como, vescovo di Nocera, raccolte per Messer Lodovico Domenichi*, Venise, 1560, fol. 97 v° et 15 v°. La lettre de Rome du 28 décembre est faussement datée de 1536, elle appartient comme la première à l'année précédente.

mon cœur à servir César, la plume à la main, gratis. » Dans l'autre, il dit : « J'ai été à Nocera et à Naples, j'ai assisté aux fêtes, j'ai suivi la mode turque en baisant la manche de César à l'arrivée et au départ. Sa Majesté m'a fait bon visage et m'a parlé longuement des choses de Tunis qu'Elle a bien gardées dans sa mémoire. Il me semble qu'Elle goûterait assez quelques coups d'encensoir. Si Elle en veut sur parchemin, il me faudra d'abord chevaucher une *mule boiteuse*, autrement j'abandonnerai la tâche à un religieux nouvellement créé *coronista* de Sa Majesté, qui l'écrit en espagnol et en latin de réfectoire ». La locution « recevoir ou chevaucher une mule boiteuse » signifie donc « recevoir un petit présent ». Jove trouvait que, conformément aux usages de l'époque, la tâche qu'il avait entreprise et qui touchait de si près l'empereur, puisque l'histoire impériale se confondait avec celle du temps présent, méritait récompense. Il demandait même quelque chose de plus et le passage cité de la seconde lettre l'indique : il n'aurait pas été fâché de devenir historiographe en titre de l'empereur. Mais qui désigne-t-il par ces mots : *un frate noviter stampato per coronista di Sua Maestà* ? Quel était ce religieux espagnol à qui Jove compte passer sa plume de chroniste si l'empereur ne paye pas ses services ? A coup sûr, il ne saurait être question de Sepúlveda, qui n'était pas un religieux, n'écrivait pas en « latin de réfectoire » et ne fut nommé chroniste qu'un peu plus tard, en avril 1536. De plus, Sepúlveda compte précisément parmi les rares Espagnols lettrés dont Jove faisait cas et qu'il a cités avec estime : « Sed hodie procul dubio Johannes Sepulveda Cordubensis, ipsam eximiae laudis arcem obtinet, qui Graecae peritus linguae, et scientiarum prope omnium validis instructus praesidiis, dum assidue, atque ideo feliciter stylum exercet, eloquentissimus evadit [1]. » Éloge auquel Sepúlveda fut très sensible et qu'il inséra avec d'autres *testimonials* dans sa lettre à Melchior Cano, datée « Ex meis hibernis Cordubensibus postridie brumae, A. C. M. D. XLVIII [2] ». Un peu plus tard, le 1er janvier 1549, écrivant à Luis Lucena alors à Rome, il

---

1. *Elogia veris clarorum virorum imaginibus apposita, quae in musaeo Joviano Comi spectantur*, Venise, 1546, fol. 79.
2. *Joannis Genesii Sepulvedae Opera*, éd. citée, t. III, en tête de l'Épistolaire.

le prie de lui envoyer l'indication exacte des livres où ont paru cet éloge et un autre afin qu'on ne l'accuse pas de les avoir inventés : « Feceris igitur mihi pergratum, si ut verba, item loca, titulosque librorum mihi primo quoque tempore, ne quis me finxisse putet, mittere non gravaberis[1]. » On peut voir par là quelle importance il attachait à ces témoignages. En racontant l'incident de Bologne, Sepúlveda n'a en aucune façon voulu ternir la mémoire de Jove, il a voulu simplement montrer la belle indépendance de l'empereur, son indifférence à l'endroit des panégyristes contemporains. Au surplus, les deux écrivains se connaissaient depuis longtemps ; ils avaient pour ami commun l'évêque de Vérone Gian Matteo Giberti[2], et ils se rencontrèrent probablement pendant les journées tragiques du sac au château Saint-Ange. Donc la désignation de la lettre de Jove du 28 décembre 1535 s'applique bien mieux à Antonio de Guevara, *frate* et piètre latiniste, mais non pas il est vrai *noviter stampato per coronista*, puisqu'il tenait l'emploi depuis longtemps. Néanmoins, c'est de lui qu'il doit s'agir ici ; Jove, mal informé, a pu croire que Guevara venait d'être nommé. — Cette fois donc encore Jove fut déçu ; il n'eut ni la *mula zoppa* ni l'emploi de chroniste, qui fut dévolu à Sepúlveda. On ne sait même pas s'il obtint de servir de guide à l'empereur à travers les antiquités de Rome, quoiqu'il prétende avoir été désigné pour cette fonction : « Je pense que nous aurons César à Rome à la Chandeleur ; on m'a déjà invité à remplir auprès de lui l'emploi qu'avec notre Monsignor Chieregato j'ai déjà rempli auprès du Moscovite, j'entends de lui montrer l'antiquité des ruines romaines[3]. » Charles-Quint en effet méditait à Rome une promenade archéologique, et, comme le dit Jove en macaronique, dans sa lettre du 28 décembre : « Sua Maestà visitabit limina Apostolorum et ruinas urbis antiquias et modernas. Farà qualche conte palatino, et laudati i superbi colli, et vista la festa di Testaccio et data la elemosina a Santo Spirito, anderà a toccare il polso alla Lupa », etc.

1. *Epistolarum libri VII*, dans les *Opera*, éd. citée, t. III, p. 254.
2. *Elogio di Monsignor Paolo Giovio il Seniore, vescovo di Nocera, scritta dal conte Giovanni Battista Giovio*, p. 22. Cette dissertation très renseignée a été insérée dans le tome VII des *Elogi italiani*.
3. Lettre citée du 12 décembre 1535.

Au mois de novembre de l'année 1536, il s'en fallut de peu que Jove ne revit l'empereur à Gênes, mais celui-ci fatigué, mécontent de l'insuccès de la campagne de Provence, accablé d'affaires, ne reçut pas l'évêque de Nocera, qui rentra à Côme pour se remettre au travail et terminer les dix premiers livres de son histoire. Voici comment il conte plaisamment sa déconvenue à Gênes :

> Io invitato dal signor Duca Alessandro a Pisa, feci la via con sua Eccel. a Genova, ove io non parlai all' Imperatore, perche sua Maestà indisposta et alquanto amotinato con se stesso, era occupato a passegiar' al Lavoro di Penolope, et ancho sapendo sua Maestà ch' io ero inter pannum et pannum, inter ambasciatores continuo visitas habentes, sua Maestà non si curò, come l'anno passato, di narrarmi queste provenzalate e picardate[1], come l'affricane vittorie, e cosi il Duca rimontò in galera e io a cavallo e giunsi quà in Como[2].

En 1538, Jove assiste aux entrevues de Nice et prend même une certaine part aux négociations, le marquis del Vasto, malade, l'ayant chargé de présenter à François Ier quelques seigneurs milanais. Il rappelle cette mission si flatteuse pour lui au livre XXXVII de ses *Historiae*, où l'on trouve aussi l'amusante anecdote de la panique qui s'empara des équipages de la flotte de Charles à Villefranche. Ces marins débarqués, étant montés sur les hauteurs avoisinantes et ayant aperçu sur la côte une grande fumée, crurent à l'arrivée soudaine de Barberousse et descendirent précipitamment vers le port en ameutant tout le monde, jusqu'aux chefs, Vasto et Doria, qui prirent peur à leur tour. Or, il se trouva que cette fumée n'était qu'un nuage de poussière soulevée par un paysan qui battait des fèves dans une aire. A ce propos, Jove note le calme admirable de Charles que cette alarme ne réussit pas à émouvoir[3].

Nouvelle et dernière rencontre à Busseto, petite ville de l'État de Parme, entre Crémone et Plaisance, au mois de juin 1543. Charles y vit Paul III, qui était venu à sa rencontre et y séjourna quelques jours pendant lesquels toutes

---

1. La campagne de Provence, conduite par l'empereur en personne, et la campagne de Picardie dirigée par ses lieutenants, les comtes de Nassau et de Roeulx.
2. Lettre de Côme, 10 décembre 1536 (*Lettere volgari*, fol. 102 v°).
3. *Historiae*, livre XXXVII, éd. citée, t. III, p. 96 et suiv.

les affaires intéressant la chrétienté devinrent l'objet de longues conversations entre le souverain pontife et l'empereur. Celui-ci avait hâte d'arriver aux Pays-Bas pour y châtier Guillaume de Clèves; il méditait une action d'éclat, qui fut en effet réalisée par la prise de Duren : ce projet l'absorbait entièrement. Aussi, lorsqu'il aperçut Jove, l'interpella-t-il en ces termes : « Reprends ta plume, Jove, et hâte-toi d'écrire mes actions passées, car cette prise d'armes va te donner un nouveau et gros travail[1] ». Ce fut la dernière fois qu'il vit le souverain, qui ne devait plus dès lors fouler le sol de l'Italie. Mais leurs relations ne cessèrent pas pour cela. Même absent, l'empereur occupait la pensée de Jove, et l'empereur, quoi qu'en dise Sepúlveda, n'oubliait pas l'historien. Les *Historiae* s'élaboraient lentement, on les voit croître de livre en livre dans les *Lettere volgari*; on y voit aussi combien les succès de l'empereur en Allemagne, pendant les années 1546 et 1547, occupent et agitent le grand publiciste, qui sent la matière historique grossir et grandir entre ses mains. Comment s'y prendra-t-il pour raconter de si hauts faits avec la véracité et l'éloquence voulues? Il correspond avec les généraux et les familiers de Charles afin de se les rendre favorables et d'obtenir d'eux des informations, et mêle naturellement aux compliments et aux flatteries dont il les enguirlande des adulations un peu outrées, destinées à être lues à l'empereur, comme lorsqu'il écrit de Rome le 4 mai 1547, après avoir reçu la nouvelle de Muhlberg, que Charles mérite le titre de *Massimo* pour avoir achevé en trente semaines ce que le *Carlo Magno* mit trente ans à accomplir dans la même région[2]. L'un de ses correspondants, le général Giambattista Castaldo, répond que sa lettre lui a été prise des mains par le duc d'Albe qui l'a donnée à l'empereur, lequel l'a lue et relue, notant avec satisfaction les passages où il était parlé de son courage. Le parallèle entre les deux Charles, lui dit-il encore, a été très apprécié par D. Luis de Avila, qui a trouvé du meilleur goût l'opposition des trente semaines aux trente années[3].

---

1. *Historiae*, livre XLIII, éd. citée, t. III, p. 579.
2. *Lettere volgari*, fol. 30 v°.
3. *Lettere volgari*, fol. 31 v°. Avila trouva l'opposition si heureuse qu'il l'imita dans son récit: « Tambien Carlo Magno en treynta años sojuzgò a Sassonia: el Emperador en tres meses fue señor de toda

Un autre jour, Jove, soucieux de ne rien laisser échapper d'inexact, prie le duc d'Albe et Castaldo de transmettre au landgrave de Hesse et à l'électeur de Saxe, les deux grands vaincus de Muhlberg, un questionnaire. Il faut, dit-il, quand on se mêle d'écrire l'histoire, remonter aux sources et interroger les acteurs eux-mêmes : « Le magnanime Charles m'a libéralement informé des détails de sa glorieuse victoire de Tunis, et le roi François plus d'une fois n'a pas hésité à me découvrir les causes de ses succès et de ses déboires, pour ne pas parler d'un nombre infini de capitaines et de princes qui se sont prêtés à mes désirs, quoiqu'ils fussent ennemis de notre foi, comme on pourra s'en convaincre, en lisant les livres de mon histoire[1]. » L'incident le plus curieux de ces relations, non avouées de la part de l'empereur, mais qui n'en existaient pas moins entre lui et l'écrivain, concerne le récit que ce dernier avait composé de l'expédition de Tunis et qu'il destinait au deuxième volume des *Historiae*, qui ne parut, comme il a été dit, qu'en 1552. Jove s'était d'autant plus appliqué à bien écrire ce morceau qu'il avait été devancé par D. Luis de Avila, dont nous possédons encore la relation manuscrite, et que l'empereur lui-même, on l'a vu, avait communiqué à l'auteur des *Historiae* ses propres impressions. Le travail achevé, Jove jugea déférant et prudent de le présenter à l'empereur comme une ébauche qui attendait les corrections du maître : « Et parce que la glorieuse et incomparable victoire de Tunis, lui écrit-il de Côme le 14 août 1550, me semble, notre foi chrétienne y étant si fort intéressée, plus digne que toute autre d'une éternelle mémoire, j'ai voulu vous envoyer cette partie de mon histoire universelle qui la relate très au long, afin qu'elle soit revue avant d'être remise à l'imprimerie, me déclarant prêt, comme très affectionné serviteur de Votre Majesté, à changer, à ajouter ou à supprimer tout ce qu'Elle, si riche de mémoire et de jugement

ella » (*Comentario de la guerra de Alemaña*, éd. d'Anvers, 1550, fol. 107 v°).

1. *Lettere volgari*, fol. 35 v° et 36 v°. A propos des données sur l'expédition de Tunis, fournies à l'historien par Charles, on lit dans les *Historiae* : « Audivi ego postea a Caesare, quum apud Neapolim mihi scripturo totius partae victoriae seriem enarraret... » (Livre XXXIV, éd. citée, t. II, p. 802).

si accompli, estimera nécessaire[1]. » Cette première rédaction du morceau arriva à Augsbourg, peut-être encore au mois d'août, et fut soumise à une revision attentive qui eut pour résultat un mémoire rectificatif, composé au nom de D. Luis de Avila par l'aide de chambre et secrétaire intime de l'empereur, Guillaume Van Male, qui la mit en un latin digne d'être lu par Jove[2]. Avila comme Van Male ne furent en la circonstance que des prête-noms de l'empereur, dont on sent la pensée sous toutes les phrases du mémoire. Inutile d'insister ici sur ce corrigé des erreurs de faits commises par l'évêque de Nocera, et sur certaines critiques assez tendancieuses qui s'y mêlent, parce que l'empereur tenait très particulièrement à ce que son action personnelle fût bien mise en évidence, que telles choses fussent dites, telles autres tues pour des convenances politiques. Jove reçut de très bonne grâce l'erratum, tout au moins il remercia D. Luis de Avila dans une lettre du 27 novembre 1550, pleine d'expressions de reconnaissance, lui disant qu'il accepte d'autant plus volontiers ces corrections que l'autorité de D. Luis l'emporte de beaucoup sur le témoignage des capitaines et des soldats auprès desquels lui Jove s'était renseigné[3]. Mais malgré ces belles protestations, Jove n'accueillit dans sa rédaction qu'un certain nombre des corrections proposées. G. Voigt, qui a comparé le texte des *Historiae* tel que nous le lisons dans l'édition de 1552 avec le mémoire Avila-Van Male, montre que Jove s'est rendu sur quelques détails sans grande importance, mais qu'il a maintenu son dire, et parfois par méchanceté, quand le changement proposé mettait l'empereur et les Espagnols dans un meilleur jour[4]. Il ne semble pas cependant que partout Jove ait eu tort de ne point admettre ce qu'on voulait lui faire dire, mais l'examen de cette question entraînerait trop loin. Une autre conclusion aussi se tire de l'incident, c'est

---

1. *Lettere volgari*, fol. 45.
2. Baron de Reiffenberg, *Lettres sur la vie intérieure de l'empereur Charles-Quint, écrites par Guillaume van Male*, Bruxelles, 1843, p. 97, et cf. la lettre de Van Male au seigneur de Praet, d'Augsbourg 4 novembre 1550 : *Ibid.*, p. 57.
3. *Lettere volgari*, fol. 50.
4. *Die Geschichtschreibung über den Zug Karl's V. gegen Tunis*, p. 33. Il est singulier que Voigt n'ait pas pris connaissance des *Lettere volgari* qui lui auraient épargné quelques hésitations.

que Charles-Quint ne s'est pas toujours montré si insensible à la tympanisation de ses hauts faits qu'a prétendu nous le faire croire Sepúlveda. Sur la fin de sa vie, il a en effet prononcé le *vanitas vanitatum*, mais auparavant, et surtout dans les années les plus brillantes de son rôle guerrier, les fumées de l'encens n'ont pas dû lui déplaire beaucoup. Après Tunis surtout, la si brillante victoire remportée sur le mécréant, qui éleva vraiment le jeune souverain au rang de chef de la chrétienté, comment s'étonnerait-on qu'il ait tenu à perpétuer le souvenir de ces actions militaires par lui dirigées en personne et où, pour la première fois, on l'avait vu à la tête de ses troupes et exercer un commandement effectif ? Comment eût-il pu se désintéresser de ce que le plus grand fabricant de réputations d'alors écrivait dans un livre, considéré par tous comme un gros événement littéraire et la consécration quasi officielle des gloires contemporaines ?

La question d'une portée bien plus grande qui touche à la moralité de l'écrivain, accablé par les uns qui lui reprochent nombre d'actes de vénalité et de cynisme révoltant[1], défendu par d'autres, notamment par Ranke, qui le trouve en général véridique[2], cette question si complexe et qu'il faut se garder de traiter à la légère, sans les moyens d'investigation indispensables, ne saurait être abordée ici. Mieux vaut rester dans le cadre de ce travail en essayant de montrer la signification de l'homme et de l'œuvre par rapport à l'Espagne de l'époque impériale.

Les *Historiæ* ont été depuis si longtemps exploitées qu'elles ont perdu une bonne partie de leur valeur comme livre d'information historique sur une période donnée. Ce qu'elles contiennent de véritablement instructif leur a été

---

1. Bayle a dressé un formidable acte d'accusation contre Jove, et son article reste à lire, parce qu'on y peut constater combien d'hommes graves et doctes ont manqué de perspicacité en jugeant notre auteur, qui est surtout un fanfaron de vice. Juste Lipse, qui s'est montré moins sévère que les autres, termine ainsi son appréciation : « Laudandus tamen legendusque ob multiplicem et variam rerum seriem, quas redegit composite et dilucide in unum historiae corpus ».
2. *Zur Kritik neuerer Geschichtschreiber*, p. 70 et suiv. Le jugement récent de M. Ed. Fueter, *Geschichte der neueren Historiographie*, Munich et Berlin, 1941, p. 54, réagit peut-être avec excès contre l'indulgence de Ranke.

emprunté et se trouve partout. Sauf peut-être en ce qui touche les rapports des puissances chrétiennes avec le Turc, il n'y a plus guère de profit à consulter les *Historiæ* pour y suivre la marche des événements de la première moitié du xvie siècle. Mais à côté des faits, que nous connaissons pour la plupart mieux que ne pouvait les connaître Jove, il y a la couleur de l'époque, l'impression que tant de personnages de conditions si diverses ont laissée à cet homme si physionomiste, — son musée de portraits le prouve — d'une intelligence si vive et si mêlé au train du monde. Tous les hommes éminents d'un demi-siècle en Italie et en Espagne ont passé sous la lunette de cet observateur émérite et posé devant lui. Et il en a examiné bien d'autres : des Français, des Allemands et des Turcs ! Il a vu s'accomplir de grandes choses et il a vécu quelques heures capitales du xvie siècle italien en compagnie des plus grands acteurs de ce prodigieux théâtre. Nanti d'une instruction solide et étendue, — il commença par la médecine, — il n'a pas la culture purement livresque de tant d'hommes de lettres du temps, il s'est formé et complété par la vie mondaine, par la fréquentation des gens d'esprit, des femmes, des guerriers, des diplomates, de tout ce que pouvait lui offrir d'intéressant la cour romaine de Clément VII et de Paul III. On lui a reproché de s'en tenir à la surface des choses et de tout sacrifier à son métier de journaliste en quête de nouvelles à sensation, de faits curieux ou plaisants. A la vérité, il n'est ni un Machiavel ni un Guichardin[1], mais la faculté de penser et de démêler les causes de ce qui se passe sous ses yeux ne lui manque pas autant qu'on le dit. Voici un exemple, qui nous ramène à Charles-Quint, et qui nous montre Jove très capable d'analyse assez pénétrante. Lorsque l'empereur quitta l'Espagne en mai 1543, laissant son fils Philippe chargé du gouvernement sous la surveillance de quelques hauts fonctionnaires de l'État, un soupir de soulagement s'échappa de bien des poitrines. Il se trouva des Espagnols marquants pour contempler avec satisfaction le départ de l'escadre, pour sou-

---

1. Ranke le reconnaît : « Die Lage der öffentlichen Geschäfte wird nie ergründet, die Politik fehlt ; das Geheimniss bleibt unaufgeschlossen ».

haiter même que le César ne revînt pas, tant ce régime impérial, qui les diminuait moralement et matériellement, devenait intolérable. « Non defuere plerique proceres, qui eo discessu Cæsaris, uti minime redituri, non obscure gauderent; quod sub nimis magno principe, imminuta licentia, se ipsis minores facti viderentur. » Jove note combien Charles, averti de ce mécontentement et pour sauvegarder son fils, fut amené à supporter de mortifications. Craignant de voir se renouveler un mouvement insurrectionnel dans le genre de celui des *Comunidades,* il dévora en silence, dit Jove, des paroles trop vives, des libelles diffamatoires et même ferma les yeux sur des atteintes directes au prestige des agents de l'autorité, comme lorsque le duc de l'Infantado, après les cortès de Tolède de 1538-39, blessa de son épée un alguazil qui avait touché la bride de son cheval, et que toute la haute noblesse présente prit fait et cause pour le duc, ce qui en d'autres temps eût provoqué un châtiment exemplaire et fut ce jour-là toléré, Charles étant allé jusqu'à offrir de punir l'alguazil. Mais Jove découvre des motifs plus profonds et plus généraux à ce dissentiment entre les Espagnols et leur souverain. Ce ne sont pas seulement quelques grands qui rongent leur frein parce qu'ils ne se sentent pas assez considérés, c'est la nation qui, tout en restant fidèle, s'éloigne de son chef : « Hispania enim eo tempore quanquam non infida Caesari, aliena tamen ab ejus consiliis... videri poterat. » Les raisons? L'état de guerre presque continuel, les impôts croissants auxquels s'ajoutent des subsides extraordinaires sans cesse requis, l'exportation de l'or par les Génois qui fait que les beaux doublons si chers à Ferdinand et à Isabelle ne se voient plus nulle part. Le pays s'appauvrit et se dépeuple, les mâles s'en vont. Qu'importe à la masse qu'un certain nombre de soldats fassent fortune, que des magistrats s'engraissent dans des charges lucratives, que les légions d'Espagne trouvent la gloire sur les champs de bataille d'Europe ou des richesses énormes dans les terres du nouveau monde? Ni la tranquillité ni la prospérité ne renaîtront tant que Charles gouvernera les armes chrétiennes : « nec requiescendi coalescendique provinciae auri atque hominum feraci ulla spes, exercente christiana arma Carolo, relinqueretur. » Cette déclaration faite du vivant de l'empereur, tout à la fin du livre XLII des

Historiæ et par conséquent très en vedette, ne manque pas d'une certaine allure. Aucun écrivain contemporain en Italie ou en Espagne n'en a dit autant.

L'Espagne est encore mieux représentée dans les écrits biographiques que dans les *Historiae*. Les Espagnols, à la vérité, fort ombrageux au xvie siècle parce qu'ils se sentaient plus forts, ne pardonnèrent pas à Jove une caractéristique générale des *Elogia*, où il parle peut-être avec un peu trop d'insistance du goût médiocre pour les lettres de la noblesse espagnole qui les juge incompatibles avec les armes, du côté superficiel de la culture latine en Espagne et de l'opposition entre l'Espagne moderne et l'Espagne ancienne, qui donna à la littérature latine de si grands poètes, orateurs et penseurs. Il y énumère aussi assez chichement les hommes qui de son temps ont bien mérité des lettres en Espagne, et le choix des noms n'est pas toujours très heureux. Passe pour Nebrixa, le restaurateur des études classiques, pour Garcilaso de la Vega, dont il loue la grâce horacienne et dont il déplore la fin prématurée, passe, si l'on veut, pour Sepúlveda, érudit de valeur après tout et connaissance personnelle de Jove, mais Martínez Siliceo et le cardinal D. Francisco de Mendoza, personnages de second plan, ne s'introduisent là que parce que Jove avait quelque intérêt à leur décocher une politesse. Malgré tout, le morceau trop sommaire et intentionné n'a rien de dépréciatif, on le jugera même, à le lire attentivement, assez équitable.

Dans la *Vie d'Adrien VI*, Jove devait être conduit à parler de Charles, qui fut l'élève de ce pape, et de la révolte des *Comunidades*, durant laquelle Adrien tint les rênes du pouvoir. Il profite de l'occasion pour glisser dans son récit un souvenir personnel. Ayant à parler de l'antagonisme qui s'éleva entre Chièvres et Adrien à propos de l'éducation du jeune prince, l'un ne préconisant que les exercices chevaleresques, l'autre recommandant l'étude et avertissant Charles qu'il regretterait un jour d'avoir négligé ses leçons, Jove rappelle qu'à Gênes il entendit l'empereur déplorer son ignorance du latin qui l'avait privé de comprendre une harangue qu'on venait de lui réciter. Son exposé des *Comunidades*, exempt des exagérations de Pierre Martyr d'Anghiera, n'omet rien d'essentiel et ne contient aucune des erreurs grossières qu'ont commises d'autres écrivains, par exemple l'Espagnol Alfonso de Ulloa. Que de bonne instruction ne puise-t-on pas aussi dans la *Vie de Ferdinand d'Avalos* et surtout dans la *Vie du Grand Capitaine* ? Il suffit pour cette dernière de comparer ce qu'ont écrit les chroniqueurs espagnols de l'époque, pleins d'incohérences, d'enfantillages et de vantardises [1], pour rendre justice à l'intelligence, à la composition harmonieuse et à la solide information de Jove [2]. Qu'il ait été amené à choisir ces sujets pour des motifs personnels, qu'il ait écrit sur le marquis de Pescaire en vue de glorifier les Avalos et de plaire à Victoria Colonna, qu'il ait voulu célébrer Gonsalve parce qu'il connaissait son gendre et son petit-fils, que nous importe ? Les moyens ne font pas défaut aujourd'hui pour ramener à une juste mesure ce que telle ou telle appréciation peut avoir d'excessif ; ce qui reste en revanche est la vision directe des hommes et des choses par un œil singulièrement perçant, le petit détail précis et significatif, l'odeur du temps [3]. Ses relations intimes avec les familles des héros dont il a célébré les prouesses sont précisément ce qui donne un prix inestimable à ses ouvrages. Qu'on lise par exemple la dédicace à D. Gonzalo Fernández de Córdoba, duc de Sessa et petit-fils du grand Gonsalve, où Jove raconte comment il fut amené à écrire l'histoire de celui-ci, et comment il fut introduit dans la familiarité de Dª Elvira, fille unique de Gonsalve, et de son mari D. Luis, qu'il assista en qualité d'ami et de médecin sur son lit de mort à Marino, le 17 août 1526, par ordre de Clément VII, et comment l'ouvrage commencé alors, sous les auspices et à la demande de la

---

1. Des deux chroniques espagnoles du Grand Capitaine nous possédons une édition par Rodríguez Villa dans le tome X de la *Nueva Biblioteca de autores españoles* (Madrid, 1903). L'éditeur a inséré dans le même volume une médiocre traduction espagnole de la *Vie* de Jove.

2. Prescott a bien jugé cet écrit de Jove : « The Life of Gonsalvo is not exempt from the prejudices, nor from the minor inaccuracies, which may be charged on most of this author's productions ; but these are abundantly compensated by the stores of novel and interesting details which Giovio's familiarity with the principal actors of the time enabled him to throw into his work » (*History of the reign of Ferdinand an Isabella*, 2ᵉ partie, chap. xv).

3. « Der Athem des Jahrhunderts weht durch seine Blätter, und sein Leo, sein Alfonso, sein Pompeo Colonna leben und bewegen sich vor uns... » (Jacob Burckhardt, *Die Cultur der Renaissance in Italien*, éd. de 1869, p. 263).

famille, demeura abandonné en brouillon et ne fut repris que vingt ans plus tard sur les instances du cardinal de Mendoza. Une telle intimité avec les descendants directs du Grand Capitaine, — qui se prolongea longtemps, car en 1550 encore nous trouvons dans l'épistolaire une lettre de Jove au duc de Sessa où il le félicite chaudement d'avoir donné une honorable sépulture aux restes de Lautrec et de Pedro Navarro[1] — l'a évidemment initié à bien des particularités qui devaient échapper aux autres historiens, lui a fourni ce qu'on ne peut tenir que de proches et lui a même permis de traiter avec convenance des côtés exclusivement espagnols du sujet.

Par d'autres de ses écrits, notamment le *Ragionamento sulle imprese* et plus encore par sa correspondance, on s'aperçoit que de choses il avait apprises concernant l'Espagne et ses hommes les plus représentatifs, à quel point il avait réussi à pénétrer dans les milieux où il pouvait s'instruire de l'histoire et des mœurs du pays. A Naples en 1535, il est reçu à la table du ministre Los Cobos, il y rencontre tous les familiers de l'empereur et s'entretient avec eux[2]. Dans ces réunions, il note volontiers des traits plaisants, caractéristiques de l'Espagnol transplanté en Italie, comme la sortie de cet hidalgo, qui, ne se sentant pas traité avec assez d'égards par les personnes présentes dans un salon, se mit à crier à l'assistance : « Vous ne me connaissez donc pas, et est-ce ainsi qu'on traite les gens d'honneur? » A quoi l'on répondit : « Mais qui êtes-vous donc? — Je suis, répliqua-t-il, le premier laveur de la vaisselle dorée du comte de Benavente ». Le mot fit fortune, dit Jove, et passe déjà en proverbe[3]. Jove connut beaucoup le fameux Pedro Navarro, traître à son pays, après avoir contribué aux succès des armes espagnoles par ses inventions de mines souterraines.

1. *Lettere volgari*, fol. 51.
2. « Io fui a desinar hieri con Covos, e v'erano il Marchese del Vasto, Don Pietro di Cordova e lo Signore Lope Urtado... » (*Lettere volgari*, fol. 97).
3. « Una questione d'un subito Spagnuolo bisogno, il quale in una sala essendo non molto prezzato, e posto avante, disse a molti : Non mi conosceis vos? Non si ha da trattare d'esta maniera los hombres d'honrra. — Chi sete voi per vita vostra? — Son el limpiador maior de la plata dorada del Conde de Benavente ». Di sorte che la cosa è andata in una baia da fare crepare delle risa molti, i quali mai non udirono un tal' offitio, e gia passa per proverbio » (*Lettere volgari*, fol. 97 v°).

A la demande du grand ingénieur, il lui composa emblème et devise pour rappeler l'un de ses plus beaux faits de guerre, l'explosion du Château de l'Œuf à Naples. Tirant parti de la croyance populaire qui veut que l'autruche fasse couver ses œufs en les regardant, il figura un couple d'autruches qui fixait de toute la force du regard leurs œufs, accompagnant l'emblème de la devise : *Diversa ab aliis virtute valemus,* afin de marquer l'ingéniosité et la nouveauté de l'invention [1]. Ceux dont il devait renoncer à faire la connaissance personnelle, il cherchait par des tiers à se les rendre favorables, il leur écrivait. C'est ainsi qu'il entra en relations avec Fernand Cortès, qu'il obtint par l'entremise de son ami Los Cobos un manuscrit mexicain [2] et du vainqueur de Montezuma lui-même une superbe émeraude taillée en forme de cœur, qui échappa ainsi à la perte que Cortès fit de tous ses joyaux dans la baie d'Alger en 1541 et dont Jove put faire l'objet d'un legs, comme nous l'apprend son testament : « Smaragdum in forma cordis, quem dono misit Ferdinandus Cortesius Indiae domitor... [3] »

Ces indications, auxquelles d'autres pourraient être aisément ajoutées, suffisent à montrer ce que l'historiographie espagnole et en particulier celle de Charles-Quint doivent à celui qu'on a pu appeler avec assez de raison le créateur du journalisme moderne. Quelque pillé qu'ait été déjà son bagage historique, il y reste encore, pour qui saurait s'y prendre, beaucoup à glaner. Jusqu'ici les Italiens ont vraiment fait peu de chose pour faciliter l'utilisation de ces écrits. Les éditions anciennes des *Historiae,* des *Vitae,* des *Elogia* sont ou des in-folio peu maniables ou de petits in-32, dépourvus de dates et de tables de noms agencées à la moderne. On perd beaucoup de temps à s'y orienter et l'on perd patience. Mais quelque désirable que soit la réimpression soignée et munie d'un bon commentaire des œuvres historiques déjà connues de Paul Jove, avec l'addition de ce qui doit encore exister d'inédit dans les bibliothèques

---

1. *Ragionamento sulle imprese,* éd. Daelli, Milan, 1863, p. 42.
2. « Quorum (Mexicanorum) annalium volumen ex perpetuis, sed introrsus complicatis foliis confectum, tigridisque maculoso tergore protectum, vir illustris Franciscus Covos, Caesariani scrinii magister, mihi dono dedit » (*Historiae,* livre XXXIV, éd. citée, t. II, p. 845).
3. *Elogio di Monsignore Paulo Giovio,* p. 113.

italiennes, qu'on ne se leurre d'aucun espoir : une telle
entreprise, sans laquelle cependant rien ne pourra être tiré
au clair, a peu de chances d'aboutir. Les détracteurs et les
partisans du fécond écrivain continueront à batailler sans
grand profit et le public, incapable de se prononcer, restera
comme par le passé perplexe et méfiant, au grand préjudice
de son instruction et des jouissances littéraires que pourrait
lui procurer la lecture de livres si riches de passages
attrayants [1], mais sur lesquels pèse une sorte d'interdit.

---

1. « Auf jeden Fall enthält sein Werk einen grossen Schatz ursprün-
glicher, glaubwürdiger und bezeichnender Notizen, und ohne diesel-
ben würde uns wie vieles Wissenswürdige und Schöne... ganz verbor-
gen geblieben sein » (Ranke).

CHAPITRE VI

I. Alfonso de Ulloa. — II. Girolamo Ruscelli. — III. Lodovico Dolce. — IV. Francesco Sansovino.

I. Publiciste des plus féconds, grand fournisseur des libraires vénitiens, de Gabriel Giolito de' Ferrari et de Vincenzo Valgrisi surtout, éditeur de livres espagnols en renom, traducteur d'espagnol et de portugais en italien et d'italien en espagnol, historien même à ses heures, c'est-à-dire compilateur très expéditif de faits contemporains, toujours à l'affût de ce qui pouvait piquer la curiosité littéraire et historique de l'une et de l'autre nation et leur servant alternativement de trucheman, tel fut pendant vingt années environ Alfonso de Ulloa. Son si long séjour en Italie et la connaissance vraiment approfondie qu'il acquit de la langue italienne ont pu faire croire qu'il était né en Italie de parents espagnols, mais ses propres déclarations, on va le voir, ne permettent pas de se ranger à cette opinion. N. Antonio ne réussit pas à savoir à quelle province d'Espagne appartenait sa famille[1]. Lui-même, tout en se déclarant espagnol, ne l'a pas dit non plus. Mais si l'on tient compte que son père et lui furent en relations avec Fernand Cortès et sans doute protégés par le grand conquistador, qu'une lettre de la troisième partie de l'épistolaire d'Antonio de Guevara, traduite par Ulloa, est adressée à un Francesco di Ulloa, lequel représente évidemment le père d'Alfonso, et que dans cette lettre Guevara écrit : « A dirvi il vero, Signore, letto che hebbi la vostra lettera havrei più tosto

---

1. « Quonam Hispaniae, seu Castellae potius, loco natus incompertum nobis usque ad hunc diem » (*Bibliotheca hipana nova*, s. v. *Alphonsus de Ulloa*).

voluto che voi mi haveste mandato una dozena di pari di cotornici, overo *una somma di persuti*[1] (delle quali cose havete abondanza) che un foglio di carta[2] », on serait porté à croire qu'Alfonso naquit en Estremadure, comme le conquérant du Mexique, et put en conséquence mériter le sobriquet de *choricero*, que les Espagnols des autres provinces appliquent volontiers aux *Estremeños*, à cause de l'excellence de leur charcuterie ; mais la famille devait avoir sa souche en Galice : il y a deux localités du nom d'Ulloa dans la province de Lugo et Agustín de Rojas, qui tient les Ulloa pour une des plus notables et des plus anciennes familles du pays, dit qu'ils sont originaires de Villamayor de Ulloa (*El Buen repúblico*, Salamanque, 1611, p. 263).

Si Alfonso n'a pas désigné sa ville natale dans ses écrits, il ne s'est pas privé en revanche d'y parler de sa famille, de son père surtout. Dans sa traduction du *Ragionamento dell'imprese* de Paul Jove, qui parut chez Gabriel Giolito en 1558 et où ont été introduites d'une façon assez effrontée plusieurs additions, il plaça à la fin un *in memoriam* à l'adresse de son père « Francisco de Ulloa, cavallero nobilissimo », qui témoigne d'un tendre attachement filial. Nous y voyons qu'il perdit ce père de bonne heure (*la tierna edad en que me dexastes*) et qu'il lui devait d'avoir pu embrasser une carrière littéraire (*Lo qual todo es el fructo de los trabajos que hize, quando en el estudio como padre me sostentastes*). Plus haut, dans ce même volume et dans la partie occupée par le *razonamiento* de Domenichi, Alfonso fait dire à un des interlocuteurs. « Je me souviens qu'il n'y a pas longtemps Alfonso de Ulloa, personne fort noble et mon grand ami (dont le révérendissime évêque Jove fait mention dans le Dialogue des emblèmes[3]), me montra le bel emblème de son bien aimé père. Ce sage et vaillant gentilhomme, qui suivit l'empereur dans toutes ses guerres en

---

1. Pour *presciutti*.
2. Peu importe que cette lettre de Guevara, qui ne figure pas dans l'épistolaire espagnol, ait été ou non forgée après coup. Ce qui nous intéresse, c'est la mention, due à Guevara ou à son pasticheur, d'un Francisco de Ulloa habitant l'Estremadure.
3. Ce passage est l'un de ceux qu'Alfonso s'est permis d'introduire dans le texte du livre qu'il a traduit : ni Jove ni Domenichi ne disent rien des Ulloa.

risquant sa vie pour lui, prit pour emblème un chevalier armé d'armes blanches tenant en la main droite l'étendard de Castille et gravissant une montagne escarpée,.. la devise empruntée à Ovide disait : *invia virtuti nulla est via*... Et c'est cet emblème qu'il portait quand il accompagna l'empereur à l'expédition d'Alger, où la fortune se montra si contraire à Sa Majesté[1]. » A deux reprises encore, Alfonso a rappelé cet incident de la vie militaire paternelle. Dans la *Vita di Carlo V* : « Parmi les seigneurs qui y furent (à Alger), se trouva avec deux de ses fils le très valeureux prince Fernand Cortès, qu'accompagnaient Francisco de Ulloa, son grand ami et mon père, en même temps que beaucoup d'autres gentilhommes ses parents[2]. » Puis dans la *Vita di Ferdinando primo,* il répète à peu près la même phrase : « A Fernand Cortès faisaient compagnie Francisco de Ulloa, mon père, et beaucoup d'autres gentilshommes ses parents qui s'étaient volontairement offerts à servir dans cette campagne[3]. » Voilà pour le père, mort avant le 15 juin 1558, date de la dédicace du *Dialogo* traduit et paraphrasé. Mais Alfonso cite encore d'autres parents. Ayant eu, comme biographe de Ferdinand de Gonzague, prince de Molfetta, à parler de la campagne que ce général de Charles-Quint dirigea dans le Parmesan en 1551, il raconte que, sur l'ordre qu'il en reçut à Plaisance, lui Ulloa le suivit : « autant, dit-il, pour le servir, vu sa grande bonté et le grand amour qu'il me portait que pour baiser la main au mestre de camp Don Alvaro de Sande, mon oncle, et rendre visite à Martin de Ulloa, mon frère, qui, pourvu d'un grade honorable, servait l'empereur en cette guerre[4] ». Décidément, voilà qui fait pencher la balance en faveur de la

---

1. Les citations ci-dessus ont été empruntées, non pas à l'édition princeps de 1558 de Gabriel Giolito, qui n'existe pas à la Bibliothèque nationale, mais à celle de Lyon, 1562. Les *Annali di Gabriel Giolito de' Ferrari*, par Salvatore Bongi, Rome, 1890-97, ont omis de signaler l'édition de 1558, que décrit Gallardo, *Ensayo*, t. IV, col. 829.

2. *Vita di Carlo V*, troisième édition de Venise 1566, fol. 162. La première édition remonte à 1560.

3. *Vita di Ferdinando primo,* Venise, 1565, p. 144. Dans les phrases de ces deux ouvrages qui concernent Francisco de Ulloa, on ne voit pas si « ses parents » se rapporte à Cortès ou à Ulloa.

4. *Vita del valorosissimo e gran capitano Don Ferrante Gonzaga, principe di Molfetta*, Venise, 1563, fol. 156.

Galice, car le mestre de camp Alvaro de Sande était gallego[1].
Il se pourrait donc que les Ulloa en question se fussent simplement attachés à la fortune de Cortès et que, sans posséder aucun lien avec l'Estremadure, ils y eussent fait un établissement ou de fréquents séjours. En tout cas, Alfonso se dit « ancien serviteur » du conquistador, preuve qu'il jouit de sa protection, comme en avait joui Francisco[2].

A quel moment vint-il se fixer à Venise et y entreprendre ses travaux de librairie? Il nous a dit lui-même en 1564 qu'il avait quitté son pays depuis quinze ans[3]. D'autre part, nous savons que sa première publication chez Giolito appartient à l'année 1552[4]. On ne se trompera donc pas de beaucoup en plaçant son établissement définitif dans la ville des lagunes vers 1550. A cette époque-là, il devait être fort jeune, car en 1561 Ruscelli le traite encore de *giovene*[5]. D'ailleurs, il affirme en plus d'une occasion qu'il commença ses travaux de très bonne heure, à l'âge puéril. Dédiant, le 16 octobre 1557, la traduction de l'*Institution d'un roi chrétien* de Felipe de La Torre au doge Lorenzo de' Priuli, il dit : « Habitando io tanti anni fa in questa vostra illustrissima città di Vinegia, alla quale io venni dalla patria.

---

1. Dans sa traduction du *Diálogo de la dignidad del hombre* de Hernán Perez de Oliva et Francisco Cervantes de Salazar (Venise, 1563), Ulloa dit en s'adressant à César de Gonzague, prince de Molfetta, auquel est dédié le livre : « Si che non è da maravigliarsi se D. Alvaro di Sando mio Sig., soldato e fattura del S. suo padre, et io, che *siamo nati nelle ultime parti del Ponente*, le siamo così devoti ». Les mots soulignés désigneraient assez bien des habitants de la partie la plus occidentale de l'Espagne, c'est-à-dire des Galiciens, mais ces mots peuvent aussi ne désigner que des Espagnols en général, par rapport aux Italiens.

2. *Diálogo de las empresas*, p. 155, où il raconte qu'il composa un emblème pour la devise des Cortès.

3. « Tra le molte occupationi, che ho, pur un'hora di tempo, che mi avanza per il mio riposo, procuro di spenderla et impiegarla in servitio et utilità di tutti, come potrà vedere ogn'uno per le molte opere, che *da quindeci anni in quà, che son fuori della patria mia*, ho scritte, tradotte et composte in lingua spagnuola et in lingua italiana » (Dédicace du premier livre des Lettres de Guevara à Gregorio Fortesa, chanoine de Majorque, datée de Venise 15 juillet 1564). — Dans la dédicace du *Diálogo de las empresas*, datée de Venise 15 juin 1558, à D. Francisco de La Torre, ambassadeur de Ferdinand à Venise, il dit qu'il y a douze ans qu'il écrit, ce qui nous renvoie à 1546, mais il a pu écrire avant de s'établir à Venise.

4. La traduction en espagnol du *Duello* de Girolamo Muzio (S. Bongi, *Annali di Gabriel Giolito*, t. I, p. 361).

5. *Lettere di principi, libro primo.* Venise, 1562, fol. 209.

mia negli anni puerili, et havendomi sempre occupato nell' essercitio delle buone lettere et tradotti molti libri... » A en juger d'après ses innombrables dédicaces, Alfonso de Ulloa aurait entretenu à Venise de fort belles relations : princes, doges, ambassadeurs, grands prélats, patriciens, hauts fonctionnaires, tout y passe. Mais on sait ce qu'il faut penser de ce genre de littérature obséquieuse, en un temps où tout livre avait besoin d'un patron. Sans doute, en sa qualité d'Espagnol, il chercha son principal point d'appui chez l'ambassadeur de sa nation près la Seigneurie. L'une de ses premières publications, le *Libro aureo de Marco Aurelio*, est muni d'une dédicace, du 1er avril 1553, « al muy manifico sennor Domingo de Gatzelu, del Consejo del serenissimo rey de Romanos y su secretario acerca la Illustrissima Sennoria de Venetia »; or, le Basque Domingo de Gaztelú, traducteur des *Epîtres* de Guevara, avait été d'abord secrétaire de D. Lope de Soria et de D. Diego de Mendoza, ambassadeurs espagnols à Venise[1]. Le 20 janvier 1553 (1554), Alfonso dédie son édition de la *Célestine* avec « une explication de beaucoup de mots castillans en langue italienne », au fils d'un ambassadeur, « Don Bartholome de Vargas, capellan dell'Emperador, hijo del muy illustre S. Francisco de Vargas, del Consejo de su Mag. y su embax. acerca la Illustrissima Señoria de Venetia ». A la fin des *Dialogues* de Pedro Mexía, traduits en italien, il y a une lettre du 20 janvier 1557 à un Bartolomé Vilches, secrétaire de D. Juan de Ayala, ambassadeur du roi d'Espagne à Venise. Ces démonstrations prouvent qu'Alfonso maintenait sa nationalité et tenait à jouir de la protection du représentant officiel de son pays, dont il fut sans doute aussi un peu le factotum. Outre l'ambassadeur à Venise, il y avait en Italie bien d'autres Espagnols, et de très importants personnages, qui pouvaient lui être utiles et auxquels il avait intérêt à faire des politesses : c'est ainsi qu'il adresse le 1er octobre 1569 à D. Luis de Requesens, ancien ambassadeur à Rome, lieutenant général de la mer et futur gouverneur du Milanais et des Pays-Bas, ses *Commentaires sur la*

---

1. Salvatore Bongi ; *l. c.*, t. I, p. 108. Gaztelú est appelé secrétaire de D. Lope de Soria sur le titre de l'*Opera chiamata confusione della setta machumetana*, de Juan Andrés, Séville, 1540.

campagne du duc d'Albe en Flandre l'an 1568[1]. Dans la colonie hispano-portugaise de Venise, qui comptait quelques sujets assez cossus, il cultiva surtout l'amitié d'un riche marchand portugais du nom de Duarte Gomes, qui paraît avoir été un amateur éclairé et même un lettré assez averti. Notre Alfonso s'est souvenu de lui en plusieurs circonstances. Une première fois, il insère son nom parmi les célébrités littéraires et scientifiques espagnoles du jour, qu'il cite dans la lettre à Vilches des *Dialogues* de Mexía : « Duarte Gomes Lusitano, dottissimo in tutte le scienze et vero amator de'virtuosi ». Quelques mois plus tard, il dit, dans la dédicace de l'*Institution d'un prince chrétien* de Felipe de La Torre, que Gomes lui a fait connaître l'œuvre en question et l'a vivement engagé à la traduire : « No mi accade... commendar questa opera, nè meno lo auttore,... solamente dico, che se ella sarà tale quale io desidero,... si rendano le gratie a Dio... et ancora al nobile, et non mai a bastanza lodato Sig. Odoardo Gomes Lusitano, che al presente habita in questa vostra inclita Città, il quale, perche mi è caro amico et patrone, i di passati facendomi vedere il suo bellissimo studio, ornato veramente di tutta quella sorte di libri, che a un par suo si convengono, dottissimo in tutte le scienze, mi diede questa operina in lingua spagnuola et caldamente mi persuase che la dovessi tradurre et farla stampare. » Enfin, à propos de médailles à l'effigie de Charles-Quint et d'Isabelle de Portugal, qui furent frappées en 1526, à l'occasion de leur mariage, il mentionne qu'il en a vu une entre les mains de Gomes et loue la richesse de sa collection numismatique : « Delle quali monete noi habbiamo visto una in Venetia nelle mani del nobile huomo Odoardo Gomez, ricchissimo mercante, et honore della nation portoghese. Il quale come persona letterata, fra il bellissimo studio, che fornito di ogni sorte di libri ha, n'ha ancora molte medaglie et monete d'oro et d'argento antiche e moderne » (*Vita di Carlo V*, éd. de 1566, fol. 107vo).

Quoique la culture intellectuelle d'Ulloa fût bien modeste, celle d'un simple *volgarizzatore* de langues modernes, et ne dût pas le recommander beaucoup auprès de ses confrères italiens habitués à des exercices plus difficiles

---

[1]. Publiés à Venise, « en casa de Domingo de Farris », 1569.

et pour la plupart bons latinistes, tout indique qu'il trouva cependant un accueil amical auprès des principaux collaborateurs de Giolito, les Dolce, les Domenichi, et autres. Il avait son compartiment à lui et ne gênait aucun de ces Italiens[1], qui lui fournissaient au contraire de la besogne. Il a connu aussi Girolamo Ruscelli, dont il fait un éloge senti dans sa *Vie de Ferdinand de Gonzague* : « E non molto di poi volse (D. Ferrante Gonzaga) conoscere gli huomini litterati che quivi (à Venise) si ritrovavano. Et cosi gli furono appresso Hyeronimo Ruscelli, huomo veramente dotto, e quello che hoggidì ragionevolmente puo esser chiamato padre e protettore della volgar lingua, il cui terso e grave stile avanza quello d'ogni altro[2]. » Mais quelque bien vu qu'il pût l'être dans un milieu où il se sentait si parfaitement à l'aise qu'on l'eût pris volontiers pour un naturel du pays[3], il ne réussit pas, nous dit-il quelque part, à se défendre contre les envieux qu'indisposaient sans doute ses succès de librairie et les profits qu'il en tirait. Il riposta, selon la mode du temps, par un emblème représentant un lion au repos, auprès duquel est assise une jeune fille vêtue de blanc, symbole de pureté et de vertu, le tout accompagné de la devise empruntée à saint Paul : *Si Deus est pro nobis, quis contra nos*[4] ?

Ulloa joignit-il aussi à son métier d'éditeur, de traducteur et de publiciste celui d'agent politique au profit de l'Espagne ? Rien d'impossible à cela, et lui-même semble le laisser entendre, le 10 octobre 1564, en dédiant à Donna Giovanna d'Aragone, duchesse de Tagliacozzo et mère de Marc-Antoine Colonna, une nouvelle édition du livre III des Lettres de Guevara. « L'intento mio, dit-il, quando scrissi quell' opera, — la *Vita di Carlo V* — fu di mandarne a donar una a V. E., nondimeno la frettolosa partita di Ve-

---

1. Il y eut cependant entre Dolce et lui une certaine compétition, dont il sera touché quelques mots plus loin.
2. *Vita di Ferrante Gonzaga*, Venise, 1563, fol. 164 v°.
3. Il parle par exemple de la fête de la *Sensa* (l'Ascension) en vrai Vénitien : « Questa dama spagnuola (la Chronique générale d'Espagne de Beuter)... si è vestita alla usanza italiana, per veder le ricchezze e nobiltà di questa bellissima Sensa di Venetia ; e se non gli sarà fatto oltraggio, io prometto per lei che mai non si vorrà partir d'Italia » (Dédicace datée du 1er mai 1556 de la *Cronica generale* de Beuter, Venise, Giolito, 1556).
4. *Diálogo de las empresas*, éd. de 1562, p. 157.

netia per Spagna, chiamato da sua Maestà, fu cagione ch'io non potessi farlo »[1]. Toutefois il est peu probable qu'il ait reçu de Charles-Quint ou de Philippe II des missions bien considérables ou délicates : il était trop connu à Venise pour y jouer le rôle d'un agent secret et sa situation sociale, assez peu reluisante, en faisait un subalterne, hors d'état de frayer d'égal à égal avec des personnages de quelque importance. En ce qui touche sa moralité, il ne semble pas qu'elle ait donné prise à des reproches fondés. La plus grave accusation portée contre lui, et par un érudit lui-même fort sujet à caution, celle d'avoir collaboré à la prétendue supercherie de la biographie de Christophe Colomb par son fils naturel Ferdinand, a fait un fiasco complet et n'est plus prise au sérieux par personne, car les fameuses *Historie* représentent parfaitement une œuvre authentique de Ferdinand[2]. Certes Ulloa, dont il est très exagéré de dire avec Harrisse « qu'il fut toujours une espèce d'aventurier dont la carrière risquée n'a pas été tirée au clair », ne saurait passer pour un homme extrêmement scrupuleux en matière de littérature. Très capable de petites tromperies, comme le montrent l'affaire du *Dialogue des emblèmes*, l'omission des noms des auteurs du *Diálogo de la dignidad del hombre* dans la version italienne qu'il en donna, et l'autre affaire plus compliquée, nous y viendrons tout à l'heure, des livres III et IV des Lettres de Guevara, il n'a pas cependant gravement compromis son crédit de narrateur en colportant des mensonges ou en altérant des documents authentiques. Comme historien, il manque tout à fait d'étoffe et de portée d'esprit, et il n'a d'ailleurs été mis au courant de rien de réservé, mais il n'est ni un menteur ni un faussaire. Il s'est cependant produit au cours de sa vie un incident au sujet duquel un éclaircissement serait désirable. En souhaitant la bienvenue à D. Diego de Guzman de

---

1. « In hac urbe (Venise) publica negotia quaedam Maximiliani Caesaris fratrisque ejus Austriae Archiducis, necnon et Philippi II Hispaniarum Regis Catholici ge-sisse eum oportet, qui se ab his honorifice habitum ibi atque occupatum nonnusquam refert » (N. Antonio).
2. Voir Henry Harrisse, *D. Fernando Colon, historiador de su padre*, Séville, 1871. passim, et les autres écrits du même auteur sur la même question, fort bien recensés et critiqués par M. Henry Vignaud, *Henry Harrisse, étude biographique et morale*, Paris 1912, p. 52 et suiv.

Silva, ambassadeur à Londres et que Philippe II avait rappelé en septembre 1568 pour l'envoyer à Venise, il lui écrit le 15 mars 1569 (traduction du récit de la mort de D. Carlos par Juan Lopez de Hoyos, Venise, 1569, dédicace) : « Mi è parso dedicarla a Vostra Sig. Illma per manifestarli l'animo mio pronto a farli ogni servitio que possa, *quando con la gratia di Dio e con la felice venuta di V. S. questi Ill^mi Signori Venetiani, da' quali è aspettata con molto desiderio, mi renderanno la libertà.* » Ulloa avait donc été privé de sa liberté ? Mais comme en 1570 il publia chez Bolognino Zaltieri ses *Histoires d'Europe jusqu'en 1568*, et que la dédicace du 15 février 1570 à Francesco Lomelino ne fait aucune allusion au fait qu'il aurait été détenu par le gouvernement vénitien, il faut en conclure que cette privation de liberté n'eut ni graves motifs ni graves conséquences.

La date de la mort d'Ulloa ne nous est pas connue. Girolamo Ghilini dit qu'il mourut à Venise et qu'il fut enterré à Saint-Luc dans la même tombe que Lodovico Dolce, Girolamo Ruscelli et Dionigi Atanagi[1]. Du fait que l'*Histoire des Indes orientales* de Fernão Lopes de Castanheda, traduite par lui de portugais en italien et publiée à Venise en 1578, ne contient pas de dédicace signée de son nom, contrairement à toutes ses habitudes, on peut en induire avec assez de vraisemblance qu'en 1578 il avait cessé de vivre.

Il est temps d'en venir à ses ouvrages historiques sur Charles-Quint. Lorsque vers la fin de l'année 1558 le bruit de la mort de l'empereur dans sa solitude de Yuste se répandit en Italie, de divers côtés surgirent des auteurs, la plume à la main, pour s'emparer du sujet et qui rivalisèrent de vitesse, chacun espérant arriver bon premier. Notre Ulloa, que sa nationalité au moins et une certaine préparation qualifiaient plus que d'autres pour écrire une si grande histoire, prit les devants et put livrer son travail à l'imprimeur en 1559. Girolamo Ruscelli, dans une lettre adressée à Philippe II le 3 avril 1561 et qui roule tout entière sur la question de l'historiographie officielle, — nous aurons à en reparler — annonce en ces termes l'apparition de la *Vita dell' invitissimo imperator Carlo V, descritta dal S. Alfonso Ulloa, et nuovamente mandata in luce* :

---

1. Girolamo Ghilini, *Teatro d'huomini letterati*, Venise, 1647, p. 9.

Da già due anni qui in Venetia fu stampata la vita dell' Imperator Carlo Quinto, al quale, oltre al già detto suo nome proprio, gloriosamente riverito e ammirato per tutto il mondo, io non saprei ne preporre ne soggiunger voce di maggior titolo che nominarlo padre di vostra Maestà Catolica. La qual vita fu raccolta in lingua italiana da Alfonso Ulloa, Spagnuolo, giovene di bell' ingegno, molto studioso e il qual vi pose ogni sua diligenza per tesserla quanto più ordinatamente fosse possibile da tutto quello che sparsamente se ne trova nell' historie de' tempi nostri. E è stata certamente fatica degna d'essere aggradita da tutti i devoti dell' immortal nome di quel grande e supremo principe [1].

Ulloa ne mit donc guère plus d'un an à composer et à imprimer la *Vita* [2]. En si peu de temps, impossible même à de plus habiles et de plus instruits que lui d'achever un ouvrage digne du sujet qui se recommandât par une information étendue et solide, et par des mérites sérieux de pensée ou de style. Comme le dit bien Ruscelli, l'auteur a mis la *Vita* en état de voir le jour, en « la composant de tout ce qui se trouve épars dans les histoires de notre temps ». Bref, compilation hâtive, mosaïque de morceaux empruntés de droite et de gauche et tant bien que mal reliés les uns aux autres avec, çà et là, beaucoup trop rarement, quelques petites intercalations d'un caractère plus personnel et dues surtout au besoin de se mettre un peu en évidence. Qu'on ne s'étonne pas du succès du livre auprès des contemporains, un succès qu'attestent plusieurs éditions jusqu'à la fin du xvi° siècle et même une traduction espagnole : ils n'avaient aucun autre récit équivalent à leur disposition, car l'autre *Vie de Charles-Quint* de Lodovico Dolce ne compte vraiment pas, n'étant qu'un exercice de style, de mérite très secondaire, et ne pouvant en aucune façon, pour la matière

---

1. *Lettere di principi. Libro primo*, éd. de Venise, 1562, fol. 209.
2. Cette première édition porte l'adresse : *In Venetia, appresso Vincenzo Valgrisi, MDLX*, et une dédicace au cardinal Christophe Madruce, évêque de Trente, datée de Venise, 1er mars 1560. L'avis au lecteur annonce la publication prochaine des *Vies des empereurs* en italien de Pedro Mexia. L'extrait du privilège porte la date du 25 novembre 1559. Cette édition princeps, dont un exemplaire se trouve à Ste Geneviève, sous la cote M 280², in-4, étant devenue assez rare, nos citations renvoient à la troisième de 1566, « in più luoghi corretta et illustrata » du même Valgrisi, où la dédicace à Madruce a été remplacée par une autre à Philippe II, de Venise, 1er juin 1565, édition qui représente d'ailleurs le texte définitif d'Ulloa.

historique, très pauvre chez Dolce, tenir lieu de la narration assez dense d'Ulloa. On a plus de raison d'être surpris du crédit que lui accorda plus tard, quand la littérature historique de Charles-Quint s'était très notablement accrue, un écrivain de la valeur de Robertson. qui le cite vraiment trop souvent et pour des faits qu'il aurait trouvés dans les sources où a bu Ulloa. Ces sources, notre auteur les a en grande partie honnêtement indiquées à la fin de son livre.

Autori da' quali noi habbiamo tratte le cose che in questo libro si contengono.

Gli autori de' quali noi ci siamo serviti nelle cose che fin hora habbiamo trattato sono : Pietro Messia nelle vite degli Imperadori e nelle altre sue opere; don Antonio di Guevara, vescovo di Mondognedo, in tutti i suoi libri e spetialmente nel libro terzo delle sue lettere; Alfonso Venero nel suo Inquiridione di tempi; Pietro Bembo, cardinale, nelle sue Historie ; Paolo Giovio, vescovo di Nocera, in tutte le sue opere, del quale confessiamo haverne tolte molte cose; Pietro Mareno nella stirpe di Carlo Magno, che scrisse de gli Imperadori ; Vasco Dias Tanco nel libro che compose dell' origine de' Turchi ; Agostino di Zarate nelle Historie che compose dello scoprimento et conquista del Perù; Giovan di Gomara nella Historia di Messico; Giovan di Barros nell' Asia de' fatti de Portoghesi nello scoprimento e conquista de' mari e terre di oriente ; Francesco di Madrid nella Historia de la guerra di Lamagna ; don Luigi d'Avila ne' commentari che compose in detta guerra, la maggior parte de' quali habbiamo inseriti qui ; Anton Beuter nella Cronica di Spagna; Francesco Robortello nella oration funebre nella morte di Carlo V ; Giovan Christoforo Calvette di Stella nel viaggio del Re Filippo di Spagna in Fiandra. E così altri, oltre le particulari relationi scritte a penna, che habbiamo havuto, le quali fin hora non sono state viste.

Les livres imprimés, énumérés dans cette liste, étant tous facilement accessibles, il n'est utile de s'arrêter que sur l'un d'entre eux : Francisco de Madrid, *Histoire de la guerre d'Allemagne,* que nous n'avons vu citée que dans les *Progresos de la historia en el reino de Aragon,* p. 36, et que N. Antonio ne connaît que d'après Ulloa. S'agit-il d'une de ces nombreuses relations de militaires imprimées au lendemain des événements et qui aurait disparu sans laisser de traces? Quant aux relations manuscrites, Ulloa en a eu sans doute, mais peut-être moins qu'il ne le laisse entendre, et ce qu'il leur a emprunté compte peu en comparaison de ce qu'il a pris aux auteurs dont les écrits avaient été publiés de son vivant. Rechercher comment Ulloa a confectionné sa mosaïque serait un travail oiseux et sans intérêt, car personne n'aura plus l'idée de chercher des informations chez cet auteur, tout au plus le consultera-t-on pour y trouver comme un reflet des opinions régnantes sur Charles-Quint vers 1560. On ne signalera ici que deux ou trois intercalations. La première a trait à un séjour qu'Ulloa fit à Tolède en 1539, peu de temps avant la mort de l'impératrice Isabelle et au cours duquel il vit la colonne de marbre érigée sur l'emplacement de la demeure de Padilla pour perpétuer le souvenir de son infamie (éd. de 1566, fol. 68 v°). Cette colonne n'avait pas encore été transférée à la porte de San Martín, comme elle le fut plus tard par ordre de Philippe II[1]. C'est dans ce passage qu'Ulloa commet l'erreur, vraiment extraordinaire de la part d'un Espagnol, de dire que Padilla et sa femme furent décapités tous les deux! L'époque des *Comunidades* ne lui a pas réussi, il y accumule les bévues : Charles s'embarque pour l'Allemagne en 1520, à *Portugalete en Biscaye*[2], les *Comuneros* s'emparent *à Valladolid de la reine Jeanne et de tout le Conseil et les conduisent à Tordesillas*, etc. (éd. de 1566, fol. 67). Höfler a donc pu dire sans exagération qu'en ce qui concerne cette époque Ulloa est inutilisable. Une autre intercalation vraiment assez curieuse vise les causes du décès très prématuré de Marie de Portugal, première femme de Philippe II, le 12 juin 1545. D'après Ulloa, écho ici de bruits qui circulèrent à la cour d'Espagne et se répandirent au dehors, cette mort fut attribuée à la négligence de la duchesse d'Albe et de Dⁿ Maria de Mendoza, veuve du ministre Cobos, chargées de donner

---

1. « Posteriormente (à quelle date ?) por órden de Felipe II se trasladó esta columna á la puerta de San Martin, y se le añadió la inscripción siguiente : « Este padron mandó S. M. quitar á las casas que fueron de Pedro Lopez de Padilla, donde solia estar, y ponerlo en este lugar, y que ninguna persona sea osada de le quitar so pena de muerte y perdimiento de bienes ». Ms. de la Real Academia de la Historia » (Modesto Lafuente, *Historia general de España*, t. XI (Madrid, 1853), p. 242, note.
2. L'édition de 1560 porte simplement : « s'imbarcò in Viscaglia ». En précisant ensuite, il a ajouté une erreur.

leurs soins à la princesse, qui le 8 juin avait mis au monde Don Carlos. Ces dames, désireuses d'assister à un *auto de fé* où devaient paraître quelques hérétiques protestants, « et comme si la cérémonie ne pouvait s'accomplir sans leur présence », abandonnèrent la jeune accouchée qui, livrée à ses femmes portugaises, prit des aliments contraires à son état, notamment un limon, et en mourut. « Ce qui, dit notre auteur, ne serait probablement pas arrrivé si elles ne s'étaient pas absentées. Aussi furent elles blâmées par bien des gens d'avoir ainsi quitté la princesse pour courir à leurs divertissements » (éd. de 1566, fol. 177 v°). L'insertion de ce rapport, vrai ou faux, a lieu de surprendre un peu de la part d'un publiciste de la catégorie d'Ulloa, quand on songe qu'en 1560 les deux grandes dames en question vivaient encore et que le duc d'Albe jouissait de la pleine faveur de son souverain. Le portrait aussi qu'Ulloa trace de l'empereur, sous le titre de « Natura di Carlo Quinto », à la fin de son récit (éd. de 1566, fol. 336), offre un certain intérêt, surtout quand on le compare à celui de Paul Jove dont il est en partie, mais seulement en partie, la réplique. Artistiquement parlant, ce portrait est beaucoup moins bien composé que celui de l'Italien, les traits du moral et du physique s'y enchevêtrent d'une façon peu heureuse; pour le fond, il trahit des précautions excessives et contient des erreurs flagrantes : Jove, tout en adulant, avait su laisser lire entre les lignes et s'était abstenu de toucher à certains points délicats. « Fu Carlo Quinto huomo di mezana statura, né picciol, né grande, di natura facilissimo, et stette sempre saldo a i prosperi et infelici avvenimenti perciò che il suo honorato, nobile et saldo ingegno non si turbò mai per alcun sinistro successo, anzi mostrò sempre animo veramente di Cesare. Mai non fu vinto dall' empito della colera, né da cieco disiderio di vendetta : né meno fu vinto da alcun' humano piacere, siche non havesse giudicato il diritto.... » Ici tout le moral est pris à Jove : « di natura facilissimo » répond à « Enimvero, quo nihil est in rege popularius et gratius, aditum cunctis atque aures... praebuerat » ; le reste traduit les phrases : « Sed nec eum quanquam aetate Fortunaque florentem, ullae unquam vel licitae voluptates a perpetuis rerum maximarum consultationibus avocabant... Numquam enim praeclarum, nobile et firmum ejus ingenium, vel irarum impetus perturbarat, vel caeca vindictae libido pupugerat, vel ulla humana mollities, quin recta sentiret, expugnarat ». Le visage et les yeux : « Era il volto di lui tutto allegro, haveva gli occhi azuri, soavi et pieni di viril modestia ». Comme Jove est à la fois plus exact et plus pittoresque ! *Volto allegro,* non ; ce qui caractérisait l'ensemble du visage était une douceur mêlée de gravité, le commencement du fameux *sosiego* espagnol : « Erat vultus Cæsaris in gestu militari et gravi blanda quadam lenitate verecundiaque perfusus ». La pâleur argentée du teint manque aussi chez Ulloa, ce teint plombé, pour dire le mot, et qui annonçait le goutteux de la quarantième année. Pour le nez, la barbe et les cheveux, Ulloa copie Jove à la lettre, quoiqu'il oublie le « fulgore pallentis auri » et qu'il supprime la marque de famille, le prognathisme inférieur, qui attire maintenant l'attention de la science médicale[1]. En revanche, et parce qu'il écrit en 1559, il parle de la goutte : « Fu di complesion molto sana, mentre che fu giovane, benche poi nella vecchiezza l'aggravasse molto la gotta »; mais il ajoute ensuite ces mots tout à fait contraires à la vérité et à ce que tout le monde alors savait fort bien : « Nel mangiar et nel bere fu regolatissimo... » Comme si les excès de nourriture de Charles, son hygiène très mauvaise, même à une époque où les régimes de table ne fleurissaient pas encore, n'étaient pas devenus la risée de la chrétienté ! Et l'on ne connaissait pas cependant les lettres de Van Male ni les correspondances privées exhumées par Gachard. Après, viennent quelques banalités sur la piété de l'empereur et ses autres vertus que Jove nous avait épargnées. A noter toutefois et à retenir ce qu'il dit de la mémoire précise et bien ordonnée de l'empereur : « Fu di tanta e di cosi eccellente memoria, che se alcuno gli parlava sopra qualche negotio, e poi in capo di dieci anni gli tornava a parlare sopra il medesimo, o sopra altro... lo conosceva e gli diceva, che nel tal anno e nella tal città gli haveva parlato. » La tournure à cheval de Charles et son adresse de voltigeur sont encore une copie textuelle de Jove. Naturellement, en sa

---

[1]. Dr Osw. Rubbrecht, *L'Origine du type familial de la maison de Habsbourg,* Bruxelles, 1910.

qualité de fils adoptif de Venise, Ulloa n'a pas pu omettre d'inscrire en son livre le nom glorieux de Titien et de rappeler l'amitié dont l'honora le monarque. Voilà en quoi consiste l'un des morceaux de bravoure d'Ulloa. L'analyse qui vient d'en être donnée permet de se rendre compte de sa façon de procéder. C'est la manière du publiciste, pressé de mettre noir sur blanc, qui prend son bien où il le trouve, sans aucun souci de repenser ce qu'il emprunte et de le refondre habilement. Un tel assemblage ne peut rien avoir de consistant ni d'harmonieux. Et pourtant Ulloa contemplait d'un œil indulgent et satisfait sa *fatica*, comme il nomme la *Vita di Carlo Quinto*, son grand labeur, dont il parle à tout propos pour le recommander aux contemporains et dont il dit quelque part avec une certaine emphase que « le monde lui a fait très bon accueil ». Par « monde » entendait-il aussi l'Espagne ? Peut-être. De toutes façons la *Vita* se répandit d'assez bonne heure en Espagne, grâce à une traduction en espagnol due à un certain Dr Dispero(?), mais qui ne paraît pas avoir été imprimée. Le Catalogue des manuscrits de l'Escurial (Ms. Esp. 414 de la Bibliothèque nationale de Paris) la décrit sous le mot *Historia* :

Historia del Emperador Carlos V, escrita en lengua etrusca por Alfonso de Ulloa, y traducida al castellano por el Dr Dispero, escrita en papel el año 1573. Dos tomos en 4° menor, en pasta.
Ç-III-7 y 8.

D'autre part le British Museum possède, cotée Egerton 1175, une *Vida de Carlos V por Alfonso de Ulloa*, au sujet de laquelle D. Pascual de Gayangos dans son Catalogue (t. I, p. 220) a écrit ceci : « A translation from the *Vita dell' Invitissimo e Sacratissimo Imperatore Carlo V,* which Alphonso de Ulloa, a Spaniard residing at Venice, published in 1566, 4to. The translator's name is not stated ; but as Ulloa used indifferently both language, and is known to have turned into Spanish some of his own Italian works and *vice versa,* the present translation may possibly be by him. The work is divided into five books and begins : « Aviendo yo de tratar ». Enfin, on serait porté à retrouver la traduction espagnole de la *Vita* dans un article d'inventaire de livres destinés à l'Escurial publié par M. Rodolphe Beer : « Vida del emperador Carlos V, de mano, illuminada.

Diose en Venecia 1533[1]. » Cette date de 1533 semble un lapsus de plume, car en 1533 il ne pouvait être question d'écrire une biographie de l'empereur. Seulement, un autre inventaire de livres estimés à Madrid le 27 juin 1600 par un bibliothécaire du roi et dont un certain nombre furent portés à l'Escurial, comme l'indique les initiales S. L. (San Lorenzo), signale ce même manuscrit et en termes qui montrent qu'il s'agit du texte italien : « La vida y hechos del emperador don Cárlos, en italiano, de mano, en papel de á cuarto, con algunas iluminaciones ; encuadernado en cartones y cuero dorado y colorado [2] ». On peut donc estimer qu'en 1573 (la date 1533 dans la liste de Serojas serait une mauvaise lecture pour 1573) Ulloa fit exécuter un beau manuscrit de présentation de sa *Vita* destiné à Philippe II et qu'en cette même année le texte italien fut traduit en espagnol.

La *Vita* ne représente qu'une partie de l'activité historique d'Ulloa. Nous n'avons pas à nous occuper ici de son Histoire de Ferdinand Ier, ni de sa biographie de Ferdinand de Gonzague qui effleurent seulement notre sujet, mais il nous faut parler de ce qu'il appelle *terzo libro* et *quarto libro* des lettres d'Antonio de Guevara, publications qui nous intéressent, car elles touchent de très près à l'historiographie espagnole de Charles-Quint.

En 1545 et 1546 parurent chez Giolito le *libro primo* et le *libro secondo* du fameux épistolaire de Guevara, traduits en italien par Domingo de Gaztelú et dédiés, le premier au cardinal Madruce et le second à Côme de Médicis. L'explicit du livre II est ainsi conçu : « Fin della seconda parte dell' epistole famigliari dell' Illustre Signor don Antonio di Guevara, vescovo di Mondogneto, predicadore, historico et

---

1. *Die Handschriftenschenkung Philipp II an den Escorial vom Jahre 1576* (t. XXIII, 2, du *Jahrbuch der kunsthistorischen Sammlungen*), p. xxx. Cet inventaire fut dressé par un armurier de Philippe II du nom de Juan de Serojas, dont Calvete de Estrella a parlé en rendant compte des personnages qui composèrent la suite du prince Philippe en 1548, quand il passa par l'Italie pour se rendre aux Pays-Bas : « En las artes mecanicas Diego de Arroyo, a quien ninguno de nuestra edad sobrepuja en iluminacion y pintura, y Juan de Serojas, unico en todas las obras que de mano se pueden labrar » (*El felicissimo viaje d'el principe Don Phelippe*, Anvers, 1552, fol. 8). Cette énumération a été traduite par Ulloa, *Vita di Carlo*, éd. de 1566, fol. 243.

2. Beer, *l. c.*, p. cxxv, d'après la *Colección de documentos inéditos*, t. LXVIII.

consiglicro della Cesarea Maestà, tradotta per Dominico di Gaztelu, hispano, residente nell' inclita città di Vinegia appesso (*sic*) il Signor Don Diego Hurtado di Mendozza, ambasciator Cesareo, del MDXLVI. nel mese di Settembre. » Par rapport au texte original espagnol, cette traduction offre les différences que voici pour la *première partie*. Gaztelú a supprimé sept lettres et un discours : I, 20 (de l'éd. Rivadeneyra). Lettre à l'évêque de Badajoz sur l'ancien *fuero* de cette ville ; I, 39. Lettre au connétable de Castille où il lui rapporte des propos du marquis de Pescaire sur l'Italie ; I, 40. Lettre au même sur le prix des choses en Castille au xive siècle, d'après une ordonnance du roi Jean Ier ; I, 43 et 44. Lettres à D. Antonio de Acuña, évêque de Zamora ; I, 45. Lettre à Juan de Padilla ; I, 47. Lettre à D[a] Maria de Padilla ; I, 48. Discours de Guevara aux *comuneros* à Villabrájima. A quels motifs attribuer ces suppressions? Les morceaux I, 20 et I, 40 n'avaient qu'un fort médiocre intérêt pour des Italiens ; la lettre I, 39 qui contient, dites par Pescaire, des gentillesses comme celle-ci : « En Italie celui qui renonce à prendre le bien d'autrui, c'est qu'il n'en a ni le pouvoir ni le vouloir », pouvaient paraître offensantes. Les autres lettres adressées aux plus ardents défenseurs de la révolution de l'an 1520, et le discours prononcé par Guevara à Villabrájima pour apaiser les *Comuneros* rappelaient des événements dont un Espagnol à l'étranger, et surtout le secrétaire d'un ambassadeur, ne devait pas se montrer très enclin à rafraîchir la mémoire. La *deuxième partie* suit exactement le texte espagnol. Ulloa, qui en 1553 publia chez Giolito une édition du *Marc Aurèle* de Guevara et la même année une traduction de l'*Horloge des princes,* fut amené aussi à s'occuper des *Lettres familières*. En 1557, il imagina de donner de ces lettres un troisième livre composé de toutes les lettres omises dans le livre Ier de Gaztelú, sauf les deux lettres au connétable de Castille, et augmenté d'un certain nombre d'autres non publiées en espagnol, puis d'une traduction du traité de Guevara sur les ennuis de la vie à bord des galères[1] : *Il terzo libro delle lettere dell' illustre signor don Antonio de Guevara, vescovo di Mondo-*

---

1. *Libro de los inventores del marear y de sesenta trabajos que ay en las galeras,* Valladolid, 1539.

gneto, cronista e consigliero della Maestà Cesarea. Nel quale oltra le antichità et historie, si legge il trattato della Galea del medesimo auttore. Nuovamente di lingua spagnuola in italiano tradotto per Alfonso di Ulloa. Venise, Vincenzo Valgrisio, 1557[1]. Le livre est précédé d'une dédicace « all illustrissimo signor Sforza Pallavicino, marchese di Corte Maggiore et capitano generale della fanteria della Serenissima signoria di Vinegia », datée de Venise, 20 juin 1557. Deux ans plus tard, en 1559, autre édition chez Valgrisi, conforme à la première, mais de nouveau augmentée d'un billet de Guevara au marquis de Pescaire, datée de Medina del Campo, 20 décembre 1520, lui annonçant l'envoi d'une lettre de l'almirante de Castille à la ville de Séville, puis d'une correspondance (en tout six lettres) entre ledit almirante et les *Comuneros*. Enfin, après le traité de la Galère, Ulloa a encore ajouté une nouvelle épître de Guevara « A don Diego Hurtado di Mendozza, duca dell' Infantado, dove l'Auttore dice chi furono gli antichi dei de' gentili, e perche furono adorati per tali », etc., datée de Tolède, 20 septembre 1538.

Il importe d'examiner ces additions au *terzo libro* faites en 1557 et en 1559. Qu'Ulloa ait eu la pensée de tirer parti des lettres du premier livre de l'épistolaire guevaresque omises par son prédécesseur Gaztelú, cela se conçoit, car en 1557 l'affaire des *Comunidades* commençait à ne plus inquiéter les esprits. Il prit donc les lettres à Acuña et aux Padilla, avec le discours de Villabrájima, puis la lettre aussi sur le *fuero* de Badajoz, mais il laissa les deux autres au connétable de Castille. Ces six morceaux ne faisaient pas un volume. Pour arriver à le former, Ulloa traduisit encore toute une série de lettres de Guevara dont jamais personne n'avait entendu parler et dont voici les destinataires : D. Pedro de Fonseca ; le duc de Sesa, ambassadeur à Rome ; Francisco de Ulloa ; l'évêque de Carthagène ; D. Fernando de Córdoba, *clavero* de l'ordre de Calatrava ; le Dr Francisco Nuñez ; le commandeur Francisco de Guzman ; D. Gaston de la Cerda, duc de Medinaceli ; l'évêque de Tuy ; D. Diego

---

[1]. Les *Annali di Gabriel Giolito de' Ferrari*, t. I, p. 108, indiquent comme première édition de ce *terzo libro* celle de 1559 dont il va être parlé.

Pacheco, de l'ordre de Calatrava, commandeur de Martos ; D. Fernán Cortès, marquis del Valle ; D. Iñigo de Velasco, connétable de Castille ; D. Alfonso d'Avalos, marquis del Vasto. Il serait long et compliqué de passer au crible cette correspondance, qui s'étale ici pour la première fois et qui inspire à première vue une très grande méfiance. Disons d'abord que ces lettres sont tout à fait dans le ton des épitres familières de Guevara dont nous possédons le texte espagnol, mais qu'elles contiennent surtout des moralités et des banalités, et au contraire infiniment peu de ces données historiques toujours compromettantes pour un mystificateur ou un pasticheur, qui s'expose ainsi gratuitement à des vérifications. Rien de plus facile à imiter que le style de Guevara : Ulloa put prendre plaisir à cet exercice et composer toutes ces lettres, de la première ligne à la dernière, sans trop de peine, et en choisissant les destinataires fictifs parmi des personnages connus de l'époque. Sa part exacte dans la composition de cette correspondance, qui forme une part importante du *terzo libro*, reste à déterminer et nous laissons cette recherche à un autre, les lettres en question n'ayant aucune importance pour nous.

Tout autrement intéressante est l'addition au *terzo libro* de 1539 de la correspondance de l'almirante avec les révolutionnaires de l'année 1520, dont il fit aussi usage dans la *Vita* (éd. de 1566, fol. 67v°). De cette correspondance existe réellement un texte espagnol qui a été publié par Danvila dans le tome XXXVI du *Memorial histórico español*, d'après des volumes de mélanges de l'Académie de l'Histoire et de la Bibliothèque nationale de Madrid. La concordance entre Ulloa et le *Memorial* est comme suit :

1° L'almirante à la ville de Séville. Medina (et non Medina del Campo, comme imprime Ulloa : il s'agit de Medina de Rioseco, où se trouvait le quartier général des royalistes), 28 novembre 1520 : Ulloa, III, p. 121. = *Memorial*, t. XXXVI, p. 541.

2° La junte de Tordesillas à l'almirante. Tordesillas, 22 novembre 1520 : Ulloa, III, p. 133. = *Memorial*, t. XXXVI, p. 531.

3° Réponse de l'almirante à la lettre précédente. Sans date : Ulloa, III, p. 139. = *Memorial*, t. XXXVI, p. 534.

4° L'almirante à la ville de Tolède. Medina, 25 novembre

1520 : Ulloa, III, p. 154. Cette lettre manque dans le *Memorial*, mais Danvila peut l'avoir oubliée.

5° L'almirante à la junte de Tordesillas. Sans date : Ulloa, III, p. 161. = *Memorial*, t. XXXVI, p. 336 et 547. Danvila a publié deux fois, sans s'en apercevoir, cette lettre, qu'il attribue d'abord au mois d'octobre, et plus loin au mois de novembre 1520 ; mais il n'y regardait pas de si près !

6° L'almirante à la ville de Séville. Tordesillas, 6 décembre 1520 : Ulloa, III, p. 182. = *Memorial*, t. XXXVI, p. 684.

Quant à la lettre d'envoi de Guevara à Pescaire, de Medina del Campo, 20 décembre 1520, on n'en trouve trace nulle part : elle sort évidemment de la fabrique d'Ulloa.

Nous voilà assez au clair sur la façon dont Ulloa a procédé dans la confection de la suite de l'épistolaire guevaresque. Quand il peut mettre la main sur un petit nid de documents appropriés à son sujet, il s'en sert et se borne à les traduire en italien sans y rien changer. Quand ce secours lui manque, il invente, car, jusqu'à preuve du contraire, nous sommes invités à croire que toutes les nouvelles lettres du *terzo libro* sont sorties de son imagination. Et Ulloa, mis en goût, ne s'en tint pas à un *terzo libro*, il en publia encore un *quarto*[1], qui n'a pas même l'avantage, qu'offre le précédent, de communiquer au public la traduction de quelques documents curieux : tout y est terne et plat, jamais un détail de mœurs ni un tour humoristique, ni un fait historique ; en un mot, rien de ce qui avait valu aux *Epîtres familières* de l'évêque de Mondoñedo le succès, après tout assez légitime, dont elles jouirent en Espagne et hors d'Espagne pendant un demi-siècle, et qui les fit qualifier de *dorées*. A vrai dire, il ne serait pas non plus tout à fait impossible qu'Ulloa eût déniché quelque part des lettres écrites par Antonio de Guevara, que celui-ci aurait laissées au fond de son tiroir. Peu probable cependant, car le bonhomme était trop habile administrateur de son talent pour garder, sans les produire au jour, ses « enfants spirituels », comme Cervantes appelait ses écrits.

---

1. Nous n'avons pas vu d'édition un peu ancienne du *Libro quarto*; nous ne connaissons que celle de Venise, 1575, chez les héritiers de Vincenzo Valgrisi. La dédicace à la duchesse de Tagliacozzo du 10 octobre 1564 laisse entendre qu'il y a eu une édition de cette année-là.

Quoi d'étonnant qu'Ulloa ait en mainte occasion prôné les mérites et les vertus de l'évêque de Mondoñedo? Il en usa et en abusa vraiment. Non content de prolonger l'*Épistolaire*, et afin de ne rien laisser perdre de l'œuvre qui lui valait de si beaux sequins, il s'employa même, tâche peu reluisante, à réformer, pour le premier et le deuxième livre, la version de son prédécesseur Gaztelú. En dédiant le 15 juillet 1564 au chanoine de Majorque ce *rifacimento*, il traite avec assez de dédain le labeur de son compatriote, qui n'avait pas su acquérir comme lui le secret du bel italien : « Et così hor parendomi, che le lettere del Reverendiss. Signor D. Antonio di Guevara, vescovo di Mondognedo... erano degne per il lor soggetto di essere scritte in tutte le lingue, non ho voluto mancar di tradurle in lingua italiana fedelmente e secondo che meritano, *ancora che siano state tradotte un'altra volta da un nostro Spagnolo, il quale haveva più pratica della sua che di questa lingua e che perciò riuscirono molto diffettose e non con quella gravità con che l'autore scrisse* ». En fait, Ulloa ne changea pas beaucoup l'italien de ce Gaztelú, qui certes ne donne pas l'impression d'avoir été un bien grand clerc ; il l'épura toutefois et l'émonda de quelques tournures un peu trop basques. Et en résumé, ce qui restera la note saillante et la marque caractéristique d'Alfonso de Ulloa est ceci: avoir assez bien appris la langue du pays où il avait fixé son séjour pour servir de trait d'union entre ce pays et sa propre patrie, avoir fait œuvre utile en enseignant l'Espagne aux Italiens et un peu aussi l'Italie aux Espagnols. À côté des esprits originaux et éminents, il y a place dans l'histoire littéraire pour les sous-ordres qui, sans sortir de leur petite sphère, travaillent avec succès à faciliter les échanges littéraires entre nations.

II. Girolamo Ruscelli de Viterbe, polygraphe mais surtout grammairien, éplucheur de textes classiques italiens et puriste, vint s'établir à Venise vers 1548, presque en même temps qu'Ulloa, et fit comme lui gémir les presses des imprimeurs vénitiens. Il mourut en 1566. Ruscelli a droit à une brève mention en ce travail, à cause de la lettre, dont il a été parlé déjà, qu'il adressa de Venise, le 3 avril

1561, à Philippe II et qui a pour objet de démontrer au roi la nécessité pour la couronne d'Espagne d'avoir en Italie un historiographe attitré. Après les quelques mots au début de la lettre, fort courtois pour Ulloa, mais où perce un peu l'intention de ne pas porter aux nues la culture littéraire de l'Espagnol, Ruscelli se consacre d'abord à recommander au roi deux de ses compatriotes, Lodovico Dolce et Bernardo Tasso. Avec le premier, Ruscelli avait eu de terribles disputes, surtout à propos d'une traduction des *Métamorphoses* d'Ovide, dédiée par Dolce à Charles-Quint et que Ruscelli flagella impitoyablement, ce qui lui valut de l'auteur une bordée d'injures qu'on ne peut vraiment citer qu'en italien : « Il Ruscelli è un gaglioffo, baro, truffatore, ignorante e ripieno di tanti vitii, che uno solo basta a fare tenere un huomo tristissimo ; in modo che, non gli essendo riuscita punto l'alchimia ; la pedantesca professione d'insegnare tutte le dottrine a qualunque asino ; la bravura di voler tradurre Plutarco dalla lingua greca, della quale non vi è più dotto d'una gazza ; la Bibbia dall'hebrea, di cui similmente ne sa quanto il mio cane,... finalmente s'è ridotto all'arte del ruffianesmo, et ha empito la casa, dove egli habita, di diverse cortigiane di bella mano, accattando per questa via agramente il pane, che non sono atte a fargli havere le sue virtù [1]. » Mais de telles aménités ne tiraient pas à conséquence entre gens de lettres italiens. On put croire les deux hommes brouillés à jamais : ils se réconcilièrent fort bien, et, comme notre lettre le prouve, Ruscelli, pour sceller cette réconciliation, ne demanda pas mieux que d'appuyer Dolce auprès de Philippe II. Après s'être déchirés à belles dents, ces compères s'embrassèrent sur le dos du tyran *forestiere* et s'unirent pour faire pleuvoir sur eux la manne bienfaisante. Ruscelli vante d'abord avec une exagération évidente la *Vita di Carlo V* de son protégé, qu'il cherche à substituer à celle d'Ulloa, quoiqu'il se donne l'air de maintenir la balance égale entre les deux, en disant qu'il a envoyé de l'une et de l'autre plusieurs exemplaires en Espagne.

Ma perche in effetto degli scrittori moderni alcuni per mala

---

[1]. S. Bongi, *Annali di Gabriel Giolito*, t. I, p. 398.

informatione, altri per non molta sofficienza, et altri per espressa malignità si veggono in moltissime cose haver mancato grandemente alla verità ne i fatti di Sua Maestà Cesarea, si mosse da vera bontà d'animo a scrivere la medesima vita Lodovico Dolce, honorato cittadino di questa Republica, di gran nome, di bellissime lettere, et partialmente devoto della Sereniss. casa d'Austria. Egli adunque attese con molta diligenza à risecare ò stringere molte cose in quanto minor fascio fosse possibile, et aggiungervi tutte l'altre da lui sapute, che vi mancavano, et à tesserle e narrarle con quel bel modo, che già con molta sua contentezza ne vede il mondo[1].

Il n'omet pas après cela de rappeler au roi que Dolce ne reçut de Charles-Quint aucune récompense pour sa traduction des *Métamorphoses*, car, au moment où elle lui fut présentée, l'empereur, malade en Flandre et détaché de toute préoccupation mondaine, ne songeait plus qu'à déposer le faix du pouvoir. Le roi maintenant se doit à lui-même et doit à la mémoire de son père de réparer cet oubli.

Bernardo Tasso, père de Torquato, était alors un homme fort malheureux. Auteur d'un *Amadis* en vers, sujet qui lui avait été suggéré à Gand par D. Luis de Avila, D. Francisco de Toledo et autres gentilshommes de l'entourage intime de l'empereur, il avait d'abord, vu ses relations avec Ferrante Sanseverino, prince de Salerne et chef du parti français à Naples, pensé à l'offrir au roi de France ; mais les circonstances politiques ayant changé l'orientation du poète, sur le conseil qu'on lui donna, il prit la résolution de dédier son ouvrage à Philippe II. Cette volte-face nécessita d'importants changements, il fallut faire d'Amadis un Anglais, supprimer tous les passages en l'honneur des Français, introduire de nouveaux personnages, etc.[2]. Tout ce laborieux *rifacimento*, terminé et publié chez Giolito en 1560, ne répondit pas à l'attente du Tasse : « l'Invitissimo e Catolico Re Filippo », auquel il fut dédié, ne sut aucun gré à l'auteur de ses veilles et ne prêta aucune attention à ce nouveau livre de chevaleries, se disant sans doute qu'il en avait déjà assez dans son propre pays. Bernardo, nous apprend Ruscelli, avait eu un autre dessein : celui d'écrire

1. *Lettere di principi*, libro primo, Venise, 1562, fol. 209.
2. S. Bongi, *Annali*, etc., t. I, p. 97 et suiv.

une vie de Charles-Quint. Il en montra quelques feuilles à Ruscelli, qui l'encouragea à continuer, « attendu qu'il avait assisté à beaucoup d'actions de Sa Majesté Impériale en plusieurs de ses entreprises », mais qui l'avertit de prendre garde à deux choses : l'une que l'empereur lui-même, à l'imitation de César, avait écrit des commentaires, — il sera parlé de cette allusion dans la seconde partie de ce livre — l'autre que les rois d'Espagne entretiennent d'habitude un chroniste, qui a pour mission d'écrire journellement leurs faits et gestes. A ce chroniste se remettent des copies de toutes les lettres écrites par le roi ou reçues par lui, toutes les dépêches des ministres et en résumé tout ce qui peut servir à l'instruire. Sans doute, dit Ruscelli, nous ne tarderons pas à voir paraître une histoire de Sa Majesté Impériale rédigée par ce chroniste. Savait-il qu'à cette date Sepúlveda travaillait à son *De Rebus gestis*? Il n'en souffle mot. D'ailleurs ce labeur officiel, quelles qu'en soient les qualités, n'exclut pas, d'après lui, une œuvre indépendante, d'*un' altro bell' ingegno*, qui se procurerait les lettres et documents de la Chambre impériale d'Allemagne, de la cour de Rome et des autres États d'Italie. Bernardo Tasso s'entendrait fort bien à cela et le roi d'Espagne, à qui il a dédié son poème — *il sigillo et il fine di tutte le fatiche sue da tanti anni*, — trouverait ainsi le moyen de reconnaître un si noble dévouement.

En règle maintenant avec les devoirs de l'amitié, Girolamo Ruscelli aborde une autre question. Il voudrait que cette institution si judicieuse du chroniste fût introduite en Italie, où le roi d'Espagne possède tant d'États et tant d'intérêts, s'efforçant de montrer que beaucoup de troubles et de désastres du temps présent résultent de fausses nouvelles qui ont été semées dans le public. Et ces considérations l'amènent à rédiger le programme de l'aspirant à la fonction. D'abord les connaissances linguistiques :

Dico dunque primieramente, come senz' alcun dubbio conviene che una tal persona sia dottissima nelle lingue latina et grega, et quando vi havesse ancora l'hebrea non saria se non utile, almeno per la riputatione... et che necessarie parimente vi debbian' esser la spagnuola, la francese et ancor la tedesca, in tanta cognitione che quando pur' egli non le sappia parlar' ò scrivere perfettamente, le possa intendere così nelle scritture come in voce. Ma perche si ha da presuporre che egli in questi tempi non debbia scriver cotali historie se non in lingua latina et italiana, è necessario che in queste due egli non solamente d'effetti ma ancor di nome tenga quanto più sia possibile il primo luogo et il primo nome... perche nel trattar le cose moderne convien finger molte parole ò formarle e farle nascere ò farne scelta e riformatione dalle bocche del volgo, de gli artigiani, che fan gl' istrumenti, de' marinari, de' soldati e d'ogni altra schiera ò sorte di gente et ancora di natione straniera.

On le voit, Ruscelli souligne le détail précis et ne se contente pas de phrases vagues et d'approximations. Les sciences aussi entrent dans le programme, ou mieux, une instruction très générale pour meubler l'esprit, et il cite l'exemple de Plutarque, dont on a pu dire avec raison que si tous les autres livres du monde, l'Écriture sainte exceptée, disparaissaient, les siens seuls nous rendraient tolérable une telle perte. Ruscelli réclame encore de son historiographe la connaissance approfondie de la géographie et de l'art de la guerre; enfin, ce qui va de soi, une réputation inattaquable de vie pure et intègre. Ici, s'apercevant qu'il s'attarde et qu'il pourrait fatiguer le roi, il l'avertit qu'il a remédié à l'inconvénient de la longueur en écrivant son mémoire, non en forme de lettre, mais en forme de livre. Une lettre même longue, on se croit tenu de la lire d'affilée, mais un livre on le lit en se reprenant. « Votre Majesté, dit-il, pourra donc me lire, comme il est de notoriété publique qu'Elle lit chaque jour un nombre infini de mémoires sans jamais renoncer à les examiner entièrement et à décider à leur sujet. » Ce qu'il faut encore, c'est que l'historiographe italien auquel seront confiés des secrets d'État appartienne à l'une des provinces dépendantes de la couronne d'Espagne, et soit sujet du roi. Or, aucune province n'offre aujourd'hui, dit-il, les ressources du royaume de Naples, « vraiment plus riche en lettrés excellents et rares que presque tout le reste de l'Italie. » Là le choix est aisé; mais nous ne suivrons pas Ruscelli dans son énumération des divers personnages que recommandent telles ou telles aptitudes et qu'il désigne à l'attention de Philippe II. Ce qu'il nous importait de connaître du mémoire du polygraphe italien, nous l'avons déjà vu et nous pouvons en rester là.

III. Lodovico Dolce ne nous retiendra pas longtemps. Après ce qui déjà en a été dit, ce qui reste à dire n'a guère d'importance[1]. Nous avons à le considérer ici surtout comme un rival d'Ulloa : tous les deux ont traduit d'espagnol en italien, tous les deux ont écrit et presque en même temps une histoire de Charles-Quint et une histoire de Ferdinand Ier. Une telle concurrence pouvait donner naissance à des sentiments d'hostilité ou de jalousie, et peut-être en a-t-il été ainsi, mais nous n'en avons pas la preuve. Dolce débuta dans ses travaux relatifs aux choses d'Espagne par une traduction des *Vies des empereurs* de Pedro Mexía dédiée à Giambattista Castaldo et que Giolito publia l'an 1558 en un gros volume in-4[2]. On ne saurait croire un instant que cette publication ait pu échapper à Ulloa, et cependant il a l'air de l'ignorer dans l'avis aux lecteurs de la *Vita di Carlo V* de 1560, où, après avoir parlé de ce dernier ouvrage, dont il promet à brève échéance une nouvelle édition corrigée, il termine par ces mots : « Et aspettate in breve le Vite di tutti gli altri Imperadori Romani, composte da Pietro Messia Spagnuolo, e tradotte da noi, le quali hora si stampano ». Mais furent-elles vraiment imprimées? Valgrisi aurait-il risqué une édition d'un livre publié deux ans auparavant par un de ses confrères de Venise? C'est peu probable et nous n'avons pas trouvé trace de la traduction d'Ulloa. Deux ans plus tard, les deux *volgarizzatori* se rencontrent encore sur un même écrivain espagnol, Fadrique Furió Ceriol, originaire de Valence et auteur d'un livre paru à Anvers en 1559 qui jouit d'un certain succès : *Le Conseil et les conseillers du Prince*. Cette fois les deux traductions virent le jour et à quelques mois d'intervalle. La version de Dolce, que publia Giolito, porte simplement « Opera... tradotta di lingua spagnuola nella volgare italiana[3] ». Celle d'Ulloa renchérit sur la première et se donne comme « tradotto fedelmente di lingua

---

[1]. « Il Dolce, poligrafo fecondissimo... era un nobiluomo veneziano decaduto, che, fatti gli studi a Padova aiutato dalla famiglia Cornèr, dovette acconciarsi ai servigi dei Giolito e lottar tutta la vita contro la fortuna... Come volgarizzatore, una cotale importanza... diè veste italiana anche ad opere storiche voluminose in ispagnuolo, come quelle del Mexia » (Francesco Flamini, *Il Cinquecento*, p. 412).
[2]. S. Bongi, *Annali di Gabriel Giolito*, t. II, p. 59.
[3]. S. Bongi, *Annali di Gabriel Giolito*, t. II, p. 85.

spagnuola, secondo il testo originale dell' autore ». Le libraire Francesco Bindoni explique en outre dans un avant-propos que le traducteur étant espagnol comme l'auteur, on peut être sûr de son exactitude, mais il ne dit mot de la traduction rivale[1]. Ce qui pourrait donner à croire que les deux fournisseurs de la libraire vénitienne avaient conclu entre eux comme un accord tacite de ne pas se nuire, c'est que Dolce bénéficiait aussi des faveurs du marchand portugais Duarte Gomes, patron d'Ulloa, et que sa *Medea* tirée d'Euripide et publiée par Giolito en 1557 contient une dédicace à ce personnage, où Dolce parle en termes très convenables d'Ulloa et de ses travaux de traduction[2].

Pour l'Histoire de Charles-Quint, il arriva au contraire qu'Ulloa sut prendre les devants et parut le premier. A côté du volume assez compact de l'Espagnol, la *Vita dell' Invitiss. e Gloriosiss. Imperador Carlo Quinto discritta da M. Lodovico Dolce*, qui fut publiée chez Giolito sous la date de 1561, mais avec une dédicace au duc de Savoie Emmanuel Philibert du 28 janvier 1561 (1562), fait assez maigre figure, avec ses 183 pages petit in-4 et d'un assez gros caractère d'impression[3]. L'avis aux lecteurs, rédigé avec beaucoup de précaution et qui évite tout prétexte de querelle, fait néanmoins une allusion voilée au livre rival. Il y a, dit-il, des auteurs qui prêtent à l'accusation de partialité, mais lui, Italien, est à l'abri de tout soupçon. « En fait de gloire, les Italiens n'ont à haïr ou à envier aucune nation, eux qui furent les dompteurs et les triomphateurs du monde, au point qu'aujourd'hui encore il semble que sans leur aide

---

1. Cicogna, *Memoria intorno la vita e gli scritti di Messer Lodovico Dolce*, dans les *Memorie dell' I. R. Istituto veneto*, t. XI (Venise. 1862), p. 93 à 200. — La traduction d'Ulloa a une dédicace à Alphonse, marquis d'Este et duc de Ferrare, du 25 février 1560, sans doute du comput vénitien, ce qui nous renvoie à février 1561 (S. Bongi, *l. c.*).
2. S. Bongi, *Annali di Giolito*, t. II, p. 25. « Evvi la dedicatoria del Dolce ad Odoardo Gomez, nobile Lusitano, ove facendosi menzione di Alfonso Ulloa, si dice che stava riducendo molte opere dalla spagnuola alla lingua italiana, giovando così e all'una e all'altra » (Cicogna, *l. c.*, p. 117).
3. S. Bongi, *l. c.*, t. II, p. 134. Il y eut chez Giolito trois éditions de la *Vita* sous la date de 1561 et une de 1567, sans parler d'une contrefaçon napolitaine parue immédiatement après les premières éditions vénitiennes.

aucune entreprise ni fait d'armes ne puisse être mené à bonne fin. » Pour ce qui est de sa véracité et de son information, il déclare n'avoir « écrit chose qui n'ait été dite ou écrite par les personnes les plus entendues et les plus sincères. » Comme Ulloa, il mentionne ses sources principales :

> Gli autori, che in descriver la vita dell' Imperadore habbiamo seguito, sono questi. Il Giovio in alcuna parte delle sue historie, Galeazzo Capella nella restitutione del Ducato di Melano a Francesco Sforza. Il Robortello, il Seripando, il Crasso, l'illustre cavaliere Guglielmo Zenocaro, gia consigliere dell' Imperadore et hora del Re Filippo. Il S. Girolamo Faleti, Monsignor Nicolò Villogagnone, Cavaliere di Rhodi, Francese, nella espedition da lui scritta di Algeri, nella quale egli stesso si trovò, et alcuni altri, che si tacciono.

En dehors de Paul Jove, il n'a donc eu recours qu'à des historiens épisodiques ou à des panégyristes. Parmi ceux-ci, il a beaucoup pris, sur la vie intime et les habitudes de l'empereur en ses dernières années, au fatras très indigeste et bizarre de Guillaume Snouckaert : *De republica, vita, moribus, gestis, fama, religione, sanctitate Imperatoris, Caesaris, Augusti, Quinti, Caroli, Maximi, Monarchae, Libri septem, ad illustres aurei velleris equites scripti, authore Gulielmo Zenocaro a Scauvvenburgo, Auratae militiae Equite, Imperatoris Caroli Maximi olim, nunc Philippi Regis Hispaniae, etc. Caroli filii Consiliario et Bibliothecario, Bincorstii Toparcha*, Gand, 1559, in-fol., ou Bruges, sous la même date[1]. Les emprunts à ce livre, que ne connut point Ulloa, sont peut-être la seule chose qui pouvait recommander un peu la *Vita* de Dolce auprès des amateurs d'anecdotes et de révélations piquantes. Le reste ne compte pas ou, mieux, ne compte plus, car il serait injuste de ne pas reconnaître que l'ouvrage de Dolce, quelque insignifiant qu'il nous paraisse aujourd'hui, répondit à un besoin. Il fournit aux Italiens ce qu'ils demandaient après la mort de l'empereur : un récit court, de digestion facile et bien écrit. Dolce maniait l'italien tout autrement qu'Ulloa[2], et

---

1. Il sera reparlé de cet ouvrage dans la seconde partie de ce livre, à propos des *Mémoires* de Charles-Quint.
2. Gregorio Leti dit d'Ulloa qu'il écrit « con stile confuso, e con pe-

sa phrase dégagée sent assez son gentilhomme : gentilhomme
déchu et réduit à travailler pour les libraires, mais qui
garde encore quelques vestiges d'une ancienne splendeur.
On sent aussi chez Dolce de meilleures « lettres », seulement sa supériorité ne réside que dans la forme ; pour le
fond, Ulloa, plus instructif et plus nourri, l'emporte sur la
belle phraséologie de l'Italien. Aujourd'hui ils se sont re-
joints et un même oubli les couvre.

III. Francesco Sansovino, fils naturel du célèbre sculp-
teur Jacopo Sansovino, étudiant à Padoue, commentateur
assez dévergondé du *Décaméron,* libraire à Venise sous
l'enseigne d'une lune croissante, généalogiste, érudit et
dénicheur de curiosités, est l'auteur de *Il Simolacro di Carlo
Quinto imperadore,* publié à Venise en 1567, petit volume
in-8 de 139 feuillets. S'il fallait en croire l'auteur, son livre
présenterait un intérêt anecdotique assez grand, puisqu'il
déclare tenir les détails du Portrait qu'il nous offre d'un
familier même de l'empereur. Ayant rencontré à Florence,
chez le duc de Bracciano, un gentilhomme espagnol du nom
de D. Pedro Suarez, ancien aide de chambre de Charles,
qu'il servit pendant sept ans en même temps qu'Adrien
Silva[1], Sansovino fut agréablement surpris de l'instruction
et de la vivacité de ce personnage qui, en outre, avait beaucoup vu le monde et habité pendant dix ans les Antilles.
Un jour qu'ils se rencontrèrent dans une villa, près de
Florence, appartenant à Côme de Médicis, les deux hommes,
que la publication récente d'une vie de l'empereur — « par
je ne sais quel auteur », dit ici Sansovino[2] — mit sur le
sujet des faits et gestes du souverain, l'Espagnol entreprit
l'examen critique du livre, y notant soit des marques d'a-
dulation, soit des assertions mensongères, ce qui, chemin
faisant, l'amena à raconter les choses qu'étant auprès de

riodi che ci vogliono due giornate intiere per leggerne uno, ancorche
stuffa la continua adulattione » (*Vita dell'invittissimo imperadore Carlo V,*
Amsterdam, 1700, t. I, p. 266).

1. Cette façon de désigner Adrien Dubois, l'aide de chambre bien
connu de l'empereur, inspire quelque méfiance. Le nom latinisé était
Sylvanus, mais on ne trouve pas *Silva* ni *de Silva.*

2. Il s'agit ici d'Ulloa, plutôt que de Dolce.

Charles il avait vues et apprises. Tout ce qu'il entendit en cette occurrence de la bouche de l'Espagnol suggéra à Sansovino l'idée d'écrire le *Simolacro,* qu'il compléta à l'aide de la correspondance de Bernardo de Medici, ambassadeur du duc Côme près l'empereur et de « tout ce que racontaient aussi de cette nation (c'est-à-dire de la nation espagnole) divers autres ambassadeurs » que Sansovino rencontra sans doute à Venise ou ailleurs. En principe, il ne faut pas faire fi des anecdotes, des facéties, des mots heureux ou plaisants, bref de toutes les petites données significatives qui permettent de recomposer un personnage historique et de le voir à peu près tel qu'il était de son vivant : les ana ont leur utilité. Seulement, il convient de ne s'en servir qu'après les avoir épurés. Bon nombre de mots qui ont été prêtés à Charles-Quint ne sont peut-être pas authentiques sous la forme même que leur donnent soit ce recueil, soit d'autres, comme *La vie et les actions héroïques et plaisantes de l'invincible empereur Charles V,* mais il y a un fond de vérité dans certains d'entre eux. On ne perdrait pas toujours son temps à le rechercher, et parfois une enquête persévérante arriverait à découvrir la source de tel propos ou de telle attitude, le moment précis où Charles a prononcé une parole digne de l'histoire, laissé échapper une saillie révélatrice de ses sentiments intimes ou décoché un trait mordant qui nous découvre ses partis pris ou ses rancunes. L'enquête en question ne saurait être entreprise ici à propos du seul recueil de Sansovino, dont il importe qu'on sache en tout cas qu'il ne dérive pas entièrement des sources indiquées par l'auteur. Sansovino semble bien avoir connu Snouckaert et il emprunte à Paul Jove tout ce qu'il raconte de la « qualità del corpo » de Charles. Puis il s'est servi aussi des relations de Bernardo Navagero et de Marino Cavalli, preuve que les célèbres *relazioni* vénitiennes circulaient déjà parmi les lettrés de l'époque. Voici quelques échantillons du *Simolacro*.

COSTUMI

Si levava tardi e dopo l'esser vestito (non d'altro che di seta o di panno e strettamente e più tosto da privato gentilhuomo che da signore, ma con grandissima attillatura) udiva una messa secreta per l'anima dell' imperadrice, e poi dava audienza e spediva diverse facende. Indi uscito di camera ascoltava un' altra messa publica nella capella. La qual finita, andava à tavola di modo che nella sua corte si diceva in proverbio: *dalla messa alla mensa*[1]. Mangiava assai e cose generative di humori grossi e viscosi[2], dal qual mangiare procederono le gotte e l'asmo: le quali infermità, nell' età sua più matura lo tormentarono assai, e spetialmente le gotte erano di così maligna natura, che mandando i fumi dello stomaco al capo lo mettevano spesso in forse della sua vita, laquale esso teneva di certo che sarebbe stata breve. Con tutto ciò, quando stava bene, non si curava de medici, quasi che non havesse da ritornare à infermarsi, e la sera mangiando poco, credeva de riparare al disordine della mattina. Dopo mangiare dava audienza et talhora ritirato in secreto passava il tempo col disegnar qualche pianta di fortezza ò d'altro edificio, ma per lo più soleva scherzare e burlare con un suo nano polono o con Adriano, suo aiutante di camera, e spesso con Baron Monfalconetto, suo mastro di casa, della cui conversatione (per esser colui faceto et arguto) ne traheva grandissimo piacere e diletto. Andava tal volta alla caccia con otto ò diece cavalli al più e tornava ben spesso con due cervi ò con due cignali. Tirava tal hora di schioppo, se non altro a colombi, a cornachie et a così fatti animali, et in cotali suoi passatempi non spendeva cento ducati l'anno, tanto era esso intento alle cose importanti. Usava la medesima parsimonia nel vestir della corte, nelle stalle, ne gli abbigliamenti di casa et in tali altri ornamenti, in tanto che se, affibiandosi, gli si fusse rotta una stringa, l'annodava insieme, e se ne serviva per non perder quel tempo a farne cercar d'una nuova[3]. Et la sua parsimonia era tale che non si trovava huomo che per dieci scudi gli spendesse meglio di lui, da indi in sù, non passando l'altre spese per le sue mani, faceva come gli altri principi che si rimettono alla altrui fede. Ancora ch' egli usasse ogni esquisitissima diligenza per intendere ogni particolare delle sue cose e ch' esso volesse intendere dove si spendesse il danaro per fino a uno scudo, tanto era diligente et accurato del suo.

On peut aussi citer ce qu'il rapporte des lectures favorites

1. « A sacro recta ad mensam » (Snouckaert).
2. « Halecibus, salsamentis et piscibus naturaliter delectabatur, sed moderate tamen, ut valetudinis in eo aliquam rationem habendam sciret » (Snouckaert).
3. On peut rapprocher de ce passage ce que raconte dans ses mémoires Barthélemi Sastrow sur les précautions que prit l'empereur à Naumbourg en 1547 pour ne pas exposer à la pluie sa toque de velours ni son manteau (*Bartholomäus Sastrow, ein merkwürdiger Lebenslauf des sechszehnten Jahrhunderts*, Halle, 1860, p. 217).

et des études de Charles, quoique ce passage ait besoin d'être complété par les récits de Van Male par exemple. Il est surprenant que Sansovino ne dise rien de la traduction par l'empereur du *Chevalier délibéré* d'Olivier de la Marche.

> Parve che nelle lettere facesse poco profitto, nondimeno apprese la lingua spagnuola, la tedesca e la francese. La latina intendeva così grossamente. Però si dilettava di leggere tre libri solamente, li quali esso haveva fatto tradurre in lingua sua propria. L'uno per l'institutione della vita civile, e questo fu il *Cortigiano* del Conte Baldasar da Castiglione, l'altro per le cose di stato, e questo fu il *Principe co Discorsi* del Machiavello, et il terzo per gli ordini della militia, e questo fu la Historia con tutte le altre cose di Polibio. Ma egli si dilettò molto più dell' armi come quelle che sono il vero fondamento de Regni, e però sempre stimò più che ogni altro huomo del mondo le cose di guerra. Era pratico nella materia dell' artigliaria, sapeva ottimamente porre in ordinanza gli esserciti. Gli allogiava con gran maestria e sapeva tutti i modi da ispugnar le città...

Puis, ce mot vraiment drôle qui témoigne de la sincérité de l'empereur, de la conviction qu'il avait de savoir fort peu de latin et de la candeur qu'il mettait à l'avouer, en se reconnaissant beaucoup plus ignorant que son frère. « Quand quelqu'un, rapporte Sansovino, lui récitait quelque harangue ou lui adressait un discours en latin, s'il ne comprenait pas, il avait coutume de dire : « Celui-là me prend pour Ferdinand ». Mais s'il comprenait le discoureur, il disait : « Celui-là n'a pas de lettres, il parle un bien mauvais latin. » Ferdinand aurait peut-être été assez surpris de la bonne opinion de Charles, car lui-même, nous apprend Niccolò Tiepolo, ne faisait pas grand cas de sa latinité : « Il parle le latin *à la militaire*, comme il dit plaisamment, et s'il donne de temps à autre une chiquenaude à Priscien, il pense que cela lui est permis, ce grammairien n'ayant pas à imposer de lois à un roi [1] ».

---

1. Albèri, *Relazioni degli ambasciatori veneti*, Ire série, t. I, p. 100.

MÉMOIRES
DE
CHARLES-QUINT

INTRODUCTION

Déjà, dans les derniers temps de la vie de l'empereur, on savait fort bien chez ses chronistes qu'il avait écrit des *Mémoires* historiques. Juan Paez de Castro, nommé en 1555 et qui croyait succéder à Florián de Ocampo, lequel s'obstinait à ne pas mourir, nous a laissé, dans le programme de l'œuvre historiographique qu'il comptait entreprendre, une allusion très évidente à ces *Mémoires* : « Mais de même, dit-il, que Votre Majesté s'est montrée supérieure pour tout le reste aux souverains de son temps, Elle les a aussi surpassés en ceci qu'Elle a pris soin de noter les choses dignes de mémoire[1] ». Et treize ans plus tard, le 30 janvier 1569, écrivant à Zurita, il lui parle des démarches vaines qu'il a faites auprès de Philippe II pour obtenir communication de « ce que l'empereur écrivit des motifs qui déterminèrent ses guerres, surtout celles d'Allemagne[2] ». Très certainement Paez de Castro avait été instruit de cette particularité par Guillaume Van Male, qui appuya sa candidature à la place de chroniste et discuta avec lui le plan de son travail[3]. En Italie aussi on était renseigné. Lodovico Dolce, dont la *Vie de Charles-Quint* parut, nous l'avons vu, en 1561, y a inséré la déclaration suivante, qui précise déjà la question : « Sapeva benissimo la lingua francese, e dicesi che egli a imitatione di Giulio Cesare, compose in questo linguaggio alcuni bellissimi Commentari delle cose da lui fatte ; i quali, come odo, hora si traducono in latino, e si daranno fuori : e ciò fece per dimostrare al mondo che i moderni historici si sono in molte cose ingannati ». Ainsi Charles a écrit en français des commentaires à l'imitation de ceux de César ; ces commentaires, qu'on est en train de traduire en latin, seront prochainement publiés. En les écrivant, l'empereur

---

1. « Pero V. M., como en otras muchas cosas ha sido ventajosamente superior a todos, tambien lo ha sido en tener cuenta con los hechos dignos de memoria » (*La Forma en que el Dr Paez trataba de escrebir su historia*. Ms. Cf. plus haut, p. 96).
2. *Progresos de la historia en el reino de Aragon*, éd. de 1878, p. 557.
3. Voir ci-dessus, p. 88, note 2, et p. 96.

a eu en vue de réfuter sur beaucoup de points les histoires modernes. Ruscelli, qui d'ailleurs pourrait être l'unique source de l'information de Dolce, ajoute à ce qui a été dit par celui-ci le nom du traducteur. L'une des choses, écrit-il dans sa lettre à Philippe II du 3 avril 1561, dont Bernardo Tasso aura à tenir compte, est que « egli stesso il predeto Imperator Carlo Quinto era venuto scrivendo in lingua francese gran parte delle cose sue principali, come già di molte delle sue proprie fece il primo Cesare, e che s'aspetta d'hora in hora d'haverle in luce, fatte latine da Guglicmo Marindo (*sic*) ». Le fait que le nom de Van Male, en latin *Malineus*, a été changé en *Marindo* au lieu de *Malineo*, trahit, semble-t-il, une information verbale plutôt qu'épistolaire. Quoi qu'il en soit, Ruscelli a clairement désigné Guillaume Van Male. Après, voici un autre chroniste espagnol, Ambrosio de Morales, qui, le 18 novembre 1564, remarque combien il faut admirer que Charles, au plus fort de ses guerres, ait eu la volonté d'écrire d'une façon diligente et suivie l'histoire de ses actions[1]. Brantôme, qu'on fait intervenir à tort, car il n'est que l'écho d'une voix déjà entendue, peut toutefois s'introduire ici pour l'agrément de son verbiage : « Or, c'est assez parlé de luy (de Charles), encores trop, car les livres en sont pleins de sa vie particuliere ; et mesmes on dict qu'il en fit un livre de sa main en françois, comme Jules Caesar en son latin. Je ne sçay s'il l'a faict, mais j'ai veu une lettre imprimée parmy celles de Belleforest, qu'il a traduicte d'italien en françois, qui le testiffie, et avoir esté tournée en latin à Venise par Guillaume Marindre, ce que je ne puis bien croire ; car tout le monde y fust accouru pour en achepter, comme du pain au marché en temps de famine, et certes la cupidité d'avoir un tel livre, si beau et si rare y eust bien mis autre cherté qu'on ne l'a veue, et chascun eust voulu avoir le sien[2]. » En somme, rien qui ne se trouve déjà dans la traduction, par Belleforest, de la lettre de Ruscelli, sauf le bruit, auquel Brantôme avec raison se refuse à ajouter foi, que l'impression de la version latine de Van Male aurait été exécutée à Venise. En 1592, le P. Pedro de Ribadeneira publia à Madrid la biographie de saint François de Borgia, qu'unissaient à l'empereur une estime et une confiance réciproques qui allèrent croissant dès le retour de celui-ci en Espagne. « Au cours de je ne sais quelle des visites que le P. François fit à Yuste, dit Ribadeneira, Sa Majesté lui demanda s'il lui semblait qu'il y avait vanité à écrire ses propres actions, car Elle tenait à l'informer qu'Elle avait écrit toutes ses campagnes, et les causes ou motifs qui les lui avaient fait entreprendre, et qu'à cela Elle n'avait été poussée par aucun

---

1. *Progresos de la historia*, éd. de 1878, p. 167.
2. *OEuvres*, éd. Lalanne, t. Ier, p. 64.

appétit de gloire ni motif de vanité, mais uniquement par le désir qu'on sût la vérité, attendu que les historiens de notre temps qu'Elle avait lus l'obscurcissaient, soit parce qu'ils ne la connaissaient pas, soit parce qu'ils obéissaient à leurs affections ou passions particulières[1]. » Les visites de saint François de Borgia à Yuste eurent lieu, nous le savons par des lettres du fidèle Luis Quijada, en décembre 1556 et 1557[2]. De nouveau un chroniste : Gil González Davila, au chapitre consacré aux chronistes de Philippe III de son *Teatro de las grandezas de la villa de Madrid*[3], rappelle le nom des princes qui ont écrit leur propre histoire, entre autres « l'empereur Charles-Quint, auteur de l'histoire de ses prouesses, pour qu'on en sût la vérité. » Et nous arrivons ainsi au XVIIIe siècle, à un compilateur allemand[4], qui nous a conservé la lettre, adressée de Ratisbonne, le 1er octobre 1550, à Jean Horace Hasenberg, précepteur d'un fils de Ferdinand Ier, où se lisent ces mots : « Quod scribis, Carolum Augustum de rebus suis nunc commentarios suis ipsis manibus conscribere, scire velim, Germanisne etiam et Latinis, an solis Hispanis aut Francigenis eos scriberet; hoc est, quanam lingua illos scriberet. » D'où se déduit que dans le voisinage du frère de l'empereur on savait déjà, au plus tard fin septembre 1550, que Charles avait dicté des commentaires historiques.

Le XIXe siècle, sans parler du texte même de ces fameux commentaires, devait nous apporter des précisions bien plus grandes. En 1843, parut à Bruxelles, par les soins du baron de Reiffenberg, un petit recueil de lettres de l'aide de chambre de l'empereur, Guillaume Van Male, dont le nom a déjà été souvent prononcé en ces pages[5]. Parmi ces lettres, il en est une, datée d'Augsbourg, le 17 juillet 1550, d'une importance capitale, vu qu'elle nous livre : la date de la dictée des commentaires, leur objet précis, la part de collaboration qu'y prit Van Male et les intentions de l'empereur quant à la publicité à donner ou plutôt à ne pas donner à l'écrit :

---

1. *Vida del P. Francisco de Borja, que fue duque de Gandia*, Madrid, 1592, livre II, chap. 48, fol. 109 v°.
2. Gachard, *Retraite et mort de Charles-Quint au monastère de Yuste*. t. I, p. 74, 145 et 235.
3. Madrid, 1623, p. 329.
4. A.-F. OEfele, *Rerum Boicarum Scriptores*, Augsbourg, 1763, I, 154, cité par Otto Waltz, *Die Denkwürdigkeiten Kaiser Karl's V.*, Bonn, 1901, p. 43.
5. *Lettres sur la vie intérieure de l'empereur Charles-Quint, écrites par Guillaume van Male, et publiées par le baron de Reiffenberg*, Bruxelles, 1843.

Scripsi e Mogunciaco Caesaris iter ; liberalissimas ejus occupationes in navigatione fluminis Rheni, dum, ocii occasione invitatus, scriberet in navi peregrinationes suas et expeditiones, [quas] ab anno XV in praesentem usque diem suscepisset, qua in re usus est opera mea et suggestione, nam velut nomenclator revocabam in memoriam si quid sentirem aut effluere aut praetermitti. Libellus est mire tersus et elegans, utpote magna ingenii et eloquentiae vi conscriptus. Ego certe non temere credidissem Caesari illas quoque dotes inesse, quum, ut ipse mihi fatetur, nihil talium rerum institutione sit consecutus, sed sola meditatione et cura... Caesar indulsit mihi libri sui versionem, ut fuerit per Granvellanum et filium recognitus. Statui novum quoddam scribendi temperamentum effingere, mixtum ex Livio, Caesare, Suetonio et Tacito. Iniquus tamen est Caesar et nobis et saeculo, quod rem supprimi velit et servare centum clavibus[1].

La navigation sur le Rhin de Cologne à Mayence, pendant laquelle, pour occuper ses loisirs, l'empereur entreprit de dicter ses *Mémoires*, dura cinq jours, du 14 au 18 juin 1550. Ce court espace de temps ne suffit pas pour achever ce qu'il tenait à faire mettre par écrit, et lui-même nous dit, on va le voir, qu'il termina sa dictée à Augsbourg. Mais quand ? C'est ce qui sera discuté tout à l'heure. Pour le moment contentons-nous des déclarations de Van Male. Celui-ci nous apprend donc que les *Mémoires* s'étendaient, à partir de la quinzième année de Charles, celle de son émancipation, jusqu'au moment présent, c'est-à-dire l'an 1550 environ, et portaient essentiellement sur ses déplacements et ses entreprises guerrières (*peregrinationes et expeditiones*). Le rôle du secrétaire, qui recueillait la parole du maître, consistait aussi à attirer son attention sur des oublis ou des omissions, mais il ne changeait sans doute que peu de chose au style, qu'il déclare fort élégant et d'une rare vigueur de pensée : ce qui le surprit d'autant plus que Charles manquait tout à fait de préparation, comme il l'avouait lui-même à son secrétaire, et que ces qualités de forme et de fond ne pouvaient dépendre donc que d'heureuses dispositions naturelles. En outre, Van Male recevait une autre tâche à remplir qui flattait singulièrement ses prétentions d'humaniste : mettre en un beau latin la dictée impériale, après qu'elle aurait passé sous les yeux de Granvelle et de son fils l'évêque d'Arras[2]. Aussi pour s'acquitter dignement d'un tel devoir et se composer un nouveau style, ne jugeait-il pas inutile de recourir à quatre écrivains latins : Tite Live, César, Suétone et Tacite.

Quel fut le sort des dictées de l'empereur ? Pour répondre perti-

---

1. *Lettres*, éd. Reiffenberg, p. 12.
2. Il ne faut pas, comme l'a fait Ranke, traduire le *filium* de la lettre par *Philippe*. Il s'agit ici naturellement, non du fils de l'empereur, mais du fils de Granvelle.

nemment à cette question, il est nécessaire de parler de la découverte due au baron Kervyn de Lettenhove et de la publication qui en résulta. Vers 1860, cet érudit belge retrouva dans le manuscrit 10 230 de l'ancien fonds français de notre Bibliothèque nationale de Paris un texte portugais des *Mémoires* de Charles, dont depuis la fin du xvie siècle la trace semblait entièrement perdue. Kervyn reconnut vite sous le vernis portugais la pensée impériale et n'hésita pas à en mettre au jour une traduction française, restituant ainsi à notre langue un ouvrage qui primitivement lui appartenait [1]. Le premier titre que porte le manuscrit, classé maintenant dans le fonds portugais, sous le numéro 61, est le suivant : « Historia do Invictissimo Emperador Carlos quinto, Rey de Hespanha, composta por Sua Mag. Cesarea, como se vee do papel que vai em a seguinte folha. Traduzida da lingoa francesa e do proprio original. Em Madrid, anno 1620. » Titre dû évidemment au traducteur et qui n'a d'autre valeur que les faits qu'il énonce, à savoir que la version fut exécutée à Madrid en 1620, et d'après un manuscrit que ce traducteur déclare être l'original même de l'ouvrage. Un deuxième titre, qui pourrait à la rigueur avoir été dicté par Charles ou qui fut inventé par Van Male, est ainsi conçu : « Summario das viagens e jornadas que o Emperador Carlos V fez dos Estados de Flandres, aonde nasceo a 24 de fevereiro do anno de 1500 conforme ao stilo de Roma, e onde foi criado despois da morte del Rey Philippe seu pai, que Deus tenha em gloria, que foi o anno de 1516. » Ce qui doit se traduire ainsi : « Précis des voyages et expéditions qu'entreprit l'empereur Charles-Quint depuis son départ en 1516 des États de Flandre, où il naquit le 24 février 1500, selon le style de Rome, et où il fut élevé après la mort du roi Philippe son père, que Dieu ait en sa gloire [2] ». Le feuillet intercalé, que désigne le premier titre, consiste en un billet en espagnol de l'empereur à son fils, écrit à Innsbruck en 1552 et dont voici la teneur.

1. *Commentaires de Charles-Quint publiés pour la première fois par le baron Kervyn de Lettenhove.* Bruxelles, 1862, xlv et 208 pp. in-8, plus un feuillet d'erratum.
2. Chez Kervyn : « Précis des voyages et des expéditions qu'entreprit l'empereur Charles-Quint depuis des états de Flandre (où il naquit, le 24 février 1500, selon le style de Rome, et où il fut élevé), après la mort du roi Philippe son père, que Dieu ait en sa gloire : ce qui arriva l'an 1516. » Construction et ponctuation également mauvaises, qui ont induit en erreur Ranke et le traducteur allemand du français de Kervyn. Ranke s'est d'ailleurs imaginé tout à fait à tort que ce titre, tel que le donne Kervyn, a été reproduit *en français* par le Portugais (*Ueber die autobiographischen Aufzeichnungen Karls V,* dans la *Deutsche Geschichte*, t. VI, p. 77).

Esta historia es la que yo hize en romance, quando venimos por el Rin, y la acabé en Augusta. Ella no está hecha como yo queria, y Dios sabe que no la hize con vanidad, y si della el se tuvo por ofendido, mi ofensa fue mas por ignorancia que por malicia. Por cosas semejantes el se solia mucho enojar : no queria que por esta lo uviese hecho agora conmigo. Assi por esta como por otras occasiones, no le faltarán causas. Plega a el de templar su yra y sacarme del trabajo en que me veo. Yo estuve por quemarlo todo ; mas porque, si Dios me da a (sic) vida, confio ponerla de manera que el no se deservirá della, para que por aca no ande en peligro de perderse, os la embio para que agays que alla sea guardada, y no abierta hasta...

En Inspruck 1552.   Yo el Rey.

Voilà des déclarations fort explicites et qui nous éclairent on ne peut mieux. L'empereur a écrit l'histoire, qu'accompagne le billet, d'abord pendant sa navigation sur le Rhin, puis il l'a achevée à Augsbourg. Cette histoire en langue vulgaire n'est pas telle qu'il aurait voulu l'écrire et Dieu sait qu'il ne l'a pas composée par vanité ! Un moment, il a pensé la détruire, mais comptant, si Dieu lui prête vie, la mettre tout à fait au point, et craignant qu'elle ne se perde là où il se trouve, il l'envoie à son fils pour qu'il la dépose en lieu sûr et ne l'ouvre que lorsque... Pourquoi la phrase reste-t-elle suspendue ? Si le manuscrit que le Portugais a eu sous les yeux contenait vraiment le billet autographe de l'empereur et non une copie, il est clair que la phrase y figurait telle qu'il l'a transcrite : donc l'empereur lui-même l'interrompit, n'étant pas alors fixé sur la durée de la mise sous scellé qu'il voulait imposer à son fils. D'ailleurs cette clause du billet s'accorde bien avec ce que dit et ce que déplore Van Male : « Iniquus tamen est Caesar et nobis et saeculo, quod rem supprimi velit et servare centum clavibus[1] ». Charles entendait que ses *Mémoires* demeurassent un document réservé dont même son fils ne prendrait connaissance qu'au bout d'un certain temps qu'il se réservait d'indiquer plus tard. Le billet ne porte pas la date du mois ni du jour, mais il fut certainement écrit en mai 1552, lorsque apprenant l'arrivée à marches forcées de Maurice de Saxe, Charles quitta précipitam-

---

1. Les familiers de Charles s'imposèrent évidemment la consigne de ne rien dire des *Mémoires*. Certains allaient même jusqu'à nier : « Caesar noster Carolus rerum suarum nullos scripsit ipse commentarios. Christum et Socratem et Alexandrum magnum in hoc imitatus, quanquam si voluisset, commodius quam ego multo, aut alius quivis id perficere potuisset : sed pietatis et humanitatis studium, eum semper a scribendo deterruit, veritum (ut suspicari libet) ne laudis propriae avidus a Deo censeretur » (Snouckaert, *De Republica, vita, moribus Caroli quinti*, p. 137).

ment Innsbruck pour se retirer à Villach, en Carinthie. Tout nous incite à croire que le précieux paquet échappa à l'ennemi et qu'il arriva heureusement à destination en Espagne. Mais après ? L'empereur, comme c'était son intention première, reprit-il son écrit pour y mettre la dernière main ? La dictée des *Mémoires* tels que nous les possédons dans le manuscrit portugais 61, c'est-à-dire jusqu'en 1548, fut terminée, au dire de Charles, à Augsbourg. Comme il séjourna en cette ville assez longuement en 1550, 1551 et 1552, on pourrait à première vue hésiter entre les trois années, mais il est évident qu'il a voulu parler de la première. Après avoir dicté le principal sur le Rhin, il éprouva sans doute le désir d'en finir et dicta le reste entre le 8 août et la fin de l'année 1550[1]. Kervyn de Lettenhove dit : « A Augsbourg, Charles-Quint s'enfermait seul avec Van Male pour dicter pendant quatre heures consécutives. Ce fut là que s'acheva le travail qui s'étendait de 1516 au mois de septembre 1548... Guillaume Van Male assure toutefois que Charles voulait continuer ses Commentaires jusqu'au moment où il écrivait. Le temps lui manqua sans doute, et les dictées qui nous ont été conservées remplirent en 1550 et en 1551 la plus grande partie des loisirs dont il disposa pendant sa longue résidence à Augsbourg, sous les frais ombrages des jardins des Fugger[2]. » La dictée de « quatre heures consécutives » n'a rien de commun avec les *Mémoires*. Cette donnée Kervyn l'a empruntée à une lettre de Van Male, datée de Thionville, le 11-12 novembre 1552[3], où il est parlé de certaines confidences que l'empereur fit en grand secret à son secrétaire, *in hiberna alpina*, c'est-à-dire à Innsbruck ou à Villach en Carinthie quelques mois auparavant. Van Male en relatant l'incident tremble encore et semble sous le coup d'une terreur religieuse, tant les choses qui lui furent racontées touchaient au plus profond de la conscience impériale.

« Ibi Caesar, captata prius opportunitate, occlusis cubiculi foribus,

---

1. M. Waltz propose la fin du mois d'août. « Les *Mémoires* furent probablement terminés à l'époque où Ferdinand effraya beaucoup la cour impériale en demandant le rappel de son fils qui était en Espagne, c'est-à-dire sans doute fin août 1550, car il est à noter que Charles achève son petit écrit par l'exposé de la réunion de famille à Augsbourg en 1548, où les décisions prises se trouvent en contradiction avec ce rappel » (*l. c.*, p. 25, note 3). — La façon dont les *Mémoires* (§ 89) parlent de Maurice de Saxe exclut formellement l'année 1552.

2. *Commentaires*, éd. Kervyn, p. xvi et xvii.

3. « Datum Tionvillae, nescio an ipso die divi Martini ; puto jam auditam esse primam a media nocte » (*Lettres*, éd. Reiffenberg, p. 33). La St-Martin tombe le 11 novembre. Quant à l'année, il ne peut y avoir de doute : c'est 1552.

me vocat ; imperat altum earum quas auditurus essem silentium ; incipit aperire mihi multa, detegit ipsa praecordia, mentem, animum... celat nihil. Ego fere obstupui, imo etiam nunc horresco referens. » Puis il ajoute : « Tandem eo venit colloquium nostrum ut, narratis mihi omnibus quae unquam ipsi per universam vitae periodum accidissent, proferret cartam suapte manu conscriptam, in qua copiose prosecutus erat quae cuperet a me in compendium redigi *ad formulas precum quotidianarum*. Legi, relegi, intellexi, probe absolvi quae jusserat intra dies aliquot, quia saepenumero erant retractanda nonnulla quae vel ipse parum meminerat, vel rerum consideratione paulo diligentiore censebat postea immutanda. Interim sodales mei, et ipsi nobiles cubicularii, quod hic ludus jam esset diuturnior, et mecum Caesar solus quotidie ad horas plus minus quatuor de supradictis rebus prolixius ageret, coepere ominari, invidere, mordere. »

Les quatre heures de travail quotidien dont il est ici question furent donc consacrées, non aux *Mémoires*, mais à la revision de certaines prières composées par Charles à l'occasion de ses voyages ou de ses guerres, et au sujet desquelles Guillaume Snouckaert nous a donné quelques curieux renseignements, répétés par Bayle, dans le livre déjà cité : *De Republica, vita, moribus, gestis, fama, religione, sanctitate Imperatoris, Caesaris, Augusti, Quinti, Caroli, Maximi, Monarchae libri septem*, Bruges, 1559, p. 260 :

« Novas quoque preces in singulas expeditiones ipse suo Marte concipiebat, suaque manu conscribebat, longas fere septem psalmorum longitudine, quas triduo antequam eis uteretur, illis qui erant a confessionibus examinandas, approbandasque exhibebat, ac illas approbatas ipse quotidie, etiam in agmine et acie existens legebat, divertens sese nonnunquam (cum in oratione incalesceret) per speciem lotii reddendi, aut alvi laxandi, ab agmine, ut prolixius, ferventiusque oraret. Illas autem preces Adriano Sylvano (cum esset spes conflictus) custodiendas dabat, mandabatque (si quis durior casus ei accideret) ut eas discerptas dispergeret atque disperderet [1]. »

Il n'y a dans la correspondance de Van Male, publiée par Reiffenberg, aucune allusion aux *Mémoires* autre que celle de la lettre citée plus haut du 17 juillet 1550. Rien donc ne justifie l'affirmation de Kervyn que les dictées reprirent « en 1550 et en 1551... à Augsbourg, sous les frais ombrages des jardins des Fugger ». Les jardins des Fugger, mentionnés en effet par Van Male dans une lettre du 24 juillet 1551, le sont uniquement à propos de la détente d'esprit que Charles allait y chercher. « Aestivamus in Hortis Fuggericis... Caesar aliquando nititur eo prorepere, et capitur quidem loci amoenitate, quamvis in tam turbulento rerum omnium statu

---

[1]. Reiffenberg a reconnu que le passage de la lettre de Thionville fait allusion aux prières dont parle Snouckaert (*Lettres*, p. xiii).

non videtur esse vera voluptas [1]. » Mais plus tard, à Yuste, où les loisirs ne lui manquèrent pas, Charles n'aurait-il pas donné suite à son projet, exprimé en 1552, de continuer son ouvrage ? M. O. Waltz le pense, en s'appuyant sur la déclaration de François de Borgia selon laquelle l'empereur aurait écrit *toutes* ses campagnes, ce qui impliquerait des additions notables aux *Mémoires* que nous possédons, et il fait valoir aussi que Van Male s'occupait en 1557, d'après Sepúlveda, d'écrire l'histoire de la prise de Thérouanne et de Hesdin en 1553 [2]. Il est incontestable que la conversation de l'empereur et de François de Borgia indique que le premier à Yuste pensait aux *Mémoires*, seulement il en parla au Père comme d'une chose passée, il dit expressément, non qu'il était en train de les écrire, mais qu'il les avait écrits. On ne saurait non plus attacher une grande importance à l'expression « toutes ses campagnes » (*todas las jornadas que avia hecho*) et la déclarer incompatible avec le manuscrit de Paris qui ne va que jusqu'en 1548. Qui sait si ce mot *todas* tomba des lèvres impériales ? Il y a deux intermédiaires entre l'empereur et nous : saint François et Ribadeneira, et ses paroles ne furent pas sténographiées sur le champ. L'argument aussi tiré de la relation que Van Male rédigea des campagnes de l'an 1553 ne porte guère et Kervyn l'a par avance réfuté [3]. En résumé, Van Male, que préoccupait toujours la mise en latin des pensées de son maître, a pu s'entretenir avec lui de ce sujet à Yuste, il a pu aussi tracer le plan d'une suite aux dictées d'Allemagne ; toutefois rien d'important ni de définitif ne paraît avoir été ajouté au récit arrêté à Augsbourg en 1550, qui, quoi qu'en dise la lettre de Van Male, devait répondre à la traduction de 1620 et, par conséquent, ne pas s'étendre au delà de 1548.

Que se passa-t-il au moment de la mort du souverain ? Nous le savons grâce à une question posée à l'évêque d'Arras par Philippe II et à laquelle le premier répondit d'une façon fort explicite. Philippe, ayant appris en 1561 à Tolède la mort de Van Male, survenue à Bruxelles le 1er janvier, s'empressa d'écrire le 17 février à son ministre et en ces termes. « J'ai appris qu'il serait possible que Molineo (*sic*) eût écrit quelque histoire de Sa Majesté (que Dieu ait en sa gloire !) d'une façon diffuse et en y mêlant des choses non véridiques ni dignes d'être écrites. Comme il vient de mourir, il

---

1. *Lettres,* éd. Reiffenberg, p. 26. M. Otto Waltz se range en partie à l'avis de Kervyn : « Mit dieser seiner Auslegung des berührten Abkommens vom Jahre 1548 (l'accord au sujet de la succession à l'empire) schloss Karl V. in Augsburg, im Hause Anton Fugger's, wo er zur Herberge lag, seine Denkwürdigkeiten ab » (*l. c.,* p. 39).
2. O. Waltz, *l. c.,* p. 45.
3. *Commentaires,* p. xxx, note.

serait à propos que, sous un prétexte quelconque et sans qu'on sache mon intention, vous fissiez examiner ses papiers, et si parmi eux ou ailleurs on venait à découvrir cette histoire, vous me la fissiez envoyer pour qu'on la brûle comme il convient[1]. » Granvelle répondit le 7 mars : « Molineo (sic) mort, et avant d'avoir reçu les lettres de Votre Majesté, j'avais fait rechercher s'il avait laissé quelques papiers, surtout pour savoir si, vivant, il écrivait cette histoire, et le motif qui m'y poussa était le même que celui que Votre Majesté marque : je craignais qu'il n'y eût mis des choses qui ne conviennent pas. Mais on n'a rien trouvé qui eût trait à cette histoire, et j'ai su que quelques jours avant sa mort il déchira et brûla beaucoup de papiers, et que de son vivant il s'était souvent plaint à quelques amis, jusqu'à en pleurer, qu'après la mort de l'empereur (que Dieu ait en sa gloire !) Luis Quijada lui avait enlevé de force les mémoires qu'il avait écrits avec Sa Majesté, disant à ces amis que lesdits travaux lui appartenaient, et ajoutant que d'ailleurs il en avait dans la mémoire une bonne partie et qu'il comptait écrire quelque chose en souvenir de son maître, mais qu'il n'avait pas encore commencé, vu que depuis son arrivée ici il avait toujours été malade et souffrant[2]. » Ce que Quijada enleva à Van Male, ce fut donc le travail commun de l'empereur et de son aide de chambre, la rédaction française de l'écrit, qui demeura en Espagne : Van Male ne l'emporta pas aux Pays-Bas, comme le prouve la lettre de Granvelle, puisqu'il se plaint précisément d'être obligé de reconstituer de mémoire ce qui lui a été pris. Cette main basse opérée sur les papiers de Van Male aboutit-elle à une destruction ? En ce qui concerne au moins le manuscrit des *Mémoires*, certainement non. Jamais Philippe ne se serait permis à l'égard d'un écrit de son père un acte si irrespectueux. Il conserva des papiers bien plus intimes, notamment les célèbres

1. *Papiers d'État du cardinal de Granvelle,* t. VI, p. 273.
2. *Papiers d'État de Granvelle,* t. VI, p. 290. — Les déclarations de Van Male sont confirmées par cet article d'un inventaire des joyaux, vêtements et meubles de l'empereur, dressé le 28 septembre 1558 : « Una bolsa de terciopelo negro de papeles, la cual llevó el señor Luis Quijada, con algunos papeles de importancia sellados, para entregarlo todo á S. M. R., lo cual estaba á cargo de Guillermo Malineo, segun dijo el dicho Joannes. » C'est-à-dire : « Une bourse de velours noire renfermant des papiers d'importance sous scellé, le tout à la charge de Guillaume Van Male, au dire dudit Jean (Jean Stercke, garde-joyaux), pour être remis à Sa Majesté Royale » (Gachard, *Retraite,* etc., t. II, p. cxlix). L'inventaire où se lit l'article cité par Gachard, et dont un extrait sera utilisé tout à l'heure, existe à Simancas. Contaduria mayor. Primera época. Legajo 1145. (Communication de D. Julián Paz).

instructions de l'année 1543, pleines de recommandations très délicates et de personnalités, que l'Espagne d'aujourd'hui a laissé voler dans ses archives et vendre à l'étranger [1] : pourquoi détruire des mémoires, incontestablement moins compromettants ? On peut estimer donc, sans crainte de se tromper, que le manuscrit dont se saisit Quijada était identique à celui qu'en 1620 un Portugais eut l'heureuse idée de traduire. A coup sûr, il eût mieux valu qu'il le copiât, mais il voulait sans doute le faire lire à ses compatriotes, et c'est ce qui l'incita à le mettre en langue portugaise. Où a passé, qu'est devenu le manuscrit qui existait encore à Madrid en 1620 ? Comment n'en a-t-on pas pris plus de soin ? Il était en français et cela suffisait pour qu'il n'intéressât guère les Espagnols. Peut-être cependant ne doit-on pas perdre tout espoir de le voir un beau jour reparaître à l'Escurial ou ailleurs. En attendant, contentons-nous de la version portugaise et soyons reconnaissants envers ce Portugais anonyme d'avoir eu une curiosité qui manqua aux Espagnols de son temps.

Ce serait certes presque faire injure au lecteur d'aujourd'hui que

---

1. Voir *Bulletin hispanique*, t. Ier (1899), p. 138 et suiv. Depuis la publication de cet article, les fameuses instructions ont encore fait parler d'elles. Vendues à un amateur de Berlin, elles figurent, sous les n°s 30 et 31, dans son catalogue de vente : *Die Autographen-Sammlung Alexander Meyer Cohn's. Mit einem Vorwort von Professor Dr. Erich Schmidt. Ester Theil.* Berlin, J.-A. Stargardt, 1905. Nous avons été informé que les deux pièces, achetées à cette vente au prix de 1 990 marks, ce qui n'est pas cher, se trouvent probablement aujourd'hui entre les mains d'un collectionneur américain. L'instruction du 4 mai ayant été publiée sur l'autographe, une première fois par Maurenbrecher, dans le tome III des *Forschungen zur deutschen Geschichte,* et une seconde fois dans le *Bulletin hispanique,* une nouvelle confrontation de l'original paraîtra moins utile. Il en est autrement de l'instruction secrète du 6 mai, pour laquelle nous sommes réduits à Maurenbrecher, le seul éditeur qui ait transcrit la minute originale ; or, cet historien savait peu l'espagnol et déchiffrait malaisément l'écriture de Charles-Quint. En 1908, D. Francisco de Laiglesia a republié les deux instructions : celle du 6 mai, d'après une copie de l'Escurial très remaniée et par endroits très fautive (*Instrucciones y consejos del emperador Carlos V á su hijo Felipe II al salir de España en 1543,* Madrid, 1908). En combinant cette édition et les autres antérieures avec celle de Maurenbrecher, qui suit l'autographe, quoiqu'elle soit aussi criblée de fautes, mais de ces fautes en général faciles à corriger, on arrive à quelque chose d'à peu près sortable. Néanmoins, une nouvelle collation de la minute originale serait bien utile : souhaitons que l'heureux possesseur de cette pièce la rende possible. Au surplus, vu leur importance exceptionnelle, les minutes de l'une et de l'autre instruction mériteraient certes d'être reproduites par la phototypie.

de lui exposer les raisons qui militent en faveur de l'authenticité du manuscrit traduit en 1620. L'ouvrage qu'il nous a conservé porte partout la marque indéniable des habitudes d'esprit et du style de l'empereur : un faussaire n'aurait jamais réussi à simuler à ce point la pensée et l'écriture de Charles. Des érudits de second ordre ont pu s'y tromper et élever quelques doutes sur la valeur de la trouvaille de Kervyn : la finesse et la pénétration d'un Ranke ont tout de suite démêlé le vrai et soutenu l'authenticité de l'écrit [1]. Seulement, Ranke a compliqué son exposé de la question en y introduisant une erreur fâcheuse qui en affaiblit la portée [2]. Convaincu par sa mauvaise interprétation du mot *filium* de la lettre de Van Male que le prince Philippe était appelé à revoir les *Mémoires* de son père, il prétend tout à fait à tort que les mots du billet de Charles *en romance* signifient *en espagnol*, et qu'en conséquence il y eut une première rédaction des *Mémoires* en espagnol, puis une seconde en français. Charles, dit-il, destinant ses *Mémoires* à être lus et contrôlés par son fils, peu maître de la langue française, dut les écrire d'abord en espagnol. Au surplus, Ranke se contredit quelques lignes plus bas en admettant que c'est le texte français que Charles destina à son fils. Mais à quoi donc, on le demande, aurait servi cette première rédaction espagnole? Non, *en romance* signifie toujours « en langue vulgaire », par opposition au latin, et signifie ici « en français ». Charles tenait à informer Philippe que les *Mémoires* étaient rédigés en langue vulgaire et non en latin, le prince sachant son père entouré d'humanistes et ne devant pas ignorer non plus que la chronique de Sepúlveda s'écrivait alors dans la langue savante. Aussi dit-il *en romance* sans spécifier, mais sous-entendant « français ». C'est en français, et non en espagnol, que Charles dicta à son aide de chambre flamand, car nous sommes informés que le français seul servait à l'empereur pour communiquer avec ses serviteurs des Pays-Bas. « Ici (à Yuste) nous ne parlons avec Sa Majesté que le français », écrit à la date du 30 mai 1558 le Dr Mathys [3]. Sans doute Van Male aurait compris une dictée espagnole : il écrivait cette langue d'une façon passable, ce que ne faisait pas son collègue Mathys [4]. Mais pourquoi l'empereur se serait-il servi d'un idiome

---

1. *Deutsche Geschichte im Zeitalter der Reformation*, t. VI, p. 75 et suiv.
2. Erreur répétée par O. Waltz, *l. c.*, p. 45.
3. « Acá con su M^d no hablamos sino francés » (Gachard, *Retraite et mort de Charles-Quint au monastère de Yuste*, t. II, p. 414).
4. « Muy ilustre señor, el señor doctor Matisio me ruega haga esto en su nombre, por no atreverse él á tanto en lengua castellana » (G. Van Male à Juan Vazquez, Yuste, 24 octobre 1557, dans Gachard, *l. c.*, t. II, p. 264).

qu'il n'avait pas plus que son secrétaire sucé avec le lait et qu'il écrivait encore dans son âge mûr avec une certaine difficulté et pas mal d'incorrections ? Notons aussi que la revision de l'ouvrage devant incomber aux Granvelle père et fils, il était tout indiqué de le mettre en français, et rappelons enfin le témoignage Ruscelli-Dolce qui dit *lingua francese*. Ranke ajoute après cela que l'écrit ni par ses dimensions ni par son contenu ne justifie le titre de Commentaires et la comparaison avec Jules César. Assurément, mais les Italiens portent seuls la responsabilité de cette prétentieuse assimilation à l'empereur romain : Van Male lui-même ne dit que *peregrinationes et expeditiones* ou *libellus*. D'autre part, le grand historien réfute fort bien ceux qui se sont déclarés déçus par la publication de Kervyn et en ont contesté l'utilité. « Pas du tout, s'écrie-t-il, le petit écrit est le très bien venu », et il montre avec beaucoup de perspicacité ce qui en fait la valeur. Charles d'abord y a consigné ses convictions intimes sur les causes des grands conflits qui marquèrent son règne, notamment sa rivalité avec François Ier ; il y a donné libre cours aux sentiments de rancune que lui inspira la conduite de Paul III à propos du concile et de la lutte religieuse en Allemagne, enfin il y a raconté avec une assez grande recherche de détails plusieurs de ses campagnes, en particulier celles des années 1546 et 1547. « Dans tout ce que l'impérial auteur dit et dans tout ce qu'il tait, on discerne son moi ; on sent son orgueil dynastique, le plaisir qu'il prend à la guerre et son ambition d'acquérir un haut renom militaire... Il a composé cet écrit au point culminant de sa puissance, et ce point s'y reflète. » Ranke dit encore très justement : « Il n'y a pas à chercher ici de confidences[1]. » Or, c'est ce que beaucoup attendaient : des révélations piquantes, des anecdotes de la vie privée du souverain, des incidents mystérieux éclaircis. On n'a pas réfléchi qu'il était aussi contraire que possible à la nature de Charles-Quint de se découvrir familièrement au public. S'il s'est décidé, à un moment de sa vie, à résumer sa carrière politique, c'est qu'il estima nécessaire, pour la postérité bien plus encore que pour ses contemporains, de déclarer sa pensée sur quelques questions graves et débattues, puis de compléter ou de rectifier des récits qu'il avait lus et qui ne lui avaient pas paru suffisamment véridiques ou circonstanciés. Les *Mémoires* accusent une différence assez tranchée entre ce qui y est presque de pure récapitulation — avec çà et là des remarques très intentionnées — et les récits militaires des campagnes de France en 1544, surtout des campagnes de Bavière et de Saxe en 1546 et 1547. Dans la première partie, Charles tient une sorte de comptabilité de sa gestion, il numérote consciencieu-

---

1. *Deutsche Geschichte*, t. VI, p. 81 et 82.

sement tous les faits qui à ses yeux constituent une dépense d'activité ou d'énergie, pour montrer à quel point il a rempli son devoir de souverain : il y a là quelque chose de très caractéristique des habitudes d'esprit de l'empereur qui se sont continuées et ont refleuri chez son fils. Dans la seconde partie, au contraire, l'intérêt des affaires militaires l'absorbe et il ne compte plus guère que ses attaques de goutte.

Voici le relevé de ces numérotages avec renvois aux paragraphes de la présente édition des *Mémoires*.

Rencontres avec Henri VIII : Première en 1513 (1) ; deuxième en 1520 (7) ; troisième en 1520 (7) ; quatrième en 1522 (10).

*Rencontres avec François I*er : Première en 1525 (12) ; deuxième en 1538 (32) ; troisième en 1539 (34).

Rencontres avec Clément VII : Première en 1529 (17) ; deuxième en 1532 (23).

Rencontres avec Paul III : Première en 1536 (28) ; deuxième en 1538 (31) ; troisième en 1541 (38) ; quatrième en 1543 (42).

Rencontres avec l'infant de Portugal D. Luiz, son beau-frère : Première en 1526 (13) ; deuxième en 1535 (25) ; troisième en 1537 (29) ; quatrième en 1538 (30).

Nombre de fois que Marguerite d'Autriche a gouverné les Pays-Bas en l'absence de Charles : Première fois en 1517 (3) ; deuxième en 1520 (7) ; troisième en 1522 (10).

Nombre de fois que Marie de Hongrie a gouverné les Pays-Bas en l'absence de Charles : Première fois en 1532 (24) ; deuxième (dans le texte par erreur : troisième) en 1540 (37) ; troisième en 1544 (48) ; quatrième en 1545 (57) ; cinquième en 1546 (63).

Traversées de l'Océan : Première en 1517 (4) ; deuxième en 1520 (7) ; troisième en 1522 (10).

Séjours en Angleterre : Premier en 1520 (7) ; deuxième en 1522 (10).

Arrivées en Espagne : Première en 1517 (4) ; deuxième en 1522 (10) ; troisième en 1533 (24) ; quatrième en 1536 (28) ; cinquième en 1538 (33) ; sixième en 1544 (39).

Traversées de la Méditerranée : Première en 1529 (17) ; deuxième en 1533 (24) ; troisième en 1535 (25) ; quatrième en 1535 (27) ; cinquième en 1536 (28) ; sixième en 1538 (31) ; septième en 1538 (33) ; huitième en 1541 (38) ; neuvième en 1541 (39) ; dixième en 1543 (42).

Embarquements à Barcelone : Premier en 1529 (17) ; deuxième (dans le texte : troisième) en 1535 (25) ; troisième en 1538 (31) ; quatrième en 1543 (42). Le numérotage du premier et du quatrième débarquement a été omis.

Embarquements à Gênes : Premier en 1533 (23) ; deuxième en 1536 (28) ; troisième en 1538 (32). Le numérotage du premier et du troisième embarquement a été omis.

Arrivées en Italie : Première en 1529 (7) ; deuxième en 1532 (23) ; troisième en 1535 (27) ; quatrième en 1536 (28) ; cinquième en 1538 (32) ; sixième en 1541 (37) ; septième en 1543 (42). Le numérotage de la cinquième arrivée a été omis.

Arrivées aux Baléares (Majorque, Minorque et Iviza) : Première en 1535 (26) ; deuxième en 1541 (38) ; troisième en 1541 (39).
Arrivées en Sardaigne : Première en 1535 (26) ; deuxième en 1541 (38).
Arrivées en Afrique : Première en 1535 (26) ; deuxième en 1541 (38).
Arrivée en Sicile : en 1535 (27).
Retours aux Pays-Bas : Premier en 1520 (7) ; deuxième en 1521 (9) ; troisième en 1531 (20) ; quatrième en 1540 (35) ; cinquième en 1543 (45) ; sixième en 1544 (55) ; septième en 1545 (60).
Entrées en Allemagne : Première en 1520 (7) ; deuxième en 1530 (9) ; troisième en 1532 (21) ; quatrième en 1541 (37) ; cinquième en 1543 (42) ; sixième en 1544 (48) ; septième en 1545 (57) ; huitième en 1546 (63). Le numérotage de la septième entrée a été omis.
Voyages sur le Rhin : Premier en 1520 (7) ; deuxième en 1521 (9) ; troisième en 1530 (19) ; quatrième en 1532 (21) ; cinquième (dans le texte : sixième) en 1543 (43) ; sixième en 1544 (48) ; septième en 1545 (57) ; huitième en 1545 (60).
Entrées dans le Luxembourg : Première en 1540 (37) ; deuxième en 1546 (63).
Entrées en France, a) en ennemi : Première en 1536 (28) ; deuxième en 1544 (49) ; — *b) en ami* : Première en 1538 (32) ; deuxième en 1539 (34).
Nombre de fois qu'Isabelle de Portugal a gouverné l'Espagne en l'absence de Charles : Première fois en 1529 (15) ; deuxième en 1535 (25). Le numérotage de la première fois a été omis.
Nombre de fois que le prince Philippe a gouverné l'Espagne en l'absence de son père : Première en 1539 (34) ; deuxième en 1543 (41).
Attaques de goutte : Première en 1528 (14)[1] ; deuxième en 1529 (17) ; troisième en 1532 (21) ; quatrième en 1534 (24) ; cinquième en 1535 (27) ; sixième en 1537 (29) ; septième en 1538 (32) ; huitième en 1540 (35) ; neuvième en 1542 (39) ; dixième en 1543 (42) ; onzième (dans le texte par erreur : dixième) en 1543 (45) ; douzième (dans le texte : onzième) en 1544 (55) ; treizième (non numérotée dans le texte) en 1545 (60) ; quatorzième (dans le texte : douzième) en 1546 (64) ; quinzième (non numérotée dans le texte) en 1546 (74) ; seizième (non numérotée) en 1546 (83) ; dix-septième (dans le texte : quatorzième) en 1547 (91).
Fautes commises par les Protestants : Première en mars 1546 (63) deuxième en avril 1546 (67) ; troisième en août 1546 (68) ; quatrième en septembre 1546 (73) ; cinquième en octobre 1546 (77) ; sixième en avril 1547 (87).

---

1. Gachard, dans son étude très intéressante sur la santé de Charles Quint (*Retraite et mort de Charles-Quint au monastère de Yuste*, t. Ier, introduction, p. 5 et suiv.), est porté à croire, d'après Vandenesse, que la goutte n'affligea l'empereur qu'à partir de l'année 1538. Les *Mémoires* prouvent que Sepúlveda avait eu raison d'écrire : « *Circa trigesimum aetatis annum morbo articulari tentari coepit* » (*De Rebus gestis*, livre XXX, § 25).

L'énumération ci-dessus permet de se rendre compte des faits qui, aux yeux de l'empereur, méritaient d'être inscrits à leur date et sous un numéro d'ordre dans ses *Mémoires*. On peut aussi conclure des erreurs qui s'y sont glissées que la dictée n'a pas dû être revisée dans le détail, ni par Van Male lui-même, ni par les Granvelle : Nicolas Perrenot d'ailleurs, mort à Augsbourg le 27 août 1550, n'eut peut-être jamais connaissance des *Mémoires* dont à cette date Charles avait à peine achevé la dictée, et quant à l'évêque d'Arras, il ne jouissait pas auprès du souverain d'un crédit tel qu'il pût se permettre de corriger la prose impériale [1].

Depuis Ranke, on n'a cessé de s'occuper des *Mémoires*, en Allemagne surtout, le pays le plus directement intéressé à la juste appréciation de cet écrit. La petite brochure, plusieurs fois citée ici, de M. Otto Waltz vise presque exclusivement à nous faire voir dans les *Mémoires* un exposé de la politique impériale au moment critique de l'épineuse et pénible négociation concernant la succession à l'empire, que Charles au mois d'août 1550 se flattait de pouvoir régler, avec l'assentiment de son frère Ferdinand et de son neveu Maximilien, dans la forme qu'il croyait le plus utile aux intérêts des deux branches de la maison de Habsbourg. De là, dans les *Mémoires*, des traces de ménagements envers Ferdinand, qu'il s'agissait d'amener par la douceur à adopter les vues de son frère, de là le rappel de ce que Charles fit pour son cadet en travaillant à son élection comme roi des Romains, etc. Les *Mémoires*, au dire de M. Waltz, auraient été dictés avec l'intention de justifier les projets de Charles, le système de succession alternative des deux branches de la maison d'Autriche à l'empire et le maintien de la prépondérance de cette maison en Europe, vis-à-vis de la France et des États d'Italie d'une part, vis-à-vis du Turc de l'autre. Que cette intention ait pesé sur l'Empereur lorsqu'il s'aida du fidèle Van Male pour mettre par écrit ses pensées, cela peut et cela doit être, pourtant il eut aussi d'autres desseins. Il voulut, on le concède, montrer comment il s'était acquitté de son métier d'empereur, à quelles fatigues et à quels dangers il s'était exposé dans ses nombreux voyages et ses campagnes, — et cela pour qu'on sût bien, son frère entre autres et son neveu, que l'empire était une lourde charge que ne portait pas qui voulait, — mais, à un certain moment, quand il en arriva au récit des campagnes de France et

---

1. Waltz, *l. c.*, p. 41. A la page suivante, M. Waltz se déclare porté à croire que les deux Granvelle ont collaboré aux Mémoires, vu le grand « raffinement » qu'on y note. « Ce qui s'y lit dépasse tellement les atténuations et les ménagements habituels à ces écrits que le génie d'un seul homme, même d'un Charles-Quint, semble ne pas avoir pu y suffire. On s'étonne d'une pareille virtuosité. »

d'Allemagne, de ces dernières surtout, un autre désir s'empara de lui, le désir de bien préciser son rôle militaire de commandant en chef et de s'attribuer des résolutions et des manœuvres que d'autres prêtaient à ses généraux. La façon dont il rectifia le *Commentaire* de D. Luis de Avila, sans le nommer, et la façon non moins notable dont il diminua et éteignit la part du duc d'Albe — appelé avec quelque dédain « son général » — dans la conduite des opérations sur le Danube et sur l'Elbe nous révèlent assez clairement que l'empereur, en ces passages, pensa avant tout à mettre en lumière ses talents militaires et à revendiquer pour lui seul le mérite de plusieurs succès ; il voulait qu'on le prît au sérieux comme soldat et comme chef d'armée.

C'est, comme bien l'on pense, le récit de la guerre que Charles soutint en 1546 et 1547 contre les princes et les villes de la ligue de Smalkalde qui a le plus occupé les érudits allemands. Tous les historiens de ces événements se sont servis des *Mémoires* et plusieurs les ont étudiés de très près, y reconnaissant le témoignage direct et tout à fait contemporain d'un des principaux acteurs du drame. M. Richard Le Mang, l'un des derniers d'entre eux, les a soumis à un examen très serré et très instructif, dont les conclusions laissent une impression un peu mélangée[1]. Tout en reconnaissant l'exactitude du récit en beaucoup d'occurrences, il y signale aussi des omissions voulues et des erreurs, qu'il cherche à expliquer soit par la volonté de l'empereur de présenter les choses sous un certain jour, soit par des altérations du texte primitif dues aux traducteurs. Mais n'est-il pas surprenant que ni lui ni les autres historiens allemands, qui ont utilisé les *Mémoires,* n'aient eu recours à la première version portugaise et qu'ils se soient contentés de la retraduction française de Kervyn de Lettenhove ou même d'une traduction allemande de Warnkönig faite sur la précédente ? Si un Français en agissait de la sorte, il serait taxé de peu « scientifique ». Les remarques de M. Le Mang, qui trahissent d'ailleurs un parti pris d'hostilité un peu trop marqué à l'endroit de Charles, prêtent parfois à la critique : on en discutera quelques-unes dans les notes qui suivent cette nouvelle édition des *Mémoires.* Pour l'instant, il suffira de dire qu'il y a certainement dans la dictée de Charles des erreurs involontaires résultant soit d'un défaut de mémoire, soit d'une certaine pénurie de documentation : pendant le voyage sur le Rhin ou le séjour à Augsbourg, l'empereur a pu ne pas avoir toujours à sa portée les journaux où avaient

---

1. *Die Darstellung des Schmalkaldischen Krieges in den Denkwürdigkeiten Kaiser Karls V,* Teil I, Iena, 1890, 87 pages in-8 (thèse de doctorat). — II. Teil, Dresde, 1899, 39 pages in-4 (Programme); III. Teil, Dresde, 1900, 26 pages in-4 (Programme).

été notés ses itinéraires et certains faits rappelés dans sa narration.

A coup sûr, il ne s'est pas fié à ses seuls souvenirs ou à ceux du fidèle Van Male. Divers érudits ont déjà remarqué que la mention de tel ou tel événement, insérée à sa date dans le récit et qu'il aurait pu tout aussi bien omettre, a dû lui être suggérée par quelque aide-mémoire, et, entre autres, par la partie du Journal de Vandenesse achevée en 1550. Nous ne savons pas malheureusement ce qu'il emporta de livres et de papiers dans ses voyages en 1550, mais nous savons ce qu'il avait à Yuste. L'inventaire, dressé au lendemain de sa mort, le 28 septembre 1558, de ses joyaux, livres, vêtements et objets de toute nature peut donner une idée approchante des moyens d'information ou instruments de travail dont il s'était entouré en écrivant et qu'il conserva, peut-être dans l'intention de s'en servir encore pour reviser et compléter sa dictée. Voici quelques articles intéressants à relever [1] :

Una bolsa de raso morado, y en ella un librillo de memoria, con las tablas de oro cincelado y las hojas de papel.
Une bourse de satin violet où se trouve un carnet aide-mémoire dont la reliure est en or ciselé et les feuillets en papier.
La Guerra de Alemania por el Comendador Mayor (de Alcántara).
La Guerre d'Allemagne du Grand commandeur de l'ordre d'Alcántara. (C'est le *Commentaire* de D. Luis de Avila.)
Dos emboltorios con cuadernos de historia por Florian de Ocampo y otros.
Deux liasses de cahiers d'histoire par Florián de Ocampo et d'autres. (Il s'agit donc ici, en partie, des journaux du chroniste décrits plus haut, p. 82.)
Un libro de memorias, con manecillas y su pluma de oro.
Un carnet de notes avec des fermoirs et une plume en or.
Una carta de marear, enviada por el Principe Doria.
Un portulan envoyé par le prince Doria.
Una carta (mapa) de Italia, en papel, pintada.
Une carte peinte d'Italie, en papier.
Otra carta de la descripcion de España, en vitela.
Une autre carte d'Espagne, sur parchemin.
Cuatro pinturas de fortificacion del Condado de Rosellon.
Quatre peintures des forteresses du comté de Roussillon.
Otra carta general de la descripcion de Alemania.
Une autre carte générale d'Allemagne [2].

---

1. On les emprunte à un extrait de cet inventaire déjà cité, p. 166, qui se trouve dans l'ouvrage manuscrit de l'archiviste Tomás González, acquis en 1844 par la France et conservé au Ministère des affaires étrangères, *Mémoires et Documents, Espagne*, vol. 225 et 226. L'extrait en question se lit dans le vol. 226, au folio 330.

2. D. Luis de Avila signale, dans son *Comentario*, ces cartes d'Alle-

Otra carta general de Flandes.
Une autre carte générale des Pays-Bas.
Otra carta de Alemania y Hungria.
Une autre carte d'Allemagne et de Hongrie.
Dos libros de efemérides : el uno hasta 1533, y el otro hasta 1548.
Deux livres d'éphémérides : l'un jusqu'en 1533, l'autre jusqu'en 1548

Il peut être aussi curieux de noter que, parmi les livres de lecture mentionnés dans cet inventaire, à côté du *Chevalier déterminé* d'Olivier de la Marche, en français et en espagnol, d'un Boèce en français, de divers ouvrages d'astronomie et de dévotion, figurent les *Commentaires* de César en toscan. Charles fut-il vraiment hanté par l'écrit de l'empereur romain et pensa-t-il peut-être à en imiter le style ?

Autant qu'on peut en juger au travers de la version portugaise, le français des *Mémoires* s'est ressenti à la fois d'avoir été dicté et d'avoir servi de vêtement à une pensée où abondent les précautions, les déguisements, les réticences. De là, des phrases d'une longueur démesurée, trop encombrées d'incidentes chevauchant les unes sur les autres, que le Portugais semble avoir calquées plutôt que traduites, au détriment de la clarté. Il s'en trouve de grammaticalement incorrectes et une d'inintelligible ; toutefois le sens se suit en général bien et donne l'impression d'avoir été exactement rendu. Mais un procédé de style, imputable soit à l'empereur lui-même, soit à son secrétaire, soit encore au traducteur portugais, et qui apparaît ici avec une fréquence singulière, réclame quelques instants d'attention. Il s'agit de la juxtaposition d'un synonyme à des mots qui à eux seuls expriment le plus souvent très suffisamment l'idée. Seulement, il faut distinguer. Toutes les langues connaissent de ces formules toutes faites qui s'emploient couramment et qui dispensent beaucoup d'écrivains de créer l'expression de leur pensée, comme par exemple, en français, *bel et bon, sain et sauf, voies et moyens*, et tant d'autres. En outre, le style des chancelleries, des tribunaux, des greffes favorise beaucoup ce genre de répétitions : par précaution, car il importe que la teneur d'un traité ou d'un jugement soit parfaitement explicite et ne fournisse nulle matière à contestation ; par intérêt professionnel aussi, car tout tabellion sait ce que lui vaut l'allongement de ses grimoires. Partout donc, dans les documents d'ordre juridique ou notarial, fleurissent des expressions telles que *tenu et obligé, de-*

---

magne qui servaient à l'empereur : « Es bien saber que el Emperador, de mas de aver andado por Alemaña muchas vezes y tener entendido della, tiene una descripcion universal de todo muy diligentemente hecha, la qual (como los negocios lo requieren) tiene tan estudiada que verdaderamente comprehendio el sitio de las villas y tierras, » etc. (fol. 34 v°).

mander et requérir, profits et émoluments, jouissance et possession, etc. Si les *Mémoires* ne nous offraient qu'un nombre appréciable de redoublements de ce genre ou de locutions toutes faites comme celles qui ont été citées, il n'y aurait aucune conséquence à en tirer. Mais les doublets ou répétitions de mots synonymes sont ici une habitude constante de langage ou d'écriture, dont on se fera facilement une idée par la liste à peu près complète que voici :

abaixar e deminuir (66), abrandar e conciliar (32), acabou e fez todo (20), se accodio e deu a melhor ordem (38), accodio e deu tal ordem (90), accompanhar e levar (63), accomodado e conveniente (80), accordo e união (4), ajuda e socorro (33), ajudandose e valendose (49), ajuntado e acabado (20), ajuntamento e communicação (36), ajuntamento e pratticas (38), ajuntar e concluir (64), amoestando e conselhando (44), amoestar e exhortar (40), amoestar e querer trattar (48), anticipar e ganhar por mào (45), aparelhos e provisões (37), appertaram e carregaram (52), apprestar e por em ordem (16), approvado e bem visto (90), armas e força (57), se attentava e trabalhava (66), attonitos e pasmados (88), aventuraram nem atreveram (64).

boa e firme (34), boa, segura e firme (48), boa e verdadera (34), boa inclinação e desejos (30), boa vontade e affeiçam (89), brandos e suaves (62), bravos e insolentes (68).

campo e lugar (47), cansados e enfadados (84), cansados e trabalhados (82), cargar e apertar (72), cargo e mando (14), sob color y sombra (48), commetter e assaltar (14), commodidades e apercebimentos (53), communicação e intelligencia (11), concertar e concordar (59 et 60), se concertaram e refizeram (39), se concertarão e unirão (4), concerto ou ligua (64), concordia e remedio (37), concorresse e ajudasse (58), conduzidos e guiados (67), confusão e desordem (86), consentio e se contentou (53), conservar e guardar (92), considerado e entendido (48), contar e ter (87), continuando e estendendo (72), contradições e disputas (84), contrastar e resistir (73), contravinhão e ião á mão (64), convinha e era necessario (58), convinha e importava (57), correspondentes e conformes (57), se costuma e convem fazer (33), cresceo e apertou (33), cuidou e pratticou (76).

damno e mal (86), dar ordem e procurar remedio (58), decoro e authoridade (56), defender e impedir (73), deixar o seu alojamento e retirarse (72), desejava e determinava fazer (8), desfazer e quebrar (62), desgosto e pouca satisfação (8), determinação e parecer (88), diligencias e preparações (18), disposição e commodidade (84), disposição e modo (79), disposição e postura (88), dividio e desfez (83).

effeito e execução (62), effeito e fim (84 et 92), encaminharem e ordenarem (56), entender e trattar (48), entendido e conhecido (75), entendido e sabido (25), entendido e visto (57), escolher e tomar o melhor (80), se esforçou e fez tanto (84), estado e termos (64), exposta e sojeita (54).

factivel e conveniente (81), falta o erro (63 et 77), favor e ajuda (42), fazer e dar (90), fazer e determinar (18), fazer nem trattar (48), fazia e trattava (48), fez e ordenou (33), forçado e constrangido (64), fortalecer e sustentar (88).

ganhado e tomado avantagem (65) gastos e despesas (81), governa e ordena (63), guardar e defender (87).

impedimentos e estorvos (68), impedir e obviar (49), importancia e pezo (57), incerto e duvidoso (42), incitado e induzido (64), incommodidade e enfadamento (86), instavam e sollicitavam (64), invasões e assaltos (38).

julgava e via claramente (63).

licenciou e despedio (28), livre e desembaraçado (73), lugares e praças (49 et 85).

manifesta e notavel (68), marchar mais avante et continuar seu caminho (52), meios e modos (41), melhorar e accrescentar (35), modo e meio (28), modos e meios (41, 50 et 58), modos e termos (58), modos e vias (79 et 86), molestar e fazer damno (28), molestar e offender (50), mostra e resenha (73), mostrou e declarou (44).

necessidade e aperto (29), necessitadas e apertadas (29), necessitar e apertar (80).

ordem e feição (72), ordenar e apparelhar (38), á offender e á romper a guerra (67), offensas e damnos (43).

palavra e promessa (34), parecer e discurso (58), passando e tomandose (37), passar e ir diante (52), passos e exemplo (56), de pena e de trabalho (82), pensamento e vontade (85), perfeita paz e quietação (23), perplexo e irresoluto (62), perturbar e impedir (91), pezar e sentimento (34 et 84), prattica e inteligencia (19), prattícar e trattar (89), praticas e intelligencias (8), pratticou e trattou (33), prolongou e entreteve (56), propicia e accommodada (58), propondo e offerecendo (30), propos e offereceo (29), proposto e assentado (67), propuserão e offereçerão (58), proveo e remediou (35), prover e obviar (19), provida e ordenada (92).

recebeo e trattou (25), recebido e trattado (30), recompensar e remendar (86), reconhecer e determinar o lugar (26), recorreo e pedio ajuda (35), recorrer e acudir (28), refazer e concertar (51), remediar e obviar (28. et 58), remettendoos e deixandoos (61), se remetteo e deixou (36), representavam e punham diante (34), se retirava e desviava (69), rodeando e andando sempre á voltas (82), rompendose e abrindose (72), romper e dividir (80), romper ou dividir (82 et 83), rotta e desbaralo (43 et 89), rotta e desfeita (67), rotto e desbaratado (14 et 75), rotto e desfeito (63).

sàa e salva (74), sazão e opportunidade de tempo (56), seguindo e continuando (58), seguir e pôr por obra (82), seguira e accompanhara (47), sitio e disposição (79), sollicitação e pratticas (36), sollicitavam e offereciam (64), sollicito e quente (64), sostentaram e soffreram (71), spiritos e coragem (81), stimulado e forçado (41), subita e repentina (41), superflua e desnecessaria (28), superfluos e menos necessarios (39), suspenso e irresoluto (78), sustentar e favorecer (86).

tempo e anno (3), tenção e animo (58), tenção e desejo (61, 68 et 92), tenção e desejos (35), tenção e desenho (70), tenção e vontade (91), tenção sua e vontade (4), tendas e pavillões (87 [1]), tentar e provar (86), ter mão e sostentar (81), tirar e trazer (50), trabalhava e procurava

---

1. Ce doublet-là est d'origine biblique : les mots *tentoria* et *papiliones* sont rapprochés dans la Vulgate.

de tomar (84), trattar e accodir (43), trattar e moyer pratticas (53), trattavam e pratticavam (53), se trattou e assentou (2 et 12), se trattou e concluio (1), se trattou e fez (7), se trattou e ordenou (24), se trattou e pratticou (28), trazer e forçar (46), trazido e appresentado (89).

unico e principal (18).

vir nem condescender (8).

Que nous enseigne l'examen de cette liste ? Que la particularité en question n'appartient pas à Charles-Quint : aucun de ses écrits qu'on sait avoir été tracés de sa main ne la présente. D'autre part, sans qu'on puisse à la vérité s'appuyer pour le dire sur une statistique rigoureuse, l'emploi de deux mots pour un, de doublets superflus ou inutiles semble plus répandu en Espagne qu'en France et plus dans les habitudes des écrivains espagnols en général. Le trait signalé resterait donc exclusivement à la charge du traducteur portugais. Mais voici où la question se complique. Nous possédons de la guerre des années 1546 et 1547 trois récits contemporains en français : 1° Un manuscrit de Chambéry, publié par M. François Mugnier, sous le titre de *Faictz et guerre de l'empereur Charles-Quint dans la guerre d'Allemagne (1546-1547)*, Paris, 1902, 141 pages in-8 ; 2° Un manuscrit de la Bibliothèque royale de Bruxelles, intitulé *Voyages et besoignes faictz en Allemaigne par l'empereur pour mectre ordre à la république d'Allemaigne et à la chrestienté*, et dont beaucoup d'extraits ont été donnés par A. Henne dans le tome VIII de son *Histoire de Charles-Quint en Belgique* ; 3° Un manuscrit des Archives royales de Munich, étudié par A. von Druffel dans son édition du Journal de Viglius van Zwichem [1]. Ces trois manuscrits semblent étroitement apparentés, quoique M. Mugnier ait signalé entre ceux de de Chambéry et de Bruxelles des différences assez notables [2]. Pour nous en tenir à celui de Chambéry, le seul intégralement publié, il suffit d'en parcourir quelques pages pour y noter de très nombreux exemples de redoublements tout à fait analogues à ceux de la version portugaise de nos *Mémoires* de Charles-Quint. En voici dont le premier mot commence par la lettre *a* : *accord et appointement, advis et consentement, aide et faveur* (souvent), *aide et secours* (souvent), *aise et commodité, alliés et alleguez, amené et présenté, animant et donnant couraige, armée et exercite* (très souvent), *assemblez et ordonnez, assieger et combattre, assize et située* (très souvent). L'un des trois manuscrits pourrait fort bien

---

1. *Des Viglius van Zwichem Tagebuch des Schmalkaldischen Donaukriegs*, Munich, 1877, p. 12* et suiv.

2. *Faitz et guerre de l'empereur Charles-Quint*, éd. citée, note supplémentaire.

avoir été connu de Van Male[1], qui y aurait pris et aurait fait passer dans la rédaction de la dictée cette recherche du redoublem nt. Il est admissible ; par malheur, la complication ne s'arrête pas là. Le manuscrit de Chambéry contient divers hispanismes (Mugnier parle à tort d'italianismes) : *allegué (allegado,* parent), *debeller (debelar), détrosse (destrozo), entremeller* (dans le sens de *mezclarse con,* en venir aux mains), *espanté (espantado,* Mugnier imprime toujours *espauté), journée (jornada,* étape), *magne (maña,* ruse), *ministrer (ministrar), notice* (dans l'expression *notice et cognoissance,* ce qui renvoie à *noticia), postposé (pospuesto), quicter (quitar,* enlever), *redunder (redundar), robé (robado), succéder (suceder,* arriver), *suppediter (supeditar), sustanter (sustentar).* Or, en présence de ces mots d'emprunt, l'on se demande si l'auteur de langue française, sans doute flamand ou bourguignon, du manuscrit de Chambéry [2] ne s'est pas servi d'une relation en langue espagnole, non pas du *Commentaire* d'Avila, nullement entaché de cette tendance au redoublement, mais d'une autre quelconque. Ainsi, en fin de compte, nous serions renvoyés pour ces doublets à un texte d'origine espagnole. Pour le moment d'ailleurs, il nous faut renoncer à trouver une solution satisfaisante du petit problème. On ne l'obtiendra que par une étude comparée des manuscrits français cités tout à l'heure et des relations espagnoles, imprimées et manuscrites, bien plus nombreuses que ne l'ont donné à entendre les travaux des érudits allemands. Il conviendra de revenir sur ce sujet dans la partie du présent travail qui sera consacrée aux narrateurs épisodiques.

La traduction de Kervyn de Lettenhove laisse beaucoup à désirer. Sans parler d'impropriétés ou de maladresses de langage auxquelles nous ont habitués certains écrivains belges, comme *porter* le cap pour *mettre* le cap, *pleine* campagne pour *rase* campagne,

1. Ainsi, au § 66, les *Mémoires* disent que les Protestants quittèrent Ratisbonne au mois de juillet 1546, sans prendre congé de l'empereur (*sem dizerem á Deus*). C'est ce qu'on trouve dans *Faitz et guerre,* p. 34 : « sans saluer ni prendre congé » : tandis qu'Avila dit simplement : « salieron todos los de la liga y se fueron a sus posadas, y de ay a pocos dias a sus casas y de sus señores » (fol. 5). De même, l'assertion manifestement fausse du § 74 (voir Le Mang, *Die Darstellung des Schmalkaldischen Krieges,* I, 66) qu'au cours de la canonnade du 31 août 1546 devant Ingolstadt les Protestants subirent plus de pertes que les Impériaux, cette assertion se retrouve dans *Faitz et guerre,* p. 43 : « si est-il esté bien notoire tant à Sad. maiesté comme à tous aultres que le peu tirer quils (que) feirent nos cannoniers feirent à nous d. ennemys *plus grands dommaiges que eulx à nous* ».

2. L'attribution du ms. de Chambéry à un nommé Michel Guilliet, seigneur de Monthoux, est une simple conjecture et fort peu vraisemblable de M. Mugnier.

à juste *cause* pour à juste *titre, aborder* une entreprise, *amener* une résolution, *par* plusieurs bonnes raisons au lieu de *pour* plusieurs bonnes raisons ; sans parler aussi de quelques phrases terribles, comme « car il pensait avoir assez fait, avec une telle *infériorité tant au point de vue de ses retranchements que du nombre de ses troupes* », ou bien « Il était décidé, *quand il conçut cette entreprise dans le but principal qui l'y déterminait,* à la mener à bonne fin », ou encore « malgré *l'irrésolution qu'on y mît* », on note chez Kervyn d'assez graves faux sens et quelques omissions. Bref, plus d'erreurs et de négligences qu'il n'en faut pour justifier un nouvel essai de traduction de la version portugaise. Celui qu'on offre au lecteur et en particulier aux historiens de l'époque de Charles-Quint serre d'aussi près que possible le texte dérivé de l'original, et tend à le rendre, sinon avec élégance, au moins avec une exactitude suffisante et que le rapprochement avec ce texte, publié ici pour la première fois, permettra de contrôler[1]. Les sommaires ainsi que les dates, d'ailleurs assez rares, que le Portugais a mis en marge de son manuscrit ont été négligés comme dépourvus d'intérêt, mais il a paru à propos, en revanche, de dater chaque paragraphe de l'année, et aussi du mois ceux des années 1546 et 1547. La division en paragraphes est encore une innovation, utile, croyons-nous, pour faciliter les citations. Il n'y avait pas lieu d'accompagner le récit de Charles d'un commentaire explicatif suivi, une part notable des données qu'il contient ayant passé dans des livres à la portée de tous. Les notes qu'on trouvera plus loin ont pour objet soit de signaler les fautes commises par l'auteur lui-même, le premier ou le second traducteur, soit d'éclaircir certains détails des dernières années surtout du récit, d'après les ouvrages anciens ou récents les mieux informés.

Quoi qu'il arrive, les *Mémoires* de Charles-Quint conserveront la valeur que les meilleurs juges de notre époque leur ont reconnue. Il sera toujours nécessaire d'y recourir, comme on recourra toujours aussi aux instructions de 1543 ou à certaines lettres de l'empereur à Marie de Hongrie et à Philippe II, non moins intentionnées, non moins imprégnées des pensées les plus intimes d'une âme qui ne se livrait pas volontiers. Ceux qui ont dédaigné les *Mémoires* n'ont pas su les lire ni les comprendre. On aimerait que cette nouvelle édition les amenât à réformer leur jugement et à apprécier comme elle le mérite certainement la dictée impériale de 1550.

1. On remarquera que les *doublets* n'ont été la plupart du temps rendus que par un seul mot. Quel profit y a-t-il à écrire avec Kervyn : « les négociations *se poursuivaient et se continuaient* » (§ 34) ou bien « il voyait l'occasion *de développer et d'accroître* sa puissance » (§ 35)?

HISTORIA DO INVICTISSIMO EMPERADOR
CARLOS QUINTO REY DE HESPANHA
COMPOSTA POR SUA MAG. CESAREA, COMO
SE VEE DO PAPEL, QUE VAI EM A
SEGUINTE FOLHA

TRADUZIDA DA LINGOA FRANCESA, E DO
PROPRIO ORIGINAL

EM MADRID   ANNO 1620.

HISTOIRE DE L'INVAINCU EMPEREUR

CHARLES-QUINT, ROI D'ESPAGNE,

COMPOSÉE PAR SA MAJESTÉ IMPÉRIALE, COMME

IL APPERT DE LA LETTRE QUI SE TROUVE

SUR LE FEUILLET SUIVANT.

TRADUITE DE LA LANGUE FRANÇAISE ET SUR
L'ORIGINAL MÊME.

MADRID. 1620.

*Treslado do papel, que está em o principio desta
historia escritto per mão propria do Emperador Carlos V em a lingoa Castelhana, o qual
papel sua Mag. mandou d'Alemanha
com a mesma historia á El Rey D.
Philippe seu filho, que então
era Principe de Hespanha.*

Esta historia es la que yo hize en romance, quando venimos por el Rin, y la acabe en Augusta : ella no esta hecha, como yo queria. Y Dios sabe que no la hize con vanidad, y si della el se tuuo por ofendido, mi ofensa fue mas por ignorancia que por malicia : por cosas semejantes el se solia mucho enojar, no queria que por esta lo vuiesse hecho agora conmigo. Assi por esta como por otras ocasiones no le faltaran causas. Plega a el de templar su yra, y sacarme del trabajo en que me veo. Yo estuue por quemarlo todo, mas porque, si Dios me da a (sic) vida, confio ponerla de manera que el no se deseruira della, para que por aca no ande en peligro de perderse, os la embio, para que agays que alla sea guardada, y no abierta hasta...

En Inspruch 1552.

Yo- el Rey

Transcription de la lettre qui se trouve au commencement de cette Histoire et qui fut écrite de la main même de l'empereur Charles-Quint en langue castillane. Cette lettre, Sa Majesté l'envoya d'Allemagne avec ladite Histoire au roi D. Philippe son fils, qui alors était prince d'Espagne.

Cette histoire est celle que j'écrivis en langue vulgaire quand nous fîmes le voyage du Rhin, et que je terminai à Augsbourg. Elle n'est pas telle que je l'aurais voulu, et Dieu sait que je ne l'écrivis par vanité. S'Il s'en est tenù pour offensé, l'offense que j'ai commise tient à mon ignorance et non à ma malice. Pour de semblables choses, il s'est souvent montré très irrité : je voudrais qu'il ne le fût pas envers moi maintenant, à propos de cet écrit. Sans parler de celle-ci, les occasions ne lui manqueront pas. Qu'il lui plaise de refréner sa colère et de me tirer du pas difficile où je me trouve ! J'ai été sur le point de tout brûler ; mais parce que, si Dieu me prête vie, je compte rédiger cette histoire de manière qu'Il n'en sera pas desservi, et pour éviter qu'elle ne coure ici le risque de se perdre, je vous l'adresse. Mettez-la en sûreté là bas et qu'on ne l'ouvre pas avant. .

Innsbruck, 1552.

Moi le Roi.

Summario das viagens e jornadas, que o Emperador Carlos V fez dos Estados de Flandres, aonde nasceo aos 24 de fevereiro do anno 1500 conforme ao stilo de Roma, e onde foi criado despois da morte del Rey Philippe seu pai, que Deus tenha em gloria, que foi o anno de 1516.

1. Despois da morte del Rey Philippe ouve em os Estados de Flandres, á que chamamos payses baixos, per intervallos algumas guerras, huma das quaes foi aquella que o Emperador Maximiliano fez juntamente com El Rey Henrique d'Inglaterra contra El Rey Luis de França, em o qual tempo, assi pola prudencia como polo esforço costumado do Emperador, foram rottos os Franceses querendo soccorrer á Theroanna; a qual rendida se pos cerco á Tornay, que tambem pouco tempo despois se rendeo. Donde resultou que o Archiduque Carlos, seu neto, se achou em Tornay, que então foi pelo ditto Rey Henrique tomada, e em Lilla, onde se vio a primeira vez com o mesmo Rey, e onde entre outras cousas se trattou e concluio a emancipação do ditto Archiduque Carlos, que foi o anno de 1515, o qual foi logo recebido por senhor em os dittos Estados de Flandres.

2. E pouco despois o mesmo Archiduque (3 vº) mandou embaxadores á El Rey Francisco de França, que tambem no mesmo tempo herdara aquelle reyno per morte del Rey Luis, pelos quaes se trattou e assentou huma paz, despois da qual sua Mag. visitou no mesmo anno parte dos dº Estados. E fazendo esta visita, veio á Haya em Hollanda Monsiur de Vandoma de parte del Rey de França para ratificar a ditta paz. E a outra parte, que naquelle anno não pode visitar, sua Mag. a visitou no anno seguinte de 16, no qual tambem teve o primeiro capitulo da sua ordem

Précis des voyages et expéditions qu'entreprit l'empereur Charles-Quint depuis son départ en 1516 des États de Flandre, où il naquit le 24 février 1500, selon le style de Rome, et où il fut élevé après la mort du roi Philippe son père, que Dieu ait en sa gloire !

1. [1513-1515] Après la mort du roi Philippe, il y eut par intervalles dans les États de Flandre, que nous nommons Pays-Bas, quelques guerres : l'une, entre autres, fut celle que l'empereur Maximilien fit conjointement avec le roi Henri d'Angleterre contre le roi Louis de France, et au cours de laquelle, grâce à la prudence et à la vaillance accoutumée de l'empereur, les Français, qui se préparaient à secourir Thérouanne, furent battus. Cette ville s'étant rendue, le siège fut mis devant Tournay, qui, peu de temps après, se rendit aussi. Il en résulta que l'archiduc Charles, petit-fils de l'Empereur, se trouva à Tournay, qui alors tomba au pouvoir dudit roi Henri, et à Lille, où il se rencontra pour la première fois avec ledit roi et où, entre autres choses, fut résolue l'émancipation dudit archiduc Charles, qui eut lieu l'an 1515, et alors il fut aussitôt reconnu pour seigneur dans lesdits États de Flandre.

2. [1515-1516] Peu après, ledit archiduc envoya des ambassadeurs au roi de France, qui lui aussi, au même temps, avait hérité de ce royaume par la mort du roi Louis. Ces ambassadeurs négocièrent et conclurent une paix, après laquelle sa Majesté visita, cette même année, une partie desdits États, et, pendant qu'Elle faisait cette visite, vint à la Haye Monsieur de Vendôme, de la part du roi de France, pour ratifier ladite paix. L'autre partie des États qu'Elle ne put pas visiter cette année, Sa Majesté la visita l'année suivante de 1516, où Elle tint aussi le premier chapitre de

do Tusão d'ouro em Bruxellas. E foi o anno em que morreo El Rey Catholico, e d'então por diante o Archiduque tomou o titulo de Rey; no qual tempo recuperou, ainda que não sem alguma resistencia, as terras de Frisia.

3. Despois El Rey de França desejou de trattar de novo com sua Mag. por causa da nova successão, o que se fez em Noyon no mesmo tempo e anno. E para ratificar o que de novo se assentara, mandou á este effeito o ditto Rey de França ao Sr Dorval. Sua Mag. se deteve nos d^s payses baixos atee 8 de 7^{bro}, que se embarcou em Vlissinga para Hespanha. E deixou a primeira vez em sua absencia governando aquelles estados á Madama Margarida sua tia.

4. Em o mesmo anno continuando a paz feita em França, e amizade com El Rey d'Inglaterra, embarcandose sua Mag. em Vlissinga (4), como ditto he, passou o mar do poente, e veo á Hespanha a primeira vez, onde esteve tee o anno de 20. E continuando seu caminho atee Tordesilhas, foi beijar as mãos á Rainha sua mai; e partindose d'ahi e indo á Mojados, achou ao Infante Dom Fernando seu irmão, ao qual recebeo com grande e fraternal amor. Neste tempo morreo o Cardeal Frey Francisco Ximenes, que El Rey Catholico deixara por governador dos d^s reinos. E proseguindo seu caminho, chegou sua Mag. á Valhadolid, onde ajuntou cortes dos reinos de Castella, e foi jurado por Rey juntamente com a Rainha sua mai. No qual tempo El Rey de França fez advirtir á sua Mag. de certa tenção sua e vontade que tinha de fazer guerra á El Rey d'Inglaterra por cobrar, segundo dizia, á Tornay que, como dantes se disse, fora tomada. Ao que sua Mag. respondeo conforme os concertos que tinha feitos com os d^s dous Reys. A qual resposta, ainda que branda, justa e conforme á razão, foi tomada de sorte que El Rey de França se resentio tee pouco despois começar a guerra, e o Ingrez não teve o reconhecimento que a tal resposta merecia, porque logo se concertaram e união ambos, fazendo pouco caso dos concertos que estavam feitos entre elles e El Rey Catholico. E por este accordo e união foi a ditta cidade de Tornay restituida aos Franceses.

son ordre de la Toison d'or à Bruxelles. Ce fut l'année où mourut le roi catholique, et dorénavant l'archiduc prit le titre de roi. En ce temps, il recouvra, non sans quelque résistance, le pays de Frise.

3. [1516-1517] Ensuite le roi de France désira négocier de nouveau avec sa Majesté, à cause de son récent avènement, ce qui se fit à Noyon dans le même temps et la même année, et, pour ratifier ce qui de nouveau avait été conclu, ledit roi de France envoya le Sieur D'Orval. Sa Majesté demeura dans lesdits Pays-Bas jusqu'au 8 septembre, où Elle s'embarqua à Flessingue pour l'Espagne. Elle laissa, pour la première fois, en son absence, gouvernante de ces États, Madame Marguerite, sa tante.

4. [1517-1519] La même année, la paix avec la France et l'amitié avec le roi d'Angleterre se continuant, Sa Majesté, qui s'était embarquée, comme il a été dit, à Flessingue, traversa la mer de ponant et vint, la première fois, en Espagne, où Elle demeura jusqu'à l'année 1520. Et continuant son voyage, Elle se rendit à Tordesillas pour y baiser les mains de la reine sa mère; puis, partant de là, Elle alla à Mojados où Elle rencontra l'infant Don Ferdinand son frère, qu'Elle reçut en lui témoignant un grand et fraternel amour. En ce temps, mourut le cardinal Fr. Francisco Ximenez, que le roi catholique avait créé gouverneur de ces royaumes. Et poursuivant sa route, Sa Majesté arriva à Valladolid, où Elle convoqua les États des royaumes de Castille et y fut proclamée roi conjointement avec la reine sa mère. En ce temps, le roi de France informa Sa Majesté de l'intention qu'il avait de déclarer la guerre au roi d'Angleterre pour recouvrer, disait-il, Tournay, qui, ainsi qu'il a été dit auparavant, avait été pris. A quoi Sa Majesté répondit conformément aux accords qu'elle avait faits avec les deux rois. Réponse, qui, bien que courtoise, juste et conforme à la raison, fut très mal prise, et le roi de France en conçut tant de ressentiment que peu après il commença la guerre. L'Anglais de son côté ne témoigna pas la reconnaissance qu'une telle réponse méritait, car aussitôt les deux rois se concertèrent et s'unirent, sans se soucier des conventions faites entre eux et le roi catholique. En vertu de cet accord, ladite ville de Tournay fut restituée aux Français.

5. Neste tempo, que foi o anno de 18, se partio sua Mag. com o Infante (4 vº) seu irmão de Valhadolid para Çaragoça, e no caminho deixou em Aranda ao Infante, o qual se partio do d. lugar, e se foi embarcar em Santandrez, e de lá passou por mar á Flandres, onde foi recebido de Madama sua tia. E sua Mag. continou seu caminho teo Çaragoça, onde da mesma maneira ajuntou Cortes, e foi jurado por Rey.

6. Em o anno 19 sua Mag. teve Cortes em Barcelona, onde tambem se fez o mesmo, e no caminho soube da morte do Emperador Maximiliano seu avo. E estando nas dˢ Cortes lhe vieram novas da sua eleição ao Imperio, a qual lhe foi mandada denunciar pelo Duque Federico Conde Palatino. De lá se partio para se ir embarcar em a Corunha, e tomar a primeira coroa em Aquisgran.

7. Sua Mag. se embarcou em o d. porto da Corunha, deixando por Governador ao Cardeal de Tortosa, e despois nomeando juntamente com elle aos Condestable e Almirante de Castella, Dom Inhigo de Velasco, e Dom Fadrique Henriquez. E passando o mar do Poente a segunda vez, desembarcou a primeira em Inglaterra, onde se vio a segunda vez com El Rey, e, não obstante o que acima se disse, se trattou e fez mais particular paz com o d. Rey. E de lá passou aos Estados de Flandres, onde foi recebido de Madama sua tia e do Infante seu irmão. Esta foi a primeira volta (5), que sua Mag. fez aos dˢ Estados, donde resultou a 3ª vista em Gravelinga e em Cales entre o Emperador e El Rey Henrique d'Inglaterra. De lá se partio e continou seu caminho atee Aquisgran, onde foi coroado. E dalli se tornou Madama Margarida sua tia á governar os dˢ Estados a 2ª vez, e tambem deixou alli ao Infante seu irmão, e teve a primeira dieta em Vormes, que foi a primeira vez que entrou em Alemanha, e pelo Rin, e neste tempo começaram á pullular as heregias de Luthero em Alemanha, e as Communidades em Hespanha.

8. Estando sua Mag. em a d. Dieta, mandou chamar ao Infante seu irmão, o qual se partio dalli para se ir casar com a irmãa del Rey Luis d'Ungria conforme ao que o Emperador Maximiliano deixara concertado. E durando a mesma Dieta, começou á mover guerra Messer Roberto de

5. [1518] En ce temps, qui fut l'an 1518, Sa Majesté partit avec l'infant son frère de Valladolid pour Saragosse, et en chemin Elle laissa à Aranda l'infant, qui quitta ledit lieu et alla s'embarquer à Santander pour passer de là en Flandre, où il fut reçu par Madame sa tante. Et Sa Majesté continua sa route jusqu'à Saragosse, où de la même manière Elle réunit les États et fut proclamée roi.

6. [1519-1520] L'an 1519 Sa Majesté tint les États à Barcelona, où Elle fut de même proclamée, et en chemin Elle apprit la mort de l'empereur Maximilien son grand-père. Pendant la tenue desdits États, Elle reçut la nouvelle de son élection à l'empire qu'on lui fit annoncer par le duc Frédéric, comte palatin. De là Elle partit pour s'embarquer à la Corogne et pour recevoir la première couronne à Aix-la-Chapelle.

7. [1520-1521] Sa Majesté s'embarqua audit port de la Corogne, ayant laissé pour gouverner le cardinal de Tortosa, auquel Elle adjoignit plus tard le connétable et l'almirante de Castille, D. Iñigo de Velasco et D. Fadrique Enriquez. Et après avoir traversé une deuxième fois la mer de ponant, Elle débarqua pour la première fois en Angleterre, où Elle se rencontra pour la deuxième avec le roi, et, malgré ce qui a été dit plus haut, une alliance plus étroite fut conclue avec ledit roi. De là Elle passa dans les États de Flandre, où Elle fut reçue par Madame sa tante et par l'infant son frère. Ce fut le premier retour de Sa Majesté dans lesdits États, d'où résulta une troisième entrevue à Gravelines et à Calais entre l'empereur et le roi Henri d'Angleterre. Puis le premier partit et continua son chemin jusqu'à Aix où il fut couronné. De là, Madame Marguerite sa tante retourna gouverner pour la deuxième fois lesdits États. L'empereur laissa aussi à Aix l'infant son frère et tint la première diète à Worms. Ce fut la première fois qu'il entra en Allemagne et par le Rhin. En ce temps, commencèrent à pulluler les hérésies en Allemagne et les *Comunidades* en Espagne.

8. [1521] Sa Majesté, étant à la diète, manda auprès de lui l'infant son frère, qui partit de là pour épouser la sœur du roi Louis de Hongrie, conformément à ce que l'empereur Maximilien avait réglé. Et pendant la même diète, Messire Robert de la Mark commença la guerre qui eut

la Marcha, a qual se originou da reposta dantes ditta, que El Rey Carlos Catholico tinha dado em o anno de 18 em Valhadolid á El Rey de França, da qual não soomente não pode dissimular o desgosto e pouca satisfação que tinha, mas cada dia ia em crescimento, e muito mais despois que o ditto Rey Catholico foi eleito em emperador; e lhe foram continuamente feitos requerimentos, e postas condições tão desarrezoadas, e per termos tão exorbitantes, que não pode vir nem condescender nellas. Pola qual causa, e outras praticas e intelligencias que havia em (5 v°) Italia e em Hespanha com as Communidades, começaram em o anno 21 as guerras entre sua Mag. Imperial e El Rey de França, nas quaes o d. Messer Roberto perdeo a maior parte de suas terras, que lhe foram tomadas pelo Conde Henrique de Nassao, que então era capitão geral do exercito, e continuaram as d^s guerras tee o anno de 25. Pola qual causa sua Mag. foi forçado accabar a d. Dieta mais como pode que como desejava e determinava fazer, e assi se partio para resistir aquellas guerras.

9. Sua Mag. tornou pelo Rin aos Estados de Flandres a 2ª vez, no qual tempo os das Communidades em Hespanha foram vencidos, e os Franceses rottos e lançados do reino de Navarra, o qual tinham occupado, como tambem fizeram á Fonteravia, accabadas estas cousas e antes que este anno passasse. E tendo El Rey de França neste mesmo tempo mandado hum exercito em Lombardia, e cercado com elle á Pavia, que o Marquez Federico de Mantua, que então estava dentro, defendia, e sendo tambem mandado outro exercito per virtude de huma liga, que o Emperador então fez com o Papa Leão e Venezianos, foram os Franceses despois lançados do Ducado de Milão, sendo cabeça do exercito da liga Prospero Colonna, e foi o d. Ducado per virtude da mesma liga dado ao Duque Francisco Esforcia. Neste mesmo tempo, de ordem do Emperador, foi cercada Tornay (6) pelo Conde de Nassao, e entregue á sua Mag. pelos Franceses, que a então tinham, por quanto El Rey d'Inglaterra lha tinha dantes dado. O exercito del Rey de França tentou no anno de 22 entrar outra vez em o Ducado de Milão, mas pelo d. Prospero Colonna e pelo exercito da liga se lhe resistio de tal manera que elle perdeo a batalha da Bicoca, e Genova pouco depois foi tomada.

pour cause la réponse, rapportée plus haut, que le roi catholique Charles avait donnée l'an 1518, étant à Valladolid, au roi de France. Celui-ci non seulement ne put dissimuler le mécontentement qu'il en ressentit, mais ce sentiment s'accrut chaque jour, surtout depuis l'élection à l'empire du roi catholique. Continuellement, il adressait à l'empereur des demandes et lui posait des conditions si déraisonnables et en termes si exorbitants que ce dernier ne put y condescendre. Pour ces raisons, et pour certaines pratiques que le roi de France entretenait en Italie et avec les *Comunidades* en Espagne, éclatèrent en 1521 les guerres entre Sa Majesté Impériale et le roi de France, au cours desquelles Messire Robert perdit la plus grande partie de ses terres qui lui furent prises par le comte Henri de Nassau, alors capitaine général de l'armée, et ces guerres continuèrent jusqu'en 1525. En conséquence, l'empereur fut contraint de clore ladite diète, plutôt comme il le put que comme il désirait ou pensait le faire, puis il partit pour résister à ces guerres.

9. [1521-1522] Sa Majesté par le Rhin retourna dans les États de Flandre une deuxième fois, auquel temps les fauteurs des *Comunidades* furent vaincus et les Français battus et chassés du royaume de Navarre qu'ils avaient occupé, comme ils occupèrent aussi Fontarabie après ces événements et avant que cette année ne fût écoulée. En ce temps, le roi de France ayant envoyé une armée en Lombardie et assiégé avec elle Pavie, que le marquis Frédéric de Mantoue, qui s'y trouvait, défendait, une autre armée, réunie en vertu d'une ligue qui fut conclue alors entre l'empereur, le pape Léon et les Vénitiens, chassa ensuite les Français du duché de Milan. L'armée de la ligue avait pour chef Prospero Colonna et grâce à cette ligue ledit duché fut donné au duc François Sforza. Dans le même temps, sur l'ordre de l'empereur, Tournay fut assiégé par le comte de Nassau et rendu à Sa Majesté par les Français qui l'occupaient depuis que le roi d'Angleterre le leur avait donné. L'armée du roi de France tenta en 1522 d'envahir de nouveau le duché de Milan, mais ledit Prospero Colonna, avec l'armée de la ligue, leur résista de telle sorte que les Français perdirent la bataille de la Bicoque et que Gênes fut peu après prise.

10. Deixando sua Mag. a 3ª vez á Madama sua tia por governadora dos Estados de Flandres, se embarcou em Cales e passou á Inglaterra a 2ª vez, onde se vio a 4ª com El Rey, e, depois de ter alli estado alguns dias, se embarcou em Antona, e passou o mar do poente a 3ª vez, e á Hespanha a 2ª, onde tambem foi beijar as mãos á Rainha sua mai, e ahi esteve tee o anno de 29. E ao mesmo tempo de sua chegada o Papa Adriano, que fora eleito per morte do Papa Leão, s'embarcou em Barcelona para Roma. Sua Mag. continuou seu caminho atee Valhadolid, onde teve Cortes por accabar de quietar as alterações passadas, e, exceituando alguns dos mais culpados, deu perdão geral á todos os mais que o tinham offendido.

11. Em o anno 23, estando o Emper. em a d. guerra de França, teve alguma communicação e intelligencia com o Duque Carlos de Borbon, o qual se tinha por injuriado de alguns aggravos que (6 vº) lhe foram feitos, polos quaes se passou ao serviço de sua Mag. Imperial, que, indo a Pamplona com exercito para entrar em França, mandou por Capitão geral delle ao Condestable de Castella, D. Inhigo de Velasco, o qual entrou per aquelle reino, e da volta cobrou á Fonteravia.

12. Isto feito, o Emperador tornou em o anno de 24 ao reino de Toledo, onde adoeceo de quartãas, que o deixaram em o principio do anno seguinte de 25. No qual tempo El Rey de França pos cerco á Pavia, onde Antonio de Leyva tinha o cargo principal, e na batalha que se deu diante della o d. Rey foi preso pelo dantes d. Duque de Borbon, Capitão Geral do Emperador, e per Carlos de Lanoy, seu Vicerey em Napoles, e Dom Francisco Davalos, Marques de Pescara, seus principaes Capitães, e foi pelo d. Vicerey de Napoles El Rey levado á Hespanha á Madrid, onde adoeceo, e o Emperador o visitou, que foi a primeira vez que elles se viram. Estando despois o Emperador em a d. villa de Madrid, se trattou e assentou paz com o d. Rey, e o casamento da Rainha viuva de Portugal, Madama Leonor, sua irmãa. Neste mesmo tempo, chegou tambem o Duque de Borbon, o qual se tornou logo á Milão, sendo investido por sua Magestade daquelle estado.

10. [1522] Sa Majesté, ayant laissé pour la troisième fois Madame sa tante gouvernante des États de Flandre, s'embarqua à Calais et passa pour la deuxième fois en Angleterre, où Elle se rencontra pour la quatrième avec le roi, et après avoir séjourné en ce pays quelques jours, Elle s'embarqua à Southampton, traversa pour la troisième fois la mer de ponant et aborda pour la deuxième en Espagne, où de nouveau Elle alla baiser les mains de la reine sa mère et demeura là jusqu'à l'année 1529. Au moment de son arrivée, le pape Adrien, élu après la mort du pape Léon, s'embarqua pour Rome à Barcelone. Sa Majesté continua son voyage jusqu'à Valladolid, où Elle tint les États pour achever d'apaiser les révoltes passées, et ayant excepté quelques-uns des plus coupables, Elle accorda un pardon général à tous les autres qui l'avaient offensé.

11. [1523-1524] En l'année 1523, l'empereur, occupé par la guerre avec la France, eut quelque intelligence avec le duc Charles de Bourbon, qui se tenait pour offensé de certains torts dont il avait eu à souffrir, en conséquence de quoi il passa au service de l'empereur. Celui-ci s'étant rendu à Pampelune pour entrer en France avec l'armée, en nomma capitaine général D. Iñigo de Velasco, connétable de Castille, lequel pénétra dans ce royaume et à son retour recouvra Fontarabie.

12. [1524-1526] Cela fait, l'Empereur revint l'an 1524 dans le royaume de Tolède, où il tomba malade de fièvres, qui le quittèrent au commencement de l'année suivante 1525. En ce temps, le roi de France assiégea Pavie, où Antonio de Leiva exerçait le commandement en chef, et, dans la bataille qui se livra sous les murs de la ville, le roi fut pris par le susdit duc de Bourbon, capitaine général de l'empereur, par Charles de Lannoy, son vice-roi de Naples, et par D. Francisco d'Avalos, marquis de Pescara, ses principaux capitaines. Et il fut conduit par ledit vice-roi de Naples en Espagne, à Madrid, où il tomba malade et où l'Empereur le visita, et ce fut la première fois qu'ils se virent. L'empereur étant ensuite revenu à Madrid, la paix avec ledit roi y fut conclue, ainsi que le mariage de la reine veuve de Portugal, Madame Éléonore, sœur de Sa Majesté. En ce temps vint aussi le duc de Bourbon, qui retourna bientôt à Milan, investi par Sa Majesté du gouvernement de cet État.

13. O Emperador se partio em o anno de 26 de Toledo para Sevilha, onde se casou, e no caminho teve novas da morte da Rainha de Dinamarca sua irmãa. E á mesma cidade de Sevilha veo o (7) Senhor Infante Dom Luis de Portugal, seu cunhado, á visitar assi á sua Mag. como á Emperatriz sua irmãa. Esta foi a primeira vez que sua Mag. vio ao d. Sr Infante. Neste mesmo tempo, soltou tambem á El Rey de França por dous de seus filhos conforme ás condições dos concertos feitos em Madrid. O qual logo despois tornou á renovar a guerra, e foi sua Mag. Imperial desafiado em Granada per virtude de huma liga feita entre o Papa Clemente, que fora eleito por morte do Papa Adriano, e os Reys de França e d'Inglaterra, e a Senhoria de Veneza. Ao qual desafio sua Mag. respondeo. No mesmo lugar lhe vieram novas da morte e rotta pelos Turcos del Rey Luis d'Ungria, seu cunhado. Pola qual causa sua Mag. ajuntou cortes geraes em Valhadolid de todos seus reinos de Castella para trattar do remedio e resistencia que se poderia fazer aos Turcos, onde sua Mag. se achou em o anno de 27, no qual anno nasceo seu filho Phelippe Principe de Hespanha. No mesmo tempo e no mesmo lugar, lhe vieram novas como o seu exercito, que levava o Duque de Borbon, per assalto, no qual o d. Duque foi morto, entrara em Roma e tinha encerrado ao Papa Clemente em o Castello de Sant' Angel, ao qual Castello foi despois posta guarda pelo Principe d'Orange, que pela morte do d. Duque de Borbon ficára governando o exercito; e o Papa esteve em o d. Castello tee que, tendose concertado (7 v°) com o exercito, foi por mandado de sua Mag. posto em liberdade. Neste mesmo tempo em a cidade de Burgos, o Emperador foi desafiado dos Reys de França e d'Inglaterra sob color da detenção do Papa Clemente, ao que sua Mag. respondeo, entre outras cousas, que este desafio não tinha ja lugar, visto como o Papa estava em sua liberdade, e o que tinha accontecido de sua detenção fora mais por culpa d'aquelles que o obrigaram á mandar para sua defensão tanta gente de guerra, que não foi bem obedecido, que por sua. Sendo tudo isto passado, sua Mag. se tornou para Madrid, onde fez Cortes dos reynos de Castella, em as quaes foi jurado por Principe dos d^s reynos Phelippe seu filho.

14. Partindose o Emperador em o anno de 28 para Va-

13. [1526-1528] L'empereur se rendit en 1526 de Tolède à Séville, où il se maria, et en route il apprit la mort de la reine de Danemark sa sœur. A Séville, vint aussi l'infant D. Luiz de Portugal, son beau-frère, pour visiter Sa Majesté et l'impératrice, qui était sa sœur. Ce fut la première fois que l'empereur vit ledit infant. En ce temps aussi, l'empereur rendit la liberté au roi de France, contre deux de ses fils, conformément aux conditions de l'accord conclu à Madrid. Lequel roi aussitôt recommença la guerre et Sa Majesté fut défiée à Grenade en vertu d'une ligue formée entre le pape Clément, élu après la mort du pape Adrien, les rois de France et d'Angleterre et la Seigneurie de Venise. Et Sa Majesté répondit à ce défi. En ce lieu lui vinrent les nouvelles de la mort, et de la défaite par les Turcs, du roi Louis de Hongrie, son beau-frère, ce qui contraignit Sa Majesté de réunir les États généraux de tous ses royaumes de Castille à Valladolid pour y traiter des moyens de remédier à ce désastre et de résister aux Turcs. L'empereur assista à Valladolid, l'an 1527, à la naissance de son fils Philippe, prince d'Espagne. En ce temps et en ce lieu, il fut informé que son armée, commandée par le duc de Bourbon s'était emparée de Rome, à la suite d'un assaut où périt ledit duc, et avait assiégé le pape Clément dans le château Saint-Ange, lequel château fut ensuite mis sous la garde du prince d'Orange, qui, par la mort dudit duc de Bourbon, avait pris le commandement de l'armée. Le pape demeura dans ledit château jusqu'à ce qu'un accord étant intervenu avec l'armée il fut, par ordre de Sa Majesté, mis en liberté. En ce même temps, à Burgos, l'empereur fut défié par les rois de France et d'Angleterre, sous prétexte de la détention du pape Clément. A ce défi l'empereur répondit, entre autres choses, qu'il n'avait pas de raison d'être, puisque le pape jouissait de sa liberté et que de sa détention ils étaient plus responsables que lui, qui avait été contraint, pour sa propre défense, d'envoyer tant de gens de guerre dont il n'avait pas été bien obéi. Cela fait, Sa Majesté revint à Madrid où Elle convoqua les États des royaumes de Castille, en présence desquels son fils Philippe fut proclamé prince desdits royaumes.

14. [1528] En 1528, l'empereur, s'étant mis en route pour

lhadolid, se sentio a primeira vez tocado da gotta, e teve novas como a armada que El Rey de França mandara á Italia com cor de querer livrar o Papa Clemente, o qual, como fica ditto, estava ja livre, passara avante acommetter e assaltar o reino de Napoles, do qual elles tomaram huma grande parte e poseram cerco á cidade, dentro da qual se fora metter o exercito que tinha estado em Roma. Em o qual exercito se achava o principe d'Orange, Dom Afonso Davalos, Marquez do Vasto, e Alarcon, que tivera o Castello de Sant' Angel, e Dom Hugo de Moncada, que estava em a d. cidade de Napoles, por quanto se achou ahi ao tempo da morte do Vicerey (8) Dom Carlos ; e porque cada hum delles pretendia ter o cargo e mando principal, não concordavam bem entre si, mas con todo elles fizeram tam bem seu dever que com a ajuda de Deus o ditto reino e cidade foram defendidos, e o exercito francez rotto e desbaratado. Durando este cerco, Dom Hugo de Moncada saio com algumas galés contra outras da esquadra do principe Doria, onde o d. Hugo foi morto e a maior parte das suas galés tomadas.

15. Sua Mag. continou com o que determinava fazer, que era ir á Monçon ter Cortes dos tres reinos de Aragão, as quaes accabadas se tornou á Madrid, aonde achou a Emperatriz parida da Infanta Dona Maria sua primeira filha. Onde logo despois chegaram os Deputados do Principe Doria que se offerecia de vir com suas galés e com as que foram tomadas de fronte de Napoles ao serviço de sua Mag. por algumas causas e mao trattamento que lhe fora feito, o qual sua Mag. acceitou de boa vontade, por este offerecimento lhe ser de muito gosto e necessario para o que trattava fazer, e que cada dia se lhe podia offerecer. Porque logo dalli se partio para Toledo, e ahi deixou a Emperatriz para governar em sua absencia todos seus reinos de Hespanha, donde determinava de logo se partir polo desejo que tinha de dar a melhor ordem que lhe fosse possivel aos erros antes d^s de Alemanha, que, como está ditto, sua Mag. deixára o remedio (8 v°) imperfeito por causa das guerras que lhe foram movidas, e tambem para resistir áquellas que da banda d'Italia continuamente se lhe faziam, e juntamente de huma vez tomar nella as coroas que lhe

Valladolid, se sentit pour la première fois atteint de la goutte, et reçut l'avis que l'armée envoyée par le roi de France en Italie, sous prétexte de délivrer le pape Clément, lequel, comme il a été dit, se trouvait déjà en liberté, avait passé outre pour conquérir le royaume de Naples, dont les Français prirent une grande partie, mettant le siège devant la ville où vint s'enfermer l'armée qui avait occupé Rome. En cette armée se trouvait le prince d'Orange, Don Alfonso Davalos, marquis del Vasto, Alarcon, qui avait eu sous sa garde le château Saint-Ange, et Don Hugo de Moncada, demeuré dans la ville de Naples parce qu'il s'y trouvait lors de la mort du vice-roi Charles de Lannoy ; et comme chacun d'eux aspirait à exercer le commandement en chef, ils ne s'accordaient pas bien ensemble. Malgré cela, ils firent si bien leur devoir qu'avec l'aide de Dieu le royaume et la ville se défendirent contre l'armée française, qui fut battue et mise en déroute. Pendant ce siège, Don Hugo de Moncada se porta avec quelques galères contre d'autres galères de l'escadre du prince [Filippino] Doria, d'où résulta que ledit Hugo périt et que la plus grande partie de ses galères furent prises.

15. [1528] Sa Majesté continua ce qu'Elle avait résolu de faire et se rendit à Monzon pour y tenir les États des trois royaumes d'Aragon ; après quoi Elle revint à Madrid où Elle trouva l'impératrice accouchée de l'infante Marie, sa première fille. Là, bientôt après, se présentèrent les députés du prince [Andrea] Doria, lequel offrait d'entrer au service de Sa Majesté, avec ses galères et celles qui avaient été prises devant Naples, pour certains motifs et à cause du mauvais traitement qu'il avait éprouvé. Sa Majesté accepta volontiers cette offre, qui lui était très agréable et nécessaire pour ce qu'il se proposait de faire et pour ce qui chaque jour pouvait s'offrir. C'est pourquoi l'empereur partit de là pour Tolède et en cette ville il laissa l'impératrice gouvernante en son absence de tous ses royaumes d'Espagne, que le désir qu'il avait de porter le meilleur remède possible aux hérésies déjà mentionnées d'Allemagne le décida à quitter sans retard, car, comme il a été dit, Sa Majesté avait dû suspendre le remède à cause des guerres qui lui furent déclarées. Elle voulait encore s'opposer à celles qu'on lui faisait constamment du côté de l'Italie, puis aussi y ceindre en

faltavam, e por se achar mais perto para poder resistir ao Turco, que se dizia vir contra a Christandade.

16. Para os effeitos sobred^s o Emperador se partio da cidade de Toledo para Barcelona, onde logo despois chegou tambem o Principe Doria com suas galés e onde accabou de apprestar e pôr em ordem toda sua armada para se embarcar e ir, como fica ditto, coroarse á Italia, não obstante a liga dantes ditta que contra sua Mag. estava feita, a qual no mesmo instante se começou á desfazer. Porque estando ainda em Barcelona, trattaram de pazes o Papa Clemente e sua Mag., e ahi vieram novas de como Monsiur de Sant Polo fora em o estado de Milão desbaratado e preso per Antonio de Leyva, governador daquelle estado, e no mesmo tempo estava em Cambray Madama Margarida, sua tia, trattando de paz com Madama Regente, mai del Rey.

17. Isto feito, tendose sua Mag. embarcado e dando á vela toda sua armada, passou o mar de levante e chegou a primera vez á Italia, e navegando ao longo da costa de França ouvio dizer que a paz estava feita, de que não teve (9) certeza tee chegar á Saona, a qual tendo visto, mandou de Genova ao Sr de Chaux, seu sommeiller de corps, para a ratificar, e dali se partio por entrar mais avante em Italia, onde foi advirtido que o Turco, tendo passado per Ungria, pos cerco e deu assalto á Vienna, que foi causa d'o Papa Clemente e o Enperador se verem ambos a primeira vez em Bolonha (onde a segunda vez a gotta tentou á sua Mag.); e no mesmo lugar soube como a Emperatriz parira Fernando, seu segundo filho, de cuja morte o anno seguente teve novas em Augusta. E por sua Mag. ficar mais livre para resistir ao Turco, e por deixar Italia quieta, tomou suas coroas na d. cidade de Bolonha, fez pazes com os Venezianos, e investio de novo do Estado de Milão ao Duque Francisco Esforcia. E despois de huma larga guerra feita pelo Papa e sua Mag. aos Florentins, em a qual o principe d'Orange, que ja era Vicerey de Napoles, teve o cargo de Capitão Geral, foi restituida á casa dos Medicis a ditta cidade de Florença e investido o Duque Alexandre daquelle Estado. Nesta empresa foi morto o Principe d'Orange e lhe soccedeo nella Dom Fernando de Gonzaga, e em Napoles o Cardeal Caracciolo tee sua Mag. ordenar outra cousa.

une fois les couronnes qui lui manquaient encore et se trouver plus près du Turc, dont on disait qu'il devait attaquer la chrétienté, afin de pouvoir mieux lui résister.

16. [1528-1529] En conséquence, l'empereur se rendit de Tolède à Barcelone où, aussitôt après son arrivée, le prince Doria vint aussi avec ses galères. Là fut armée l'escadre où l'empereur devait s'embarquer pour aller, comme il a été dit, se faire couronner en Italie, malgré la ligue sus-mentionnée qui s'était faite contre Sa Majesté et qui alors commença à se rompre, car, avant de quitter Barcelone, Sa Majesté avait traité de la paix avec le pape Clément et l'on y reçut la nouvelle que M. de Saint-Pol avait été battu et pris dans le Milanais par Antonio de Leiva, gouverneur dudit État ; et dans le même temps Madame Marguerite, tante de l'empereur, traitait de la paix avec Madame régente, mère du roi.

17. [1529-1530] Après donc que l'empereur se fut embarqué et que toute l'escadre eut mis à la voile, il passa la mer de levant et aborda la première fois en Italie. Pendant qu'il naviguait le long des côtes de France, il entendit dire que la paix était faite, mais il n'en acquit la certitude qu'en arrivant à Savone. Après en avoir été assuré, il envoya de Gênes le sire de La Chaulx, son sommelier de corps, pour la ratifier, puis il partit de là et s'avança en Italie, où il apprit que le Turc, après avoir traversé la Hongrie, avait mis le siège devant Vienne et lui avait donné l'assaut. Cela fut cause de la première rencontre du pape Clément et de l'empereur à Bologne (où ce dernier ressentit son deuxième accès de goutte). Et en ce même lieu, il sut que l'impératrice avait mis au monde Ferdinand, son second fils, de la mort duquel il fut informé l'année suivante à Augsbourg. Et pour être plus libre de résister au Turc comme pour laisser l'Italie tranquille, il prit ses couronnes à Bologne, fit la paix avec les Vénitiens et investit de nouveau François Sforza de l'État de Milan. Puis après une longue guerre menée par le pape et l'empereur contre les Florentins, pendant laquelle le prince d'Orange, déjà vice-roi de Naples, eut la charge de capitaine général, la ville de Florence fut rendue à la maison de Médicis et le duc Alexandre reçut l'investiture de cet État. Au cours de cette campagne, le prince d'Orange mourut et fut remplacé comme capitaine général

18. Entretanto per El Rey seu irmão e pelos mais que se acharão em Vienna se fez tal resistencia que o Turco, assi por esta causa (9 v°) como por entender as diligencias e preparações que se faziam para lhe resistir, teve por melhor retirarse. Neste mesmo tempo, como de cousa mais principal e necessaria, o Enperador sollicitou á sua S^de que para remedio da Germania e dos erros que iam multiplicando em a Christandade quisesse, como unico e principal remedio, convocar e celebrar hum Concilio geral, para o qual effeito sua S^de nomeou hum legado para se achar na Dieta de Augusta, e ahi fazer e determinar tudo o que para remedio das cousas d^s mais parecesse que convinha.

19. Estas cousas acabadas, tomando o Emperador a benção do Papa, se partio de Bolonha para ir á Dieta que tinha convocada em Augusta, aonde veo o legado do Papa para trattar do remedio dos erros d^s e para tambem prover e obviar aos males que o Turco intentava fazer. E assi passando per Mantua e per terra de Venezianos, chegou á Trento e á Alemanha a segunda vez, e no caminho se veo encontrar com sua Mag. El Rey seu irmão, e ambos juntos chegaram á d. Dieta de Augusta, aonde se concluio huma boa ajuda contra o Turco, a qual despois se pos em execução em Ratisbona. Neste tempo ouve tal prattica e intelligencia com os Electores que, vendo o Emperador por causa dos grandes reinos e terras que Deus lhe dera não poder residir tanto no Imperio quanto desejava e convinha, se trattou de eleger á El Rey seu irmão em Rey dos Romanos (10), e assi, a d. Dieta acabada, se partiram todos juntamente e foram a terceira vez pelo Rim atee Colonia, onde por causa da peste que avia em Francofort se propos de sua Mag. e se concluio a eleição do d. Rey seu irmão em Rey de Romanos.

20. O Enperador se partio da d. cidade de Colonia para Aquisgran á coroar o d. Rey, o que feito, El Rey e os Electores se foram cada hum á trattar de suas cousas e o Emperador tornou a terceira vez aos Estados de Flandres para dar ordem aos negocios que ahi tinha, assi por sua longa absencia como polas novas da morte de Madama Marga-

par Don Fernando de Gonzague, et à Naples par le cardinal Caracciolo, jusqu'à ce que Sa Majesté en ordonnât autrement.

18. [1530] Sur ces entrefaites, le roi son frère et ceux qui se trouvèrent avec lui à Vienne firent une telle résistance qu'à cause de cela le Turc, et par ce qu'il apprit des préparatifs qui se faisaient pour s'opposer à ses progrès, jugea préférable de se retirer. En ce temps, l'empereur sollicita du pape, comme chose très importante et nécessaire pour porter remède à l'Allemagne, et pour combattre les erreurs qui se multipliaient dans la chrétienté, qu'il consentît à convoquer et à célébrer un concile général, moyen unique de guérir ces maux. A cet effet, Sa Sainteté nomma un légat pour assister à la diète d'Augsbourg et y décider tout ce qui paraîtrait à propos pour remédier aux choses susdites.

19. [1530-1531] Cela fait, l'Empereur, après avoir reçu la bénédiction du pape, partit de Bologne pour se rendre à la diète qu'il avait convoquée à Augsbourg, où vint le légat du pape pour traiter du remède desdites erreurs et pour prévenir et empêcher les maux que le Turc se préparait à faire. Passant donc par Mantoue et le territoire des Vénitiens, il arriva à Trente, et en Allemagne pour la deuxième fois. En chemin, il se rencontra avec son frère et tous deux se rendirent à ladite diète d'Augsbourg, où fut accordé un bon subside contre le Turc, dont le payement s'effectua ensuite à Ratisbone. En ce temps, il y eut tant d'intrigues avec les électeurs que l'empereur, comprenant qu'à cause des grands royaumes et territoires qui lui avaient été donnés par Dieu il ne pouvait pas résider dans l'Empire autant qu'il le désirait et qu'il aurait convenu, s'occupa de faire élire son frère roi des Romains. Après donc la conclusion de ladite diète, ils partirent tous ensemble et prirent pour la troisième fois la voie du Rhin jusqu'à Cologne, où, à cause de la peste qui régnait à Francfort, Sa Majesté fit procéder à l'élection dudit roi son frère comme roi des Romains.

20. [1531] L'empereur quitta Cologne pour se rendre à Aix-la-Chapelle, où eut lieu le couronnement dudit roi. Après quoi, le roi et les électeurs se séparèrent pour s'occuper de leurs affaires et l'empereur se rendit pour la troisième fois dans ses États de Flandre afin de mettre ordre à ce qu'il avait à y régler, tant à cause de sa longue absence

rida sua tia, as quaes teve vindo pelo Rin abaxo. E para
melhor ordem, expedição e governo, rogou e metteo nelle
a Rainha d'Ungria, Madama sua irmãa, e tendo ajuntado e
accavado seus Estados e visitado parte daquellas terras com
sua ajuda e companhia, acabou e fez todo o que por entonces parecco mais conveniente e necessario, entre as quaes
cousas teve tambem o terceiro capitulo da ordem do Tusão
d'ouro em Tornay.

21. Em o principio do anno o Emperador, deixando a
primeira vez a Rainha d'Ungria, sua irmãa, no governo dos
d^s Estados de Flandres, se pos á caminho a quarta vez pelo
Rim para tornar a terceira vez á Alemanha, assi por ver se
podia fazer alguma cousa de proveito para remedio das
heregias que havia nella, como para resistir a vinda do
Turco, de que havia novas que estava para vir (10 v°) com
grande poder á destruir a Germania. Para o qual effeito
tinha convocado huma Dieta Imperial em Ratisbona para
nella pôr por obra o que se tinha prattıcado em a de Augusta para remedio do acima ditto. Neste caminho caio debaixo do cavalho andando á caça e se fez mal em huma
perna, donde despois lhe deu nella erisipola, da qual esteve
trabalhado todo tempo que se deteve em a ditta cidade
de Ratisbona, e na mesma tambem foi tocado a terceira
vez da gotta, e ahi morreo seu sobrinho o Principe de
Dinamarca.

22. Estando sua Mag. assi indisposto e trattando naquella
Dieta do remedio das cousas da religião, se tiveram novas
certas da vinda do Turco aos effeitos sobred^s. Pola qual
causa sua Mag^{de} juntamente com El Rey dos Romanos, seu
irmão, sollicitaram aos estados do Imperio de sorte que com
a boa vontade que tinham de fazer seu dever, suspendendo
pola brevidade do tempo os negocios da religião e deixandoos em o estado em que estavam, se ajuntou hum tal
exercito da parte do Imperio e da de suas Mag., Emperador
e Rey de Romanos, que o Turco, o qual queria vir cerca de
Vienna, onde o Emperador e El Rey de Romanos anticipan-
dose tinham ja chegado com seus exercitos, despois de ter
alguma de sua gente desbaratada pelo conde Federico Palatino, que então era general da gente (11) que o Imperio
dava (porque os d^s Turcos tinham muito entrado pela terra

que parce qu'en descendant le Rhin il apprit la mort de Madame Marguerite sa tante. Et pour assurer l'ordre, la bonne expédition des affaires et l'autorité, il appela et nomma gouvernante la reine de Hongrie, Madame sa sœur ; puis après avoir convoqué et tenu ses États, il visita une partie des provinces, prenant avec l'aide et en compagnie de la reine toutes les mesures les plus nécessaires, et, entre autres choses, il tint aussi le troisième chapitre de l'ordre de la Toison d'or à Tournay.

21. [1532] Au commencement de l'année, l'empereur ayant laissé pour la première fois la reine de Hongrie, sa sœur, gouvernante des États de Flandre, prit pour la quatrième fois la route du Rhin afin de retourner une troisième fois en Allemagne, avec l'intention soit de voir ce qu'il pourrait faire d'utile pour remédier aux hérésies qui y régnaient, soit de résister à l'invasion du Turc dont on disait qu'il se préparait à venir avec de grandes forces détruire la Germanie. A cet effet, il avait convoqué une diète impériale à Ratisbonne pour mettre à exécution ce qu'il avait traité dans celle d'Augsbourg en vue de remédier à ce dont il a été parlé. En route, il tomba de cheval à la chasse et se blessa à une jambe, ce qui y détermina un érésipèle dont il souffrit tout le temps qu'il passa à Ratisbonne. En cette ville, il fut atteint d'une troisième attaque de goutte et il y perdit son neveu le prince de Danemark.

22. [1532] Sa Majesté étant ainsi indisposée et occupée dans ladite diète à trouver un remède aux choses de la religion, Elle reçut des nouvelles certaines de la venue du Turc avec les intentions déjà dites. En conséquence, l'empereur et le roi des Romains son frère sollicitèrent les États de l'empire. Grâce au bon vouloir et au désir des États de remplir leur devoir, tandis qu'on laissait en suspens, à cause du manque de temps, les questions religieuses qui restèrent dans l'état où elles étaient, une armée si forte put être réunie, au nom de l'empire et des deux majestés, empereur et roi, que le Turc, prêt à marcher sur Vienne, où l'empereur et le roi des Romains, le prévenant, s'étaient déjà rendus, eut une partie de ses troupes mise en déroute par le comte palatin Frédéric, général alors des forces fournies par l'empire, car les Turcs s'étaient beaucoup avan-

dentro), determinou de trocar o caminho e de junto á Neostat se tornou, passando a Drava e a Sava, e se foi a volta de Constantinopla com grande perda e damno de sua gente, que foi principio para dalli em diante menos estimar suas forças. Naquelle mesmo estio, o Principe Doria, por divertir ao Turco, foi per mandado do Emperador commetter as suas terras maritimas e tomou a cidade de Corron na Morea, onde deixou gente para aguardar, e alem disto tomou outros muitos lugares e fez grande damno.

23. E vendo o Emperador que por entonces não avia mais que se podesse fazer contra o Turco e que era ja tarde para entender na recuperação de Ungria, e que tambem no exercito tinha dado grande peste, por evitar gastos superfluos determinou de despedir a gente toda, o que se fez sem desordem alguma: soomente os Italianos que sua Mag. tinha deliberado deixar em Austria para defensão daquelle estado, incitados per alguns roins espiritos, amotinandose sem causa alguma, se tornaram. Mas o Emperador, seguindo seu intento, se partio logo por ir a segunda vez á Italia e de lá á Hespanha, o que desejava muito fazer por estar ja em quattro annos absente da Emperatriz sua molher, e assi tambem desejava, passando per Italia, verse a segunda vez com o Papa Clemente (11 v°), assi para trattar da convocação do Concilio e remedio das cousas da religião e resistencia contra o Turco, como da perfeita paz e quietação de Italia. Sua Mag. continuando seu caminho pela provincia de Friul, chegou á Bolonha e se vio com sua S^{de} a segunda vez, donde não resultou inteiro effeito do que sua Mag. pretendia, e assi se partio para se ir embarcar á Genova, como logo fez.

24. Passou o Enperador a segunda vez o mar de levante e, vindo a terceira á Hespanha, desembarcou em Barcelona, aonde á Emperatriz com o Principe e a Infanta Dona Maria seus filhos o esperavam. E estando naquella cidade alguns dias, passou adiante á Monçon á ter as Cortes dos seus tres reinos d'Aragão, e estando nellas a Emperatriz padeceo graves doenças, as quaes passadas despois veo á Monçon, onde, as d^s cortes accabadas, suas Mag^s se partiram e chegaram á Toledo em o anno de 34, aonde tambem se tiveram Cortes, despois das quaes suas Mag^s se foram á Valhadolid,

cés dans l'intérieur du pays. Ils décidèrent donc de changer leur itinéraire et battirent en retraite près de Neustadt, en passant la Drave et la Save, pour se diriger sur Constantinople, après avoir éprouvé grande perte et dommage, ce qui fit que dès lors on commença à moins redouter leurs forces. En ce même été, le prince Doria, pour faire une diversion, attaqua par ordre de l'empereur les territoires maritimes du Turc et prit la ville de Coron en Morée, où il laissa une garnison en attendant, et en outre il s'empara de beaucoup d'autres places, y exerçant de grands ravages.

23. [1532-1533] L'empereur, considérant qu'il n'y avait rien à tenter de plus alors contre le Turc, qu'il était déjà trop tard pour essayer de récupérer la Hongrie et que la peste ravageait l'armée, décida, pour éviter des dépenses inutiles, de licencier toutes ses troupes, ce qui s'opéra sans aucun désordre. Seuls les Italiens que Sa Majesté avait résolu de laisser en Autriche pour la défendre, excités par quelques mauvais esprits, se mutinèrent sans motif et s'en retournèrent. Mais l'empereur, poursuivant son dessein, partit aussitôt afin de se rendre pour la seconde fois en Italie et de là en Espagne, ce qu'il désirait ardemment, ayant déjà passé quatre années loin de l'impératrice sa femme. Il désirait aussi, en traversant l'Italie, voir une seconde fois le pape Clément pour traiter avec lui de la convocation du concile, du remède à apporter à la question religieuse, de la résistance à opposer au Turc, de la pacification complète et de la tranquillité de l'Italie. Sa Majesté, continuant sa route par le Frioul, arriva à Bologne où Elle vit pour la seconde fois Sa Sainteté, mais n'ayant pas obtenu tout le résultat qu'Elle attendait de cette entrevue, Elle partit incontinent pour s'embarquer à Gênes.

24. [1533-1534] L'empereur traversa une seconde fois la mer du levant et abordant une troisième fois en Espagne, débarqua à Barcelone, où l'impératrice, accompagnée du prince et de l'infante Doña Maria ses enfants, l'attendait. Après avoir séjourné quelques jours en cette ville, l'empereur se rendit à Monzon pour tenir les États des trois royaumes d'Aragon, et, pendant qu'il les tenait, l'impératrice tomba gravement malade ; rétablie, elle vint à Monzon, d'où, après la clôture des États, Leurs Majestés se dirigèrent vers Tolède où Elles arrivèrent en 1534. Là se tinrent des États e

onde a Enperatriz moveo hum filho, e dalli, por causa da peste que avia no d. lugar, se foram á Palencia, onde o Enperador teve a quarta vez e se certificou que era gotta. No mesmo anno se partio do ditto lugar por ir á Madrid e invernar no reino de Toledo, onde naquelle tempo se trattou e ordenou de fazer a jornada de Tunes, que Barbaroxa naquelle mesmo estio conquistara com huma grossa armada de Turcos.

25. (12) Deixando sua Mag. a Enperatriz prenhe no governo de todos seus reinos de Hespanha a segunda vez, se partio de Madrid e chegou á Barcelona para dar principio á d. viagem de Tunes. Para o qual effeito se ajuntaram na d. cidade de Barcelona muitas armadas, assi a del Rey de Portugal, seu cunhado, como outras que vieram de Malaga e d'outras partes da costa de Hespanha. Vieram tambem as galés assi do Principe Doria, General do mar por sua Mag., como as d'Hespanha. Todas as quaes juntas e assi tambem os s^{rs} gentizhomens e fidalgos, gente da corte e da guerra, do mar e da terra, o Emperador s'embarcou a terceira vez em Barcelona para ir á Tunes e passar o mar de levante a terceira vez. E estando sua Mag. occupado nestas cousas, e tendo o s^r Infante Dom Luis de Portugal, seu cunhado, entendido e sabido a d. jornada que queria fazer sua Mag., e que era contra infieis, como Principe Christão e de grande animo, se quis achar nella, e assi se veo pela posta com algumas pessoas principaes do reino de Portugal á mesma cidade de Barcelona, onde o Emperador estava, que foi a segunda vez que se viram. Sua Mag. o recebeo e trattou o tempo daquella jornada como hum irmão deve fazer á outro e o melhor que lhe foi possivel.

26. E estando de todo prestes se embarcaram em a primavera e dando á vela foram forçados por causa dos temporaes á fazer sua viagem per Malhorca, aonde sua (12 v°) Mag. chegou a primeira vez com toda sua armada, e dalli á Menorca, onde tambem chegou a primeira vez, e dalli continuando sua derrota em Sardenha, onde sua Mag. semelhantemente chegou a primeira vez, achou toda sua gente do mar e da terra, que viera em galés e outros navios á ditta ilha de Sardenha, para alli se ajuntarem ambas as

après Leurs Majestés se rendirent à Valladolid où l'impératrice accoucha d'un enfant ; mais la peste s'étant déclarée en ce lieu, Elles allèrent à Palencia : l'empereur y eut un quatrième accès d'un mal qu'on reconnut être la goutte. La même année il quitta cette ville pour aller à Madrid et passer l'hiver dans le royaume de Tolède, et là fut préparée et arrêtée l'expédition contre Tunis, que Barberousse l'été de cette même année avait conquis avec une forte armée de Turcs.

25. [1535] L'empereur, laissant l'impératrice, qui était enceinte, chargée pour la seconde fois du gouvernement de tous ses royaumes d'Espagne, quitta Madrid et arriva à Barcelone pour préparer l'expédition contre Tunis. A cet effet se réunirent à Barcelone beaucoup d'escadres, aussi bien celle du roi de Portugal, son beau-frère, que diverses autres venues de Malaga et d'autres points de la côte d'Espagne. En ce lieu vinrent aussi les galères du prince Doria, général de la mer pour Sa Majesté, et celles d'Espagne. Tous ces navires réunis comme aussi les gentilshommes et hidalgos, les gens de cour et les soldats de terre et de mer, l'empereur s'embarqua pour la troisième fois à Barcelone pour se rendre à Tunis et traverser une troisième fois la mer du levant. Pendant que se faisaient ces préparatifs, l'infant Don Luiz de Portugal, qui avait appris l'expédition que projetait Sa Majesté et su qu'elle se faisait contre les infidèles, comme prince chrétien qu'il était et de grand courage, voulut y participer. Aussi vint-il par la poste avec quelques personnes considérables du royaume de Portugal à Barcelone, où l'empereur se trouvait, et ce fut la seconde fois qu'ils se virent. Pendant toute l'expédition, Sa Majesté le traita comme un frère traite un autre frère et le mieux qu'il lui fut possible.

26. [1535] Et tout étant prêt, ils s'embarquèrent au printemps ; et après avoir mis à la voile, ils furent contraints, à cause du mauvais temps, de se diriger sur Majorque, où Sa Majesté arriva avec toute son escadre pour la première fois ; puis Elle toucha, également pour la première fois, à Minorque, et de là, continuant sa navigation jusqu'en Sardaigne, où elle aborda toujours pour la première fois, Elle y trouva tous ses gens de mer et de terre qui étaient venus sur des galères et autres navires à ladite île de Sardaigne

armadas. E vieram assi tambem seis galés do Papa Paulo, que pouco tempo antes fora eleito por morte do Papa Clemente. E estando assi juntos partiram todos da ditta ilha de Sardenha, encommendandose primeiro á Deus, com cujo favor e graça chegaram antes de dia á terra de Africa. Sendo manhãa, o Emperador com suas galés tomou terra, aguardando as naos no porto Farino. E despois de fazer reconhecer e determinar o lugar em que se havia de desembarcar, pos a primeira vez entre cabo de Carthago e a Goletta o pee em Africa com toda sua gente de guerra, da qual o Marquez do Vasto era General, e despois de terem algumas escaramuças, e a Goletta per alguns dias estar cercada com grande batteria, foi ultimamente tomada per assalto.

27. Neste tempo o Emperador teve novas de como a Emperatriz parira a Infanta Dona Joana sua segunda filha. Poucos dias despois, sua Mag., deixando a Goletta e sua armada provida, com a gente de pee e de cavallo e algumas peças d'artilheria (13) caminhou para Tunes, e no caminho Barbaroxa com grande numero de Mouros assi á cavallo com á pee e muita artilheria que tinha, saindo de Tunes, veo encontrar á sua Mag. e á seu exercito entre huns poços e agoas, onde sua Mag. queria alojar para refrescar seus soldados, com os quaes ganhou o d. lugar e fez retirar aos enemigos com perda da artilheria e d'alguma gente, ainda que tambem dos de sua Mag. morreram alguns, e assi naquelle dia Barbaroxa se tornou á recolher em Tunes. Ao outro dia, rompendo a alva da manhãa, o Emperador pos em ordem seu exercito e marchou para a d. cidade de Tunes, nem Barbaroxa e sua gente poderam impedir que sua Mag. não entrasse nella com seu exercito, e tendoa saqueado e dado liberdade aos cattivos Christãos, restituio nella á El Rey Hassen, e despois tornando á Goletta a fortificou e se embarcou com tenção de ir tomar a cidade d'Africa, o que não pode fazer por ser o tempo contrario, e assi desde Calybia, que está na mesma costa d'Africa, o Emperador, atravessando a quarta vez o mar de levante, chegou a primeira á Sicilia, aonde despois de em hum parlamento que teve fazer e ordenar o que convinha para bem do reino, deixando por seu Vicerey á Dom Fernando de Gonzaga, passando o Pharo de Messina, pela Calabria se

afin que les deux escadres s'y réunissent. Là vinrent aussi six galères du pape Paul, qui peu de temps auparavant avait été élu par suite de la mort du pape Clément. Une fois la concentration faite, ils partirent tous de ladite île de Sardaigne, se recommandant d'abord à Dieu, par l'aide et la grâce de qui ils arrivèrent avant le jour en vue de l'Afrique. Au matin, l'empereur et ses galères prirent terre et attendirent les navires à Porto Farina, et, après avoir fait reconnaître et choisir le lieu du débarquement, il mit pour la première fois le pied en Afrique, entre le cap de Carthage et la Goulette, avec toute son armée dont le marquis del Vasto était le général. Il y eut ensuite quelques escarmouches, et la Goulette, fortement canonnée pendant plusieurs jours, fut enfin prise d'assaut.

27. [1534] En ce temps, l'empereur reçut la nouvelle que l'impératrice avait mis au monde l'infante Doña Juana, sa seconde fille. Quelques jours après, Sa Majesté, ayant laissé la Goulette et sa flotte bien pourvues, s'avança vers Tunis avec des troupes à pied et à cheval et quelques pièces d'artillerie. Sur la route, Barberousse, qui était sorti de Tunis accompagné de beaucoup de Mores fantassins et cavaliers, et une forte artillerie, rencontra Sa Majesté et son armée entre des puits et des étangs où l'empereur voulait camper pour rafraîchir ses soldats. Avec l'aide de ceux-ci, l'empereur occupa l'endroit et fit retirer les ennemis, avec perte de leur artillerie et de quelques hommes, lui ayant aussi perdu quelques-uns des siens, et ce jour Barberousse dut se retirer à Tunis. Le lendemain, au lever du jour, l'empereur rangea son armée et marcha sur Tunis. Ni Barberousse ni ses gens ne purent empêcher l'empereur d'y entrer à la tête de son armée. Après l'avoir mis à sac et avoir délivré les captifs chrétiens, il rendit le pouvoir au roi Hassan, puis, étant retourné à la Goulette, il la fortifia et s'embarqua dans l'intention de s'emparer de la ville d'Africa, ce qu'il ne put pas faire à cause du mauvais temps. Aussi, de Calibia, qui se trouve sur la même côte d'Afrique, l'empereur, traversant pour la quatrième fois la mer de levant, arriva pour la première fois en Sicile, où, après avoir dans un parlement réglé ce qu'il convenait de faire pour le bien du royaume, puis nommé vice-roi D. Fernando de Gonzague, il passa le Phare de Messine et, par la Calabre, vint à Na

veo a Napoles, e a terceira vez a Italia. Nesta viagem foi a quinta vez, por quatro vezes (13 v°), toccado da gotta.

28. Estando o Emperador em Napoles, fez parlamento em que trattou dos negocios do reino, e teve novas da morte da Rainha d'Inglaterra, do Principe de Piemonte, que estava em Hespanha, e de Francisco Esforcia, Duque de Milão. Durando este tempo, El Rey Francisco de França começou a terceira guerra por occupar ao Duque de Saboia seus estados, o que obrigou á sua Mag. Imperial á se partir o mais cedo que pode de Napoles por remediar e obviar áquelle aggravo. Sua Mag. chegou á Roma, onde estava o Papa Paulo (que foi a primeira vez que se vio com sua S^{de}), assi para trattar da paz de que fora sollicitado, como para que, faltando esta, podesse ajudar ao duque de Saboia, o qual, alem de ser vassallo do Imperio, estava casado com sua cunhada e prima coirmãa a Infanta Dona Beatriz de Portugal. Em Roma se trattou e practicou desta materia, e passaram muitas cousas que não foram mais que palavras sem effeito, donde se seguiram taes escritturas que sua Mag. não quis tomar cuidado de lhes responder como á cousas muito frivolas, mas determinou de seguir seu caminho. E tendo feito todas as provisões que então foi possivel, e desejando de achar modo e meio conveniente para restituir ao Duque a maior parte de seus Estados, de que fora com mão (14) armada e de feito despojado, deixando parte do exercito sobre Turim e fazendo entrar outro exercito pelos payses baixos á fim de molestar e fazer damno ao enemigo, do qual exercito era capitão o conde de Nassao, passou avante com o resto da gente que lhe ficava, da qual fez general á Antonio de Leyva, e entrou atee Aix em Provença, que foi a primeira vez que entrou em França e com exercito. Donde por ser ja tarde e ter necessidade de recorrer e accodir á empresa do enemigo, se tornou com todo exercito á Niza. Dalli se foi á Genova, onde licenciou e despedio do exercito a gente superflua e desnecessaria, e deixando providas as fronteiras de Piemonte, Monferrato e estado de Milão, do qual fez governador e seu capitão geral ao Marquez do Vasto, s'embarcou a segunda vez em Genova, e passando a quinta o mar de levante, tornou á Barcelona, que foi a quarta vez que veo á Hespanha.

ples et pour la troisième fois en Italie. Au cours de ce voyage, il fut, pour la cinquième fois et à quatre reprises, atteint de la goutte.

28. [1535-1536] A Naples, l'empereur tint un parlement où il s'occupa des affaires du royaume, et là il apprit la mort de la reine d'Angleterre, du prince de Piémont, qui était en Espagne, et de François Sforza, duc de Milan. Sur ces entrefaites, le roi François de France commença sa troisième guerre pour occuper les États du duc de Savoie, ce qui obligea Sa Majesté Impériale de partir le plus vite possible de Naples pour résister à cette attaque. Sa Majesté vint à Rome, où se trouvait le pape Paul (et ce fut sa première rencontre avec lui), tant pour traiter de la paix qui lui était demandée que pour s'occuper, au cas où cette paix ne se ferait pas, de secourir le duc de Savoie, qui, outre qu'il était vassal de l'empire, avait épousé sa belle-sœur et cousine germaine Béatrice de Portugal. A Rome, ces questions furent agitées et discutées, et beaucoup de négociations eurent lieu qui se passèrent en paroles sans effet. Il en résulta certains écrits auxquels Sa Majesté ne voulut pas prendre la peine de répondre, les considérant comme très frivoles. L'empereur décida donc de continuer son voyage, et comme il était animé du désir de trouver des moyens appropriés pour rendre au duc la plus grande partie de ses États, dont il avait été dépouillé à main armée et de fait, il prit alors les mesures qu'il put, laissa une partie de l'armée devant Turin et en fit entrer une autre, commandée par le comte de Nassau, dans les Pays-Bas pour molester l'ennemi et lui causer du dommage. Lui-même se porta en avant avec les troupes qui lui restaient et que commandait Antonio de Leiva, et pénétra jusqu'à Aix-en-Provence : ce fut la première fois qu'il entra en France et à la tête d'une armée. Mais parce que la saison était déjà avancée et qu'il était nécessaire de surveiller les mouvements de l'ennemi, il revint avec l'armée à Nice, et de là à Gênes, où il licencia la partie de l'armée superflue, laissant garnies les frontières du Piémont, du Monferrat et de l'État de Milan, dont il fit gouverneur et capitaine général le marquis del Vasto ; puis il s'embarqua une seconde fois à Gênes, et, après avoir traversé pour la cinquième fois la mer de levant, il aborda à Barcelone : ce fut la quatrième fois qu'il vint en Espagne.

29. O emperador veo pela posta á Tordesilhas, onde estava a Rainha sua mai e a Emperatriz sua molher, e de lá se tornou á Valhadolid, onde teve Cortes, e foi a 6ª vez bem gravemente toccado da gotta, e teve tambem novas como o Duque Alexandre de Medicis fora morto á treição e investio ao Duque Cosme de Medicis do Estado de Florença. Entretando veo o S.r Infante Dom Luis de Portugal á Valhadolid ver sua Mag. e a Emperatriz, que foi a 3ª vez que (14 vº) visitou suas Mag.s Poucos dias despois, sua Mag., deixando a Emperatriz prenhe, se foi á Monçon, onde teve as Cortes costumadas. Neste tempo El Rey de França fez hum subito exercito, com o qual entrou pelos Estados de Flandres, e em pouco tempo tomou á Hedin e á San Polo, a qual foi logo recobrada per assalto de hum exercito que a Rainha d'Ungria fez ajuntar, de que era General o Conde de Bura, o qual exercito tomou tambem do mesmo caminho á Monstrul e rompeo á Monsiur Annibal, que ia soccorrer de vitualha á Theroanna, que então estava cercada, a qual con tudo foi soccorrida, pelo que o cerco se levantou, e tambem se desamparou Monstrul. Vendo El Rey de França que as terras que tinha occupadas em Piemonte ao duque de Saboia estavam faltas de mantimentos e muy apertadas dos Imperiaes, e que não tinha modo para as soccorrer sem se livrar da resistencia que se lhe fazia nos d.s Estados de Flandres, propos e offereceo humas tregoas geraes que sua Mag. fez difficuldade de acceitar por saber a necessidade e aperto das d.s terras que El Rey de França tinha em Piemonte. Das quaes pratticas se seguio que, estando o Emperador informado de quão necessitadas e apertadas estavam as d.s terras e que suas forças eram taes que se tinha por impossivel podelas soccorrer, e por outros respeitos que o moveram, fez tregoas (15) geraes com o d. Rey exceituando soomente á Piemonte, donde se seguio que El Rey mandou tanta gente e forças á Piemonte que as d.s terras foram soccorridas.

30. Accabadas as d.s cortes, sua Mag. se tornou pela posta á Valhadolid por ver a Emperatriz, que estava parida do seu quarto filho o infante Dom João, o qual morreo logo despois, e quasi no mesmo tempo morreo tambem a infanta Dona Beatriz de Portugal, duquesa de Saboia. A Emperatriz tambem daquelle parto ficou tão mal que sempre

29. [1537] L'empereur se rendit par la poste à Tordesillas, où se trouvaient la reine sa mère et l'impératrice sa femme, et de là il passa à Valladolid, où il tint les États. Pour la sixième fois, il fut gravement atteint de la goutte. Il reçut aussi la nouvelle de la mort par trahison du duc Alexandre de Médicis et investit le duc Côme de Médicis de l'État de Florence. En ce temps, l'infant Don Luiz de Portugal vint à Valladolid voir Sa Majesté et l'impératrice : c'était la troisième fois qu'il les visitait. Peu de jours après, l'empereur, laissant l'impératrice enceinte, vint à Monzon où il tint les États comme d'habitude. En ce temps, le roi de France forma à la hâte une armée, entra dans les États de Flandre et s'empara rapidement de Hesdin et de Saint-Pol, place qui fut aussitôt reprise d'assaut par une armée qu'avait réunie la reine de Hongrie et dont était général le comte de Buren. Cette armée prit du même coup Montreuil et battit Monsieur d'Annebault, en train de ravitailler Thérouanne alors assiégée; mais cette ville ayant été néanmoins secourue, il fallut lever le siège et abandonner aussi Montreuil. Le roi de France, considérant que les places qu'il avait enlevées en Piémont au duc de Savoie manquaient d'approvisionnements et se trouvaient serrées de près par les Impériaux, et qu'il n'avait aucun moyen de les secourir s'il ne s'affranchissait pas de la résistance qu'on lui opposait dans les États de Flandre, proposa des trêves générales, que Sa Majesté fit difficulté d'accepter, sachant la situation critique des places que le roi de France occupait en Piémont. Il advint de ces négociations que l'empereur, informé du danger que couraient ces places et convaincu que ses forces à lui étaient telles qu'on tenait pour impossible que lesdites places fussent secourues, décida, et pour d'autres raisons encore qui l'y poussèrent, à conclure des trêves générales avec ledit roi, exceptant seulement le Piémont. D'où résulta que le roi envoya de si nombreuses forces en Piémont que lesdites places furent secourues.

30. [1537-1538] Après la clôture des États, Sa Majesté retourna par la poste à Valladolid voir l'impératrice accouchée de son quatrième enfant, l'infant Don Juan, qui mourut très peu après, et presque en même temps mourut aussi l'infante Doña Béatrice de Portugal, duchesse de Savoie. L'impératrice, à la suite de ces couches, demeura si souf-

despois teve pouca saude tee que morreo. E porque, no tempo que sua Mag. esteve em Monçon, ouve alguma prattica de paz entre sua Mag. e El Rey de França, da qual se seguio hum ajuntamento de seus ministros: da parte do Emperador Covos, Comendador maior de Leão, e Mons' de Granvela, e da parte del Rey o Cardeal de Lorena e o Condestable de França, e havia alguma esperança de se verem suas Mag⁸, o Emperador se tornou pela posta á Barcelona para ver o que se seguiria deste ajuntamento; mas vendo Papa Paulo que nelle se não tomava conclusão alguma, se quis entremetter e dar principio á prattica, propondo e offerecendo que elle viria á Niza e que o Emperador fosse á Villafranca, e El Rey de França á Antibo, no que o Emperador veo por ser sempre inclinado ao bem da paz. Entretanto o Emperador foi visitar Perpinhão e a frontaria de (15 vº) Ruysilhon, e da volta achou ao s' infante Dom Luis de Portugal seu cunhado, o qual, pola boa inclinação e desejos que tinha de se empregar em cousas do serviço de Deus e ser causa d'algum bem, veo pela posta á d. cidade de Barcelona por ver se podia fazer algum bom officio para conclusão da paz: onde foi recebido e trattado de sua Mag. como sempre costumou fazer. Mas vendo que a ida de Niza estava ja concertada e que sua S^de queria ser terceiro neste negocio, pareceo melhor á sua Mag. que o d. s' Infante não passasse de Barcelona e assi se tornou, e foi a quarta vez que se vio com sua Mag.

31. Como fica ditto, o Emperador se foi pela posta a Barcelona e alli, seguindo a tenção que tinha de ver o que resultaria daquelle ajuntamento, s'embarcou a terceira vez e passou a sexta o mar de levante, e tendose, quando ainda alli estava, movido alguma prattica de tregoas entre sua Mag. e El Rey de França, pareceo á sua Mag. que não havia grande inconveniente de as fazer, sopposto que ia á Niza para trattar da paz, e assi as concedeo ao tempo que se queria embarcar, e mandou logo a ratificação, ainda que del Rey não foram logo entonces ratificadas, por não poder saber tão de pressa dellas. E correndo neste mesmo tempo novas que a armada do Turco vinha para as partes do poente e quasi se dizia que era com intento de impedir a ditta jornada de Niza, tendo já sua Mag. chegado ás

frante qu'elle n'eut que peu de santé jusqu'à sa mort. A l'époque où Sa Majesté se trouvait à Monzon, il y eut quelques pourparlers de paix entre Sa Majesté et le roi de France qui aboutirent à une conférence de leurs ministres : du côté de l'empereur, Covos, grand commandeur de Leon, et Monsieur de Granvelle ; du côté du roi, le cardinal de Lorraine et le connétable de France. On eut l'espoir que cette conférence aboutirait à une entrevue de Leurs Majestés: aussi l'empereur se dirigea-t-il par la poste à Barcelone pour voir ce qui en adviendrait. Le pape Paul, informé que rien ne s'y était conclu, voulut s'entremettre et entreprendre une négociation ; il offrit de venir à Nice, pendant que l'empereur irait à Villefranche et le roi de France à Antibes. Cette proposition fut acceptée par l'empereur, toujours enclin au bien de la paix. Entre temps, l'empereur visita Perpignan et la frontière du Roussillon, et à son retour il trouva l'infant Don Luiz de Portugal, son bon frère, qui, désireux de s'employer au service de Dieu et d'être cause de quelque bien, se rendit par la poste à Barcelone pour voir s'il pouvait contribuer en quelque manière à la conclusion de la paix : il y fut reçu et traité par Sa Majesté comme Elle avait toujours coutume de le faire. Mais considérant que le voyage de Nice était déjà décidé et que Sa Sainteté voulait servir d'intermédiaire dans cette négociation, il parut préférable à Sa Majesté que l'infant ne dépassât pas Barcelone. Celui-ci donc s'en retourna, et ce fut la quatrième fois qu'ils se virent.

31. [1538] Comme il a été dit, l'empereur se rendit par la poste à Barcelone et, pour obéir au désir qu'il avait de voir ce qui résulterait de cette entrevue, il s'embarqua une troisième fois et passa pour la sixième la mer du levant. Et comme, pendant son séjour à Barcelone, il y avait eu quelques pourparlers de trêves entre Sa Majesté et le roi de France, il parut à l'empereur qu'il n'y avait pas grand inconvénient de les conclure, vu qu'il allait à Nice pour traiter de la paix. Il y consentit donc au moment de s'embarquer et envoya aussitôt la ratification, quoique, de la part du roi, les trêves ne furent pas alors ratifiées, car le temps avait manqué pour qu'il en fût informé. Or, comme en ce temps on disait que la flotte du Turc se dirigeait vers le ponant et paraissait vouloir empêcher ledit voyage de Nice, Sa Ma-

Pomas de Marselha, foram descubertas algumas velas latinas que (16) vinham de levante. O Emperador sabendo tambem que El Rey de França tinha mandado para aquella parte pouco tempo antes algumas de suas galés, parecendolhe que as velas descubertas seriam dellas, lhe fez os sinaes costumados de segurança para poder fallar com ellas e saber que novas havia da armada turquesca, os quaes sinaes as d^s galés ou não entenderam ou não quiseram entender; mas como aquellas que não sabiam nada das tregoas e como enemigas começaram á tirar ás galés do Emperador e fazer força por tomar terra de França. O que visto por sua Mag. e suas galés, lhe fez dar caça de sorte que se tomaram quatro no mar, e não quis seguir as que tinham tomado terra, e reprehendeo gravemente aos capitães das galés tomadas da culpa que commetteram, e fez advirtir ao gobernador de Proença da d. culpa, de que se seguio aquella desordem, e assi tambem das tregoas que se fizeram em Barcelona, das quaes o d. governador não sabia nada, e em comprimento dellas fez logo restituir as quatro galés tomadas, e então veo a ratificação das tregoas feita por El Rey de França. Isto feito, continou sua viagem atee Niza, aonde se vio a segunda vez com sua S^{de} e despois de lhe beijar os pees e trattarem ambos de muitos modos de paz com El Rey de França (que tambem tinha chegado a S. Lourenço), não se tomou outra conclusão que de humas tregoas, para as quaes se averem de fazer ouve (16 v°) algumas razões.

32. Estando o Emperador em Villafranca de Niza e desejando a Rainha Christianissima sua irmãa de o ver, porque havia muito tempo que se não tinham visto, por poder abrandar e conciliar mais as vontades do Emperador seu irmão e del Rey seu marido, veo á d. Villafranca com Madama Delphina, ao presente Rainha, e Madama Margarida e outras muitas e grandes personagens de França por pôr em execução seus desejos. E por quanto o tempo que se viram lhe pareceo muy breve, tornou outra vez com menos companhia e ficou huma noute na mesma villa. E tornandose a Rainha e assentandose as d^s tregoas, o Emperador accompanhou sua S^{de} atee Genova, onde da gotta foi toccado a 7ª vez e foi a quinta que chegou á Italia. Neste tempo se fez

jesté, qui était déjà en vue de Pomègues, découvrit quelques voiles latines venant de l'est, et informée aussi que le roi de France peu auparavant avait envoyé dans cette direction quelques-unes de ses galères, il lui sembla probable que les voiles découvertes appartenaient à ces galères. Elle leur fit donc les signaux habituels d'amitié afin de pouvoir converser avec elles et apprendre des nouvelles de la flotte turque. Ces signaux, lesdites galères ne les comprirent pas ou ne voulurent pas les comprendre ; mais, dans leur ignorance des trêves et en tant qu'ennemies, elles commencèrent à tirer sur les galères de l'empereur et à faire force de rames et de voiles pour aborder en France. Ce qu'ayant vu Sa Majesté et ses galères, on leur donna la chasse, en sorte que quatre d'entre elles furent prises en mer, mais l'empereur ne voulut pas qu'on suivît celles qui avaient pris terre. Il réprimanda très fort les capitaines des galères prises pour la faute qu'ils avaient commise et fit avertir le gouverneur de Provence de ladite faute origine de ce désordre, ainsi que des trêves conclues à Barcelone, dont ledit gouverneur ne savait rien, et, conformément à la teneur de ces trêves, il rendit aussitôt les quatre galères prises, et sur ces entrefaites arriva la ratification signée par le roi de France. Cela fait, l'empereur continua son voyage jusqu'à Nice, où il se rencontra pour la seconde fois avec Sa Sainteté, et après lui avoir baisé les pieds et avoir traité tous deux de divers modes de faire la paix avec le roi de France, lequel était aussi arrivé à Saint Laurent, on arrêta seulement des trêves, que divers motifs portèrent à conclure.

32. [1538] Tandis que l'empereur se trouvait à Villefranche, la reine très chrétienne, qui désirait se rencontrer avec son frère, ne l'ayant pas vu depuis très longtemps, et cherchait aussi à concilier les intentions de l'empereur son frère et du roi son mari, vint à Villefranche avec Madame la Delphine, aujourd'hui reine, et Madame Marguerite, ainsi qu'avec beaucoup d'autres grands personnages de France pour mettre à exécution ses desseins. Et la durée de la première visite lui ayant paru trop courte, elle revint une autre fois avec une suite moins nombreuse et passa une nuit dans la même ville. Après le départ de la reine et la conclusion desdites trêves, l'empereur accompagna Sa Sainteté à Gênes, où il eut sa septième attaque de goutte :

entre o Papa, Emperador e Senhoria de Veneza huma liga offensiva contra o Turco, a qual concluida sua Mag. Imper. s'embarcou em Genova por tornar á Hespanha. E porque trattandose entre sua Mag. e El Rey de França de se verem, sua Mag. respondeo que da volta tornaria pela costa de França, tanto que chegou ao porto d'Agoas mortas. Logo El Rey veo em pequenas barcas á ver o Emperador em sua galé, o qual, por pagar tão grande cortezia e mostrar a mesma confiança, foi tambem visitar El Rey em a mesma (17) villa d'Agoas mortas, onde esteve tee o outro dia muy bem trattado e festejado del Rey, o qual, não contente da cortezia de que tinha usado com o Emperador, com seus dous filhos, Monsiur o Delphin e Monsiur d'Orliens e outros principes do sangue e grandes personagens, tornou com o Emperador em o esquife da sua galé, no qual entraram todos juntos, onde de huma e outra parte ouve muitos comprimentos e offertas, das quaes e das d^s vistas e tregoas feitas se seguio huma grande continuação de boa amizade e mayor confiança. Esta foi a segunda vez que sua Mag. Imperial se vio com El Rey de França, e a primeira que como amigo pos o pee naquelle reino.

33. Proseguindo o Emperador a sua 7ª passagem do mar de levante, tornou a quinta vez á Hespanha e desembarcando em Barcelona se partio para Valhadolid, aonde achou a Emperatriz, ainda que melhor que quando a deixou, con tudo ainda indisposta. E por pôr em execução a d. liga que tinha feito, teve a segunda vez Cortes geraes de todos seus reinos de Castella em Toledo, aonde suas Mag^s foram, e se pratticou e trattou da ajuda e soccorro que se podia e convinha dar. Neste mesmo anno ouve tão grande sterilidade em Sicilia, donde principalmente se devia prover a armada, que não obstante que o Emperador se fez prestes da sua parte, ao Papa e Venezianos (17 v°) pareceo que se não podia naquelle anno fazer a d. empreza, e assi se deixou de dar a ajuda que sua Mag. pretendia das cortes; mas soccedeo que vendo sua S^{de} e a Senhoria de Veneza que não convinha deixar passar aquelle anno sem fazer alguma cousa, ajuntaram suas armadas e as mandaram com tenção de resistir e offender ao Turco assi per mar

c'était la cinquième fois qu'il entrait en Italie. En ce temps, il se fit entre le pape, l'empereur et la seigneurie de Venise une ligue offensive contre le Turc, après la conclusion de laquelle Sa Majesté Impériale s'embarqua à Gênes pour rentrer en Espagne. Et parce qu'il avait été question entre Sa Majesté et le roi de France de se voir, Sa Majesté répondit qu'à son retour Elle suivrait la côte de France, et en fait Elle arriva au port d'Aigues-Mortes. Aussitôt le roi vint en petites barques visiter en sa galère l'empereur, qui, pour payer une si grande courtoisie et montrer la même confiance, vint également visiter le roi en sa ville d'Aigues-Mortes, où il demeura jusqu'au lendemain, très bien traité et festoyé par le roi, qui, non content de la courtoisie qu'il avait témoignée à l'empereur, voulut encore l'accompagner avec ses deux fils, Monsieur le Dauphin et Monsieur d'Orléans, et d'autres princes du sang et grands personnages, dans l'esquif de sa galère, où tous entrèrent ensemble. Des deux côtés il y eut mille compliments et offres, d'où résulta, ainsi que de ces entrevues et des trêves conclues, une grande entente de bonne amitié et une plus grande confiance. Ce fut la seconde fois que Sa Majesté Impériale se rencontra avec le roi de France et la première qu'Elle mettait en ami le pied en ce royaume.

33. [1538-1539] L'empereur poursuivit sa septième traversée de la mer du levant et revint pour la cinquième fois en Espagne. Ayant débarqué à Barcelone, il partit pour Valladolid, où il trouva l'impératrice mieux qu'il ne l'avait laissée, mais toutefois encore indisposée. Et pour mettre à exécution la ligue qu'il avait faite, il réunit pour la seconde fois des États généraux de tous ses royaumes de Castille à Tolède, où Leurs Majestés se rendirent, et là fut traité du subside qu'il était possible et convenable d'obtenir. En ce temps, il y eut une si grande sécheresse en Sicile, où la flotte devait être surtout approvisionnée que, quoique l'empereur se déclarât prêt pour sa part, il parut au pape et aux Vénitiens qu'il valait mieux renoncer cette année à l'entreprise : l'aide donc que Sa Majesté comptait obtenir des États ne fut pas levée. Mais Sa Sainteté et la Seigneurie, ayant considéré qu'il ne convenait pas de laisser passer l'année sans faire quelque chose, unirent leurs flottes et les envoyèrent s'opposer au Turc en l'attaquant par terre et

como per terra, donde se seguio a presa de Castelnovo. Continuando as indisposições da Emperatriz e indo cada dia crescendo mais, principalmente despois que se sentio prenhe, o Emperador esteve a maior parte do anno de 39 em Toledo, no qual tempo cresceo e apertou tanto o mal á Emperatriz que, despois de haver movido o seu quinto filho, foi Deus servido de a levar para si, que assi se pode ter por certo que por sua grande misericordia faria. Foi esta morte de grande sentimento á todos, principalmente ao Emperador que fez e ordenou o que em taes casos se costuma e convem fazer.

34. Da vista d'Agoas mortas se seguio e continuou sempre huma certa prattica por concluir huma boa e firme paz entre o Emperator e El Rey de França, e soccedendo que naquelle tempo se começavão á mover algumas novidades nos Estados de Flandres, e que estando sua Mag. Imperial ausente delles desde anno de 31, sua longa absencia podia fazer falta para remedio dos males que havia (18) e dar occasião á outros maiores, vendose tambem sem companhia e com grandes desejos de fazer todo o possivel por conseguir hum bom fim e conclusão de paz, não obstante que via o Principe seu filho ser ainda muito moço para ficar governando em sua absencia, o que a Emperatriz costumava fazer, e outros impedimentos que se lhe representavam e punham diante, pospondo em fim tudo á boa e verdadera intenção que tinha de bem fazer e comprir com o que devia á seus vassallos, por evitar que não caissem em outros maiores inconvenientes e escandalos e tambem por dar fim á algumas cousas que deixou imperfeitas na Germania, estava deliberado de se embarcar em Barcelona para passar á Italia. Mas neste mesmo tempo lhe foi feita da parte del Rey de França grande instancia que quisesse passar per aquelle reino, offerecendolhe toda segurança e bom trattamento e que do contrario receberia grande pezar e sentimento polas mostras que sua Mag. daria de desconfiança. E assi sua Mag. se determinou de partir de Hespanha, deixando ao principe seu filho, ainda que moço, o governo dos d⁵ reinos pela primeira vez. No fim deste anno o Emperador pos por obra o que ditto fica e sobre a palavra e promessa del Rey de França (com o qual estava em tregoas feitas em Villafranca de Niza) passou per seu reino,

par mer : il en résulta la prise de Castelnuovo. Les indispositions de l'impératrice croissaient chaque jour, surtout depuis le commencement de sa grossesse : l'empereur demeura donc en la ville de Tolède la plus grande partie de l'année 1539, au cours de laquelle le mal de l'impératrice crut et s'aggrava au point qu'après avoir accouché de son cinquième enfant, il plut à Dieu de l'appeler à lui, ce que l'on peut tenir pour certain qu'il fit, vu sa grande miséricorde. Cette mort causa une grande affliction à tous, surtout à l'empereur, qui prescrivit de faire ce qui se fait d'habitude en de telles circonstances.

34. [1539] Depuis l'entrevue d'Aigues-Mortes, il y eut toujours des négociations suivies à l'effet d'établir une bonne et sûre paix entre l'empereur et le roi de France. Dans les États de Flandre, en ce temps, quelques nouveautés se produisirent. Or, la longue absence de Sa Majesté depuis l'année 1531 empêchait de remédier à certains maux et en faisait naître de plus grands. Considérant cela et se voyant sans compagne, l'empereur, qui désirait faire tout son possible pour obtenir un bon résultat et une paix assurée, quoique son fils fût encore bien jeune pour gouverner en son absence, comme avait fait l'impératrice, et quoiqu'on lui représentât d'autres empêchements, sacrifia tout à son sincère désir de bien faire et de remplir son devoir envers ses vassaux, pour leur éviter de plus grands inconvénients et de plus grands scandales ; il voulait aussi terminer certaines choses qu'il avait laissées en suspens en Germanie. Il forma donc le dessein de s'embarquer à Barcelone pour passer en Italie. Mais en ce temps, de la part du roi de France, lui fut adressée une invitation pressante de traverser ce royaume, avec l'offre d'une sécurité complète et d'un bon accueil, ledit souverain déclarant qu'en cas de refus il éprouverait grand chagrin et regret, à cause de la marque de méfiance que Sa Majesté lui donnerait. Aussi l'empereur se décida-t-il à quitter l'Espagne, laissant au prince son fils, malgré son jeune âge, le gouvernement desdits royaumes pour la première fois. A la fin de cette année, l'empereur mit à exécution ce qui vient d'être dit, et, confiant en la parole du roi de France (avec qui il était en trêves arrêtées à Villefranche), il passa par son royaume, où il fut festoyé et bien traité. Et ce fut la troisième fois

onde sua Mag. foi festejado e bem trattado e foi a (18 v°) terceira vez que suas Mag⁸ se viram ambos e que sua Mag. Imperial pos pee em França, e a segunda que entrou naquelle reino como amigo.

35. O Emperador chegou á Flandres a quarta vez, onde proveo e remediou o mais presto que pode as desordens que havia. Começou o castello de Gante, teve seus Estados e visitou a maior parte daquelles payses. E naquella visita teve na Haya em Hollanda a 8ª vez a gotta. E conforme á tenção que levava e desejos que sempre teve de ver concluida huma boa paz, tanto que chegou aos d⁸ Estados mandou á El Rey de França, offerecendolhe tão grandes partidos que se maravilhou de não serem delle acceitados e de se não seguir a paz desejada. Algum tempo antes morrera Messer Carlos d'Aiguemont, o qual tivera muitos annos o ducado de Gueldres, que todavia lhe não pertencia, e alem disto, todas as vezes que via occasião de se poder melhorar e accrescentar não a deixava perder e tentou muitas vezes de se senhorear das terras de Frisia, Overisel e Gruningem, donde sempre foi lançado pelos Imperiaes, e ao presente sua Mag. as possue pacificamente; e não contente com isto, fez guerra ao bispo de Utrech, que era Principe do Imperio, e lhe tomou per força a d. cidade de Utrech. Polo que vendo o Emperador, á quem o d. bispo recorreo e pedio ajuda (19), a obrigação que tinha como senhor do feudo e a utilidade que redondaria nos payses baixos de haver quietação daquella parte, se concertou com o bispo e o ajudou de maneira que o d. Messer Carlos d'Aiguemont foi lançado de Utrech pela gente do Emperador, que logo entrou dentro e fez huma fortaleza, e de todo o Emperador alcançou assi dos Papas como do Imperio as ratificações e escritturas necessarias.

36. Despois da morte do d. Messer Carlos, se apoderou o duque Guilhelmo de Cleves do governo do d. ducado de Gueldres, pretendendo ter direito nelle. E vendo sua Mag. Imperial o que tinha e que per boa razão podia e devia procurar havelo de qualquer modo que fosse, con tudo quis offerecer taes partidos que por razão deuião ser acceitados. Mas assi pola sollicitação e pratticas que havia da parte de França como por os Franceses ficarem descontentos (ainda

que Leurs Majestés se virent et que l'empereur posa le pied en France, et la seconde qu'il entra en ce royaume en ami.

35. [1540] L'empereur arriva en Flandre pour la quatrième fois et il pourvut aussitôt que possible au remède des désordres qui s'y étaient produits. Il commença la construction du château de Gand, tint ses États et visita la plus grande partie de ces provinces. Au cours de cette visite, il eut à la Haye un huitième accès de goutte. Et conformément à son intention et au désir qu'il avait toujours eu de voir la conclusion d'une bonne paix, aussitôt arrivé dans lesdites provinces, il fit offrir au roi de France des partis si avantageux qu'il s'étonna de ne pas les voir acceptés comme préliminaires de la paix qu'il souhaitait. Quelque temps auparavant était mort Messire Charles d'Egmont. Il avait occupé longtemps le duché de Gueldre, quoiqu'il ne lui appartînt pas. En outre, toutes les fois qu'il trouvait une occasion de s'agrandir, il ne la laissait pas perdre ; bien des fois il tenta de s'emparer des provinces de Frise, d'Overyssel et de Groningue, d'où il fut toujours chassé par les Impériaux, et aujourd'hui Sa Majesté en a la paisible jouissance. Non content de cela, il déclara la guerre à l'évêque d'Utrecht, qui était prince de l'Empire, et lui prit de force la ville d'Utrecht. L'empereur, à qui ledit évêque demanda assistance, considérant l'obligation qui lui incombait comme seigneur du fief et l'utilité qui résulterait pour les Pays-Bas d'obtenir de ce côté-là la tranquillité, se concerta avec l'évêque et l'aida de façon que ledit Messire Charles d'Egmont fut chassé d'Utrecht par les troupes de l'empereur qui y entrèrent et y firent une forteresse; et de tout cela l'empereur reçut des papes comme de l'Empire les ratifications et les titres nécessaires.

36. [1540-1541] Après la mort dudit Messire Charles, le duc Guillaume de Clèves s'empara du gouvernement dudit duché de Gueldre, prétendant y avoir droit. Sa Majesté Impériale, considérant le droit qu'Elle détenait et considérant qu'Elle pouvait et devait, de quelque façon que ce fût, posséder le duché à juste titre, voulut néanmoins offrir des partis qui raisonnablement devaient être acceptés. Mais à cause des sollicitations et des pratiques de la France,

que sem razão) das condicões da paz, por não serem todas conformes á sua vontade e ao que tinham proposto, e tambem por o d. duque de Cleves ser mancebo e seguir o conselho de sua mai, não os quis acceitar. E assi tendo sua Mag. feito o que havia que fazer nos Estados de Flandres e convocado dieta em Ratisbona, em a qual queria justificar ainda mais sua causa no tocante ao de Gueldres, se determinou partir para a d. dieta, tendo feito primeiro trattar com os Estados do Imperio do remedio das cousas delle em Haguenau. E vindo despois á ver (19 v°) o Emperador em Flandres El Rey dos Romanos, seu, irmão e estando os deputados do Imperio para este effeito em Vormes, vendo que não estavam ainda de todo concluidas as cousas nos paeses baixos, pedio ao d. Rey seu irmão que se quisesse alli achar em sua absencia, e mandou tambem á Monsr de Granvela com outros seus ministros para que os negocios estivessem mais avante quando se achasse na d. dieta. Mas por quanto deste ajuntamento e communicação que ouve não se seguio a resolução que se esperava, se remetteo e deixou tudo para a dieta futura de Ratisbona.

37. Deixando sua Mag. a terceira vez a Rainha d'Ungria no governo dos paeses baixos, se partio a primeira vez para Lucemburg á dieta de Ratisbona, que foi a quarta vez que sua Mag. entrou em Alemanha, a qual dicta convocara principalmente para concordia e remedio das cousas da religião. Despois de todas as disputas, vendo que não viera áquella dieta quasi nenhum principe do Imperio e que avia pouco de conclusão e menos d'execução do que convinha fazer, e correndo novas que o Turco queria entrar em Austria, contra a qual entrada e para a resistencia necessaria não se dava ordem alguma, e tendo antes d'ouvir estas novas sua Mag., por algumas razões que o moveram, feitos grandes apparelhos e (20) prouisões por mar para fazer, passando e tornandose á Hespanha, a empreza d'Argel, partio de Ratisbona antes d'estar de todo certificado da ditta vinda do Turco e se foi á Italia para de lá se embarcar e fazer a d. empresa, que foi a 6ª vez que sua Mag. alli chegou.

comme aussi du mécontentement (bien que non justifié) que les Français montraient au sujet des conditions de la paix, qui ne répondaient pas à leur désir ni à ce qu'ils s'étaient proposés, attendu en outre que le duc de Clèves était jeune et suivait le conseil de sa mère, ces partis ne furent pas acceptés. Alors Sa Majesté, après avoir fait ce qu'il avait à faire dans les États de Flandre et avoir convoqué la diète à Ratisbonne, où il se proposait de justifier plus complètement sa cause touchant l'affaire de Gueldre, décida de se rendre à la diète, ayant auparavant fait traiter à Haguenau avec les États du remède des choses concernant l'Empire. Ensuite le roi des Romains vint voir l'empereur en Flandre, et les députés s'assemblèrent à Worms. L'empereur alors, voyant que tout n'était pas encore réglé aux Pays-Bas, demanda au roi son frère d'y rester en son absence et il ordonna aussi à M. de Granvelle et à d'autres de ses ministres de mettre les affaires au point pour le moment où il se rendrait à la diète. Mais cette assemblée et ces entretiens n'ayant pas donné les résultats qu'on en attendait, tout fut différé jusqu'à la future diète de Ratisbonne.

37. [1541] Sa Majesté, ayant laissé pour la troisième fois la reine de Hongrie dans le gouvernement des Pays-Bas, traversa pour la première fois le Luxembourg afin de se rendre à la diète de Ratisbonne, et d'entrer pour la quatrième en Allemagne : cette diète avait été surtout convoquée pour remédier aux troubles religieux et rétablir la concorde. Après beaucoup de controverses, l'empereur constata que presque aucun prince de l'Empire n'était venu à cette diète, qu'on y avait décidé peu de choses et qu'on en avait encore moins mises à exécution. Alors le bruit se répandit que le Turc se préparait à envahir l'Autriche, et cependant aucune mesure ne se prenait pour s'opposer à cette invasion. D'ailleurs, avant d'apprendre ces nouvelles, l'empereur, pour certaines raisons qui l'y poussèrent, avait fait de grands préparatifs et approvisionnements maritimes pour entreprendre, à son retour en Espagne, l'expédition contre Alger. Il partit donc de Ratisbonne, avant d'être pleinement renseigné sur la venue du Turc, et se rendit en Italie pour s'embarquer de là et faire ladite expédition. Ce fut la sixième fois que Sa Majesté entra en Italie.

38. Logo despois de sua chegada, se soube de certo que o Turco fazia grande diligencia por entrar em Ungria, pola qual causa sua Mag. foi á Luca, aonde se vio com o Papa Paulo a 3ª vez para trattar da ordem que se poderia dar e resistencia que contra o d. Turco se poderia fazer. Mas vendo o Emperador que daquelle ajuntamento e practicas não se seguia effeito algum, se foi para Especie, porto de Genova, para nelle esperar a sua armada, que não estava ainda de todo prestes. E ainda que em ordenar e apparelhar a d. armada se pos mais tempo do que convinha e a sazão era quasi gastada, con tudo porque os gastos que estavam feitos não se podiam empregar em outra cousa, e outros respeitos, que, como se disse, á isso moverão sua Mag., considerando que o tempo estava en mão de Deus, se embarcou em o d. porto de Especie para Corciga a primeira vez, e dalli para Argel, passando per Sardenha, Malhorca e Menorca a 2ª vez, que foi a 8ª que passou o mar de levante e a 2ª que chegou á Africa. No caminho teve (20 vº) parte do tempo que a sazão pedia. Assi tambem chegou a armada que vinha de Hespanha. E despois d'algumas escaramuças, estando ja a gente alojada onde convinha para pôr cerco á cidade, e postas em ordem as cousas necessarias para a batter, sobreveo hum tão grande tormenta no mar que muitos baxeis se perderam, e ainda os que estavam em terra se resentiram. Con tudo se accodio e deu a melhor ordem que pode para resistir assi á furia do mar como ás invasões e assaltos dos enemigos per terra. Em fim a tormenta foi tal que ao Emperador pareceo melhor conselho não seguir a empreza e tornarse á embarcar, o que se não pode fazer com tanta presteza por causa da tempestade que não cessava. Polo que foi forçado caminhar vinte milhas per terra e passar dous grandes rios antes de chegar ao cabo de Metafuz, onde se tornou á embarcar.

39. Todo este tempo que a gente esteve em terra, que foram doze dias atee que se embarcou, padeceo grande falta de mantimentos, porque, como se disse, o tempo era tal que não dava lugar á tirar nada das naos. Ao XII dia o Emperador se fez á vela com grande tempestade e foi forçado arribar á Bugia, onde os ventos lhe foram muy contrarios, e se deteve alli tanto que padeceo com toda sua gente

38. [1541] Aussitôt après son arrivée, on sut de bonne source que le Turc faisait grande diligence pour entrer en Hongrie, aussi Sa Majesté alla-t-Elle à Lucques, où Elle se rencontra pour la troisième fois avec le pape Paul et où Elle traita avec lui des moyens de mettre ordre à cela et de résister au Turc. Mais s'étant rendu compte que cette entrevue et ces conférences demeuraient sans effet, l'empereur alla à la Spezzia, port du golfe de Gênes, afin d'y attendre sa flotte qui n'était pas encore entièrement prête. Et quoiqu'on eût mis plus de temps qu'il ne convenait à armer la flotte et que le moment propice fût presque perdu, cependant comme les dépenses qui avaient été faites ne pouvaient servir à autre chose et qu'il y avait, ainsi qu'il a été dit, d'autres motifs en faveur de l'entreprise, l'empereur, considérant que le temps est dans la main de Dieu, s'embarqua à la Spezzia pour la Corse, où il toucha pour la première fois. De là il partit pour Alger, touchant pour la seconde fois en Sardaigne, à Majorque et à Minorque. Ce fut la huitième qu'il traversa la mer du levant et la deuxième qu'il descendit en Afrique. En route, il eut en général le temps que comportait la saison. La flotte armée en Espagne vint se joindre à la sienne. Après quelques escarmouches et au moment où les troupes prenaient déjà leurs quartiers en vue d'assiéger la ville, les choses nécessaires pour la battre étant prêtes, une si forte tempête s'éleva que beaucoup de bateaux se perdirent et que l'armée qui était à terre en souffrit aussi. Malgré cela, on fit ce qu'on put pour résister aussi bien à la mer en fureur qu'aux attaques des ennemis à terre. Mais la tempête fut telle qu'il sembla à l'empereur plus raisonnable de renoncer à l'entreprise et de se rembarquer, ce qu'il ne put faire très rapidement à cause de la tempête qui ne cessait pas. Aussi fut-il contraint de marcher vingt milles et de passer deux grandes rivières avant d'arriver au cap Matifous où il se rembarqua.

39. [1541-1542] Tout le temps que l'armée passa à terre, c'est-à-dire pendant douze jours jusqu'au rembarquement, elle souffrit beaucoup du manque de vivres, car, comme il a été dit, la tempête fut telle qu'il n'y eut pas moyen de rien tirer des navires. Au douzième jour, l'empereur mit à la voile par très mauvais temps et fut obligé d'atterrir à Bougie, où les vents lui furent très contraires. Il dut de-

grande (21) falta de mantimentos, a qual fora maior, se
não sobreviera logo bom tempo. A tempestade foi tal que
cada hum correo para onde pode e muitos foram todo ao
contrario do deviam ir. Con tudo elles se concertaram e
refizeram de maneira que, não fazendo tão grande perda
como o tempo requeria, todos tornaram ao lugar que estava
ordenado, e, despedindo aos superfluos e menos necessarios,
os mais foram postos em suas guarnições. E assi o Emperador, embarcandose na d. Bugia, chegou com bom tempo
a 3ª vez á Malhorca, donde o Principe Doria com suas galés, passando per Barcelona, se tornou á Genova. O Emperador com as galés de Hespanha fez viagem a primeira vez
per Ivissa, e, tendo passado a 9ª vez o mar de levante, chegou á Carthagena, que foi a 6ª vez que veo á Hespanha, e
continuando seu caminho atee Ocanha (aonde achou o
Principe e Infantas seus filhos), em o principio do anno de
42 se foi á Valhadolid á ter as Cortes do reino de Castella,
onde foi toccado da gotta a 9ª vez, e na Mejorada, onde foi
ter as Paschoas, a teve quasi geralmente em todos os mem-
bros pela primeira vez. Neste tempo se trattou o casamento
do Principe seu filho com a Infanta Dona Maria de Portugal e do Principe Dom João de Portugal com a Infanta Dona
Joana, segunda filha de sua Mag.

40. (21 v°) Accabadas as d⁵ cortes, o Emperador, ainda
que indisposto, se partio o mais presto que pode, passando
per Navarra para ir tambem ter as Cortes dos tres reinos
d'Aragão em Monçon com intento de tornar o mais cedo
que lhe fosse possivel á Germania, assi para trattar do remedio das cousas da religião como por recobrar per todas
as vias o Ducado de Gueldres que lhe pertencia. Hora vendo
El Rey de França o mao successo que o Emperador tivera
na empresa d'Argel, e parecendolhe que polos gastos feitos
estaria falto de dinheiro, com cor de alguma fraca queixa
(á qual se tinham offerecido todas as justificações, á que o
Emperador polas condições da tregoa feita em Niza estava
obrigado, assegurandoo de todas as partes que não tinha
intento de lhe fazer guerra alguma), subitamente accom-
metteo o Emperador nos paeses baixos assi per meio de

meurer là si longtemps que son armée eut beaucoup à souffrir du manque d'approvisionnements et en aurait souffert encore plus si le temps ne s'était pas subitement amélioré. La tempête avait été si forte que chacun se réfugia où il put et que beaucoup prirent une direction toute opposée à celle qu'ils voulaient. Néanmoins ils se ressaisirent et se reformèrent de telle sorte que, sans éprouver les pertes qu'on pouvait attendre d'un pareil temps, tous revinrent au lieu désigné, et, après qu'on eut congédié les hommes superflus, les autres reprirent leurs garnisons. L'empereur s'embarqua alors à Bougie et arriva par beau temps pour la troisième fois à Majorque, d'où le prince Doria avec ses galères retourna à Gênes, en passant par Barcelone. L'empereur, avec les galères d'Espagne, toucha pour la première fois à Iviza, et, après avoir traversé pour la neuvième la mer du levant, arriva à Carthagène : ce fut la sixième fois qu'il vint en Espagne. Continuant ensuite son chemin jusqu'à Ocaña (où il trouva le prince et les infantes ses enfants), il arriva au commencement de 1542 à Valladolid pour y tenir les États du royaume de Castille, où il fut atteint pour la neuvième fois de la goutte ; et à la Mejorada, où il vint passer les fêtes de Pâques, la goutte pour la première fois envahit presque tous ses membres. En ce temps, fut négocié le mariage du prince son fils avec l'infante Doña Maria de Portugal et du prince Don João de Portugal avec l'infante Doña Juana, seconde fille de Sa Majesté.

40. [1542] Après la tenue desdits États, l'empereur, quoique indisposé, partit le plus vite qu'il put pour aller par la Navarre tenir à Monzon les États des trois royaumes d'Aragon, avec l'intention de retourner le plus tôt qu'il pourrait en Allemagne, afin de régler les affaires religieuses et de recouvrer par tous les moyens possibles le duché de Gueldre qui lui appartenait. Le roi de France, à la nouvelle de la mauvaise réussite de l'entreprise d'Alger et supposant qu'à cause des dépenses qu'elle avait causées l'empereur manquait d'argent, prit prétexte d'un grief de peu d'importance (pour la satisfaction duquel l'empereur avait offert tout ce à quoi l'obligeait la trêve conclue à Nice, assurant le roi qu'il n'avait aucune intention de lui déclarer la guerre) et l'attaqua subitement dans les Pays-Bas, tant par le moyen de Martin Van Rossem, qui commença la guerre du côté de

Martin Roshemio, que começou á mover guerra da banda de Gueldres, como pela que fez Monsiur d'Orliens em Lucemburg e Monsiur de Vandoma nos Estados de Flandres e Artoes. E alem disto mandou á Monsiur o Delphin, seu filho, cercar á Perpinhão, e elle mesmo veo tee Narbona por dar mais calor á empresa; mas, pola graça de Deus, da parte do Emperador e daquelles que tinhão cargo das cousas se deu tão boa ordem e se fez tal resistencia que o d. Rey não ficou desta vez com cousa de (22) importancia. No qual tempo o Papa Paulo, não contente com ter mandado huma bulla chea de mostras de boa vontade e não sei que outros effeitos, convocando per ella concilio geral em Trento, quis tambem mandar seus legados á sua Mag. e á El Rey de França por não soomente os amoestar e exhortar á paz, mas, á falla della, quasi os constranger com censuras ecclesiasticas á fazer tregoas, e isto á tempo que, como ditto he, sua Mag. fora accommettido e os Franceses por entonces de todas as partes lançados e retirados.

41. Vendo sua Mag. Imperial a tenção com que sua S^{de} queria trattar de pôr em paz suas Mag^s, pela qual sua Mag. Imperial ficava aggravado e desapossado do que per aquella subita e repentina invasão lhe fora tomado, não lhe parecendo nem justo nem conveniente acceitar taes modos e meios de paz, antes sentindose mais stimulado e forçado a recobrar o seu e mostrar o sentimento que tinha de hum tal aggravo, refusou os dittos modos propostos, e de nenhuma maneira os quis ouvir, antes despedio assaz seccamente ao legado (o qual tambem tinha usado de termos poucos graves, nem guardara o respeito que a sua Mag. se devia), offerecendose con tudo de estar, como sempre esteve, prestes para trattar da paz, com tanto que a parte contraria se accommodasse a razão e ella fosse (22 v°) segura e conveniente ao serviço de Deus e bem da christandade. As Cortes d'Aragão accabadas, o Emperador se partio para Barcelona, tendo mandado de Monçon o Principe seu filho a Çaragoça, onde foi jurado por Principe d'aquelle reino, e dalli foi ter com sua Mag. a Barcelona, onde tambem fo[i] jurado. E tornando per Valença, onde se fez o mesmo, chegou a Alcalá para ver suas filhas, no qual lugar foi desposada per palavras de futuro sua filha a Infanta Dona Joana com o Principe Dom João de Portugal, conforme

Gueldre, que par les campagnes de Monsieur d'Orléans en Luxembourg et de Monsieur de Vendôme dans les États de Flandre et d'Artois. En outre, il ordonna à Monsieur le Dauphin son fils d'assiéger Perpignan et lui-même vint jusqu'à Narbonne pour activer l'entreprise, mais, par la grâce de Dieu, du côté de l'empereur et de ceux qui avaient charge de mener la campagne il y eut tant d'entente et la résistance fut si bien organisée que ledit roi cette fois ne gagna rien d'important. En ce temps, le pape Paul, non content d'avoir publié une bulle pleine de preuves de bonne volonté et de je ne sais quoi de plus, convoquant par son moyen un concile général à Trente, voulut aussi envoyer ses légats à Sa Majesté et au roi de France pour non seulement les exhorter à conclure la paix, mais pour, faute d'y réussir, les contraindre presque, sous la menace de censures ecclésiastiques, à conclure des trêves, et cela au moment où, comme il a été dit, Sa Majesté avait été attaquée par les Français, qui partout étaient repoussés et en retraite.

41. [1542-1543] L'empereur voyant que Sa Sainteté cherchait à rétablir la paix entre Leurs Majestés à des conditions telles qu'il aurait été lésé et dépossédé de ce que cette invasion soudaine lui avait pris, il ne lui parut ni juste ni convenable d'accepter ces propositions de paix ; au contraire elles le stimulèrent et même le forcèrent à recouvrer ce qui lui appartenait et à montrer combien il avait ressenti un tel affront. Il refusa donc lesdites propositions et ne voulut en aucune façon y prêter l'oreille ; il congédia très sèchement le légat (qui s'était d'ailleurs servi d'expressions peu décentes et n'avait pas observé le respect dû à Sa Majesté), offrant nonobstant de demeurer prêt, comme il le fut toujours, à traiter de la paix, à condition que la partie adverse se soumît à la raison et que la paix fût sûre et utile au service de Dieu et au bien de la chrétienté. Après la tenue des États d'Aragon, l'empereur partit pour Barcelone, tandis qu'il envoyait le prince son fils de Monzon à Saragosse pour y être proclamé. De là, le prince alla retrouver son père à Barcelone et y fut proclamé. Passant ensuite à Valence, où eurent lieu les mêmes cérémonies, l'empereur vint à Alcalá pour y voir ses filles, et en ce lieu fut fiancée sa fille l'infante Doña Juana avec le prince Don João de Portugal, comme cela avait été concerté. Cela fait, Sa Majesté vint à

ao que se tinha trattado. Isto feito, sua Mag. se veo á Madrid, donde o mais presto que pode se partio, porque desejava muito, seguindo seu primeiro intento de, passando o mar de levante, tornar á Germania, para o qual effeito entretanto tinha convocado huma dieta em Norimberga para trattar da defensão contra o Turco e das cousas da Religião, aonde se achou El Rey seu irmão e Monsr de Granvella, da parte de sua Mag., com outros seus ministros que tinha lá mandados, e tendo concluido com o que nos reinos de Hespanha havia que fazer, deixando a segunda vez ao Principe seu filho em sua absencia por governador dos d.^s reinos, se pos á caminho.

42. (23) Para os effeitos sobreditos o Emperador se partio de Madrid, e chegou á Barcelona, donde de boa vontade se fora mais cedo do que fez, porque por alguns impedimentos que alli teve não se pode embarcar antes do primeiro de Maio, e por causa das borrascas e tempos contrarios que sobevieram não foi possivel engolfarse antes de 19 do mesmo mes, o que fez estando ainda o tempo assaz incerto e duvidoso. E em chegando junto ás Pomas de Marselha sairam as galés de França para escaramuçar debaixo do favor e ajuda da artilheria da terra. Mas foilhe de tal modo respondido que foram forçadas á se retirar e amparar da d. artilheria. E não querendo o Emperador deterse nisto mais, continou sua viagem atee Genova, que foi a 10.ª vez que passou o mar de levante, e a 7.ª que foi á Italia. E porque passando á vista de Niza foi advirtido que se trattava de tomar o castillo daquella cidade pelas galés de França, tanto que sua Mag. desembarcou em Genova, o principe Doria se tornou com suas galés para ver o que as d.^s galés de França queriam fazer. E vendo que ellas vinham com intento de pôr por obra o que se prattica va do d. castello, as apertou de sorte que foram tomadas quatro. Tendo sua Mag. neste tempo novas que Barbaroxa vinha com grande frotta por respeito das cousas que El Rey de França pretendia (o qual Barbaroxa despois chegou e esteve em (23 v°) Tollon todo o tempo que durou a guerra contra o Emperador, e se tornou despois sem ter feito cousa alguma de importancia), sua Mag. se foi á Bujeto, aonde tambem viera sua S.^de para se verem ambos, assi polas cousas d'Alemanha, como por ver se haveria algum modo

Madrid, d'où Elle partit le plus tôt qu'il lui fut possible, car Elle désirait beaucoup suivre sa première intention, qui était de retourner en Allemagne en traversant la mer du levant. En effet, l'empereur avait alors convoqué une diète à Nuremberg pour traiter de la défense contre le Turc et des matières religieuses. Le roi son frère et Monsieur de Granvelle l'y représentèrent avec d'autres de ses ministres qu'il y avait envoyés. Ayant donc terminé ce qu'il avait à faire en Espagne et confié pour la seconde fois en son absence au prince son fils le gouvernement de ces royaumes, il se mit en chemin.

42. [1543] Pour réaliser ces projets, l'empereur quitta Madrid pour Barcelone, d'où il serait reparti volontiers plus vite qu'il ne le fit, n'avait été divers empêchements qui le retinrent là et retardèrent son départ jusqu'au 1er mai. Jusqu'au 19 du même mois, à cause des tempêtes et des vents contraires qui régnèrent, il ne put pas gagner la haute mer et le temps demeura encore très incertain. Par le travers de Pomègues, les galères de France sortirent pour escarmoucher, à la faveur de l'artillerie de terre, mais il leur fut répondu de telle sorte qu'elles durent se retirer et se mettre sous la protection de cette artillerie. L'empereur, décidé à ne pas s'attarder davantage, continua sa route vers Gênes : ce fut la dixième fois qu'il passa la mer du levant et la septième qu'il vint en Italie. Et parce qu'en passant en vue de Nice il avait été averti que les galères de France projetaient de s'emparer du château de cette ville, pendant qu'il débarquait à Gênes, le prince Doria revint en arrière avec ses galères pour voir ce que celles de France entreprendraient de faire, et s'étant aperçu qu'elles venaient pour exécuter leur dessein sur le château, il les attaqua de sorte qu'il en prit quatre. En ce temps, Sa Majesté ayant appris que Barberousse venait avec une grande flotte pour appuyer les prétentions du roi de France (ce Barberousse ensuite vint et demeura à Toulon tout le temps que dura la guerre contre l'empereur et s'en retourna sans avoir rien fait d'important), Elle s'en fut à Busseto, où Sa Sainteté s'était aussi rendue, et tous deux s'entretinrent des affaires d'Allemagne comme des moyens d'arriver à la paix : ce fut la quatrième fois que l'empereur vit le pape Paul et la dixième qu'il fut

de paz, e foi a quarta vez que se vio como o Papa Paulo, e a 10ª que teve gotta. Poucos dias despois, vendo o pouco effeito que daquella vista resultava, proseguio seu caminho atee Alemanha, que foi a quinta vez que nella entrou.

43. E por quanto havia pouco tempo que a Dieta se tivera, e sua Mag. não via, conforme os tempos andavam revoltos, mostras de poder trattar e accodir ás cousas da religião, continuou seu caminho atee Espira, onde tinha feito apparelhar todas as cousas necessarias para pôr em campo hum bom exercito, de que fez general á Dom Fernando de Gonzaga, assi para resistir ás offensas e damnos que El Rey de França lhe fazia, entrando pelas terras de Henau atee Binz, e tendo tomado Landrecy, que fazia fortificar, como tambem por causa da guerra que o Duque Guilhelmo de Cleves, per instigação do mesmo Rey de França e na mesma conformidade, lhe fazia. No caminho acima d. teve o Emperador novas da rotta e desbarato da gente do d. Duque á Insperg. E con tudo isto chegando sua Mag. á Espira, quis, para mais se justificar, offerecer (24) aos Electores, que estavam sobre o Rim, de trattar com o Duque de Cleves per via de concerto do que toccava ao Ducado de Gueldres, ao que achou tão pouca correspondencia que não pode fazer outra cousa que, ajuntando seu exercito, caminhar com elle a 6ª vez pelo Rin atee Bonna, donde marchou para Dura, e, tendoa reconhecido, logo plantou a artilheria, a batteo e tomou per assalto.

44. Então chegou o Principe d'Orange com o exercito, que trazia dos paeses baixos, e, juntos os dous exercitos e tomada Dura, como fica ditto, e outras terras, que se deram assi do Ducado de Gueldres como de Cleves e de Julies, sua Mag. caminhou para Remunda, a qual logo se rendeo, e dalli passou avante a volta de Venlo, e, indose chegando, o Duque Henrique de Bransvick, como bom amigo do ditto Duque de Cleves, lhe mostrou e declarou seu erro, amoestandoo e acconselhandoo que desistisse. E morrendo neste tempo a mai do mesmo Duque de Cleves, e vendo elle o mao conselho que tomara, fazendolhe tambem instancia os mais sabios do Estado de Gueldres que se tirasse do perigo em que estava e seguisse melhor conselho, o fez assi, porque se veo lançar aos pees de sua Mag. conhecen-

attaqué par la goutte. Peu de jours après, vu le peu de résultat qu'eut cette rencontre, l'empereur continua sa route vers l'Allemagne, où il entra pour la cinquième fois.

43. [1543] Comme il n'y avait pas longtemps que la diète s'était assemblée et que l'empereur ne voyait aucune apparence, en un temps si troublé, de réussir à régler les affaires de la religion, il continua son chemin vers Spire, où il avait fait réunir tous les choses nécessaires à l'entrée en campagne d'une bonne armée, dont il donna le commandement à Don Fernando de Gonzague, aussi bien pour réparer les offenses et dommages que lui causait le roi de France par son entrée dans les terres du Hainaut jusqu'à Binche et par la prise de Landrecies, qu'il faisait fortifier, que pour soutenir la guerre que lui faisait le duc Guillaume de Clèves, à l'instigation du même roi de France et d'accord avec lui. Chemin faisant, l'empereur fut informé de la défaite des troupes dudit duc à Heinsberg. Néanmoins l'empereur en arrivant à Spire, voulut, pour se mieux justifier, offrir aux électeurs qui se trouvaient sur le Rhin de traiter avec le duc de Clèves par voie d'arrangement, en ce qui concernait le duché de Gueldre, mais son offre ayant été très mal accueillie, il ne put faire autre chose que de rassembler son armée et de prendre pour la sixième fois la route du Rhin jusqu'à Bonn, d'où il se dirigea vers Duren. L'ayant reconnue, il planta aussitôt son artillerie, battit la ville et la prit d'assaut.

44. [1543] A ce moment arriva le prince d'Orange avec l'armée qu'il avait tirée des Pays-Bas. Les deux armées réunies et Duren prise, comme il vient d'être dit, avec d'autres places qui se rendirent tant du duché de Gueldre que des duchés de Clèves et de Juliers, Sa Majesté s'avança vers Ruremonde, qui se rendit aussitôt, et de là se dirigea vers Venlo. Et pendant qu'Elle s'approchait de la ville, le duc Henri de Brunswick, en qualité de bon ami dudit duc de Clèves, lui démontra et expliqua son erreur, l'invitant à y renoncer. En ce temps, mourut la mère dudit duc de Clèves. Celui-ci, convaincu d'avoir été mal inspiré et cédant aux hommes les plus sages de l'État de Gueldre qui le pressaient de se retirer du danger où il se trouvait et de suivre un meilleur avis, se décida à les écouter et à se jeter

do sua culpa, e, pedindo perdão della, deixou e fez restituir ao Emperador todo o Estado de Gueldres. Mas despois considerando o Emperador que o erro do Duque procedera mais de sua pouca idade que de alguma (24 v°) maa inclinação ou desejos de fazer mal, lhe fez tornar as cidades e lugares, que em outras partes lhe foram tomadas, e não contente ainda sua Mag. com isto, vendo o arrependimento do d. Duque, e a perseverança em seus bõs propositos, trattou de o casar, como casou, com huma das filhas del Rey dos Romanos sua sobrinha, com o qual casamento se accrescentou a obrigação do d. Duque para com sua Mag. e o amor de sua Mag. para o mesmo.

45. Desde principio do verão, El Rey de França, por se anticipar e ganhar por mão ao Emperador, pos em campo dous exercitos para lhe fazer guerra nos paeses baixos. Parte de hum dos exercitos, em que El Rey ia em pessoa, metteo dentro de Landrecy e parte alojou fora ao rodor, fazendoa fortificar. Seus dous filhos marcharam entretanto atee Bintz, donde se tornaram com perda, e sem fazer nada. Monsiur d'Orliens de lá se veo ajuntar com o outro exercito que estava em Lucemburg, a qual, não estando para se defender, se deu e foi pelos Franceses fortificada. No mesmo tempo soccedeo o que acima se disse da guerra que per instigação do mesmo Rey o Duque de Cleves fazia da parte de Brabante. Tendo sua Mag. dado fim á d. guerra de Cleves, e tomado Gueldres, como fica ditto, se partio de Venlo com a gotta para Diest, onde os Estados dos paeses baixos estavam juntos (25), os quaes lhe deram huma grande ajuda conforme áquella que tinham dado o anno passado para sua defensão. E esta foi a quinta vez que sua Mag. alli chegou: o que sabido por El Rey de França, fortificando primeiro á Landrecys, se retirou com sua gente para seu reino. Isto feito, deixando sua Mag. sobre Landrecys o exercito, que estava nos paeses baixos com a gente de guerra que El Rey d'Inglaterra, per virtude dos concertos que com elle fizera, lhe tinha mandado, fez marchar o exercito que consigo trazia juntamente com este que veo d'Inglaterra atee Guisa, o qual, por ser ja tarde e fazer roim tempo, mandou tornar e ajuntarse com os que estavam sobre Landrecys. O Emperador, ainda que mal trattado da gotta, partindose de Diest veo ver o cerco, e sabendo que El

aux pieds de Sa Majesté. Il reconnut sa faute, en demanda pardon et restitua tout l'Etat de Gueldre à l'empereur. Mais celui-ci, s'étant rendu compte que l'erreur du duc procédait plutôt de son jeune âge que de quelque mauvais penchant ou désir de mal faire, lui fit rendre les villes et autres localités qui ailleurs lui avaient été prises. Et non content de cela, Sa Majesté, eu égard au repentir dudit duc et à sa persévérance dans ses bonnes intentions, s'occupa de le marier, et y réussit, avec une des filles du roi des Romains, sa nièce, mariage qui accrut l'obligation dudit duc envers Sa Majesté et l'amitié de l'empereur pour le duc.

45. [1543] Dès le commencement du printemps, le roi de France, pour prévenir l'empereur, mit en campagne deux armées chargées de porter la guerre dans les Pays-Bas. Une partie de l'une des armées, où le roi se trouvait en personne, occupa Landrecies, tandis que l'autre partie prit ses quartiers aux environs où elle se fortifia. Les deux fils du roi marchèrent alors sur Binche, d'où ils revinrent avec perte et sans avoir rien accompli. Puis Monsieur d'Orléans se réunit à une autre armée qui opérait dans le Luxembourg, ville, qui n'étant pas en état de se défendre, se rendit et fut fortifiée par les Français. Au même temps eut lieu ce qui a été raconté de la guerre que, à l'instigation dudit roi, le duc de Clèves faisait du côté du Brabant. L'empereur, ayant terminé ladite guerre de Clèves et pris la Gueldre, comme on l'a vu, partit avec la goutte de Venlo pour Diest, où se trouvaient assemblés les États des Pays-Bas qui lui consentirent une aide importante semblable à celle qu'ils avaient consentie l'année précédente pour leur défense. Ce fut la cinquième fois que Sa Majesté vint là. Le roi de France, l'ayant appris, se retira en son royaume avec ses gens, après avoir fortifié Landrecies. Cela fait, l'empereur laissa devant Landrecies l'armée des Pays-Bas, et avec les gens de guerre envoyés par le roi d'Angleterre, en vertu d'un accord entre les deux souverains, fit marcher l'armée qu'il commandait jusqu'à Guise. Mais la saison étant trop avancée et le temps mauvais, il la fit revenir et la joignit à ceux qui étaient devant Landrecies. Quoique maltraité par la goutte, l'empereur, parti de Diest, vint voir le siège, mais apprenant que le roi de France recom-

Rey de França tornava á juntar gente para soccorrer aos cercados, sua Mag. Imperial, não querendo apartar seus exercitos, se foi para Avena por estar, como fica ditto, ainda indisposto da gotta, a qual lhe durou atee que se recolheram aos presidios, e foi a 10ª vez que a teve.

46. Sabendo El Rey de França o aperto e falta de mantimentos de sua gente, se veo alojar com o exercito que trazia no castello de Cambrecy, donde mandou hum dia muita gente de cavallo (25 vº) por ver o que se poderia fazer, e se aos de Landrecy se podia dar algum soccorro. Para obviar á isto, os exercitos do Emperador se ajuntaram e fizeram tal resistencia que aquella gente de cavallo não chegou á ver o que desejava, nem teve muito de que se jactar. He verdade que entretanto alguma gente de cavallo franceza com saccos de polvora e algumas vitualhas, de que os de dentro tinham mais necessidade, per outra parte em que não havia impedimento entrou em Landrecys, com o que os de dentro foram d'algum modo refrescados. Hora vendo sua Mag. a sazão ser ja gastada e entrado o roim tempo, e que seu principal intento, quando fez entrar seu exercito per França e tambem cercar á Landrecys, fora para por hum destes dous meios trazer e forçar El Rey á lhe dar batalha, fez desalojar seu exercito e chegarse mais perto do Francez. E no mesmo dia, sua Mag., indisposto e em liteira, se partio de Avena e foi dormir a Quenoy, e dalli se foi á juntar com o seu exercito que ja estava alojado junto ao del rey de França. E assi movendo ao outro dia pela manhãa sua Mag. do d. alojamento, se foi pôr com toda sua gente á tiro de bombarda junto ao arraial del Rey e lhe apresentou batalha, e com algumas escaramuças e tiros d'artilheria de huma e outra parte, e com huma boa carga que se deu aos Franceses, da qual (26) elles ficaram com a peor, se contentaram por entonces e tiverão por bem não sair do arraial. E vendo o Emperador que elles não fariam outra cousa, se foi pôr com sua gente bem junto ao campo enemigo. O outro dia se passou com algumas escaramuças, e, vindo a noute, El Rey com seu exercito se partio e se foi tee Guisa.

47. E não sabendo o Emperador, por descuido dos seus, desta partida atee o outro dia pela manhãa, foi no alcance

mençait à rassembler des forces pour secourir les assiégés et ne voulant pas éloigner ses troupes, il se dirigea sur Avesnes, étant encore, comme il a été dit, affligé de la goutte, qui lui dura jusqu'à ce que les troupes furent renvoyées dans leurs garnisons. Cet accès fut le dixième.

46. [1543] Le roi de France, considérant le péril et le manque de subsistances de ses gens, vint loger avec l'armée qu'il conduisait à Cateau-Cambrésis, d'où il envoya un jour un gros de cavalerie pour voir ce qu'il était possible de faire et s'il y avait moyen de secourir ceux de Landrecies. Pour s'opposer à cette reconnaissance, les troupes de l'empereur se concentrèrent et firent une telle résistance que ce gros de cavalerie ne réussit pas à voir ce qu'il désirait et n'eut pas grand sujet de se vanter. Sur ces entrefaites, il est vrai, une petite troupe de cavaliers français, chargés de sacs de poudre et de quelques vivres dont les assiégés avaient un très pressant besoin, pénétra dans Landrecies par un côté où il n'y avait pas d'obstacle, ce qui apporta à ceux du dedans quelque ravitaillement. Mais comme la saison avançait beaucoup, que le mauvais temps avait commencé et que d'ailleurs le dessein de l'empereur en menant son armée en France et aussi en assiégeant Landrecies avait été, par l'un de ses deux moyens, de contraindre le roi à lui livrer bataille, Sa Majesté fit déloger son armée et la rapprocha de celle du Français. Le jour même, l'empereur, toujours indisposé et en litière, partit d'Avesnes et alla coucher au Quesnoy. De là il rejoignit son armée qui déjà avait pris ses quartiers près de l'armée du roi de France. Le lendemain matin, Sa Majesté quitta ses quartiers et se porta avec tous ses gens à portée de canon de l'armée royale et lui offrit la bataille. Il y eut quelques escarmouches et décharges d'artillerie d'un côté et de l'autre, puis on donna une bonne charge aux Français où ils curent le dessous, ce qui leur suffit pour le moment et leur inspira l'idée de ne pas sortir du camp. L'empereur, voyant donc qu'ils ne feraient rien de plus, alla se poster avec ses gens tout près du camp ennemi. Le lendemain fut employé à quelques escarmouches et à la tombée de la nuit le roi avec son armée se retira sur Guise.

47. [1543] L'empereur, qui, par la négligence des siens, ne fut averti que le lendemain matin de cette retraite, se

del Rey com sua gente, e tendoo seguido atee hum bosque ou charneca quasi de tres legoas, por desordem da sua arcabuzeria (a qual pela maior parte seguira e accompanhara mais a bagagem que a gente de guerra), não quis passar o d. bosque com o exercito, mas soomente alguns cavallos ligeiros com poucos arcabuzeiros e muita gente desordenada o passaram. O que vendo Monsiur o Delphin, que tinha juntos todos os homens d'armas franceses, virou e carregou sobre a d. gente, a qual se recolheo ao bosque, e isto feito se tornou para a gente de pee. Se pode facilmente crer que se o exercito do Emperador tivera a sua arcabuzeria, com a qual podera seguramente passar aquelle bosque, sua Mag. chegara em parte ao fim de seus desejos, mas considerando que não hauia outra cousa que fazer por aquelle dia e que era ja tarde, se partio do d. bosque e se veo alojar ao campo (26 v°) e lugar donde se tinha partido El Rey de França, onde sua Mag. chegou con mais de huma hora de noute. Estando sua Mag. Imperial no d. Castello de Cambrecy alguns dias por ver se podia fazer mais alguma cousa contra seu enemigo (o qual logo dividio o exercito e proveo os presidios), vendo tambem que a festa de todos os Santos era ja passada, determinou de fazer o mesmo, e assi se foi á Cambray e dahi á Bruxellas, aonde esteve muy indisposto, ainda que não da gotta, todo o restante do anno, no fim do qual a Princesa de Hespanha, a Infanta Dona Maria de Portugal, foi levada, conforme ao que estava trattado, á Castella e recebida pelo Principe de Hespanha em Salamanca, onde elles consumarão o matrimonio, que primeiro fora per palavras de presente contrahido.

48. Deixando o Emperador a Rainha d'Ungria sua irmãa a 3ª vez por governadora nos paeses baixos, se partio de Bruxellas e fez o caminho a 6ª vez pelo Rim, o qual continou atee Espira, que foi tambem a 6ª vez que entrou em Alemanha, onde tinha convocado huma dieta para declarar aos do Imperio as causas que o moveram á fazer a empresa de Gueldres (27) e á ir contra El Rey de França, as quaes em breve se contem no acima ditto e mais largamente na proposta então feita. E vendo que por entonces não havia sinaes do Turco querer vir contra a Christandade e tambem que acerca da religião não se podia fazer nem

mit avec ses gens à la poursuite du roi. L'ayant poussé jusqu'à un bois ou à une lande de près de trois lieues, par suite du désordre de ses arquebusiers (dont la majeure partie se tenait plus près du bagage que des combattants) il ne voulut pas franchir le bois avec l'armée ; quelques chevau-légers seulement avec peu d'arquebusiers et beaucoup de soldats en désordre le passèrent. Monsieur le Dauphin, qui avait autour de lui tous ses gendarmes français, s'en étant rendu compte, fit volte-face et chargea cette troupe, qui se retira dans le bois, puis se replia sur l'infanterie. On peut croire facilement que si l'armée de l'empereur avait pu disposer de son arquebuserie, avec l'aide de laquelle elle aurait sûrement franchi ce bois, Sa Majesté aurait réalisé en partie ses désirs, mais attendu qu'il n'y avait rien d'autre à essayer en cette journée et qu'il était déjà tard, l'armée s'éloigna du bois et vint se loger dans l'emplacement qu'avait occupé le roi de France et où Sa Majesté arriva plus d'une heure après la tombée de la nuit. Sa Majesté Impériale demeura à Cateau-Cambrésis quelques jours pour voir s'il restait quelque chose à faire contre son ennemi (qui aussitôt licencia l'armée et envoya les hommes dans leurs garnisons). Ayant toutefois considéré que la Toussaint était déjà passée, Elle décida d'agir de même et partit pour Cambrai, puis pour Bruxelles, où Elle demeura très indisposée, mais non pas de la goutte, tout le reste de l'année. A la fin de la même année, la princesse d'Espagne, infante de Portugal, Doña Maria fut amenée, conformément aux accords arrêtés, en Castille et fut reçue par le prince d'Espagne à Salamanque, où ils consommèrent le mariage qui avait été d'abord contracté par paroles de présent.

48. [1544] L'empereur, ayant laissé la reine de Hongrie sa sœur pour la troisième fois gouvernante des Pays-Bas, partit de Bruxelles et prit pour la sixième la route du Rhin qu'il continua jusqu'à Spire : ce fut aussi la sixième fois qu'il entra en Allemagne. A Spire, il avait convoqué une diète pour expliquer aux représentants de l'Empire les motifs qui l'avaient poussé à l'entreprise de Gueldre et à combattre le roi de France, motifs qui se trouvent dans ce qui a été dit ci-dessus et plus explicitement dans la proposition qui fut faite alors. Et voyant qu'en ce temps rien n'indiquait que le Turc se proposât de venir contre la chrétienté

trattar cousa d'importancia, lhes pedio ajuda contra El Rey de França, o qual tambem tinha tomado algumas cidades e terras do Imperio e fazia e trattava cada dia cousas em grande detrimento delle. O que bem considerado e entendido de todos, deram huma boa ajuda á sua Mag. Imperial. Indo o Emperador por caminho para Espira, veo ter com sua Mag. o cardeal Farnes, da parte do Papa Paulo, sob color e sombra de amoestar e querer trattar de paz, e conhecendo sua Mag. que nisto não havia mais que palavras sem alguma mostra de boa conclusão, não se quis deixar levar dellas nem d'executar a intenção e seguir a boa causa que tinha e a empresa começada por recobrar o que lhe fora tomado. E assi despedio logo ao d. Cardeal, offerecendose de estar sempre prestes para entender e trattar de huma verdadeira, boa, segura e firme paz.

49. E ajudandose e valendose do soccorro que o Imperio lhe tinha concedido, começou á pôr em ordem seu exercito (27 v°). Entretanto vieram novas ao Emperador da rotta da gente que tinha em Italia junto á Carinhano, que foi en mao tempo e occasião. Con tudo nada menos, antes com maior diligencia, sabendo que a cidade de Lucemburg estava falta de mantimentos, ainda que bem fortalecida, e que El Rey de França tentava de a prover de vitualhas, mandou á Dom Fernando de Gonzaga, ao qual tinha feito general deste exercito, para impedir e obviar que a d. cidade não fosse soccorrida. O qual fez tão bem o que lhe foi imposto e com pouca gente que a cidade se rendeo dentro de poucos dias. O Emperador logo accrescentou seu exercito de sorte que o d. seu capitão geral tomou em poucos dias alguns lugares e praças fortes na fontaria de França para a parte de Lorena, e pos cerco á Sandesir, aonde o Emperador, partindose de Espira e passando per Metz, se veo á juntar com o resto do exercito, que foi a quarta vez que sua Mag. entrou em França, e a segunda em guerra. E tendo battido e assaltado ao d. Sandesir, dalli á poucos dias se lhe entregou. Neste cerco foi ferido o principe d'Orange nas trincheiras de hum tiro d'artilheria, de que morreo ao outro dia.

50. (28). Considerando o Emperador que, conforme ao

et qu'en matière religieuse aussi on ne pouvait rien faire d'important, il demanda à la diète une aide contre le roi de France, qui s'était emparé de quelques villes et territoires de l'Empire, au grand détriment duquel il agissait journellement. Après mûre considération et délibération, tous accordèrent une bonne aide à Sa Majesté Impériale. Pendant que l'empereur se rendait à Spire, il fut rejoint par le cardinal Farnèse, envoyé par le pape Paul, sous prétexte de l'amener à traiter de la paix. Mais l'empereur, sachant qu'il n'y avait là que paroles sans aucune intention d'arriver à un résultat, ne s'y laissa pas prendre et ne renonça pas à exécuter son dessein ni à se vouer à la bonne cause qu'il défendait, comme à l'entreprise commencée pour recouvrer ce qui lui avait été pris. Il congédia donc sans tarder ledit cardinal, tout en se déclarant prêt à entrer en pourparlers au sujet d'une paix véritable, bonne, sûre et bien garantie.

49. [1544] S'aidant alors du subside qui lui avait été accordé par l'Empire, il commença à former son armée. Sur ces entrefaites, on sut que l'armée que l'empereur entretenait en Italie avait été battue près de Carignan, ce qui arriva à un mauvais moment et dans de fâcheuses conjonctures. Toutefois l'empereur ne se laissa pas abattre, et ayant appris que la ville de Luxembourg manquait de vivres, quoiqu'elle fût bien fortifiée, et que le roi de France se proposait de la ravitailler, il envoya Don Fernando de Gonzague, qu'il avait nommé général de cette armée, pour empêcher ladite ville d'être secourue. Gonzague s'acquitta, et avec peu de monde, si bien de cette mission que la ville se rendit quelques jours après. Bientôt, l'empereur accrut son armée de telle sorte que ledit capitaine général en peu de jours prit quelques localités et places fortes sur la frontière de France du côté de la Lorraine et mit le siège devant Saint-Dizier. L'empereur, quittant Spire et passant par Metz, vint l'y rejoindre avec le reste de l'armée : ce fut la quatrième fois qu'il entra en France et la seconde fois en ennemi. Après avoir battu les murs et donné l'assaut, Saint-Dizier se rendit en peu de jours. Pendant le siège, le prince d'Orange fut blessé dans les tranchées d'un coup de canon dont il mourut le lendemain.

50. [1544] En vertu des conventions passées entre l'em-

que entre sua Mag. e El Rey d'Inglaterra estava concertado, o d. Rey viera em pessoa com grande exercito molestar e offender o reino de França, ao qual tambem sua Mag. mandara per Monsiur de Bura a gente que nos d⁸ concertos lhe promettera, e o d. Rey tinha posto cerco á Bolonha e Monstrul, e que polo muito tempo que sua Mag. estivera sobre Sandesir, El Rey de França tivera lugar para accabar d'ajuntar seu exercito e prouer as mais fronteiras de seu reino, por isto e porque sua Mag. não tinha vitualhas como desejava e outrosi a sazão estava muito avante, achando difficuldade no que ao diante podia fazer, e por não deixar á El Rey d'Inglaterra soo contra seu enemigo, não se quis retirar com o exercito. Antes tendo precedido durante o cerco de Sandesir a tomada de Vittry e rotta dos cavallos ligeros francezes que alli estavam e outras correrias que se fizeram, despois de deixar bem provida a d. cidade de Sandesir e outras praças mais importantes, seguindo a tenção, o anno atraz ditta, de por todos os modos. e meios tirar e trazer El Rey de França á lhe dar batalha, determinou d'entrar o mais que pudesse por dentro daquelle reino, indose sempre chegando e buscando ao d. rey e seu exercito. E assi passando por Vittry, sua Mag. se veo alojar (28 vº) junto á Chalon em Campanha, aonde ouve algumas boas escaramuças, em que os Francezes não ganharam nada nem ficaram muito contentos dos pistoletes ou piquenos arcabuzes dos Alemães de cavallo.

51. Mas porque Chalon estava bem provido de gente e tinha o exercito francez da outra parte do rio de Marna. distante tres pequenas legoas, e o Emperador e seu exercito não tinhão outros mantimentos senão os que achavam pelos campos e nas aldeas e villas menos fortes, a sua Mag. pareceo que não convinha fazer mais longa demora naquelle lugar. E tendo caminhado todo o dia que alli chegou, se partio com todo o exercito ás 10 horas da noute e andaram tanto que se acharam rompendo a alva da manhãa á vista e de fronte do lugar em que os Francezes tinham assentado e bem fortificado seu arraial, principalmente da parte donde vinha o Emperador, porque o d. rio de Marna ficava entre os dous exercitos, o qual sua Mag. podia bem

pereur et le roi d'Angleterre, ce roi était venu en personne avec une forte armée attaquer le royaume de France, tandis que l'empereur lui avait envoyé avec Monsieur de Buren les troupes promises par ces conventions. Ledit roi avait mis le siège devant Boulogne et Montreuil. Or, considérant qu'Elle avait perdu beaucoup de temps devant Saint-Dizier et qu'en conséquence le roi de France avait pu terminer la concentration de son armée et la défense des frontières de son royaume, Sa Majesté, pour ce motif et aussi parce qu'Elle manquait du ravitaillement nécessaire et que la saison était très avancée, voyait des difficultés dans la continuation de la campagne. Cependant, pour ne pas laisser le roi d'Angleterre seul devant son ennemi, Elle ne voulut pas se retirer avec l'armée. Déjà auparavant, pendant le siège de Saint-Dizier, avaient eu lieu la prise de Vitry, la défaite des chevau-légers français et certaines reconnaissances de cavalerie. Aussi, après avoir laissé en bon état de défense la ville de Saint-Dizier et d'autres places plus importantes, l'empereur, reprenant le dessein, dont il a été parlé l'année précédente, d'obliger par tous les moyens le roi de France à lui livrer bataille, décida de pénétrer le plus avant qu'il pourrait dans le royaume, de se rapprocher toujours plus du roi et de son armée et de les chercher. Passant donc par Vitry, Sa Majesté vint se loger près de Châlons en Champagne, où il y eut quelques bonnes escarmouches dont les Français ne tirèrent aucun avantage ; ils eurent même des raisons d'être peu contents des pistolets ou petites arquebuses des cavaliers allemands.

51. [1544] Mais parce que Châlons possédait une forte garnison, qu'il y avait une armée française à trois petites lieues de l'autre côté de la Marne et que l'armée de l'empereur n'avait pour subsister que ce qu'elle trouvait dans les champs, les hameaux et les villes les moins fortes, il parut à Sa Majesté qu'il ne convenait pas de demeurer plus longtemps en ce lieu. Et bien qu'il eût marché tout le jour de son arrivée, l'empereur partit avec son armée à dix heures du soir. Ils marchèrent toute la nuit et arrivèrent au lever du jour en vue et en face de l'emplacement du camp, dont les Français avaient surtout bien fortifié le côté par où venait l'empereur. La Marne coulait entre les deux armées. Sa Majesté pouvait passer la rivière, car il y avait un pont de bois, qui bien qu'en

passar por quanto havia huma ponte de pao, e, ainda que estava quebrada, con tudo se podia refazer e concertar de forma que per ella passasse a infanteria. Havia tambem hum vao pelo qual podiam passar os de cavallo e a infanteria. Mas tendo feito isto, havia que fazer de novo e com grande desventagem da gente do Emperador, porque, passada a (29) ditta ponte e vao (os quaes se não podiam passar senão a fio), era necessario pôrse de novo em ordem, para o que havia huma fermosa campina, mas ficava exposta e sojeita aos tiros dos enemigos, e convinha despois marchar e chegarse para elles sempre com a mesma sojeição de seus tiros. E vencido tudo isto, havia ainda hum braço do mesmo rio, ainda que muito estreito, con tudo alto e que não tinha senão algumas passagens difficultosas, pelas quaes se não podia passar senão em desordem, e despois era necessario sobir hum outeiro ou costa e achar encima aos enemigos, entre os quaes havia hum bom numero de Suiços.

52. Polo que, considerando sua Mag. que pólas difficuldades d' não era possivel pôr em ordem o exercito para poder pelejar, persistio na determinação que tinha tomado de fazer huma grande jornada naquelle dia por ganhar a dianteira ao exercito francez, porque a tenção de sua Mag. era passar e ir diante de maneira que achasse os lugares por onde passasse desprovidos e os forçasse á caminhar de modo que, no caminho, se lhe viesse á offerecer a occasião que desejava. Na mesma manhãa o Conde Guilhelmo de Fustemburg, não sabendo o que fazia, passou o vao acima d. e se foi metter nas mãos aos Franceses. Tambem o Principe de la (29 vº) Rocha Surion, vindo com sua manga para entrar no campo francez, encontrou com alguns cavallos ligeiros imperiaes que o apertaram e carregaram de maneira que assi elle como seu lugartenente e outros muitos foram tomados e a mais gente desbaratada. O Emperador caminhou ainda no mesmo dia atee junto de Hai, donde não pode passar polas muitas ribeiras e maas passagens que naquelle dia encontrou e tambem a sua retroguarda não chegou senão á 10 horas da noute, que foram vinte e quatro horas que caminhava todo o exercito, tendo tambem caminhado o dia dantes. E se he licito fazer juizo das cousas que podiam socceder, bem se pode crer que se sua Mag.

mauvais état se prêtait à être réparé pour donner passage à l'infanterie. Il y avait aussi un gué par où pouvaient passer les cavaliers et l'infanterie. Mais, après cela, il restait encore à se reformer et cela au grand désavantage des troupes de l'empereur, car après avoir franchi le pont et le gué (qui ne pouvaient l'être qu'à la file), il était indispensable de se remettre en bon ordre, opération que facilitait une plaine fort belle, mais exposée au feu de l'ennemi. Il fallait ensuite marcher et s'approcher des Français, mais toujours sous leur feu. Et quand on aurait surmonté toutes ces difficultés, il restait encore un bras de la même rivière, qui, bien que très étroit, était profond et n'offrait qu'un petit nombre de passages difficiles, qu'on ne pouvait franchir qu'en désordre. Ensuite il y avait à gravir une hauteur ou colline et rencontrer au sommet les ennemis, parmi lesquels se trouvaient un bon nombre de Suisses.

52. [1544] L'empereur reconnut que ces difficultés ne permettaient pas de mettre l'armée en position de combat. Il persista donc dans son idée de faire ce jour-là une grande marche pour dépasser l'armée française, vu que son intention était d'accélérer son mouvement afin de démunir les lieux par où passerait cette armée et de l'obliger à marcher de telle sorte que, chemin faisant, l'occasion qu'il cherchait vînt s'offrir à lui. Le matin du même jour, le comte Guillaume de Furstemberg, sans savoir ce qu'il faisait, traversa le gué dont il a été question et alla se mettre dans les mains des Français. D'autre part, le prince de la Roche-sur-Yon se rendant à la tête de sa compagnie dans le camp français, rencontra quelques chevau-légers impériaux qui le poursuivirent et le chargèrent de telle sorte que lui, son lieutenant et beaucoup d'autres furent pris et le reste de la troupe mis en fuite. Ce même jour, l'empereur s'avança jusque près d'Ay, mais il ne put passer outre à cause des nombreux cours d'eau et des mauvais passages qu'il rencontra. Son avant-garde d'ailleurs n'arriva qu'à dix heures du soir, ce qui fit que l'armée entière marcha vingt-quatre heures, après avoir déjà marché le jour précédent. Et s'il est permis de porter un jugement sur ce qui aurait pu arriver, rien n'empêche de croire que si Sa Majesté, ce qui ne se réa-

podera naquelle dia chegar á Espernayo, que estava adiante huma piquena legoa francesa (o que não pode ser), de modo que podera ao outro dia passar o exercito per huma ponte de pedra que havia naquelle lugar e per pontes de barcas que se fizeram sobre o mesmo rio, pelo outeiro dantes ditto podera vir accometter o campo francez pelas costas, da qual parte ainda então não estava fortificado, e Deus dera a victoria á quem fora servido. Mas polas causas d' sua Mag. não pode chegar á Espernayo (30) senão ao outro dia á tarde, que propos em conselho o acima ditto, mas não se pode executar, porque pola dilação do dia que se perdeo os Franceses tiveram tempo de se fortificar pelas costas como estavam pelas outras partes, do que logo sua Mag. foi avisado. E assi sua Mag. se partio de Espernayo, indo sempre por diante com grande pressa e cuidado. Mas o caminho lhe foi mui contrario por causa das muitas ribeiras que á cada passo encontravam, e porque em muitas partes era aspero e convinha muitas vezes rodear, de sorte que onde cuidava d'andar duas ou tres legoas francesas por dia, quando muito podia andar huma. O que vendo sua Mag., mandou diante hum bom numero de soldados desembaraçados da carriagem, a qual tambem era de grande impedimento ao caminhar, para tomarem como tomaram o Castello Terry. E seguindoos, sua Mag. chegou lá o mais presto que pode, todavia com tenção de marchar mais avante e continuar seu caminho.

53. Hora he de saber que durante esta jornada que sua Mag. ia fazendo per França, os ministros del Rey nunca cessaram de cada dia trattar e mover pratticas de paz. Ao que sua Mag., como quem lhe era e fora sempre tão affeiçoado, não deixava de dar orelhas. E se de principio (30 v°) elles trattavam e pratticavam de paz, muito mais e com maior instancia o fizeram quando viram sua Mag. passar de Chalon com seu exercito e tanto se continuaram e tão grande calor se deu á estas pratticas de paz que vieram quasi á concordar nos artigos e condições della. Mas por quanto, como fica ditto, El Rey d'Inglaterra estava sobre Bolonha e sua Mag., per andar tão mettido na França, não tinha novas do que o d. Rey fazia, nem tambem tinha modo para lhe poder fazer as suas, e conforme aos concertos feitos entre ambos não podiam suas Mag^s concluir a paz sem que

lisa pas, avait atteint ce jour là Épernay, qui se trouve à une petite lieue française plus avant, de façon à pouvoir le lendemain faire franchir à l'armée la rivière par un pont de pierre qui existe en ce lieu, et par des ponts de bateaux construits sur ladite rivière, Elle aurait pu, en gravissant la colline dont il a été parlé, attaquer le camp français par les pentes qui n'avaient pas encore été fortifiées, et Dieu aurait donné la victoire à qui il aurait voulu. Mais pour les raisons déjà dites, Sa Majesté ne put arriver à Épernay que le lendemain soir et il proposa alors en conseil ce qui vient d'être dit. Malheureusement ce projet ne put être exécuté, car le jour perdu permit aux Français de fortifier les pentes de leur position comme les autres côtés, ce dont l'empereur fut avisé. Aussi quitta-t-il Épernay en s'avançant toujours avec grande diligence et prudence. Mais le chemin lui fut très contraire à cause des nombreux cours d'eau qui se présentaient à chaque pas. En beaucoup d'endroits, le chemin était mauvais et il fallait faire de grands détours. Aussi lorsqu'on pensait faire dans la journée deux ou trois lieues françaises, n'en faisait-on qu'une tout au plus. Voyant cela, Sa Majesté envoya en avant un grand nombre de soldats débarrassés du charroi, qui gênait beaucoup la marche, afin de s'emparer, comme ils le firent, de Château-Thierry. Sa Majesté, qui les suivait, y arriva le plus tôt qu'Elle put avec l'intention toujours de pousser plus avant et de continuer sa marche.

53. [1544] Il faut qu'on sache ici que pendant cette campagne conduite par Sa Majesté à travers la France, les ministres du roi ne cessèrent jamais de négocier et de proposer des articles de paix. L'empereur, qui désirait la paix comme il l'avait toujours désirée, ne laissait pas d'y prêter l'oreille. Et si dès le commencement les Français avaient parlé de paix, ils le firent bien davantage quand ils virent Sa Majesté dépasser Châlons avec son armée : les négociations se poursuivirent alors avec tant de chaleur que l'on tomba presque d'accord sur les articles et les conditions de la paix. Mais, ainsi qu'il a été dit, le roi d'Angleterre demeurait devant Boulogne et comme Sa Majesté, si avancée dans l'intérieur de la France, n'avait pas de nouvelles de ce que faisait le roi, celui-ci ne pouvait pas non plus l'informer de sa conduite. Or, selon leurs conventions, les deux souve-

hum e outro soubesse e consentisse nella. Os ministros del
Rey de França para este effeito consentiram que o bispo
d'Arras, ministro do Emperador, fosse da parte de sua
Mag. ver e avisar El Rey d'Inglaterra do que passava na
verdade, offerecendolhe que se, com suas forças e gente,
queria da sua parte entrar mais per França, que o Emperador da sua continuaria seu caminho e empresa atee se
virem á juntar os dous exercitos lá para a parte de Paris
ou aonde melhor parecesse, e, em defeito disto, lhe pro-
pusesse que consentisse que sua Mag. podesse trattar da
paz mettendoo nella conforme ao que dantes estava assentado. (31) Mas por quanto no mesmo tempo El Rey d'Inglaterra, continuando com o cerco de Bolonha, a apertou de
modo que a forçou á se lhe entregar, do que elle e com
justa causa estava mui contente, e vendo a sazão ir decli-
nando muito e os grandes gastos que fizera nesta guerra,
nem ter as commodidades e apercebimentos necessarios
para poder entrar mais per França, consentio e se contentou
que o Emperador concluisse a paz.

54. Hora vendo o Emperador que entretanto, como fica
ditto, mandou á El Rey d'Inglaterra, do qual não esperava
tão cedo resposta, não se podia deter muito naquelle lugar
onde estava, pola grande falta que em seu exercito havia
das cosas necessarias, e que difficultosamente podia passar
mais avante, porque pola razão acima ditta (que) sua Mag.
não podera usar de mais diligencia em caminhar e que o
exercito contrario (o qual por causa do rio que tinha entre
si e o Emperador não podia ser impedido que não cami-
nhasse á sua vontade) tivera tempo de ganhar a dianteira e
prover suas forças de tal modo que sua Mag., por falta de
mantimentos, dos quaes não tinha donde se prover estando
tanto adentro per França, que do Castillo Tierry á Paris
não havia mais que vinte legoas (31 v°) piquenas, não se
podia deter em hum lugar o tempo que convinha para combatter as praças que se quisessem defender, cousa que fora
de grande importancia. O que tudo considerando sua Mag., e
assi mais que aos soldados se estavam ja devendo algumas
pagas e ainda que nos paeses baixos tinha sua Mag. o dinheiro necessario para lhes pagar, con tudo não havia modo
para o trazer, quasi obrigado da necessidade, determinou,

rains ne pouvaient pas signer la paix sans une autorisation réciproque. A cet effet, les ministres du roi de France consentirent à laisser l'évêque d'Arras, ministre de l'empereur, se rendre de la part de l'empereur auprès du roi d'Angleterre pour l'aviser de l'état exact des choses. Il était chargé de lui proposer que s'il voulait avec ses forces pénétrer plus avant en France, l'empereur de son côté continuerait sa marche et sa campagne jusqu'à la jonction des deux armées aux environs de Paris ou dans le lieu qu'on jugerait le plus à propos. A défaut de cet arrangement, l'empereur proposait qu'il consentît à le laisser traiter de la paix en l'y comprenant, comme il avait été auparavant convenu. Mais parce qu'en ce temps le roi d'Angleterre avait continué à assiéger Boulogne et qu'en serrant la place de très près il l'avait obligée à se rendre, ce qui à juste titre lui causa un grand contentement, que d'autre part la saison s'avançait beaucoup, qu'il supportait par le fait de cette guerre de lourdes dépenses et qu'il n'avait pas les moyens nécessaires pour pénétrer en France, ce roi consentit à laisser l'empereur conclure la paix.

54. [1544] L'empereur, qui, comme il a été dit, avait avisé le roi d'Angleterre, mais sans en attendre une très prompte réponse, ne pouvait pas demeurer longtemps dans la position qu'il occupait, à cause du manque complet de choses nécessaires dont son armée souffrait. Il ne pouvait pas non plus passer plus outre pour la raison, déjà indiquée, qu'il était incapable de hâter sa marche et que l'armée adverse (qui, grâce à la rivière qu'il y avait entre elle et l'empereur, restait libre de marcher à sa guise) avait eu le temps de prendre ses distances et de se renforcer. Il en résulta que l'empereur, faute de vivres qu'il ne savait comment se procurer si avant dans l'intérieur de la France, car de Château-Thierry à Paris il n'y a pas plus de vingt petites lieues, ne pouvait pas s'arrêter le temps nécessaire pour battre les places qui auraient voulu se défendre, point de la plus haute importance. Le tout bien pesé, et sans compter qu'il était dû aux soldats plusieurs payes dont le montant se trouvait aux Pays-Bas mais ne pouvait être remis en France, l'empereur, presque contraint par la nécessité, à la fois pour avoir plus vite une réponse du roi d'Angleterre et pour être plus près des Pays-Bas, qui le fourniraient d'argent et des autres

assi por mais brevemente ter resposta del Rey d'Inglaterra como por estar mais perto dos d.ª paeses baixos, dos quaes podia mais facilmente ser provido de dinheiro e das mais cousas necessarias, e tambem para melhor ordenar o que devia fazer conforme á resposta que viesse del rey d'Inglaterra, se partio do d. Castello Tierry, tomando o caminho de Suesson (que se lhe entregou passando), porque dalli podia tambem e melhor pôr por obra o que mandou offerecer á el Rey d'Inglaterra como poderia fazer do d. Castello Terry.

55. Entretanto veo a resposta del Rey d'Inglaterra, o qual, como fica ditto, consentio que sua Mag. Imperial concluisse a paz. A qual feita, Monsiur d'Orliens veo visitar ao Emperador, e o mesmo fez logo Monsiur de Vandoma, e sua Mag. proseguindo seu caminho com todo o (32) exercito atee o Castello de Cambrecys (aonde despois de o ter bem pago e contente o despedio), se foi á Cambray, onde achou a Rainha d'Ungria, sua irmãa, com os arrefens que lhe haviam de ser dados. Com toda esta companhia caminhou para Bruxellas, que foi a 6.ª vez que tornou ao Estado de Flandres, onde algum tempo despois veo a Rainha Christianissima e Monsiur d'Orliens accompanhados de muitos senhores e damas, e estando alli alguns dias festejados se tornaram, e o Emperador attendeo ás cousas dos d. estados com tenção de os visitar. E assi se partio de Bruxellas, onde fora ameaçado da gotta, por ir á Gante, no qual lugar a gotta lhe deu de sorte que desdo principio de Dezembro tee a Paschoa esteve sempre mui trabalhado, por mais que se pos em regimento e dieta, que foi a primeira de que usou e a XI.ª vez que teve gotta.

56. O Emperador houvera neste tempo de ir á Germania para trattar de seu remedio, porque he de saber que, como ja se disse, desdo anno 29, que foi a primeira vez que passou á Italia e se vio com o Papa Clemente, nunqua deixou todas as vezes que se vio assi com o mesmo Papa Clemente como com o Papa Paulo e em todos seus caminhos e dietas que tinha feito na d. Germania e em todos os outros tempos e occasiões, de conti (32 vº) nuamente sollicitar, hora em pessoa, hora per meio de seus ministros, concilio geral para remedio da d. Germania e dos erros que iam multiplicando na Christandade. Mas, quanto ao Papa Clemente,

choses nécessaires, comme aussi pour pouvoir mieux régler sa conduite d'après la réponse attendue du roi, décida de quitter Château-Thierry et de prendre la route de Soissons, qui à son passage se rendit à lui. Là il pouvait tout aussi bien et même mieux qu'à Château-Thierry donner suite aux propositions qu'il avait fait faire au roi d'Angleterre.

55. [1544-1545] Entre temps arriva la réponse du roi d'Angleterre, qui, comme il a été dit, consentit à laisser Sa Majesté Impériale conclure la paix. La paix faite, Monsieur d'Orléans, puis Monsieur de Vendôme vinrent visiter l'empereur, qui continua son chemin avec toute l'armée jusqu'à Cateau-Cambrésis, où il la licencia après l'avoir bien payée et contentée. Puis il se rendit à Cambrai, où il trouva la reine de Hongrie sa sœur, avec les otages qui devaient lui être livrés. Escorté de toute cette compagnie, il alla à Bruxelles, et ce fut la sixième fois qu'il revint en Flandre. Quelque temps après vinrent la reine très chrétienne et Monsieur d'Orléans, accompagnés de beaucoup de seigneurs et de dames, qui après avoir été fêtés quelques jours s'en retournèrent. L'empereur alors s'occupa des affaires desdits États avec l'intention de les visiter. Il partit donc de Bruxelles, où il avait été menacé de la goutte pour aller à Gand, où la goutte l'assaillit de telle sorte que depuis le commencement de décembre jusqu'à Pâques il en fut toujours extrêmement travaillé, malgré le régime et la diète auxquels il s'était soumis pour la première fois. Cet accès de goutte fut le onzième.

56. [1545] L'empereur en ce temps aurait dû se rendre en Allemagne pour remédier à ses désordres. Il faut savoir que depuis l'année 1529 où, comme il a été dit, il vint pour la première fois en Italie et conféra avec le pape Clément, jamais il ne cessa, toutes les fois qu'il vit ledit pape Clément ou le pape Paul, et aussi pendant ses voyages en Allemagne et les diètes qu'il y tint, ou en tous autres temps et occasions, de solliciter soit en personne, soit par l'entremise de ses ministres, un concile général pour le remède de l'Allemagne et des erreurs qui se propageaient dans la chrétienté. En ce qui concerne le pape Clément, et malgré

por alguns inconvenientes que havia em sua pessoa, sem embargo da promessa que tinha feito á sua Mag. de dentro de hum anno convocar o d. Concilio, jamas foi possivel accabar com elle que o quisesse executar. Despois de cuja morte soccedendolhe o Papa Paulo, ainda que no principio de seu pontificado publicasse que tinha promettido de logo publicar e convocar Concilio e mostrasse grandes desejos de remediar a Christandade e abusos da Igreja, con tudo despois com o tempo aquellas mostras e ardor primeiro se foi esfriando, e seguindo os passos e exemplo do Papa Clemente com boas palavras prolongou e entreteve sempre a convocação e ajuntamento do Concilio tee que, como fica ditto, quando El Rey de França começou a guerra em o anno de 42, mandou á Monçon a bulla da convocação do d. Concilio em Trento. A sazão e opportunidade do tempo mostram bem com que tenção isto era, e Deus o sabe, e pelo que então passou e sua Mag. respondeo se pode claramente entender. Con tudo polas mudanças que nos negocios sobrevieram, bem differentes do que alguns agudos engenhos tinhão discorrido, as cousas se ordenaram (33) e menearam de sorte que a d. convocação teve effeito e o Concilio se começou [e] continou per muito tempo em Trento, e atee que o ditto Papa Paulo por respeitos que o moveram, os quaes Deus permitta que fossem bons, trattou de o avocar e transferir á Bolonha. E tendo sua S[de] para com o Emperador a tenção que acima se mostrou, e tomando occasião da prattica que sua Mag. fez na dieta de Spira, lhe escreveo hum breve bem differente da profissam que sua Mag. fizera toda sua vida. Ao qual sua Mag. não quis responder, por quanto se não podia bem fazer guardando o decoro e authoridade das duas cabeças da Christandade, e lhe pezou bem da occasião que com grande audacia tomaram os Prostestantes de lhe responder em nome de sua Mag., que continuando com o que se resolvera na dieta de Espira, convem á saber de ter outra em Vormes, a qual estando ja convocada, sua Mag. por sua indisposição não podendo ir ao dia assinado, pedio á El Rey seu irmão se quisesse achar nella, aonde tambem mandou Monsr de Granvella para assistirem, e indo ganhando tempo encaminharem e ordenarem as cousas, tomando o mais breve e melhor expediente que podesse ser.

la promesse qu'il avait faite à Sa Majesté de convoquer ledit concile dans le délai d'un an, il fut impossible, vu certains défauts de son caractère, de l'amener à tenir ses engagements. Après sa mort, son successeur le pape Paul annonça d'abord, au commencement de son pontificat, sa volonté de publier et de convoquer un concile, témoignant d'un grand désir de secourir la chrétienté et de corriger les abus de l'Église. Mais avec le temps ces désirs et cette première ardeur se refroidirent. S'inspirant de la conduite et de l'exemple du pape Clément, il différa et retarda toujours la convocation et la réunion du concile jusqu'au moment où le roi de France déclara la guerre l'an 1542, comme il a été dit. Le pape envoya alors à Monzon la bulle de convocation dudit concile à Trente. La date et le choix du moment indiquent bien quelles étaient ses intentions : Dieu les connaît et par ce qui se passa alors et ce que Sa Majesté répondit on peut les entendre clairement. Quoi qu'il en soit, par suite des changements qui se produisirent dans les affaires politiques, et qui ne répondirent pas aux prévisions de certains esprits pénétrants, les choses s'arrangèrent et furent conduites de sorte que la convocation eut lieu, que le concile s'ouvrit et se continua longtemps à Trente, jusqu'au jour où le pape Paul, pour des raisons qui l'y poussèrent (Dieu veuille qu'elles fussent bonnes!), s'occupa de l'évoquer et de le transférer à Bologne. Le pape étant à l'égard de l'empereur dans les dispositions notées plus haut et prenant prétexte des propositions adressées par lui à la diète de Spire, lui écrivit un bref bien contraire aux sentiments qu'il avait professés toute sa vie. L'empereur ne voulut pas y répondre, car il n'aurait pas pu le faire sans porter préjudice à la considération et à l'autorité des deux chefs de la chrétienté : il fut très marri de voir les protestants saisir très audacieusement cette occasion pour répondre au pape au nom de Sa Majesté. Or, en vertu de ce qui avait été résolu dans la diète de Spire, c'est à savoir la tenue d'une autre diète à Worms, l'empereur se préparait à s'y rendre, mais une indisposition l'empêcha d'y aller le jour assigné. En conséquence, il pria le roi son frère d'y venir et il y envoya aussi Monsieur de Granvelle, afin qu'en gagnant du temps ils réglassent les affaires de la façon la plus expéditive et la meilleure.

57. Para o effeito acima ditto o Emperador se partio de Bruxelas para Anvers, ainda que fraco da gotta e dieta passada, aonde Monsʳ d'Orliens o veo visitar. E deixando a 4ª vez a (33 vº) Rainha d'Ungria, sua irmãa, por governadora dos d' estados, se foi pelo Rim á Vormes, que foi a 7ª vez que sua Mag. fez este caminho, e entrou na Germania com tenção e grandes desejos de lhe dar algum remedio, o que esperava fazer mais facilmente por meio d'algum bom accordo, visto estar em paz com El Rey de França e não haver sinaes d'o Turco trattar por entonces d'accommetter a Germania. Mas como sua Mag. tinha entendido e visto a grande soberba e obstinação dos Protestantes, receava que por virtude nenhuma cousa fizessem que conveniente fosse. E por quanto sua Mag. tivera sempre, e muitos otros tinham para si, que era impossivel per via de força abaixar hum tão obstinado e grande poder qual era o que os Protestantes tinham, se achava perplexo acerca do que poderia fazer por remediar cousa que tanto convinha e importava. Mas Deus que jamas desampara aquelles que á elle recorrem, ainda que o não mereçam, não se contentou de fazer ao Emperador a merce que lhe fez de lhe dar Gueldres em tão pouco tempo, mas com a experiencia do que passava lhe abrio os olhos e allumiou o entendimento, de sorte que dalli por diante não soo não lhe pareceo impossivel poder per via de força domar tão grande soberba, mas o teve por (34) muy facil, emprendendoo em tempo e modo conveniente. E por o negocio ser de grande importancia e pezo, não querendo fiar de si soo a resolução delle, a communicou com alguns poucos de seus ministros mais fieis, por causa do segredo que convinha se tivesse e que tambem tinham esperiencia do passado, aos quaes por causa della se representou o mesmo, e assi o parecer de sua Mag. e os seus foram correspondentes e conformes. E sua Mag. deixou a execução para quando e conforme ao que se podesse resolver na dieta de Vormes, porque não podendo por bons meios e modos pacificamente reduzir Alemanha, então se viria ás armas e força, segundo o tempo e opportunidade que se offerecesse.

58. Sua Mag., como ditto he, continuou seu caminho atee chegar á Vormes, onde achou poucos Principes do Im-

57. [1543] Pour mettre ces projets à exécution, l'empereur, quoique affaibli encore par la goutte et la diète, se rendit de Bruxelles à Anvers, où Monsieur d'Orléans vint le visiter. Puis ayant laissé pour la quatrième fois la reine de Hongrie sa sœur à la tête du gouvernement des Pays-Bas, il se dirigea par le Rhin à Worms, faisant cette route pour la septième fois, et entra en Allemagne avec l'intention bien arrêtée de remédier à ses maux, ce qu'il espérait réaliser plus facilement par un bon accord, vu qu'il vivait maintenant en paix avec le roi de France et que rien n'annonçait que le Turc eût alors le dessein d'attaquer l'Allemagne. Mais comme il connaissait le grand orgueil et l'obstination des Protestants, il craignait qu'ils ne fissent rien par eux-mêmes qui fût convenable. Or, comme Sa Majesté avait toujours admis, comme beaucoup d'autres avec lui, qu'il était impossible de réduire par la force une telle obstination et le si grand pouvoir dont jouissaient les Protestants, Elle hésitait sur les moyens à prendre pour remédier à une situation si critique. Mais Dieu, qui n'abandonne jamais ceux qui recourent à lui, encore qu'ils ne le méritent point, ne se contenta pas de faire à l'empereur la grâce de lui donner en si peu de temps la Gueldre, mais, en exposant à sa vue ce qui se passait, il lui ouvrit les yeux et lui éclaira l'entendement, de telle sorte que, désormais, non seulement il ne lui parut plus impossible de dompter par la force un si grand orgueil, mais qu'il estima cette entreprise très facile, à la condition de choisir le moment et les moyens propices. Et parce que la chose était de si grande importance, il ne voulut pas en remettre à soi seul la décision, mais il la communiqua à quelques-uns de ses ministres, choisis parmi les plus sûrs, à cause du secret qu'il convenait de garder. Ces ministres, qui avaient aussi l'expérience du passé, jugèrent de même et leur opinion s'accorda tout à fait avec celle de l'empereur, qui différa l'exécution du projet jusqu'à la diète de Worms et aux résolutions qu'on attendait, lorsqu'il serait démontré qu'on ne pourrait pas, par des moyens pacifiques, réduire l'Allemagne et qu'il faudrait recourir aux armes et à la contrainte suivant le moment et les opportunités.

58. [1545] L'empereur, comme il a été dit, continua son voyage jusqu'à Worms, où il trouva peu de princes de

perio, mas muitos Procuradores ou Commissarios com os quaes começou á trattar, seguindo e continuando com o que se tinha trattado no colloquio que dantes se convocara e tivera no d. lugar, donde se seguia tão fraca e fria negociação que se via claramente com que tenção e animo se trattava de taes negocios. O que vendo sua Mag. e vindo neste tempo á dieta El Rey de Romanos seu irmão, como á irmão e á quem o negocio grandemente (34 v°) toccava, communicou seu parecer e discurso acima ditto. O qual com o fervor que tem nas cousas que são de serviço de Deus e grande desejo do remedio de tão grandes males, vendo a obstinação dos Protestantes e o pouco ou nenhum effeito que se seguia de proceder com elles per modos e termos brandos, achou o ditto discurso do Emperador fundado em razão e possibilidade, e se conformou com elle. E considerando que o tempo e a opportunidade era mui propicia e accommodada para executar o d. discurso e que para este effeito convinha e era necessario que o Papa concorresse e ajudasse com suas forças spirituaes e temporaes, como aquelle que estava mais obrigado á dar ordem e procurar remedio á tantos males, suas Mag^s assentaram ambos entre si de, com juramento de segredo e condição que, se este se não guardasse, elles não estariam obrigados á cousa que tivessem ditta e offerecida, communicar sua determinação com o Cardeal Farnes, neto e entonces legado do Papa Paulo, que neste tempo chegou ao mesmo lugar de Vormes. E assi despois que declarou á suas Mag^s o que trazia á seu cargo bem differente e não pensado do que despois lhe foi proposto, suas Mag^s com o juramento e condição dantes ditta lhe propuserão e offerecerão (35) que, se sua S^{de} quisesse ajudar, como ditto he, com suas forças spirituaes e temporaes (visto como os modos e meios suaves e de concordia não tinham lugar e a obstinação e insolencia dos Protestantes ia cada dia crescendo de sorte que se não podia ja soffrer), suas Mag^s emprenderiam per via de força remediar e obviar á taes obstinações e insolencias. Do qual offerecimento o ditto Cardeal ficou tão espantado que dizendo dantes que trazia amplos poderes para trattar de tudo o que tocasse ao remedio dos presentes males, não quis passar mais adiante na conclusão deste negocio. E dizendolhe suas Mag^s que, ja que não passava mais avante, não querendo per

l'Empire, mais beaucoup de députés ou commissaires avec lesquels il commença à traiter, continuant ce qui avait été commencé dans la conférence convoquée et réunie précédemment audit lieu. Il s'ensuivit une négociation si faible et si froide qu'on vit clairement avec quelle intention et dans quel esprit ils agissaient. Cette constatation faite, l'empereur, profitant de la venue à la diète du roi des Romains son frère, lui confia son avis et son dessein comme il pouvait le faire à un frère et à un souverain si intéressé en cette entreprise. Celui-ci, avec la ferveur que lui inspirent les choses qui touchent au service de Dieu et son grand désir de guérir de si grands maux, vu aussi l'obstination des Protestants et le médiocre ou nul résultat des moyens de douceur à leur égard, trouva le dessein de l'empereur raisonnable et réalisable, et s'y conforma. Considérant donc que le moment et les circonstances se prêtaient fort bien à l'exécution dudit dessein, Leurs Majestés estimèrent qu'il était nécessaire que le pape les appuyât et secourût avec ses forces spirituelles et temporelles, car il était le plus tenu de conjurer de si grands maux. Et après avoir pris l'engagement de garder le secret, sous condition que, s'il n'était pas observé, Elles ne seraient tenues à rien de ce qui avait été offert, Elles communiquèrent leur détermination au cardinal Farnèse, petit-fils et alors légat du pape Paul, qui à ce moment arriva à Worms. Et après qu'il eut déclaré à Leurs Majestés sa commission, qui ne répondait en rien à ce qui lui fut proposé par la suite, Leurs Majestés, après lui avoir imposé le serment et les conditions susdites, lui offrirent que, si Sa Sainteté voulait les aider, comme il a été dit, avec son pouvoir spirituel et temporel (attendu que les moyens de douceur et de concorde n'aboutissaient pas et que l'obstination et l'insolence des Protestants croissaient chaque jour au point de devenir intolérables), Elles s'emploieraient à réprimer par la force ces dites obstinations et insolences. Cette offre causa audit cardinal une si grande surprise qu'après avoir dit qu'il apportait d'amples pouvoirs pour traiter de tout ce qui concernait le remède des maux présents, il ne voulut pas entrer plus avant dans le règlement de cette affaire. Et sur la remarque de Leurs Majestés que, puisqu'il se refusait à négocier, ne voulant rien conclure par lui-même, le mieux

si concluir nada, o melhor seria consultar com toda diligencia sua S^de per hum proprio que lhe trouxesse a reposta, de nenhum modo o quis fazer, mas elle mesmo quis ser o messageiro, dizendo que faria boa diligencia, a qual foi tal qual á huma personagem de sua authoridade convinha, mas não a que a qualidade do negocio requeria. Porque, tanto que chegou á Roma, a primeira cousa que se fez foi ir em tudo contra o juramento e condição que sua Mag. tinha posto, porque logo sua S^de chamou á consistorio, onde sempre costuma haver opiniões e bandos contrarios, ao qual communicou o offerecimento e nelle nomeou por legado ao mesmo Cardeal Farnes e por (35 v°) Gonfaloniero ou General da Igreja ao Duque Octavio seu irmão, e logo se nomearam os mais capitães e se toccaram os atambores para ajuntar gente de guerra, publicando que vinham á esta sancta empresa e á tomar vingança do sacco de Roma.

59. Vendo sua Mag. Imper. que, quando propos o acima ditto ao Cardeal Farnes, era pelo S. João e que, conforme á diligencia que o ditto Cardeal podia fazer a resposta viria ja fora de tempo e em sazão ja muito adiantada para começar á trattar de pòr em ordem o exercito e apprestar as cousas convenientes á tal negocio; presumindo tambem que o segredo se não guardaria, despachou hum proprio á sua S^de advirtindo que por este anno a ditta determinação se não podia executar e que por tanto se guardasse bem o segredo, porque d'outra maneira não se tinha por obrigado aos offerecimentos que fizera. E por quanto o segredo se rompeo e os Protestantes foram advirtidos, se teve con tudo tal modo que a fama que corria não foi per elles crida. E assi vendo sua Mag. que na d. dieta não se fazia mais que perder tempo (a qual con tudo quis entreter atee ver a resolução do Papa), lhe fez huma breve e secca prattica, remettendo o que se havia de trattar ao anno seguinte em huma outra dieta que se tinha (36) convocado em Ratisbona, e entretanto no mesmo lugar se fez hum colloquio á cerca dos modos que poderia haver para remedio destas differenças. Durando esta dieta o Emperador teve novas que a Princesa de Hespanha, sua nora, estava parida de hum filho, que despois se chamou o infante Don Carlos, e dalli á quatro ou sinco dias teve outras bem differentes da morte da mesma Princesa, da qual teve o sentimento que era

serait de consulter sans retard Sa Sainteté par un exprès qui lui apporterait sa réponse, le cardinal s'y refusa et voulut être cet exprès, disant qu'il ferait toute diligence ; et cette diligence fut telle qu'il convenait à un personnage de son importance mais non pas à la gravité du cas. La première chose qu'il fit en arrivant à Rome fut de violer le serment et les conditions qui lui avaient été imposés, car aussitôt le pape convoqua un consistoire, où toujours se manifestent des opinions et des partis opposés, et il lui communiqua la proposition. Là-dessus, le pape nomma légat ledit cardinal Farnèse et gonfalonier ou général de l'Église le duc Octave frère de celui-ci, puis il nomma la plupart des capitaines et l'on battit le tambour pour assembler les gens d'armes, publiant qu'il s'agissait d'une guerre sainte et de tirer vengeance du sac de Rome.

59. [1545] Sa Majesté Impériale, considérant qu'Elle avait fait sa proposition au cardinal Farnèse vers la Saint-Jean et que, étant donnée la diligence qu'il pouvait faire, la réponse viendrait trop tard et à une saison trop avancée pour commencer à mettre l'armée sur pied et à préparer les choses nécessaires à une pareille entreprise, et présumant aussi que le secret ne serait pas gardé, dépêcha un exprès au pape pour l'avertir que cette année l'entreprise ne pouvait être exécutée et qu'il en gardât bien le secret, car autrement Elle ne se tiendrait pas tenue par les offres qu'Elle avait faites. Or, quoique en fait le secret fut divulgué et que les Protestants furent avertis, néanmoins on se conduisit de telle manière qu'ils ne crurent pas au bruit qui se répandit. L'empereur voyant d'autre part qu'on ne faisait rien dans la diète que de perdre du temps, ce qui ne l'empêcha pas de la prolonger jusqu'à ce qu'il fut informé de la décision du pape, il lui fit quelques communications brèves et sèches, remettant la décision des affaires à l'année suivante dans une autre diète qui fut convoquée à Ratisbonne, et, dans l'intervalle, au même endroit, il y eut une conférence pour aviser aux moyens d'apaiser ces différends. Pendant la diète de Worms, l'empereur reçut la nouvelle que la princesse d'Espagne, sa bru, était accouchée d'un fils, qu'on appela l'infant Don Carlos, puis, quatre ou cinq jours plus tard, la nouvelle bien différente de la mort de la

razão. E no mesmo tempo El Rey dos Romanos teve tambem novas da morte de sua filha primogenita, a qual sentio como pai.

60. Todas estas cousas accabadas, sua Mag. se partio de Vormes e tomando o caminho pelo Rim a 8ª vez, se tornou a 7ª aos paeses baixos, aonde achou a Rainha d'Ungria, sua irmãa, em Lovaina e dalli se foi á Bruxellas, onde, 9 dias antes do tempo que se fez a paz em Crespy, huma de cujas condições era que o ducado de Milão se daria ao Duque d'Orliens, vieram novas que o d. Duque era morto, a qual morte veo á tempo que, sendo natural, pode parecer que foi ordenada de Deus por seus secretos juizos. O Emperador se foi logo despois á Bruges, aonde assi da parte de França como da d'Inglaterra vieram algumas pessoas principaes para per occasião desta mudança innovar, mudar e fazer de novo os concertos feitos entre suas tres Magˢ. (36 vº) Mas não achando modo de se poder concertar e concordar se tomaram os expedientes que mas convinham. Daquelle tempo em diante os [con]certos e paz feita entre suas Magˢ se foi continuando assi pola dissimulação d'algumas dellas como pola tolerancia d'outras. Isto feito, sua Mag. Imperial se partio para Bolduc por ir ter o capitulo da ordem do Tusão d'ouro em Utrech, mas em Bolduc lhe deu a gotta de sorte que foi forçado á se deter e deixar o capitulo para outro tempo, o qual despois, sentindose melhor, teve em Utrech, onde a gotta lhe tornou. O ditto capitulo accabado, achandose hum pouco melhor, se partio de Utrech por ir visitar as terras do Estado de Gueldres de novo tornadas á sua Mag. polo antiguo dreito que nellas tinha, o que pola necessidade que teve de ir contra seus enemigos não pode fazer logo quando lhe foram restituidas.

61. Feita esta visita, continuou seu caminho atee Mastrich, ainda muito fraco da gotta passada, que foi a 12ª vez que a teve. E estando no d. lugar vieram á sua Mag. commissarios d'alguns dos Electores e Principes do Imperio, dizendo que foram advirtidos que sua Mag. vinha com mão armada na Germania, cousa nova e que muito es (37) candalizava a maior parte della, fundando sua embaixada sobre algum rumor que corria e procedera daquelle que o anno passado se fizera em Roma por causa da ida do Cardeal Farnes e d'alguns ministros que sua Sᵈᵉ tinha mandado ao

princesse dont il éprouva le chagrin qu'on peut croire. Au même temps, le roi des Romains apprit la mort de sa fille aînée qu'il ressentit en père.

60. [1545-1546] Cela fait, Sa Majesté quitta Worms et prenant pour la huitième fois la route du Rhin, revint pour la septième aux Pays-Bas, où Elle trouva la reine de Hongrie sa sœur à Louvain, puis Elle se rendit à Bruxelles. Étant là, neuf jours avant la conclusion de la paix de Crépy, dont une des clauses était la cession au duc d'Orléans du duché de Milan, Elle apprit la mort de ce duc, mort qui, quoique naturelle, sembla avoir été ordonnée par Dieu en ses secrets jugements. L'empereur se rendit ensuite à Bruges où, au nom de la France et de l'Angleterre, vinrent, à l'occasion de cet événement, quelques personnes notables pour refaire à nouveau les arrangements conclus entre les trois souverains. Mais n'ayant pas réussi à s'entendre, ils prirent des mesures qui furent jugées expédientes. A partir de ce jour, les conventions et traités entre Leurs Majestés se continuèrent, parce qu'on eut soin de dissimuler certaines choses et d'en tolérer d'autres. Après quoi, Sa Majesté s'en vint à Bois-le-Duc afin d'aller de là tenir le chapitre de l'ordre de la Toison d'Or à Utrecht ; mais à Bois-le-Duc Elle eut un accès de goutte, qui l'obligea à s'arrêter et à renvoyer à plus tard le chapitre, qu'Elle tint ensuite, quand Elle se sentit mieux, à Utrecht, où la goutte la reprit. Après la tenue de ce chapitre, l'empereur, se trouvant un peu mieux, partit d'Utrecht pour visiter les terres de l'État de Gueldre rentrées en son pouvoir en vertu d'anciens droits qu'il y avait, ce qu'il n'avait pas pu faire quand elles lui furent restituées, vu l'obligation dans laquelle il s'était trouvé de marcher contre ses ennemis.

61. [Février 1546] Cette visite faite, il continua sa route jusqu'à Maestricht, encore très affaibli par son douzième accès de goutte. Étant en ce lieu, des commissaires de quelques électeurs et princes de l'Empire vinrent lui dire qu'ils avaient été avertis de son dessein d'entrer à main armée en Allemagne, chose toute nouvelle et qui scandalisait beaucoup la plus grande partie du pays. Ils donnaient pour motif de leur ambassade l'écho d'un bruit qui avait couru à Rome l'année précédente, à propos du voyage du cardinal Farnèse et de quelques agents que Sa Sainteté avait

Emperador aos paeses baixos e á Utrech, os quaes instavam e sollicitavam com grandes mostras de boa vontade a execução do offerecimento que sua Mag. tinha feito, e por esta causa usavam de mais vehemencia e de menos segredo do que á execução do negocio convinha. Pola qual razão e por mais verdadeiramente certificar os que não criam o d. rumor, o Emperador não quis então concluir cousa alguma com os ministros de sua S^{de}, remettendoos e deixandoos para Ratisbona. E assi mesmo respondeo aos Commissarios dos Principes que elles mesmos podiam ver e ser testemunhas que não levava consigo maior companhia da que sempre costumava levar e que desejava mais dar [re]medio ás cousas da Germania per meio de paz e concordia que per força e discordia, e que isto era cousa certa conforme sua tenção e desejo, porque jamais quis usar das armas senão desesperado de todolos outros meios e forçado e constrangido á usar dellas.

62. E por quanto neste mesmo tempo sua Mag. foi advirtido que o colloquio que estava junto em Ratisbona se devia desfazer e quebrar pela parte dos d^s Protestantes, fez instancia com os (37 v°) mesmos Commissarios que quisessem continuar com o d. colloquio atee se achar na Dieta da mesma cidade de Ratisbona, do que elles deram alguma esperança de assi fazerem, e propuseram que polo melhor continuar e achar algum modo de concordia o Conde Palatino Federico, então Elector, viria ter com sua Mag. á Espira, e ahi traria á Lantsgrave de Hessen, dandolhe sua Mag. salvo conducto, o que o Emperador concedeo de boa vontade, sendolhe á elle, conforme seu parecer, mais necessario tomalo dos Protestantes que darlho á elles, porque não tinha por menos perigo, supposto o pouco segredo que se guardara, fazer este caminho com tam pequena companhia que de emprender a guerra publicamente. E se achou mais perplexo e irresoluto de fazer esta determinação do que esteve em se resolver de passar per França em o anno de 39. Con tudo, porque convinha tentar per meios brandos e suaves de reduzir Alemanha, ou per necessidade tomar as armas, sua Mag. se determinou na forma ditta para bom effeito e execução ou de huma ou de outra cousa.

63. Havendo passado o acima ditto, sua Mag. se partio

envoyés à l'empereur aux Pays-Bas et à Utrecht. Ces personnages sollicitaient avec de grandes protestations de bonne volonté l'exécution de l'offre faite par Sa Majesté et se comportaient avec plus de véhémence et d'indiscrétion qu'il ne convenait à la réussite de l'affaire. Pour ce motif et pour mieux rassurer ceux qui ne croyaient pas à ce bruit, l'empereur ne voulut rien conclure alors avec les agents de Sa Sainteté, mais il les renvoya à la diète de Ratisbonne. Il répondit aussi aux commissaires des princes qu'eux-mêmes pouvaient se rendre compte et témoigner qu'il ne menait pas avec lui plus de troupes que d'habitude et qu'il désirait plutôt régler les affaires de l'Allemagne par des moyens de paix et de concorde que par la force et la discorde : cette conduite étant conforme à ses intentions, attendu qu'il n'avait jamais voulu user des armes sans avoir épuisé tous les autres moyens et sans y être forcé et contraint.

62. [Février 1546] Et parce qu'en ce temps il fut averti que la conférence réunie à Ratisbonne devait se séparer par le fait des Protestants, il insista auprès desdits commissaires pour prolonger la conférence jusqu'au moment où il pourrait venir à la diète en ladite ville. Ils donnèrent quelque espoir de le faire et proposèrent, pour continuer la conférence et trouver quelque moyen de concorde, que le comte palatin Frédéric, alors électeur, se rencontrât avec Sa Majesté à Spire et y amenât le landgrave de Hesse, si l'empereur lui accordait un sauf-conduit. L'empereur y accéda volontiers, quoique à son avis il fut plus nécessaire de demander un sauf-conduit aux Protestants que de leur en donner, car il ne tenait pas pour moins dangereux, vu les indiscrétions commises, de suivre cette route si peu accompagné que de déclarer publiquement la guerre. Il demeura plus perplexe et hésita davantage à prendre une résolution qu'il ne fit en 1539, quand il se décida à traverser la France. Toutefois, comme il convenait ou d'essayer par des moyens doux et conciliants de réduire l'Allemagne ou de prendre les armes, si la nécessité l'y contraignait, l'empereur se décida à partir, escorté comme il a été dit, pour se trouver prêt à recourir à l'un ou à l'autre moyen.

63. [Février-juillet 1546] Après ce qui vient d'être raconté,

de Mastrich deixando a Rainha d'Ungria, sua irmaã, a quinta vez governando os paeses baixos, e passando a segunda vez per Lucemburg continuou seu caminho atee Espira, que foi a 8ª (38) vez que sua Mag. entrou em Alemanha, aonde o d. Elector Palatino com o d. Lantsgrave vieram conforme ao que se tinha trattado. Despois o mesmo Lantsgrave declarou que, se os da ligua Esmarcalda lhe deram a gente de cavallo que pedia, hovera de accompanhar e levar ao Emperador, inda que não quisera, atee Trento, a qual cousa fora assaz facil de fazer, visto a companhia que pedia e a pouca que polas razões acima d^s sua Mag. quisera levar consigo. Mas Deus, que governa e ordena todas as cousas, dispos d'outra maneira. E não foi esta a soo falta e erro que cegandoos permittio que fizessem em seus negocios, se bem foi o primeiro de muitos que despois commetteram para com seu Deus e seu Emperador, das quaes procedeo sua total ruina. Nas propostas e pratticas que o d. Lantsgrave teve com sua Mag. em Espira, mostrou tão grande insolencia que sua Mag. em poucas palavras o despedio. Porque ainda que elle mostrasse não saber serem revocados e idos os seus que estavam no d° colloquio, do que sabia o contrario, e desse esperança de que sendo partidos trabalharia pelos fazer tornar á Ratisbona aonde estava convocada a Dieta, con tudo elle não fez nada, antes o Colloquio ficou rotto e desfeito. E assi sua Mag., continuando seu caminho atee Ratisbona e chegado lá, não achou senão os Commissarios dos Estados do Imperio sem Principe (38 v°) algum, salvo que despois de ahi estar alguns dias chegou o Elector de Mayença, assi por accodir á convocação da Dieta como polo que lhe tocava, porque pouco antes fora eleito per morte do Cardeal e Elector de Mayença; e assi sua Mag. foi constrangido á começar a dieta e fazer a proposta aos que por entonces alli achou, a qual foi tão friamente tomada e os negocios com tão grande negligencia trattados, e pelos Protestantes continuada huma tão grande arrogancia, que sua Mag. julgava e via claramente que os remedios brandos serviriam de pouco, e, ainda que muito contra sua vontade, seria forçado usar d'outros mais fortes.

64. Neste tempo os Ministros do Papa e alguns Eccle-

Sa Majesté quitta Maestricht, laissant pour la cinquième fois sa sœur la reine de Hongrie dans le gouvernement des Pays-Bas, et, après avoir traversé pour la seconde fois le Luxembourg, Elle passa à Spire, ce qui fut la huitième entrée de Sa Majesté en Allemagne. Là vinrent l'électeur palatin et le landgrave, conformément à ce qui avait été arrêté. Plus tard, ledit landgrave raconta que si ceux de la ligue de Smalkalde lui avaient donné la cavalerie qu'il réclamait, il aurait accompagné et conduit l'empereur bon gré mal gré jusqu'à Trente, chose assez facile vu le renfort qu'il demandait et la petite escorte que, pour les raisons déjà dites, Sa Majesté menait avec Elle. Mais Dieu, qui gouverne et dispose tout, en décida autrement. Et ce ne fut pas la seule faute ou erreur qu'en les aveuglant il leur laissa commettre en leurs affaires, mais ce fut la première de beaucoup d'autres qu'ils commirent ensuite à l'égard de leur Dieu et de leur empereur, et qui causèrent leur ruine totale. Dans les pourparlers et conversations que le landgrave eut avec Sa Majesté à Spire, il montra tant d'insolence que Sa Majesté avec quelques mots le congédia, car bien qu'il feignît d'ignorer que ses commissaires à la conférence avaient été rappelés et étaient partis, alors que l'empereur savait ce qui en était, et qu'il donnât l'espoir que, s'ils étaient partis, il travaillerait pour les faire aller à Ratisbonne où était convoquée la diète, il ne fit néanmoins rien et la conférence fut dissoute. Arrivé à Ratisbonne où il s'était dirigé, l'empereur ne trouva que les commissaires des États de l'Empire sans aucun prince, et ce ne fut qu'après y avoir séjourné un peu qu'il y vit arriver l'électeur de Mayence, lequel vint à la diète tant pour répondre à la convocation que pour ses affaires, car il avait été quelque temps auparavant élu, par suite de la mort du cardinal et électeur de Mayence. Sa Majesté fut donc contrainte d'ouvrir la diète et de faire la proposition à ceux qui s'y trouvaient pour lors ; mais la proposition fut accueillie si froidement, les affaires furent traitées avec tant de négligence et les Protestants montrèrent constamment une telle arrogance que l'empereur jugea et vit clairement que les moyens de douceur serviraient peu, et qu'il serait obligé, à son corps défendant, d'user d'autres moyens plus énergiques.

64. [Avril-juillet 1546] En ce temps les ministres du pape

siasticos não cessavam de sollicitar ao Emper. que quisesse concluir os concertos com seu amo e começar de tomar as armas contra os Protestantes. O que todavia sua Mag. dilatava assi pola grandeza e difficuldade da empresa, como por se resolver com El Rey seu irmão, ao qual estava aguardando havia alguns dias, e ainda aguardava. Porque, como dilto he, o segredo se guardara mal e os Protestantes andavam sobre aviso, e começavão de se prover e armar, como aquelles que não soomente não queriam ser tomados desapercebidos, mas ainda trattavam de tomar aos outros descuidados. O que sua Mag. não tinha feito per menos alterar a Germania, atee que todos viram (39) que não podia al fazer e que, por ter tanto esperado, perdera muito da ventagem que podera ter. A El Rey seu irmão, tanto que veo, communicou o Emperador o estado e termos dos negocios. E visto como muito tempo antes o duque Guilhelmo de Bavera se tinha offerecido, incita[n]do e induzi[n]do suas Mag[s] á tomar as armas como unico remedio de tantas insolencias, suas Mag[s] fizeram trattar com elle á fim que quisesse tambem entrar no concerto ou ligua que os do Papa sollicitavam e offereciam; mas mostrandose de principio tão sollicito e quente no negocio, se esfriou de sorte que por sua causa se dilatou a conclusão mais do que convinha, e em fim se fez com elle a ligua de que pouco proveito se seguio, exceito que de suas terras foi provido o exercito imperial de vittuallas. Tambem se fallou aos Ecclesiasticos para que quisessem da sua parte contribuir e entrar na d. liga, os quaes da mesma maneira, antes de vir á obra, se tinham mostrado muito desejosos, mas quando se veo ao ajuntar e concluir, ou por receo que tivessem dos Protestantes ou por medo d'entrar em huma tão grande cousa, ou por outros respeitos, não se aventuraram nem atreveram á entrar na liga. Todavia accodiram com alguma contribuição de dinheiro per virtude de hum accordo feito (39 v°) nas Dietas passadas, do qual os Protestantes soo não fizeram caso para contribuirem, mas antes contravinhão e ião á mão á alguns por pagarem sua parte.

65. Assi ainda que polo apparelho dantes d. os Protestantes tinhão ganhado e tomado aventagem sobre o Em-

et quelques ecclésiastiques ne cessaient de solliciter l'empereur de s'entendre avec leur maître et de prendre les armes contre les Protestants. L'empereur différait sa décision, tant à cause de la gravité et de la difficulté de l'entreprise que parce qu'il voulait se concerter avec le roi son frère qu'il attendait depuis plusieurs jours et qui n'était point encore arrivé. Ainsi qu'il a été dit, le secret avait été mal gardé et les Protestants se tenaient sur leurs gardes, commençant leurs préparatifs et leurs armements, en hommes qui non seulement ne veulent pas être pris au dépourvu, mais qui même cherchent à surprendre les autres. L'empereur n'avait pas voulu suivre leur exemple afin de moins agiter l'Allemagne, attendant que tous vissent qu'il ne pouvait pas agir autrement et que, pour avoir tant différé, il avait perdu beaucoup de l'avantage qu'il aurait pu garder. Aussitôt qu'arriva le roi son frère, l'empereur lui communiqua l'état des choses. Et attendu que le duc Guillaume de Bavière s'était offert depuis longtemps à Leurs Majestés, les incitant et les exhortant à prendre les armes comme remède unique à tant d'insolences, Leurs Majestés le firent pratiquer afin qu'il entrât dans l'accord ou la ligue que les ministres du pape sollicitaient et proposaient ; mais après s'être montré si bien disposé et si chaud, il se refroidit à tel point qu'à cause de lui la solution de l'affaire fut différée plus qu'il ne convenait. Enfin, la ligue se conclut avec lui, mais il s'ensuivit peu de profit, et le profit consista seulement en ceci que l'armée impériale trouva sur son territoire de quoi se ravitailler. On traita aussi avec les ecclésiastiques pour obtenir d'eux une contribution et l'entrée dans la ligue. Avant d'en venir au fait, eux aussi avaient montré beaucoup d'empressement, mais quand il fallut conclure, soit que les Protestants leur fissent peur, soit qu'ils craignissent de participer à une si grande entreprise, soit pour d'autres raisons, ils ne se risquèrent pas à entrer dans la ligue. Toutefois ils consentirent à une contribution en argent, en vertu d'un accord passé dans les diètes précédentes, ce qui amena les Protestants non seulement à ne pas contribuer pour leur compte, mais même à s'opposer à la contribution et à empêcher plusieurs de payer leur part.

63. [Juin 1546] Ainsi, quoique grâce à tous les préparatifs dont il vient d'être question les Protestants eussent pris un

perador que elle podera tomar sobre elles, se o segredo se
não rompera, e por todas estas cousas o negocio ficava
mais difficultoso e arriscado, con tudo vendo suas Mag^s que
ja mal se podia escusar a execução do que estava trattado,
e que o tempo se hia passando, e que quanto mais se tardava tanto a cousa mais se publicava, difficultava e se fazia
mais perigosa, e vendo tambem, como ditto he, que França
estava em paz e El Rey Francisco muy gastado por causa
da guerra que teve com El Rey d'Inglaterra e se soava que
o Turco queria ir contra o Sophi, donde verisimilmente se
podia crer que desta parte não haveria perigo, o que para
mais segurar foram mandados no mesmo tempo algumas
pessoas principaes do Emperador e El Rey dos Romanos
ao mesmo Turco para o entreterem e fazerem, se les parecesse que para este effeito convinha, tregoas que despois
fizeram, e considerando ultimamente que os Protestantes
tinham ja de todo perdida a vergonha e com toda a pressa
faziam gente (40) e punham por obra seus desenhos, se
determinaram suas Mag^s de concluir com o Papa e dar á
execução o á que a necessidade os obrigava e estava trattado
havia tanto tempo, porque as cousas estavam ja tanto
avante que se o Emperador não dera principio á empresa,
os Protestantes estavam em tal ordem que poderam pôr em
execução o conselho, que dantes se disse que o Lantsgrave
lhes tinha dado.

66. Logo despois da chegada del Rey á Ratisbona, ahi
veo tambem a Rainha sua moller com seus filhos e vieram
outrosi os Duques Guilhelmo de Bavera e Guilhelmo de
Cleves com suas molheres e filhos e alguns outros Principes
do Imperio. Entre os dous Duques Alberto de Bavera e
Guilhelmo de Cleves e duas filhas do d. Rey e Rainha se
celebraram as bodas no mesmo lugar. As quaes accabadas,
a Rainha e suas filhas, os Duques e Duquessas e os novos
maridos se foram. El Rey e o Duque Mauricio despois se
partiram para da sua parte accommetterem as terras de
João Federico de Saxonia, o que elles fizeram de sorte que,
despois de darem huma grande rotta á sua gente, lhe tomaram boa parte das d^s terras. O Emperador ficou começando
á dar ordem á seu exercito e trattando para este effeito com
alguns Principes, capitães e gente de guerra de sorte que
em poucos dias se lhe ajunta (40 v°) ram alguns soldados

avantage sur l'empereur, qu'il aurait pu gagner sur eux si le secret avait été gardé, et quoique l'affaire fût maintenant plus difficile et risquée, Leurs Majestés se rendaient compte que l'exécution ne pouvait en être différée et que, le temps passant, plus on tarderait, plus l'affaire s'ébruiterait et deviendrait malaisée et périlleuse. Elles considéraient aussi, comme il a été dit, que la France était en paix et le roi de France très épuisé par la guerre qu'il avait soutenue contre le roi d'Angleterre, qu'en outre le bruit courait que le Turc se proposait de marcher contre le Sophi, d'où l'on pouvait induire vraisemblablement qu'aucun danger ne menaçait de ce côté-là. Pour mieux s'en assurer, quelques personnes notables furent envoyées alors par l'empereur et le roi des Romains audit Turc pour obtenir des trêves, si ces personnes l'estimaient utile, trêves qui furent en effet conclues plus tard. Enfin, considérant encore que les Protestants avaient perdu toute vergogne, qu'ils assemblaient des troupes en toute hâte et travaillaient à accomplir leurs desseins, Leurs Majestés se décidèrent à conclure avec le pape et à effectuer ce à quoi la nécessité les obligeait et ce qui avait été arrêté depuis si longtemps, car les choses en étaient arrivées à ce point que, si l'empereur ne commençait pas l'entreprise, les Protestants se trouvaient en état de mettre à exécution le conseil que le landgrave, dit-on, leur avait donné précédemment.

66. [Juillet 1546] Aussitôt après l'arrivée du roi à Ratisbonne, il y fut rejoint par la reine sa femme, accompagnée de ses enfants, et par les ducs Guillaume de Bavière et Guillaume de Clèves, avec leurs femmes et enfants, et quelques autres princes de l'Empire. Des mariages furent célébrés en ce lieu entre les deux ducs Albert de Bavière et Guillaume de Clèves d'une part et deux filles du roi et de la reine de l'autre. Après quoi, la reine et ses filles, les ducs et duchesses et les nouveaux mariés partirent. Le roi et le duc Maurice partirent ensuite pour attaquer, chacun de son côté, les terres de Jean Frédéric de Saxe, ce qu'ils firent de telle sorte qu'après avoir mis en déroute ses gens, ils lui prirent une bonne partie desdites terres. L'empereur commença alors à mettre son armée sur pied et à traiter à cet effet avec quelques princes, capitaines et gens d'armes, de façon qu'en peu de jours il assembla

Alemães e tambem vieram os Hespanhões que estavam em Hungria. Neste tempo os deputados das principaes cidades de Suevia, que eram da liga Esmarcaldiana, sobre huma carta que o Emperador escrevera dizendolhes como fora avisado que faziam gente de guerra por alguma fama que corria que lhes queria fazer guerra por causa de religião, assegurandoos que tal fama era falsa e que elle não tinha pensamento de fazer tal cousa, principalmente contra aquelles que lhe fossem obedientes e não fizessem contra a aucthoridade imperial, e que por tanto, s'elles eram destes, desfizessem o exercito e se mostrassem obedientes, vieram ter com sua Mag. e com grande obstinação em sua insolencia responderam mui soberbamente, o que vendo o Emperador os despedio como elles mereciam. Tambem os Commissarios dos Protestantes que estavam na d. dieta vieram hum dia ter com sua Mag. e, propondolhe a fama que corria da guerra, pediram que os certificasse de sua tenção. Ao que sua Mag. respondeo que elle não queria fazer guerra senão forçado por conservar sua aucthoridade, contra a qual via que cada dia se attentava e trabalhava pola abaixar e deminuir. E tendo (41) esta resposta todos os Protestantes se foram sem dizerem á Deus.

67. E vendo sua Mag. que a d. Dieta se podia ja ter por rotta e desfeita, com os que ficaram fez huma breve e secca prattica. Então a gente de guerra, que as d^s cidades tinham feito, foi levada á Fiessen sob color de querer impedir que os soldados estrangeiros da nação germanica não podessem entrar em Alemanha. Os quaes tomaram a d. Fiessen e mais outra força chamada Exclusa, que era del Rey dos Romanos, de modo que elles foram os primeiros que começaram á offender e á romper a guerra. E não erraram pouco por seguir sua maa tenção e maos principios em tomar antes este caminho que o de Ratisbona (e foi este o segundo erro que fizeram por permissão de Deus, que os cegou), porque sua Mag. não estava ainda aquelle tempo bem apercebido para lhes resistir como convinha. Sabendo o Emperador que os Italianos que o Papa havia de mandar, conduzidos e guiados pelo Cardeal Farnes como seu legado e pelo Duque Octavio como seu confalonier, vinham por caminho, e assi os soldados Hespanhões que haviam de vir de Lombar-

quelques soldats allemands et recueillit les Espagnols qui se trouvaient en Hongrie. En ce temps, les députés des principales villes de Soüabe, qui appartenaient à la ligue de Smalkalde, prirent prétexte d'une lettre que l'empereur leur avait écrite, leur disant qu'ayant su le bruit qu'on faisait courir qu'il voulait leur faire la guerre pour cause de religion, il les assurait que ce bruit était faux, qu'il n'avait aucun dessein de ce genre, surtout envers ceux qui lui demeuraient fidèles sans rien tenter contre l'autorité impériale, et qu'il les invitait, s'ils étaient de ceux-là, à licencier leur armée et à rentrer dans l'obéissance : ces dits députés, sur le vu de ladite lettre, vinrent trouver l'empereur et avec une insolence des plus tenaces lui répondirent sur un ton plein d'orgueil. Aussi l'empereur les congédia-t-il comme ils le méritaient. Les commissaires des Protestants de même, qui assistaient à la diète, se rendirent un jour auprès de Sa Majesté et l'informèrent des bruits de guerre qui couraient, lui demandant de leur donner des assurances sur ses intentions. L'empereur leur dit n'avoir l'intention de faire la guerre que contraint, pour maintenir son autorité, qu'il voyait bien qu'on cherchait chaque jour à abattre. Ayant reçu cette réponse, tous les Protestants s'en allèrent, sans prendre congé.

67. [Juillet-août 1546] Sa Majesté, tenant donc la diète pour rompue, eut une brève et sèche explication avec ceux qui restaient. Entre temps, les gens de guerre levés par lesdites villes furent conduits à Fuessen sous couleur d'empêcher les soldats étrangers à la nation germanique de pénétrer en Allemagne. Ils s'emparèrent de Fuessen et en outre d'une autre forteresse appelée Clause, appartenant au roi des Romains, en sorte qu'ils furent les premiers à commencer les hostilités et à déclarer la guerre. Et ils ne commirent pas une petite faute, pour exécuter leur méchant dessein et leurs intentions perverses, en prenant ce chemin plutôt que celui de Ratisbonne (et ce fut leur seconde erreur, par la permission de Dieu qui les aveugla), car Sa Majesté n'était pas alors en état de leur résister comme il convenait. Elle savait que les Italiens, promis par le pape et conduits par le cardinal Farnèse, son légat, et par le duc Octave, son gonfalonier, étaient en route, comme aussi les soldats espagnols qui devaient venir de Lombardie, et

dia, e a difficuldade que podia haver em se ajuntarem com sua Mag., visto como ja João (41 v°) Federico de Saxonia e o Lantsgrave estavam juntos com todo o exercito em Tornabet e, se se viessem metter entre sua Mag. e sua gente, ficariam suas forças divididas e per conseguinte cada huma dellas menor, ainda que alguns faziam scrupolo por respeito da reputação do Emperador se partir de Ratisbona, con tudo sua Mag., não fazendo caso destas vaidades e estando determinado, quando propos de seguir esta empresa, vista a causa principal porque a emprendia, de vir ao fim della, qualque cousa que ouvesse d'accontecer, porque tinha proposto e assentado dentro de si de vivo ou morto ficar emperador em Alemanha, e assi determinou, deixando á Ratisbona provida bastantemente de gente de guerra, de se ir á Lansueto, terra do duque de Bavera. Onde tendo chegado com a pouca gente que levava, e vendo a grande multidão de enemigos que lhe ficavam tam perto, começou á considerar com o duque d'Alva, que tinha feito seu capitão geral, e com outros capitães, como se poderia melhor alojar e mais fortificar, assi para resistir aos enemigos como para esperar os seus, os quaes por o caminho ser comprido e aspero não vinham tão de pressa como todos desejavam.

68. Neste tempo os Protestantes, os quaes tinham tomado Rain, terra do Duque de Bavera e caminhavam para Ingolstat, (42) cidade do mesmo Duque, na qual o Emperador tinha mettido alguma de sua gente, lhe mandaram per hum Trombeta e hum page, conforme seu costume, huma carta bem comprida e não menos desavergonhada, da qual Sua Mag. não fez caso nem tomou pena de lhe responder. Melhor fora para elles, ja que estavão postos em tal caminho, de seguir sua pouca vergonha no cartel e executar os feros de que nelle usavam, que, despois de se terem mostrado tão bravos e insolentes, ficarem quaes ficarão. Deus os cegou e permittio que esta fosse a 3ª falta que elles commetteram por não chegar ao fim de sua perversa tenção. E assi tendo dado esta commodidade e espaço ao Emperador, elle fez com toda diligencia caminhar assi a gente do Papa e d'outros Principes d'Italia como os Hespanhões que vinham de Lombardia e alguns Tudescos, que polos impedimentos e estorvos causados pelo caminho dos Protestantes não poderam

n'ignorait pas la difficulté de la jonction de ces troupes avec les siennes. Elle savait aussi que Jean Frédéric de Saxe et le landgrave étaient établis avec toute l'armée à Donawerth et que, s'ils venaient se mettre entre Sa Majesté et les renforts, ses forces seraient divisées et chacune de leurs parties plus faible. Et bien que quelques uns éprouvassent un scrupule pour sa réputation de le voir quitter Ratisbonne, l'empereur ne fit aucun cas de ces vanités. D'ailleurs, du jour où il s'était engagé dans cette affaire, il avait pris la résolution, eu égard au motif principal qui l'y poussait et quelque chose qui pût arriver, de la conduire à bonne fin, car il avait le dessein et la volonté bien arrêtée de rester, mort ou vif, empereur en Allemagne. Il se décida donc, après avoir laissé Ratisbonne bien pourvue de gens de guerre, à se rendre à Landshut, ville du duc de Bavière, où, étant arrivé avec une faible troupe, il commença, à la vue du grand nombre d'ennemis qui le serraient de près, à examiner avec le duc d'Albe, nommé capitaine général, et avec d'autres capitaines comment il conviendrait de prendre position et de se fortifier, tant pour résister aux ennemis que pour attendre les renforts, qui à cause de la longueur et de la difficulté de la route n'arrivaient pas aussi vite qu'on l'eût désiré.

68. [Août 1546] A ce moment, les Protestants, qui avaient pris Rain, place du duc de Bavière, et marchaient sur Ingolstadt, ville du même duc où l'empereur avait mis quelque garnison, lui envoyèrent par un trompette et un page, conformément à leur habitude, une lettre fort longue et non moins effrontée, dont Sa Majesté ne fit aucun cas et à laquelle Elle ne prit pas la peine de répondre. Ils eussent mieux fait, puisqu'ils étaient entrés dans cette voie, de se conformer à l'insolence de ce défi et d'exécuter les menaces qu'il contenait que de rester penauds, comme ils le devinrent après s'être montrés si fanfarons et arrogants. Dieu les aveugla et permit qu'ils commissent cette troisième faute qui devait les empêcher d'arriver aux fins de leur dessein pervers. L'empereur, mettant ainsi à profit les facilités et le temps qu'ils lui donnèrent, fit marcher le plus rapidement possible les troupes du pape et d'autres princes d'Italie, comme aussi les Espagnols qui venaient de Lombardie et quelques Allemands, qui à cause des obstacles que les Pro-

vir mais de pressa. Os quaes todos chegaram á Lansueto, e logo sua Mag. com toda a gente que tinha junta se pos em caminho para Neostat, cidade do Duque de Bavera, com tenção e desejo de, alojandose e fortificandose bem, irse pouco á pouco chegando aos enemigos, o que não pode fazer por falta de vitualhas, porque como era ainda no principio da guerra, não estava dada (42 v°) tão boa ordem para que o exercito fosse provido na abundancia que convinha. E assi sua Mag. se partio de Neostat para Ratisbona, onde se deu tal ordem que despois nunca ouve falta de mantimentos, ao menos manifesta e notavel. Tambem chegaram ao mesmo lugar os Hespanhões que vinham de Napoles pelo mar Adriatico, e assi tambem o Marquez João e Alberto de Brandemburg e o Mestre de Perusia, com a gente de cavallo Tudesca que elles então poderam ajuntar, donde sua Mag tinha bem que fazer.

69. Entretanto imaginando os Protestantes por sua soberba que o Emperador se retirava e desviava delles, tomaram o caminho pela outra banda do Danubio, por se pôr nos montanhas que ficam daquella parte sobre Ratisbona, para dalli jugar da artelharia, de que elles faziam grande caso, contra o exercito do Emperador, que estava alojado nem tinha outra parte onde se alojasse senão junto ao rio. Hora tendo o Emperador, como ditto he, dado ordem ás vitualhas, e não querendo perder tempo nem estar longe de seus adversarios, se partio de Ratisbona e se foi por suas jornadas atee Neostat, de sorte que no tempo que elle fazia este caminho, os enemigos faziam o dantes ditto. Os quaes tendo ja chegado tres legoas junto á (43) Ratisbona, vendo que seu desenho fora vão e que tinham caminhado per terras asperas e de montanhas, temendo que sua Mag. ficandolhes nas costas lhes impedisse as vitualhas, fizeram grande e extrema diligencia por tornar atraz e ganhar hum passo estreito e difficultoso de passar junto de hum lugar chamado Perengries, o qual estava duas legoas d'Alemanha junto de Neostat, aonde, como ditto he, sua Mag. tinha ja chegado com seu campo, e por falta de não ser advirtido per aquelles que sabiam, podiam e o deviam advirtir da ventagem com que ficava sobre seus enemigos, tomandoos em hum lugar tão desaccommodado para elles, se perdeo esta boa occasião, que todavia se não perdeo por sua culpa.

testants avaient mis sur leur chemin n'avaient pas pu arriver plus vite. Tous atteignirent Landshut, et alors Sa Majesté avec tous les gens qu'Elle avait réunis marcha sur Neustadt, ville du duc de Bavière, avec l'intention de s'approcher peu à peu des ennemis en prenant une bonne position et bien fortifiée. Elle ne put pas le faire par manque de vivres, car on n'en était encore qu'au commencement de la guerre et l'on avait pas encore pris les mesures indispensables au bon ravitaillement de l'armée. L'empereur quitta donc Neustadt pour Ratisbonne, où il prit des dispositions telles que depuis il n'y eut jamais manque de subsistances, au moins reconnu et d'importance. En cette dernière ville, arrivèrent aussi les Espagnols venus de Naples par la mer Adriatique, puis les margraves Jean et Albert de Brandebourg, et le maître de Prusse, avec les cavaliers allemands qu'ils purent assembler et dont Sa Majesté avait grand besoin.

69. [Août 1546] Sur ces entrefaites, les Protestants, qui s'imaginaient dans leur orgueil que l'empereur se retirait devant eux et les évitait, suivirent l'autre rive du Danube pour s'engager dans les montagnes qui de ce côté dominent Ratisbonne et de là faire jouer leur artillerie, dont ils faisaient grand cas, sur l'armée de l'empereur qui s'était établie le long du fleuve, ne pouvant s'établir ailleurs. L'empereur, ayant, comme il a été dit, pourvu au service des vivres et ne voulant point perdre du temps ni s'éloigner de ses adversaires, partit de Ratisbonne et se rendit par étapes à Neustadt, de sorte que pendant qu'il faisait ce chemin, les ennemis faisaient celui qui vient d'être dit. Arrivés à trois lieues de Ratisbonne, ils constatèrent que leur projet avait échoué, sans compter qu'ils avaient dû marcher à travers un pays rude et montagneux. Craignant donc que l'empereur, qui restait sur leur flanc, ne leur coupât les vivres, ils firent une très grande diligence pour revenir en arrière et occuper un passage étroit et difficile près d'un endroit appelé Beilngries, à deux lieues allemandes de Neustadt. Sa Majesté, comme on l'a dit, avait déjà atteint cette ville avec son armée, et, faute d'avoir été avertie par ceux qui connaissaient l'avantage qu'Elle possédait sur ses ennemis et qui auraient dû l'en informer, Elle perdit cette bonne occasion de les surprendre en un lieu si désavantageux pour eux, mais ne la perdit pas par sa faute.

70. Isto feito, sua Mag. passando o Danubio, assentou o arraial em hum fermoso e forte campo de fronte de Neostat. Tendo os enemigos passado o lugar acima ditto, caminharão e se alojaram junto ao Danubio duas legoas mais para Neuburg que para Ingolstat. O Emperador desejava de se chegar á elles, aindaque se achava bem differente em forças, assi por ir cada dia ganhando terra como tambem para dar mais lugar e melhor azo á Monsr de Bura, ao qual tinha encarregado de ajuntar hum bom numero de Tudescos de pee e de cavallo, o que elle tinha feito trazendo tambem (43 v°) consigo outros Tudescos de cavallo que os Principes d'antes d^s e o Duque Henrique de Bransvich e outros capitães, que estavam ao serviço do Emperador, lhe mandavam. A qual gente de cavallo polo impedimento dos Protestantes não poderam passar, e por esta causa se vieram á juntar com o ditto Sr de Bura por fazerem juntamente seu caminho e se virem todos á juntar com sua Mag., que, seguindo sua tenção e desenho ditto, se partio do d. campo junto á Neostat por se ir alojar junto á Ingolstat á cara para o campo dos enemigos, o Danubio á mão esquerda, a ditta cidade nas costas e a campanha descuberta á mão direita. Mas por quanto o alojamento era difficultoso de tomar, tinha sua Mag. reservado outro bõ e forte entre as d^s Neostat e Ingolstat. E assi tendo sua Mag. visto o que pretendia tomar diante de Ingolstat, se começou per alguns cavallos ligeiros huma escaramuça, atee o campo dos enemigos, tal que elles se moveram de sorte que se teve por certo que marchavam direito por se vir alojar junto do campo que sua Mag. determinava tomar: o que elles poderam mui bem fazer, porque estavam mais perto do d. lugar e tinham maiores forças, que foi causa de sua Mag. parar e se alojar no campo, que, como se disse, tinha reservado tee saber de certo o que os enemigos fariam (44). E sabendo como se tornaram para o alojamento donde se tinham partido, encontinente marchou com seu campo para aquelle que pretendia tomar diante de Ingolstat, e fez tal diligencia que, ainda que tarde, chegou lá no mesmo dia. E logo naquella noute toda (a qual se passou com algum rumor, porque, como chegaram de noute ao d. campo, a multidão que o seguia não atinava com seus quarteis) fez fazer as trincheiras á que o tempo deu lugar, e o que de noute se não pode fazer, se remediou pela manhãa.

70. [Août 1546] Cela fait, Sa Majesté passa le Danube et assit son camp dans une belle et forte position devant Neustadt. Les ennemis, ayant franchi le passage susdit, cheminèrent le long du Danube et se logèrent à deux lieues plus près de Neubourg que d'Ingolstadt. L'empereur désirait les approcher, bien qu'il leur fût encore inférieur en forces, tant pour gagner chaque jour du terrain que pour donner à Monsieur de Buren plus de temps et une plus grande liberté de mouvement. Il l'avait en effet chargé de réunir un bon nombre d'Allemands à pied et à cheval, ce qu'il fit en y joignant des cavaliers allemands fournis par les princes susdits, le duc Henri de Brunswick et d'autres capitaines au service de l'empereur. Ces cavaliers, auxquels les Protestants avaient coupé le passage, vinrent se réunir audit Monsieur de Buren pour marcher avec lui et rejoindre Sa Majesté, qui, suivant son plan, quitta le camp près de Neustadt et vint se loger près d'Ingolstadt en face du camp ennemi, ayant à main gauche le Danube, ladite ville à dos et une plaine à droite ; mais parce que cette position était difficile à tenir, Elle s'en était réservée une autre entre Neustadt et Ingolstadt. Et après avoir reconnu celle qu'Elle comptait occuper devant Ingolstadt, Elle envoya quelques chevau-légers escarmoucher jusqu'au camp ennemi, ce qui les fit se mettre en mouvement au point qu'on tint pour évident qu'ils allaient tout droit prendre position à côté du camp dont Sa Majesté désirait s'emparer. Ils l'auraient très bien pu, vu qu'ils étaient plus près dudit endroit et commandaient à de plus grandes forces. L'empereur dut s'arrêter et se loger dans le camp qu'il avait, cela a été dit, réservé jusqu'au moment où il saurait sûrement ce que feraient les ennemis ; mais apprenant qu'ils avaient repris les quartiers d'où ils étaient sortis, il marcha incontinent avec son armée pour occuper la position qu'il pensait prendre devant Ingolstadt, et il fit tant de diligence qu'il y arriva, quoique tard, dans la même journée. Pendant la nuit suivante (qui se passa avec quelque bruit, car, arrivant la nuit tombée dans ledit camp, la nombreuse troupe qui le suivait ne trouvait pas facilement ses quartiers), il fit construire des tranchées autant que le temps le permit, et ce qui ne put être fait la nuit, on le termina le jour suivant.

71. Alguns dias que os dous arraiaes estiveram tão perto e á vista hum do outro ouve algumas escaramuças, em que com a ajuda de Deus os enemigos sempre levaram a peor. Todavia elles se vieram alojar huma legua mais perto do que estavam de sua Mag. A noute seguinte se ordenou huma boa encamisada, da qual elles receberam grande damno. Ao outro dia ouve huma boa escaramuça, e no seguinte bem pela manhãa se vieram pòr com todo seu exercito e artilheria em boa ordem, e á tiro da mesma artilheria, junto do exercito imperial. Do que sendo logo sua Mag. advirtido pelo Duque seu general, se armou, subio á cavallo e mandou ao mesmo Duque que em continente, sem estrondo e sem tocar al arma, pusesse em ordem todo o exercito. Sua Mag. não pode tão de pressa (44 v°) sair em publico, nem a ordem que estava dada executarse, que os enemigos, que ja tinham posto parte da sua artilheria sobre hum outeiro, que para este effeito lhe vinha muito á proposito, começaram com ella e infinitas outras peças, que em differentes lugares tinham postas, á bater o campo e gente do Emperador de tal modo que das 8 horas da manhãa atee as 4 da tarde atiraram de 800 para 900 tiros de grossa artilheria, cousa atee aquelle tempo nunqua vista e que nenhuma gente de guerra soffrera ser de tal modo battida em terra chãa sem que as trincheiras lhe servissem: o que con tudo os soldados do Emperador sostentaram e soffreram tam bem que jamais em algum se vio sembrante de temor, e pela graça de Deus a d. artilheria não fez grande damno; maior receberam elles da com que se lhes respondeo do exercito imperial. Se disse que elles determinaram de cessar com a artilheria e accommetter o arraial do Emperador; pode ser que andaram melhor em o não fazer, ao menos não se devem culpar porque o não fizeram.

72. Assi por este dia passou aquella festa e os enemigos se tornaram ao seu alojamento que entre tanto tinham feito concertar, e o Emperador mandou que todos fossem aquella noute dormir nas trincheiras e que, se sobreviesse algum rebate (45), a gente de cavallo se fosse á pee para as trincheiras e que todos se pusessem em ordem de as fortificar. O que elles fizeram de boa mente, porque toda aquella noute, e no dia seguinte que os enemigos não jugaram da artilheria, foram as d' trincheiras postas em tal ordem e feição que

71. [Août 1546] Pendant quelques jours les deux camps demeurèrent si près l'un de l'autre qu'il y eut quelques escarmouches, au cours desquelles, avec l'aide de Dieu, les ennemis eurent toujours le dessous. Toutefois ils vinrent se loger à une lieue plus près de la position de Sa Majesté. La nuit suivante on leur donna une bonne camisade qui leur causa un grand dommage. Le lendemain, il y eut une forte escarmouche et le jour suivant de très bonne heure, ils vinrent se poster tous avec de l'artillerie et en bon ordre à portée de l'artillerie impériale. Averti de cela par le duc son général, Sa Majesté s'arma, monta à cheval et ordonna audit duc de mettre aussitôt toute l'armée sur pied, sans bruit et sans alarme. Sa Majesté eut à peine le temps de se montrer et de faire exécuter l'ordre qu'Elle avait donné que déjà les ennemis, qui avaient planté une partie de leur artillerie sur une colline très bien située, commencèrent à en jouer, ainsi que de beaucoup d'autres pièces de canon plantées en divers endroits, et à battre le camp et les troupes de l'empereur de telle façon que, de huit heures du matin à quatre heures du soir, ils tirèrent de huit à neuf cents coups de grosse artillerie. Chose jusqu'alors inconnue et qu'aucune armée, en rase campagne et sans la protection de tranchées, n'aurait supportée, et cependant les soldats de l'empereur la supportèrent si bien qu'on ne vit à aucun moment chez personne le moindre signe de crainte. Par la grâce de Dieu, ladite artillerie ne fit pas grand mal et ils en reçurent un plus grave de l'artillerie du camp impérial qui leur répondit. On dit qu'ils décidèrent de cesser le feu et d'attaquer le camp de l'empereur ; il se peut qu'ils aient eu raison de ne pas le faire, en tout cas on ne doit pas leur reprocher de ne pas l'avoir fait.

72. [Septembre 1546] C'est ainsi que fut fêtée cette journée. Les ennemis retournèrent à leur campement que dans l'intervalle ils avaient mis en état, et l'empereur ordonna que tout le monde allât coucher dans les tranchées afin que, s'il se produisait quelque alarme, les cavaliers se rendissent à pied dans les tranchées et que tous s'employassent à les fortifier. Ce qui fut fait de bon cœur, car au cours de la nuit et de la journée suivante, pendant lesquelles les ennemis cessèrent de tirer, les tranchées furent mises en si

os que estavam junto dellas ficavam bem seguros. Neste mesmo tempo se alargou huma trincheira para o campo dos enemigos, do que não ficaram mui contentos, porque por impedir ou por ver o que se fazia mandaram alguns dos seus arcabuzeiros, e assi tambem sairam pela d. trincheira do campo imperial cerca de 800 soldados tambem arcabuzeiros, entre os quaes se começou á escaramuçar. E vendo os enemigos que os arcabuzeiros imperiaes estavam em terra chãa, lançaram fora tres esquadrões de gente de cavallo polos cargar e apertar mais; mas os arcabuzeiros não soo se moveram, mas carregaram sobre os enemigos de sorte que, rompendose e abrindose, mostraram as costas com grande damno seu, e os d[s] arcabuzeiros se tornaram para a d. trincheira, e assi se passou o segundo dia. Ao 3°, na mesma hora que vieram o primeiro, começaram á jugar da artilheria e fizeram nem mais nem menos tudo como no mesmo dia primeiro. Os que iam e vinham por dentro do campo (45 v°) receberam mais damno que a gente de guerra que estava nas trincheiras. Se tem que a artelheria do Emperador lhes fez mais mal este dia que o primeiro. De noute se lhe davam rebatos falsos polo que tinham pouco repouso. E assi se passou este dia. No 4° descansaram, como fizeram no segundo e se passou com alguns poucos tiros e escaramuças. Ao quinto, tristes e cansados da pena, perda e trabalho que se lhes tinha dado, e juntamente enfadados por causa da trincheira dantes d., que sempre se ia continuando e estendendo mais, e conhecendo que por este modo não podiam deixar de receber grande damno, tendo de noute mandado diante a artelharia grossa, á mesma hora que chegarão o primeiro dia, se partiram ao 6° levando os esquadrões em boa ordem, e assi caminharam atee o campo junto duas legoas de Ingolstat, em o qual elles dantes tinham alojado. Dalli se foram alojar junto á Neoburg outras duas legoas mais adiante, onde estiveram alguns dias. O Emperador entretanto não se moveo do seu arraial, esperando novas do conde de Bura e da gente que trazia para conforme á ellas se governar, porque lhe parecia que tinha assaz feito de, havendo tão grande differença do seu campo e gente á dos enemigos, que o vieram com tanta braveza accommetter, fazelos deixar o seu alojamento, e retirarse.

bon état que ceux qui s'y trouvaient étaient en parfaite sécurité. En ce même temps, on ouvrit une tranchée dans la direction du camp ennemi dont ils ne se montrèrent pas très satisfaits, car, pour l'empêcher ou pour voir ce qui se faisait, ils envoyèrent quelques arquebusiers. Du camp impérial sortirent aussi par ladite tranchée environ huit cents soldats arquebusiers, et entre les uns et les autres il y eut des escarmouches. Les ennemis, croyant que les arquebusiers impériaux occupaient un terrain plat, lancèrent trois escadrons de cavalerie pour les charger et les repousser ; or, non seulement ces arquebusiers ne reculèrent pas, mais ils chargèrent les ennemis qui, rompus et en désordre, tournèrent bride après avoir éprouvé de grandes pertes. Quant aux arquebusiers, ils rentrèrent dans la tranchée et ainsi se passa le second jour. Le troisième, à la même heure que le premier, les ennemis recommencèrent à jouer de l'artillerie et firent ni plus ni moins que ce qu'ils avaient fait l'avant-veille. Ceux qui allaient et venaient par le camp reçurent plus de dommage que les soldats dans les tranchées. On croit que l'artillerie de l'empereur leur fit plus de mal ce jour que le premier. De nuit, on leur donnait de fausses alarmes, ce qui les privait de repos. Et ainsi se passa cette journée. Le quatrième fut de repos comme le second jour et il se passa avec quelques tirs d'artillerie et quelques escarmouches. Le cinquième, attristés et fatigués de la peine, des pertes et du travail qu'on leur avait imposés, ennuyés en outre de la tranchée qui se continuait et se prolongeait toujours, et dont ils ne pouvaient manquer de recevoir un grand dommage, les ennemis firent partir en avant leur grosse artillerie pendant la nuit, et le sixième jour ils décampèrent à la même heure qu'ils étaient arrivés le premier jour, leurs escadrons en bon ordre, dans la direction du camp à deux lieues d'Ingolstadt, où ils avaient auparavant demeuré quelques jours. De là ils se logèrent près de Neubourg, deux lieues plus loin et y demeurèrent quelques jours. L'empereur cependant ne bougea pas de son camp, dans l'attente de nouvelles du comte de Buren et de ses gens, pour régler sa conduite en conséquence, car, si l'on considère la grande différence entre sa position et son armée comparées à celles des ennemis qui l'avaient attaqué avec tant de furie, il pensait avoir assez fait en les obligeant à déloger.

73. (46) Quasi no mesmo tempo o Emperador e os Protestantes tiveram novas do ajuntamento que Mons.r de Bura tinha feito pela ordem que sua Mag. lhe deu e que vinha marchando do lugar onde dera mostra e fizera resenha geral de toda a gente para o Rin, polo passar e se vir á juntar com sua Mag. Os Protestantes, que mais particularmente e que cada dia sabião o que o d. Mons.r de Bura fazia, tinham posto da parte de Francofort sobre o rio muita gente de guerra que deixaram detras para defender e impedir a passagem do rio ao d. conde de Bura, o qual con tudo teve tanto esforço e pos tanta diligencia que á pezar delles e per força o passou. Sendo disto advirtidos os Protestantes, se partiram de Neoburg, onde tinham o arraial e se foram a Bendigen, terra do Duque de Bavera, que estava bem posta e em lugar opportuno para dalli passar adiante e atalhar a estrada ao Conde, pela qual elle podia vir á juntarse com o Emperador; mas por quanto, para effeituar isto, era necessario que os d.s Protestantes se apartassem das principaes cidades de Suevia, as quaes, como he crer, temiam e lhes parecia que ficavam pouco seguras tendo o Emperador com seu exercito tão vizinho, mudaram o parecer e se tornaram á alojar em Tornabet, donde tinham saido de principio. Elles fizeram (46 v°) muito melhor para o bom successo do que pretendiam de se tornarem á Neoburg, onde ficaram mais á proposito para contrastar e resistir ao Emperador, que não á Tornabet onde se foram, que foi o quarto e não menor erro que commetteram. Neste tempo o Emperador teve novas da passagem do rio pelo Conde de Bura, e como vinha marchando e chegandose cada dia mais para se ajuntar com sua Mag. Tambem entendeo e foi avisado da tenção dantes ditta dos Protestantes, quando tomaram o caminho de Bendingem, os quaes lhe davam grande cuidado, visto quanto importava que o d.º Conde viesse seguramente. Para o que o Emperador tinha determinado de, indo nas costas dos Protestantes, fazer jornadas tão proporcionadas e tomar sempre alojamentos tão fortificados que os Protestantes não podessem pelejar com o Conde, que subito não ouvessem tambem de vir ás mãos com sua Mag., ou, se virassem sobre sua Mag., o Conde ficasse com o caminho livre e desembaraçado para se poder vir á juntar com sua Mag.

74. O Conde fez tão boa diligencia que chegou com toda

73. [Septembre 1546] Presque au même moment l'empereur et les Protestants apprirent la jonction que le comte de Buren avait opérée par ordre de Sa Majesté et sa marche du lieu où il avait passé la revue générale de ses troupes, vers le Rhin, qu'il se préparait à franchir pour rejoindre l'empereur. Les protestants, informés très particulièrement et chaque jour de ce que faisait Monsieur de Buren, avaient posté près de Francfort sur le fleuve de nombreuses troupes qu'ils avaient laissées en arrière pour s'opposer au passage dudit comte. Lui néanmoins y mit tant de valeur et de diligence que, malgré ces troupes, il passa de force. Les Protestants, avertis de cela, quittèrent Neubourg où ils avaient leur camp et se dirigèrent vers Wemding, ville du duc de Bavière, bien située et en un lieu favorable pour se porter de là en avant et barrer au comte la route par laquelle il pouvait se réunir à l'empereur. Mais comme, pour réaliser ce dessein, il fallait que les Protestants s'éloignassent des principales villes de Souabe, qui, comme l'on pense, craignaient de se trouver peu en sécurité à cause du voisinage de l'empereur et de son armée, lesdits Protestants changèrent d'avis et revinrent s'établir à Donawert, d'où ils étaient sortis au commencement de la campagne. Ils auraient bien mieux fait, pour la réussite de leur plan, de revenir à Neubourg, où ils auraient été mieux placés pour résister à l'empereur qu'à Donawert : ce fut la quatrième erreur qu'ils commirent et non la moins grave. En ce temps, Sa Majesté apprit que le comte de Buren avait passé le Rhin et que chaque jour il s'approchait de plus en plus pour se joindre à Elle. L'empereur apprit aussi l'intention déjà indiquée des Protestants, quand ils prirent la direction de Wemding, ce qui lui donna une grande inquiétude, vu l'importance qu'il attachait à l'arrivée sans encombre dudit comte. Il décida donc, en s'avançant sur les derrières de l'armée protestante, de faire des marches si bien combinées et de prendre toujours de si fortes positions que les Protestants ne pussent pas combattre avec le comte sans avoir aussi à en venir aux mains avec l'empereur, ou que, s'ils se décidaient à marcher sur celui-ci, le comte gardât le chemin libre pour faire sa jonction avec Sa Majesté.

74. [Septembre-octobre 1546] Le comte fit si bonne dili-

sua gente sãa e salva ao campo do Emperador diante de Ingolstat, o qual tendo feito reconhecer e reconheçendo elle mesmo a ditta Neoburg, tornou á passar com todo seu exercito o Danubio junto do seu campo (47) diante de Ingolstat, donde partio e caminhou para a d. Neoburg, a qual com quatro bandeiras de gente de pee, que dentro estavam, indo sua Mag. per caminho, se lhe mandou entregar, e despois de chegar lá e deixar presidio e dar a ordem que convinha, sua Mag. se partio e foi alojar sobre o Danubio em hum lugar que se chama Mareshen, huma boa legoa de Tornabet, onde os enemigos, como ditto he, tinham o campo tam bem fortificado e reforçado com a gente que ficou detraz para impedir a passagem á Monsr de Bura, e de novo tinha chegado que, ainda que os dous campos estivessem tão perto hum do outro, em alguns dias que alli estiveram ja mais se poderam morder. Vendo isto o Emperador, determinou d'usar d'outra invenção, e assi se partio do d. lugar de Mareshain e apartandose do Danubio sobre o qual sempre tivera o campo, e deixando os enemigos á mão esquerda, se foi alojar em hum lugar do estado de Neoburg que se chama Monhen. Ao outro dia, que foi vespera de S. Francisco, partindose daquelle lugar, se foi alojar junto de huma piquena montanha, que está junto á Ottinguen e Nordlinguen, sobre a qual fez pôr parte da artelharia, assentando o arraial ao rodor, o que feito, indo ja anoutecendo, sua Mag. foi advirtido que se ouviam os atambores dos enemigos, e por quanto de cada vez ia escurecendo (47 v°) mais e o som dos atambores vinha de hum bosque que ficava entre sua Mag. e os enemigos, e se começou tambem no mesmo tempo á levantar huma nevoa, por todas estas causas não se pode bem saver o que os enemigos faziam. Este som dos atambores durou toda a noute e toda a manhãa, que foi o dia de S. Francisco. E toda a noute ouve gente e o mesmo Capitão Geral no campo por saber a disposição e intento dos adversarios. O Emperador mesmo, o qual dous dias antes fora toccado da gotta em hum pee, passou vigiando a maior parte da noute por ouvir o que de novo se trazia e dar ordem ao que convinha, e assi, não obstante que estava trabalhado da gotta, se levantou ante manhãa e tendose confessado e ouvido missa, por ter por certo que no mesmo dia se daria a batalha, por mais nevoa que fazia, e por mais

gence qu'il arriva avec tous ses gens sains et saufs devant Ingolstadt au camp de l'empereur, qui, ayant fait reconnaître et reconnu lui-même ladite Neubourg, repassa avec toute son armée le Danube, près de son camp devant Ingolstadt. D'où il se dirigea vers Neubourg, qui, pendant que Sa Majesté s'y rendait, capitula avec sa garnison de quatre enseignes de fantassins. Arrivé à Neubourg, Sa Majesté y laissa une garnison et prit les dispositions nécessaires, puis il partit et alla se loger sur le Danube, en un lieu appelé Marxheim, à une bonne lieue de Donawert, où les ennemis, ainsi qu'il a été dit, avaient leur camp, si bien fortifié, et renforcé de ceux qui restèrent en arrière pour empêcher la marche de Monsieur de Buren et qui précisément venaient de le rejoindre, qu'alors même que les deux camps fussent très près l'un de l'autre, pendant les quelques jours qu'ils demeurèrent là, jamais ils n'en vinrent à se mordre. L'empereur, voyant cela, décida d'user d'un autre artifice. Quittant Marxheim et s'éloignant du Danube sur lequel il avait toujours campé, il laissa les ennemis à main gauche et alla se loger en un lieu de l'État de Neubourg, appelé Monheim. Le lendemain, veille de la Saint-François, il quitta ce lieu et alla s'établir près d'une petite montagne voisine d'Öttinguen et de Nördlingen, sur laquelle il planta une partie de l'artillerie, en établissant son camp à l'entour. Cela fait, à la tombée de la nuit, Sa Majesté fut avertie qu'on entendait les tambours de l'ennemi, et comme le jour tombait de plus en plus, que le son des tambours venait d'un bois situé entre l'empereur et les ennemis et qu'en outre un brouillard commençait à s'élever, pour tous ces motifs on ne put pas bien savoir ce que faisaient les ennemis. Ce son de tambours dura toute la nuit et le matin du lendemain qui fut le jour de la Saint-François. Pendant toute la nuit diverses personnes et même le capitaine général s'occupèrent dans le camp de savoir l'emplacement de l'ennemi et ses intentions. L'empereur lui-même, bien qu'il eût été atteint deux jours auparavant d'un accès de goutte à un pied, veilla la plus grande partie de la nuit pour entendre les nouvelles qu'on apportait et pour donner les ordres nécessaires. De bonne heure et quoique travaillé par la goutte, il se leva, se confessa et ouït la messe, croyant que la bataille se livrerait ce jour-là ; puis, sans faire cas

MOREL-FATIO.

dores que padecia, se pos á cavallo, e saindose do arraial subio ao monte em que estava a artelharia por mais de pressa entender o que passava. Mas a gotta o tormentava de maneira que foi forçado pôr hum lençol sobre o arção da sella, em que repousasse o pee, e assi o trouxe todo o dia.

75. Em todo este tempo não se pode entender nada dos (48) enemigos por causa da nevoa que se levantou a noute dantes, a qual foi crescendo sempre e engrossando de maneira que se não podiam ver dez passos atee que a d. nevoa caio, que foi ás 10 horas antes do meio dia, e então se descobrio que os enemigos tinham passado o bosque dantes ditto e occupadas as montanhas que iam atee Norlingen, sobre as quaes tinham postos todos seus esquadrões em ordem. Verdade he que sobre os ultimos da retraguarda, e alguns outros que estavam ainda no baixo entre o bosque e a montanha, lhes foi pelos cavallos ligeiros imperiaes feita huma tal carga que elles se retiraram mais que de passo para as montanhas, onde estava a mais gente. Neste intervallo o Emperador tinha tirado fora do campo todo seu exercito e, desque a nevoa caio, fez pôr os esquadrões em ordem, e tanto que foi avisado que o exercito dos enemigos era descuberto, fazendo marchar o seu em ordem á hum mesmo passo para os enemigos, se adiantou e se foi á huma montanha piquena que estava mais perto do rio, para dalli melhor ver e practicar o que se devia fazer, e onde estavam juntos o seu General e muitos outros capitães e grandes personagens, disputando e dizendo cada hum o que bem lhe parecia. E chegando o Emperador (48 vº), que por sua indisposição não podera vir nem trabalhar, como costumava fazer, e achando a maior parte de seus capitães de parecer que se devia passar hum rio que estava daquella parte e pelejar, ou polo menos fazer passar hum bom numero de gente de cavallo sustentada de alguns arcabuzeiros, por carregar sobre a retraguarda e ver em que ponto se punham os enemigos, e ter prestes o exercito como estava para, conforme o que fosse necessario, o fazer marchar, não tendo, como ditto he, sua Mag. bem visto a disposição do lugar e ouvindo tantos pareceres e votos todos conformes em se haver de pelejar, se conformou tambem com elles e mandou logo á d. gente de cavallo passar o rio. Mas tornan-

ni du brouillard ni des douleurs qu'il ressentait, il monta à cheval et, après être sorti du camp, gravit la montagne où se trouvait l'artillerie pour savoir plus vite ce qui se passait. Mais la goutte le tourmenta au point qu'il fut obligé d'attacher une bande de toile à l'arçon de sa selle pour y reposer le pied qu'il tint ainsi toute la journée.

75. [Octobre 1546] Pendant tout ce temps on ne put rien savoir des ennemis à cause du brouillard qui se leva la nuit précédente et qui augmenta tellement qu'on ne se voyait pas à dix pas. Il tomba à dix heures avant midi, et alors on découvrit que les ennemis avaient traversé le bois susdit et occupé les collines qui s'étendent jusqu'à Nördlingen où ils rangèrent tous leurs escadrons. A la vérité, ceux de leur arrière-garde et quelques autres qui se trouvaient encore dans le bas, entre le bois et la montagne, furent si fort chargés par les chevau-légers impériaux qu'ils se retirèrent précipitamment vers ces collines où se trouvait le gros de l'armée. Dans l'intervalle, l'empereur avait fait sortir du camp toute son armée et, dès que le brouillard tomba, il rangea les escadrons. Puis, quand il sut que les ennemis étaient découverts, il fit marcher les siens en ordre et à un même pas sur les ennemis ; il s'avança et se posta sur une petite montagne près de la rivière afin de pouvoir de là mieux voir et mieux juger ce qu'il y avait à faire. Là se réunirent son général et beaucoup d'autres capitaines ou grands personnages pour discuter et dire chacun son avis. L'empereur, qui, à cause de son mal, ne pouvait pas aller et venir ni s'occuper comme il en avait l'habitude, sut que l'avis de la plupart de ses capitaines était qu'on passât une rivière, qui se trouve de ce côté-là, pour combattre, ou au moins qu'on fît passer une bonne troupe de cavaliers appuyée de quelques arquebusiers pour charger l'arrière-garde et voir où s'établiraient les ennemis, en gardant l'armée dans la formation où elle était pour la faire marcher selon les circonstances. Sa Majesté n'ayant pas pu se rendre bien compte, ainsi qu'il a été dit, de la disposition du lieu et sollicitée par tant d'avis tous en faveur d'un combat, s'y conforma et donna aussitôt l'ordre à la cavalerie de franchir la rivière. Mais au moment où Elle retournait vers ses escadrons afin de les faire marcher au combat, un meilleur conseil lui fut donné par un grand personnage de sa maison,

dose para os seus esquadrões afim de os fazer marchar para pelejarem, lhe foi dado outro parecer melhor de hum grande de sua casa, o qual lhe declarou a disposição do lugar e a impossibilidade de passar o rio para dar batalha sem se metter em evidente e quasi certo perigo de ser rotto e desbaratado pelos enemigos, pola grande ventagem que tinham. E assi tendo sua Mag. bem entendido e conhecido as razões d', tornou logo á mandar chamar a d. gente de cavallo, a qual, tendo ja passado o rio com grande trabalho, o tornou á passar con muito maior por ser a passagem tão difficultosa, e com todo o exercito se tornou ao arraial. (49) Os enemigos continuaram seu caminho atee se alojarem sobre as montanhas dantes d^s, que estão junto á Nordlingen.

76. Sobre o passar deste rio e sobre dar batalha houve então e ha havido despois e se cre que haja ainda hoje grandes disputas e diversas opiniões. O Emperador quis despois tornar á ver o lugar bem e de vagar, e sem ter quem o podesse impedir; e assi sua Mag. como todos os que então foram d'opinião de não passar o rio nem pelejar se confirmaram em seu primeiro parecer, não como de cousa duvidosa mas tão impossivel de fazer que mais podiam os enemigos vilo commetter e darlhe batalha que dala sua Mag. á elles. Os que neste dia foram d'opinião que se pelejasse, e despois viram o lugar, confessaram que sua opinião não fora boa, e os que polo que ouviram julgaram que se fizera mal em não pelejar, vendo despois o lugar, tambem confessaram seu erro. Os que o não viram e sustentão que se ouvera de pelejar, o deviam ver, e, se ainda forem da mesma opinião, faram bem d'imaginar o exercito que estava em contrario e pode ser que moderem seu parecer. O Emperador, como ditto he, se tornou esta noute á alojar no campo donde se partira. E vendo que ficava mais longe dos enemigos do que quisera, se partio ao outro dia e foi assentar o campo na borda do rio, sobre o qual o dia dantes ouve a disputa (49 v°) ditta, e então se vio bem quem tivera melhor opinião. Abbraçava o arraial duas montanhas piquenas, as mais accommodadas e propinquas. Tomando o Emperador este alojamento, alguns dos de cavallo dos Protestantes deceram das montanhas á campina, e assi tambem alguns dos imperiaes passaram o rio, onde ouve huma boa escaramuça e muitos tiros de arcabuz e alguns mortos de

qui lui expliqua la disposition de l'endroit et l'impossibilité qu'il y avait à passer la rivière, sans s'exposer au péril évident et presque certain d'être rompu et mis en déroute par les ennemis à cause du grand avantage dont ils disposaient. L'empereur, convaincu par ces raisons, fit rappeler la cavalerie qui, après avoir franchi la rivière avec grande peine, la repassa avec une plus grande encore, à cause de la difficulté du passage, et à la tête de toute l'armée il rentra dans le camp. Les ennemis continuèrent leur marche jusqu'à ce qu'ils se furent établis sur les collines près de Nördlingen.

76. [Octobre 1546] Sur le passage de la rivière et le point de savoir s'il fallait livrer bataille, il y eut alors et plus tard, et il y a, dit-on, aujourd'hui encore de grandes disputes et des opinions contraires. L'empereur voulut plus tard examiner la position attentivement, sans se presser et sans être gêné par personne. Or, non seulement lui mais tous ceux qui alors s'opposèrent à ce que l'on passât la rivière et combattît furent confirmés dans leur avis. Il leur parut que l'entreprise eût été non pas hasardée, mais impossible, car il était plus facile aux ennemis qu'à l'empereur d'attaquer et de livrer bataille. Ceux qui, en ce jour, estimèrent qu'on devait combattre, et qui virent ensuite les lieux, confessèrent qu'ils s'étaient trompés ; ceux qui, par ce qu'on leur raconta, jugèrent qu'on avait eu tort de ne pas combattre, après avoir vu la position, reconnurent leur erreur ; ceux qui ne l'ont pas vue et soutiennent qu'on devait combattre feront bien de la voir et, s'ils gardent leur opinion, qu'ils se représentent ce qu'était l'armée qu'on avait en face de soi : peut-être alors changeront-ils d'avis. Comme il a été raconté, l'empereur se retira cette nuit dans le camp d'où il était sorti, et voyant qu'il restait à plus grande distance des ennemis qu'il ne le désirait, il partit le lendemain et établit le camp sur le bord de la rivière, position qui la veille avait été l'objet de la dispute : on vit bien alors qui avait soutenu la meilleure opinion. Le camp s'étendait sur deux petites collines qui se prêtaient bien à cela et qui étaient voisines l'une de l'autre. L'empereur une fois logé, quelques cavaliers des Protestants des-

huma e outra parte, ainda que mais dos Protestantes e gente mais principal, e entr' elles hum duque de Bransvich. E porque era ja tarde e sua Mag. não podia soccorrer os seus, como faziam os enemigos, por quanto, como ditto he, era necessario passar o rio e sua Mag. queria alojar seu campo, fez cessar a escaramuça. E tendo muitas vezes visto e feito ver alguns lugares para ver se havia modo de fazer damno aos Protestantes, e não achando algum, cuidou e practicou em segredo o que se poderia fazer, e em fim determinou de mandar o numero de gente necessaria para combatter á Tornabet, cidade imperial, donde os enemigos se tinham partido quando se vieram para junto de Norlingas, e aonde deixaram gente de presidio que a defendesse, e assi em anoutecendo fez partir a ditta gente de guerra, a qual chegou lá pela manhãa e do primeiro assalto tomou os arrabaldes e logo despois a cidade se deu.

77. Isto feito, sua Mag. se partio do seu campo e se fo á (50) Tonebert para de lá ir caminhando ao longo do Danubio para a parte de Ulma, por ver se por esta via poderia impedir as vitualhas aos enemigos e os necessitar e apertar de maneira, ou a d. cidade de Ulma, que fossem constrangidos á deixar as montanhas e se vir para lugar onde mais facilmente se lhes podesse dar batalha. Para ir á Tornebet se deve saber que o Emperador com seu exercito forçosamente havia de passar o d. rio e pôrse em ordem na terra chãa bem junto do campo dos Protestantes, e ainda que as pontes de barcas estavam postas para passar o rio, e tambem os vaos se sabiam melhor do que quando alli se chegou a primeira vez, con tudo a passagem era tal e havia ainda da outra banda outras ribeiras para passar que, se os enemigos tiveram grande vontade de pelejar, elles o poderam fazer neste dia com grande ventagem sua. Polo que se pode julgar, sem saber as causas que á isto os moveram, [e] se pode esta contar pola quinta falta ou erro que elles commetteram. Vendo o Emperador que os Protestantes não se moviam, foi marchando em boa ordem atee o campo que estava sobre o Danubio entre Tonabert e Haslet, que os que

cendirent des collines à la plaine, tandis que quelques-uns des impériaux franchirent la rivière. Il y eut une bonne escarmouche avec beaucoup de coups d'arquebuse et quelques morts des deux côtés, mais les Protestants perdirent des gens de plus d'importance, entre autres un duc de Brunswick. Et comme il était déjà tard et que Sa Majesté ne pouvait secourir ses troupes comme les ennemis les leurs, puisqu'il fallait, on l'a vu, passer la rivière, Elle décida, pour asseoir son camp, de faire cesser l'escarmouche. A plusieurs reprises, Elle inspecta et fit inspecter certaines localités pour voir s'il y avait quelque moyen de causer du dommage aux Protestants, mais n'en ayant trouvé aucun Elle s'occupa secrètement de ce qu'il y aurait à faire, et enfin décida d'envoyer un détachement suffisant pour combattre Donawert, cité impériale, que les ennemis quittèrent quand ils vinrent près de Nördlingen et où ils avaient laissé une garnison pour la défendre. A la tombée de la nuit donc, Elle fit partir ce détachement qui arriva à Donawert le matin et qui, du premier assaut, emporta les faubourgs, et aussitôt la ville se rendit.

77. [Octobre 1546] Cela fait, Sa Majesté quitta son camp et se rendit à Donawert pour suivre ensuite le cours du Danube du côté d'Ulm dans l'intention de couper le ravitaillement des ennemis et de les réduire eux ou la ville d'Ulm à l'extrémité, de telle sorte qu'ils fussent contraints d'abandonner les collines et de venir en un lieu où il serait plus facile de leur livrer bataille. Pour aller à Donawert, il faut savoir que l'empereur et son armée devaient forcément passer la rivière et prendre position en terrain plat tout près du camp des Protestants, et bien que les ponts de bateaux fussent prêts pour traverser la rivière et que les gués fussent mieux connus que lorsqu'on vint là la première fois, cependant le passage restait si difficile, sans compter qu'il y avait encore d'autres rivières à traverser, que, si les ennemis avaient eu vraiment envie de combattre, ils auraient pu le faire en ce jour avec grand avantage. Aussi peut-on estimer, alors même que les motifs qui les guidèrent demeurent ignorés, qu'ils commirent là leur cinquième faute. Voyant que les ennemis ne bougeaient pas, l'empereur marcha en bon ordre jusqu'au camp établi sur le Danube entre Donawert et Höchstädt, ville qui fut aban-

estavam dentro desampararam, e os da terra trouxeram as chaves ao Emperador, o qual ao outro dia, passando per Tillingen (que tambem fez o mesmo), se foi alojar junto de Laubingen, terra que era do (50 vº) Duque Otho Henrique de Bavera, onde havia quatro bandeiras de Tudescos e fez sembrante aquella tarde de se querer defender. Sendo Sua Mag. advirtido que os enemigos queriam vir soccorer o d. lugar e pôrse sobre algumas montanhasinhas que estavam á saida de hum bosque, ainda que não mui perto do lugar, ordenou que ao outro dia, em rompendo a alva, todo o exercito estivesse prestes para onde e quando se lhe mandasse. E assi com o Duque de Alva, seu general, e alguns do seu conselho se partio mais cedo por ver que lugar poderia tomar para com mais ventagem pelejar com os enemigos quando saissem do d. bosque. E fazendo este caminho, sairam alguns naturaes da d. terra e se vieram entregar á sua Mag., e o mesmo fizeram logo os de Gondelfingem.

78. E avisando os de Laubingen que as d⁸ quatro bandeiras se tinham saido e passado a ponte do Danubio d'antemanhãa com hum dos capitães da liga e algumas peças d'artelharia, o qual viera a noute d'antes e impedira que desentão se não dessem, e ia caminhando com as d⁸ quatro bandeiras e artilheria para Augusta, tendo isto entendido sua Mag. e vendo que não havia algumas novas que o campo dos Protestantes se movesse, se tornou para o exercito, e passando por diante de Laubingen e deixando nella presidio conveniente, fez passar pela (51) ditta ponte alguns cavallos ligeiros apos as quatro bandeiras, as quaes alcançaram, e despois de haver huma escaramuça as apertaram de maneira que deixaram a artilheria, a qual foi levada á sua Mag., e, polo grande desejo que tinha de ganhar a dianteira, andou tanto com seu exercito que neste mesmo dia foi alojar sobre hum rio, que se chama Prens, em hum lugar posto da banda do rio que fica para Ulma, chamado Sonthem. Onde chegando sua Mag., foi avisado como ahi cerca estavam alguns de cavallo dos enemigos em huma piquena cidade imperial chamada Guinguen, sobre o mesmo rio de Prens. Sua Mag. mandou lá o seu general accompanhado como convinha, á vista do qual os de cavallo se retiraram. E havendo no d. lugar alguma gente de

donnée par sa garnison, tandis que les habitants lui en livrèrent les clefs. Le lendemain, l'empereur marcha sur Dillingen, qui suivit l'exemple de Höchstädt, puis vint se loger près de Lauingen, place du duc Othon-Henri de Bavière, où il y avait quatre enseignes d'Allemands et cette place fit mine ce soir-là de vouloir se défendre. Mais apprenant que les ennemis se proposaient de la secourir et d'occuper quelques hauteurs qui se trouvaient à l'issue d'un bois, il ordonna, quoi qu'il ne fût pas encore très près de l'endroit, qu'au lever du jour, le lendemain, toute l'armée se tînt prête pour marcher à l'heure et dans la direction qu'on lui dirait, et, accompagné du duc d'Albe, son général, et de quelques-uns de son conseil il se porta vivement en avant pour voir quel lieu l'on pourrait occuper afin de combattre l'ennemi avec le plus d'avantage quand il sortirait du bois. En route, il rencontra quelques habitants de ladite ville qui vinrent se rendre à lui, ce que firent aussi les habitants de Gundelfingen.

78. [Octobre 1546] Ceux de Lauingen avertirent l'empereur que les quatre enseignes étaient parties et avaient passé le pont du Danube avant le jour avec un des capitaines de la ligue et quelques pièces d'artillerie. Ce capitaine, arrivé la nuit précédente, avait empêché les habitants de capituler sur le champ et avait pris avec les quatre enseignes le chemin d'Augsbourg. Sa Majesté, instruite de cela et voyant qu'on ne savait rien d'un mouvement du camp protestant, revint à l'armée et, passant devant Lauingen, où Elle laissa une garnison suffisante, fit passer le pont à quelques chevau-légers à la poursuite des quatre enseignes qu'ils atteignirent et, après une escarmouche, pressèrent de manière qu'elles abandonnèrent leur artillerie qui fut amenée à l'empereur. Celui-ci, très désireux de leur prendre les devants, hâta tant sa marche que le même jour il logea son armée près d'une rivière appelée la Brenz, en une localité située sur le côté de la rivière tourné vers Ulm, qui se nomme Sontheim. Arrivé là, Sa Majesté apprit que quelques cavaliers ennemis occupaient une petite ville impériale du nom de Giengen, sur la même rivière de Brenz. Elle y envoya son général escorté comme il convenait et à sa vue les cavaliers se retirèrent. Il y avait dans la ville quelques soldats ennemis qui, espérant ou croyant savoir

guerra dos enemigos e esperando ou sabendo que ao outro dia todo seu campo havia alli de vir, ainda que foram convidados para se entregar, por ser ja tarde dissimularam, e, dando palaura que ao outro dia se entregariam, passaram por aquella noute com esta dissimulaçam. Nesta mesma noute tendo o Emperador chegado ao seu campo, mandou espias por duas ou tres partes por saber dos enemigos. Os que foram aonde os não havia, não trouxerão novas algumas. Os que foram onde elles estavam deram nas suas vigias e hums delles ficaram presos, outros se tornarão (51 vº) sem saber nada. E assi sua Mag. se achou esta manhãa suspenso e irresoluto se devia caminhar a volta de Ulma por lhes ir sempre ganhando a dianteira, ou se se dexaria estar, porque tambem appressandose muito os enemigos se poderiam pòr em lugar que lhe impedissem as vittualhas.

79. Estando sua Mag. nesta duvida, teve novas que os Protestantes marchavam, mas não se sabia ainda bem aonde elles queriam ir alojar: pelo que sua Mag. e seu general e otras muitas pessoas principaes foram atee bem ver a disposição e modo dos enemigos, os quaes marchavam em boa ordem, por vir tomar o alojamento de Guinguen. E vendo sua Mag. que não tinha posto em ordem seu campo para pelejar, antes estava prestes para caminhar a volta de Ulma e da banda contraria do rio donde estavam os enemigos, tornandose ao campo o fez alojar e os enemigos fizeram o mesmo. Tendo sua Mag. visto o sitio e disposição dos enemigos este dia, foi assentado de lhes fazer ao outro huma boa emboscada, a qual, porque se não pode bem accabar de concluir, não foi executada como convinha, e se pode presumir que, se ella se ordenara bem, se seguiria algum grande effeito, porque ainda com toda a irresolução que ouve os enemigos (52) receberam tão grande damno dos arcabuzeiros imperiaes que sempre despois se lembraram deste dia: tanto que querendo algum despois sua Mag. ordenar a d. emboscada como de feito devia ser, tendoa posta e mandando os corredores diante por tirar os enemigos, jamas foi possivel fazeles sair com grossa companhia e longe do seu campo. Isto podia tambem ser porque o lugar de Guinguen está em hum baixo e os Protestantes tinham o arraial da outra banda do rio donde sua Mag.

que le lendemain toute leur armée viendrait, ne voulurent pas se rendre, quoiqu'ils y fussent invités, sous prétexte qu'il était déjà tard; ils promirent de se rendre le lendemain et gagnèrent ainsi la nuit grâce à cette ruse. Cette même nuit, l'empereur, rentré dans son camp, envoya des espions de deux ou trois côtés pour reconnaître les ennemis. Ceux qui furent où il n'y en avait pas n'apportèrent aucunes nouvelles. Ceux qui furent là où ils se trouvaient donnèrent dans leurs gardes : les uns restèrent pris, les autres revinrent sans rien savoir. Aussi l'empereur demeura-t-il cette matinée dans l'irrésolution ; il se demandait s'il devait, pour leur gagner les devants, marcher sur Ulm, ou s'il devait s'arrêter, car, en faisant aussi grande hâte, les ennemis pouvaient occuper une position qui leur permît de lui couper les vivres.

79. [Octobre 1546] Dans cette incertitude, il apprit que les Protestants marchaient, mais sans qu'on sût encore bien où ils se proposaient de camper. En conséquence, l'empereur, son général et beaucoup de personnes d'importance se portèrent en avant pour se rendre compte de la marche des ennemis qui s'avançaient en bon ordre avec l'intention de prendre leurs quartiers à Giengen. Sa Majesté, qui n'avait pas mis son armée en ordre de bataille, mais qui la tenait prête pour marcher sur Ulm par la rive que n'occupait pas l'ennemi, revint au camp et fit rentrer les troupes dans leurs quartiers, ce que les ennemis firent aussi. Ce même jour, Sa Majesté ayant vu l'emplacement des ennemis, il fut décidé qu'on leur dresserait le lendemain une bonne embuscade, qui, parce qu'on ne put pas en terminer les préparatifs, ne fut pas exécutée comme il convenait. Si elle avait été bien ordonnée, on peut croire qu'il en serait résulté quelque chose d'important, car, quoique très mal conduite, les ennemis en sortirent cependant si maltraités par les arquebusiers impériaux qu'ils gardèrent toujours le souvenir de cette journée. La preuve en est que Sa Majesté, désireuse quelque temps après de dresser une embuscade dans les conditions requises, quoiqu'Elle l'eût disposée en envoyant des coureurs en avant pour attirer les ennemis, jamais il ne fut possible de les faire sortir en nombre et à une certaine distance de leur camp. Ce qui peut-être fit aussi échouer

tinha o seu, e desta banda do arraial de sua Mag. havia hum alto que ficava sobre Guinguen e sobre parte do arraial dos Protestantes, e por esta causa elles fizeram passar e alojar sobre este alto muita de sua gente, o qual, porque se podia mal soccorrer hum campo ao outro, fortificaram mui bem, e deste campo se descobria parte da emboscada que estava posta. Donde soccedeo que sua Mag. mandou que os da d³ emboscada se tornassem para o arraial, e por provar todos os modos e vias de lhes fazer damno, pareceo bem ordenarlhes, como se ordenou, huma encamisada, mas elles foram advirtidos e concertaram suas cousas de maneira que foi bom conselho não a seguir. Como os Protestantes tinham o alto acima ditto sobre Guinguem, da banda do rio onde estava o campo imperial, (52 v°) assi tambem tinha sua Mag. outro alto da mesma maneira e da mesma banda em que os Protestantes alojavam desque chegaram á Guinguem; e por todos os bons respeitos se começou á fortificar o d. alto que ficava opposto ao campo imperial para pôr nelle os Italianos que ainda ficaram, porque sendo ja partidos muitos, como elles diziam, polas roins pagas e mao trattamento, os outros que ficaram estavam de tão maa vontade que, vendo partir ao legado do Papa que elle mandara chamar e a occasião que tinham para se tornar em tempo que se devia procurar de accrescentar o exercito de sua Mag., por quanto viera aos Protestantes de novo muita gente de Vittemberga, e por metter dentro do forte que se fazia, neste mesmo tempo da d. gente de sua S^{de} se foram em huma manhãa tres para quattro mil. Assi o Emperador ficou frustrado de seu intento, por que não teve gente bastante para pôr no ditto forte que tinha mandado começar e se deixou imperfeito pela causa ditta.

80. E por quanto á este tempo a sazaõ estava mui avante, sendo ja quasi junto aos Sanctos, e começava á chover, nem sua Mag. via que do seu campo se podesse fa(53)zer mal aos enemigos, havendo primeiro algumas outras piquenas escaramuças, determinou de tornar á passar o rio, e se ir alojar junto á Laubigen; e assi se partio e caminhou em boa ordem esperando e vendo se os enemigos quere-

cette embuscade fut la circonstance suivante : Giengen est dans un bas-fond et les Protestants avaient leur camp sur le bord de la rivière opposé à celui qu'occupait Sa Majesté, et du côté de Sa Majesté il y avait une hauteur dominant Giengen et une partie du camp protestant. Pour ce motif, ils établirent sur cette hauteur une bonne partie de leurs gens, et comme l'un des camps pouvait difficilement secourir l'autre, ils fortifièrent solidement cette position. Or, de là on découvrait une partie de l'embuscade dressée. Il en résulta que Sa Majesté ordonna à ceux de l'embuscade de rentrer au camp. Pour épuiser les moyens de leur causer du dommage, il parut à propos de leur donner une camisade, mais ils en furent avertis et prirent des dispositions telles qu'on agit sagement en n'exécutant pas ce dessein. Comme les Protestants occupaient la hauteur susdite sur Giengen, du côté de la rivière où se trouvait le camp impérial, et que l'empereur lui occupait aussi une autre hauteur du côté où étaient établis les Protestants depuis leur arrivée à Giengen, tout bien considéré, on commença à fortifier ladite hauteur, située en face du camp impérial, pour y mettre les Italiens demeurés à l'armée, car beaucoup s'en étaient allés sous prétexte, disaient-ils, des mauvaises payes et du mauvais traitement. Ceux qui restaient, et qui voyaient avec beaucoup de mauvaise humeur partir le légat appelé par Sa Sainteté, auraient voulu profiter de l'occasion pour s'en aller eux aussi, à un moment où il importait à la fois de renforcer l'armée impériale contre les gros renforts que les Protestants recevaient du Wurtemberg et de mettre une garnison dans le fort en construction ; or, en une matinée, des hommes envoyés par le pape il en partit de trois à quatre mille. L'empereur demeura donc frustré dans son dessein, car il manqua de gens pour former la garnison du fort qu'il avait fait commencer et que pour ce motif on laissa inachevé.

80. [Octobre-novembre 1546] La saison était déjà fort avancée, car on touchait à la Toussaint, il commençait à pleuvoir et Sa Majesté voyait que de son camp il n'était pas possible de nuire aux ennemis. Après quelques escarmouches, il se résolut à repasser la rivière et à se loger près de Lauingen. Il se mit en route et marcha en bon ordre, attendant que les ennemis tentassent la fortune, ce qu'on

riam tentar a fortuna, o que alguns querem que elles poderam e deveram fazer: todavia polos respeitos que bem lhes pareceo, não se moveram por aquelle dia, e o Emperador continuou seu caminho atee o lugar onde havia de alojar. A chuiva e o roim tempo continou tambem de tal maneira que, ajuntandose ser a terra baixa e grossa, o d. alojamento era mui cheo de lodos, e ainda que o dos enemigos estava sobre as montanhas, com tudo, como despois se entendeo, não ficavam de melhor condição, que foi causa para que no tempo que o Emperador esteve no d. campo, não se fizesse cousa de importancia. Antes no mesmo tempo os Protestantes quiseram trattar de paz, mas vendo sua Mag. que não vinhão á partidos convenientes, lhes rompeo a prattica. Estando sua Mag. no d. campo, teve novas da rotta dos de Joa Federico pela gente del Rey e do Duque Mauricio. Por razão do mao tempo e outras cousas que moveram alguns, ouve muitos pareceres que sua Mag. devia pôr os (53 v°) soldados em garnições para por esta via mais necessitar e apertar os Protestantes, e principalmente as cidades que estavam por elles, tirandolhes os mantimentos e vitualhas com as d^s garnições, e fazendolhes huma guerra guerreada. Mas considerando sua Mag. que todo o bom effeito de sua empresa consistia em romper o exercito, e dividir as forças dos Protestantes, pareceolhe que pôr o seu em garnições seria dividilo, diminuilo e rompelo, e despois de ter feito reconhecer bem e per muitas vezes hum alojamento que parecia accommodado e conveniente para invernar e contrastar contra os enemigos atee ver qual dos dous exercitos se deixaria primeiro, ou seria forçado á se desfazer, se partio do lugar acima ditto, que por ser humido e ter muitas lamas era pouco grato e accommodado para a gente de guerra, e se foi para outro enxuto, forte, de bello assento e á gosto e satisfação dos soldados. No qual dia tambem querem dizer que os Protestantes poderam pelejar com ventajem. Se assi he e se commetteram erro, se deve deixar ao que nisso ha. Sua Mag. determinou seguir sua empresa atee o fim e persistir atee que hum dos dous exercitos fosse per força, por roim tempo, por fome ou por outra qualquer necessidade constrangido á se desfazer. (54) Sendo sua Mag. advirtido que havia ainda outro lugar de bello e bom sitio e disposição, para ainda se

dit qu'ils auraient pu et dû faire, mais pour des raisons qui leur parurent bonnes ils ne bougèrent pas ce jour-là et l'empereur continua sa route jusqu'au lieu où il avait arrêté de loger. La pluie et le mauvais temps continuaient si fort que le camp, établi en contre-bas et sur une terre épaisse, était plein de boue. Les ennemis, quoiqu'ils fussent postés sur des collines, ne se trouvaient pas, comme on le sut plus tard, en meilleure condition, ce qui fut cause qu'il ne se fit aucune opération d'importance. Au contraire, en ce temps, les Protestants commencèrent des négociations de paix, mais Sa Majesté, voyant qu'ils ne se rendaient pas à des conditions raisonnables, rompit les négociations. Tandis que Sa Majesté se trouvait dans ledit camp, Elle apprit la défaite des troupes de Jean-Frédéric par celles du roi et du duc Maurice. Vu le mauvais temps et pour d'autres raisons qu'invoquèrent certaines personnes, on incita beaucoup Sa Majesté à mettre les soldats en garnisons afin d'incommoder davantage les Protestants et surtout les villes qui tenaient leur parti, en leur enlevant par le fait de ces garnisons les subsistances et les vivres et en leur faisant ainsi une petite guerre continuelle. Mais l'empereur, considérant que le bon résultat de son entreprise consistait à rompre l'armée ennemie et à diviser les forces des Protestants, estima qu'en mettant la sienne en garnisons il la diviserait, l'amoindrirait et la dissoudrait. Ayant donc fait reconnaître soigneusement et à plusieurs reprises un emplacement qui paraissait à propos pour hiverner et tenir tête à l'ennemi, jusqu'au moment où l'on verrait laquelle des deux armées renoncerait la première à la lutte, ou serait obligée de se dissoudre, il partit du lieu susdit, qui à cause de l'humidité et des boues était peu agréable et avantageux aux soldats, et choisit un autre emplacement sec, fort, bien assis et à leur satisfaction. En ce jour, on prétend que les Protestants auraient pu combattre avec avantage. S'il en est ainsi et s'ils ont en effet commis une faute, il faut en laisser le jugement à qui peut le prononcer. L'empereur décida de suivre son entreprise jusqu'à la fin, et d'y persister jusqu'à ce que l'une des deux armées fût obligée de se dissoudre soit par la force, le mauvais temps, la faim, soit pour toute autre raison. On avertit Sa Majesté qu'il y avait une autre place très bien située et très appropriée pour s'approcher

chegar mais aos enemigos e lhes ficar tão perto e com tanta ventagem sobre elles que sem nenhuma duvida se poderia ter por certo que por força os levaria debaixo e faria romper e dividir, se deliberou de em dentro de poucos dias pôr em execução esta empresa. Mas porque a cousa assi como era de grande importancia, assi tambe não carecia de difficuldade, e os negocios arduos e perigrosos não se devem emprender se não feitas as preparações necessarias, sua Mag. dilatou a execução deste para tempo opportuno, e tambem porque neste mesmo tempo a cidade de Norlingas trattava de se entregar, a qual tendo, lhe parecia haver outro modo de poder molestar aos enemigos, e então escolher e tomar o melhor destes dous caminhos.

81. Sua Mag. ha despois visto a disposição e commodidade do d. lugar, e considerado como se poderia tomar, sendo de tanta ventagem para poder romper aos enemigos, o que por sua Mag. e outros, que despois tambem o viram, se julgou ser cousa factivel e conveniente executandola como convinha. Quando os Protestantes viram tornar ao Emperador para o alojamento dantes ditto, elles, que cuidavam que a sua (54 v°) ida á Laubigen procedera de alguma necessidade ou desfallecimento, se acharam enganados de sua esperança, e vendo que sua Mag. começava de novo á se chegar para elles, mostraram logo muito menos spiritos e coragem do que dantes tinham, e assi, por mais escaramuças que se moveram do Emperador e por mais occasião que se lhes deu para sairem do seu campo, não ouve remedio para os tirar fora. E tendo ja passado entrelles algumas contradições e disputas e enfadandose as cidades imperiaes dos grandes gastos e despesas que faziam, e não podendo os outros da liga supprir os gastos, despois de terem mandado diante a artilheria grossa, e estarem bem cansados e enfadados do trabalho do mao tempo e de muitas outras cousas, que os affligiam, e por outras cousas que elles melhor sabem, aos 22 de Novembro dante manhãa levantaram o campo, e se forão todos alojar da outra banda do rio Prens sobre alguma montanha e sob o favor e abrigo de hum castello do termo de Vittemberga, que se chama Haydenhem. Sendo o Emperador per huma espia avisado a noute dantes como a sua artilheria grossa era partida, receandose do que despois soccedeo, tornou á mandar

des ennemis, les serrer de près et avec tant d'avantage qu'on pouvait sans aucun doute tenir pour certain qu'il lui serait facile de les déloger et de les rompre. Elle décida donc de mettre à bref délai ce projet à exécution. Mais parce qu'il s'agissait là d'une affaire de grande importance et non sans difficultés, et que ces affaires ardues et périlleuses ne doivent pas être entreprises sans la préparation nécessaire, Sa Majesté différa l'exécution dudit projet jusqu'au moment opportun. Elle le fit aussi parce qu'à ce moment la ville de Nördlingen cherchait à capituler et que la possession de cette ville lui donnerait un autre moyen de molester les ennemis : de cette façon l'empereur restait maître de choisir le meilleur des deux moyens.

81. [Novembre 1546] Quand Sa Majesté eut examiné la situation et la commodité de ladite place pour rompre les ennemis avantageusement, et considéré comment on pourrait la prendre, Elle se persuada, et d'autres avec lui qui l'examinèrent ensuite, que l'entreprise était faisable et profitable si on l'exécutait convenablement. Or, quand les Protestants virent l'empereur se diriger vers l'emplacement en question, eux, qui croyaient que sa marche sur Lauingen avait été due à quelque nécessité ou découragement, ils se trouvèrent déçus dans leurs espérances, et lorsque Sa Majesté commença à se rapprocher d'eux, ils montrèrent beaucoup moins d'entrain et de courage que précédemment : aussi, malgré les escarmouches qu'ordonna l'empereur et les occasions qu'on leur offrit pour les faire sortir de leur camp, il n'y eut pas moyen de les en tirer. Déjà s'étaient élevées entre eux des controverses et des disputes, les villes impériales commençaient à se lasser des grandes dépenses qui leur étaient imposées et les autres membres de la ligue ne pouvaient plus suppléer aux frais de la campagne. En conséquence, après avoir fait partir leur grosse artillerie, ils se décidèrent, épuisés qu'ils étaient par le mauvais temps et par beaucoup d'autres ennuis qui les affligeaient, sans parler d'autres motifs qu'ils connaissaient mieux que personne, à décamper le 22 novembre avant le jour et à s'établir de l'autre côté de la Brenz sur des hauteurs et sous la protection d'un château du pays de Wurtemberg qui s'appelle Heidenheim. L'empereur, qui avait été informé par un espion la nuit d'avant du départ de leur artillerie et qui craignait ce qui depuis se réalisa,

a mesma espia ao campo enemigo com cargo que, á qualquer (55) hora que fosse, viesse dizer o que faziam. E assi a ditta espia referio que se partira desda meia noute para avisar que á mesma hora começavam á marchar, mas que por achar gente pelo caminho fora constrangido á se desviar, e que pola noute e nevoa que pola manhãa fazia se perdeo e não chegou ao campo do Emperador senão despois que sua Mag. era ja partido, de sorte que, ou fosse verdade ou corasse o que dizia, a sua volta foi mui tarde e fora de tempo. Porque junto das 10 horas da manhãa foi sua Mag. avisado que, como ditto he, os Protestantes eram partidos, e logo enviou seu General com alguns cavallos e arcabuzeiros desmandados por saber a verdade, e sua Mag. com outros de cavallo o seguio, deixando ordenado que toda a mais gente de cavallo o fosse seguindo com presteza, e que todos os de pee se posessem em ordem para fazer o que lhes fosse ordenado. Assi despois de ter atravessado o seu campo, os Protestantes foram seguidos atee se ver hum dos seus esquadrões que ficava por retraguarda, com o qual se travou huma escaramuça tal que todo seu campo se pos em ordem e começou á caminhar para ter mão e sostentar a escaramuça. E despois d'haver algumas disputas á cerca do que se faria, o Emperador mandou á todos os de cavallo se parassem no lugar onde estavam, que ficava á vista dos enemigos, e á toda pressa, porque era ja (55 v°) tarde, se tornou ao seu campo para fazer marchar os soldados de pee e artilheria, porque sua tenção era de ainda esta mesma noute alojar todo o exercito tão perto dos enemigos que podesse pela manhãa carregar sobre elles. Os soldados de pee e artilheria logo marcharam seguindo á sua Mag. que servia de guia e chegaram huma hora despois de mea noute onde a mais gente estava parada e alojada, e repousaram conforme ao tempo e á comodidade o melhor que cada hum pode, ficando quasi todo o restante da noute cada hum em seu esquadrão.

82. Sua Mag. passou avante onde seu General estava mais perto dos enemigos, e começando o dia, que cuidava seguir e pôr por obra o que tinha assentado, sobreveo tanta e tão grossa neve que, com o grande frio que fizera a noute passada, vendo que os soldados não tinham outro reparo contra a fome e o frio que suas armas, se determinou de se

renvoya le même espion au camp ennemi avec l'ordre de revenir, à quelque heure que ce fût, pour dire ce qu'ils faisaient. Ledit espion conta que, parti à minuit du camp ennemi pour avertir qu'à la même heure les Protestants s'étaient mis en marche, il ne put pas, à cause des gens qu'il rencontra et qui l'obligèrent à se détourner, comme à cause de l'obscurité et du brouillard du matin qui lui firent perdre sa route, rejoindre l'empereur avant son départ. Que ces déclarations fussent vraies ou fausses, il n'importe : son retour fut très tardif et à un moment où l'on n'en avait plus besoin. Vers dix heures du matin, Sa Majesté fut avisée que les Protestants avaient, comme il a été dit, décampé. Elle envoya aussitôt son général avec quelques cavaliers et arquebusiers en éclaireurs pour vérifier le fait. Elle-même suivit avec d'autres cavaliers, laissant l'ordre que tout le reste de la cavalerie le suivît et que toute l'infanterie se tînt prête pour obéir aux ordres qu'on lui donnerait. Donc, après qu'on eut traversé leur camp, les Protestants furent poursuivis et l'on prit contact avec un de leurs escadrons d'arrière-garde. Une escarmouche s'engagea qui les obligea à ranger toute leur armée en bataille et à marcher pour surveiller l'engagement et le soutenir. Après quelques discussions sur ce qu'il convenait de faire, l'empereur ordonna à la cavalerie de s'arrêter là où elle se trouvait, en vue de l'ennemi, et en toute hâte, car il était déjà tard, il revint à son camp pour faire marcher les fantassins et l'artillerie, car son intention était cette nuit même de loger toute l'armée si près des ennemis qu'il pût le lendemain matin les charger. Les fantassins et l'artillerie suivirent aussitôt Sa Majesté qui leur servait de guide et arrivèrent une heure après minuit au lieu où la plupart des troupes étaient arrêtées et logées. Ils se reposèrent le mieux qu'ils purent, vu le temps et les circonstances, chacun demeurant le reste de la nuit dans son escadron.

82. [Novembre-décembre 1546] L'empereur rejoignit son général tout près des ennemis, mais quand parut le jour où il pensait exécuter son dessein, il se mit à tomber une neige fort drue, qui, ajoutée au grand froid de la nuit précédente, incommoda beaucoup les soldats, lesquels n'avaient pour se défendre du froid et de la faim rien d'autre que leurs

tornar ao campo, donde se tinha partido o dia dantes, o que não foi mui fora de razão, porque os Protestantes estavam alojados de sorte que, quando fizera o melhor tempo do mundo, não se podia tentar nada contra elles que de proveito fosse. Tendo o emperador chegado ao seu campo, se deteve pouco nelle, porque logo se pos á caminho por ir diante dos Protestantes e impedir que não tornassem para a terra boa e grossa, porque (56) elles, por se ajudarem da força e sitio do lugar, se tinham mettido per montanhas e terras asperas. Polo que os de Norlingas e outras cidades e castellos onde tinham deixado gente, vendose desamparados e sem esperança de soccorro, se entregaram á sua Mag., cuja tenção sendo mais accabar de romper e dividir aos Protestantes que tomar vingança dos d^s lugares, tomandoos á partido, se pos em caminho a volta da mesma Norlingas. E porque, como ditto he, estavam ja no rigor do inverno e os soldados se achavam mui cansados e trabalhados, muitos e quasi todos foram de parecer que seria bem que o Emperador se contentasse com o feito e posesse sua gente em garnições nas fronteiras e deixasse descansar ao exercito, o que o Emperador fizera de boa vontade asi polo aliviar como por não seguir quasi soo sua opinião. Mas vendo o inconveniente que se poderia seguir e que se perdia todo o fruito do bom successo passado (porque entre os Protestantes estava assentado de se virem alojar com todo o exercito em a terra de Franconia, onde elles se poderiam refazer de dinheiro e de gente e mantimentos, que fora começar de novo e com huma obstinação maior que a primeira), se determinou bem contra sua vontade de seguir sua opinião, ajuntandose principalmente que não carecia d'esperanças (56 v°) de que, fazendo os dous exercitos o caminho que faziam, indo sempre nas costas hum de outro em distancia de quatro, sinco o de 6 legoas, poder haver tal opportunidade, sendo as noutes compridas, e chegandose á elles o mais perto que pudesse, caminhando huma noute, em rompendo a alva, dar sobre os enemigos. E assi sua Mag. foi caminhando como quem vai pela corda e per boa terra a volta de Dingelspuzel, que tambem entrara na liga, e, ainda que de boa vontade se sustentara mais tempo antes de fazer seu dever, todavia se entregou á sua Mag. que caminhou para Rotemburg, a qual, como aquella que não fora da liga, man-

armes. Il décida donc de revenir au camp qu'il avait quitté le jour précédent, ce qui fut assez raisonnable, attendu que les Protestants étaient logés si fortement qu'avec le meilleur temps du monde, on n'aurait rien pu tenter d'utile contre eux. Rentré dans son camp, l'empereur y demeura peu; il se remit en marche pour couper la route aux Protestants et les empêcher de revenir en pays plat et riche, car, pour se prévaloir de la force et de la position du lieu, ils s'étaient établis en terrain montagneux et escarpé. Les habitants de Nördlingen et des autres villes et forteresses, où les Protestants avaient laissé des garnisons, se voyant ainsi abandonnés et sans espoir de secours, se rendirent à Sa Majesté qui, plus désireuse d'achever de battre et de diviser les Protestants que de tirer vengeance desdits lieux, les reçut à composition et marcha vers Nördlingen. Et comme on entrait, cela a été dit, dans la rigueur de l'hiver et que les soldats étaient fatigués et épuisés, beaucoup et même presque tous furent d'avis que l'empereur devait se contenter du résultat acquis, en mettant ses troupes en garnisons sur les frontières et en laissant reposer son armée. Il l'aurait fait volontiers, tant pour les ménager que pour ne pas suivre seul son opinion. Mais convaincu qu'il en pouvait résulter des inconvénients et que l'on s'exposait à perdre tout le bénéfice des efforts antérieurs, car les Protestants étaient convenus de se retirer avec toute leur armée en Franconie où ils espéraient se refaire d'argent, d'hommes et de vivres, pour recommencer ensuite avec plus d'obstination que la première fois, il se décida à contre-cœur à suivre son opinion. Il considérait en outre que les deux armées marchant comme elles le faisaient l'une dans le dos de l'autre à la distance de quatre, cinq ou six lieues, il pouvait, les nuits étant longues, se présenter une occasion où, après une marche de nuit et grâce à un contact très étroit avec l'ennemi, il serait possible au lever du jour de l'attaquer. Sa Majesté marcha comme qui suit la corde de l'arc et à travers un bon terrain sur Dinkelsbuhl, ville aussi affiliée à la ligue et qui, quoiqu'elle eût volontiers retardé plus longtemps sa rentrée dans le devoir, se rendit cependant à Sa Majesté, qui passa de là à Rothembourg : cette ville, n'appartenant pas à la ligue, envoya au-devant d'Elle pour la recevoir. Les Protestants marchaient dans un terrain montagneux, faisant

dou diante á sua Mag. polo receber. Os Protestantes caminhavam per terras de montanhas, rodeando e andando sempre á voltas, de sorte que elles passavam muito mais de mal, de pena e de trabalho que os do exercito imperial. E, por mostrar que faziam alguma cousa de caminho, batteram e tomaram á Gemum, cidade imperial, a qual con tudo fora fiel e se conservara na antiga religião, o que despois sua Mag. lhe fez bem satisfazer pelos mesmos que lhe foram causa do damno.

83. Vendo os Protestantes que, conforme o caminho que sua Mag. tomara, ficavam frustrados de seus intentos e (57) constrangidos á se romper ou dividir, não se chegando neste caminho ao exercito do Emperador mais do que está ditto, começarão á se separar e de tal modo romper que, deixando cada dia alguma da sua artilheria e bagagens atraz, em pouco tempo todo seu exercito se dividio e desfez de sorte que não ficaram mais que alguns poucos com João Federico de Saxonia, o qual passando o rio de Mens per terra de bosques e montanhas, se recolheo á Gotta, castello forte de suas terras. E con tudo o Emperador, por mais se assegurar, desde Rotemburg espedio ao conde de Bura com o resto da gente que trouxera, o qual não achou impedimento ao tornar como acharão ao vir. Antes Francofort, cidade imperial, se rendeo per elle ao Emperador e ficando nella presidio, despois mandaram seus procuradores para lhe dar obediencia. Tendo o Emperador isto feito e vendo que não havia mais quem lhe resistisse, antes começando algumas das cidades que lhe foram contrarias á trattar de se querem reduzir, se deteve alguns dias em Rottemburg alojando os soldados no cuberto e deixandoos descansar, onde a gotta o tomou, e despois que se sentio hum pouco melhor e que o exercito tambem se refez e descansou, caminhando para Alla em Suevia (a qual tendo sido da liga conheceo sua culpa), recaio de novo (57 v°) da gotta. O Elector Palatino veo alli fazer a reverencia, bem pezaroso de o não ter feito melhor. Tambem os de Ulma tornaram á obediencia conhecendo sua culpa, aos quaes foi posto presidio. Estando sua Mag. hum pouco melhor da gotta e partindose por ir á Helprun (lugar que tambem fora da liga e fizera como os mais), mandou diante ao seu General em o estado de Vittemberga, no qual entrou e em poucos dias quasi todos os lugares da

des tours et des détours, de sorte qu'ils éprouvaient plus de mal et de peine que ceux de l'armée impériale. Pour montrer qu'ils étaient capables de quelque chose, ils battirent et prirent en chemin la ville impériale de Gmund, qui malgré tout était restée fidèle et attachée à l'ancienne religion : aussi l'empereur lui fit-il plus tard réparer le dommage qu'elle subit par ceux-là même qui en furent cause.

83. [Décembre 1546-janvier 1547] Les Protestants, voyant que le chemin suivi par l'empereur les frustrait de leurs intentions et les obligeait à se diviser, commencèrent, sans se rapprocher pendant leur marche de l'armée impériale plus qu'il n'a été dit, à se désagréger de telle sorte que chaque jour ils abandonnaient un peu de leur artillerie, et en peu de temps leur armée fut dissoute : il n'en resta que quelque peu d'hommes sous les ordres de Jean-Frédéric de Saxe, qui par des pays de bois et de montagnes vinrent passer le Mein et se réfugièrent à Gotha, ville forte de son domaine. Néanmoins l'empereur, par mesure de précaution, envoya de Rothembourg, avec le reste des gens qu'il avait amenés, le comte de Buren, qui ne trouva pas en s'en retournant les mêmes obstacles qu'à son arrivée. Au contraire, Francfort, cité impériale, se rendit par son entremise à l'empereur et, après avoir reçu une garnison, envoya à ce dernier ses députés pour l'assurer de son obéissance. Cela fait, l'empereur voyant que plus personne ne lui résistait et que même quelques villes, qui lui avaient été contraires, proposaient de se soumettre, demeura quelques jours à Rothembourg pour y loger les soldats à couvert et leur donner du repos. La goutte l'y surprit, mais dès qu'il se sentit un peu mieux et que l'armée se fut reposée et refaite, il se dirigea sur Halle en Souabe (qui ayant participé à la ligue reconnut sa faute), où la goutte le visita à nouveau. L'électeur palatin vint l'y saluer, très marri de ne pas s'être mieux conduit. Les habitants d'Ulm aussi rentrèrent dans l'obéissance en avouant leur faute, et il leur fut mis une garnison. L'empereur, un peu rétabli de sa goutte et s'étant dirigé sur Heilbronn (ville qui avait appartenu à la ligue et s'était conduite comme la plupart des autres), envoya en avant son général dans l'Etat de Wurtemberg ; celui-ci y

terra chãa se lhe entregaram. O Duque da ditta terra mandou trattar com elle e, despois de feitas algumas propostas e repostas, os concertos se fizeram, e, tendo vindo dar obediencia, sua Mag. o recebeo. A gotta tornou á tentar á sua Mag. em Helprun e lhe durou tanto que ainda, quando se partio dalli por ir á Ulma, onde chegou em o principio do anno de 47, não ia bem são, e porque daquella, que teve pelo S. Francisco, não fizera senão recair de huma em outra, as quaes se podem contar pola 13ª, determinou, para ficar mais livre, de se pôr em cura e dieta. Entretanto os de Augusta, conhecendo tambem sua culpa, se appresentaram á sua Mag. e lhe deram obediencia e lhes foi posto presidio. O mesmo fizeram despois os de Strazburg, e no mesmo tempo vieram tambem á sua Mag. novas da morte del Rey d'Inglaterra.

84. (58) Estando, como ditto he, o Emperador em Ulma esperando sazão accommodada para se pôr em regimento e se curar para o effeito e fim que se disse, lhe vinham cada dia novas sobre novas que João Federico de Saxonia (o qual, como se disse, de tão grande exercito como elles tinham ficou soomente com alguns poucos, com os quaes se retirou á Gotta) se tinha reforçado e cada dia crescia de gente, e não soo tentava de recuperar o que El Rey dos Romanos e o Duque Mauricio lhe tinham tomado, mas ainda trabalhava e procurava de tomar o seu delles e concitar e alterar seus subditos, e em fim de lhes fazer o peor que podesse. Do que os dˢ Rey e Duque cada dia avisavam á sua Mag. e se practicou de mandar parte do exercito que ficara ao Emperador, o qual polos trabalhos passados se tinha muito diminuido; e para ainda o fazer menor veo á proposito que neste tempo, alem de todos os officios que o Papa Paulo tinha feitos, como em parte acima se contem, e despois fez escrevendo aos Suiços alguma cousa que cuidava ser de grande prejuizo, fez pelo seu nuntio advirtir sua Mag. como mandava tornar os soldados italianos que tee então tinha pagos. E por mais que o Emperador instou que tal não fizesse e que quisesse ter parte na honra da victoria, o não quis ouvir, e assi os dˢ Italianos se foram (58 vº). E achandose sua Mag. confuso de ver de huma banda que mal podia dividir suas forças e da outra que sua saude pedia cura, estava em du-

entra et en peu de jours presque toutes les places du plat pays se rendirent à lui. Le duc de Wurtemberg envoya traiter avec le général et après quelques pourparlers l'accord se fit ; le duc fut reçu par Sa Majesté à qui il prêta obéissance. La goutte vint à nouveau tourmenter l'empereur à Heilbronn et lui dura si longtemps que, lorsqu'il partit de là pour se rendre à Ulm au commencement de l'année 1547, il n'était pas encore bien portant. Depuis l'accès qu'il avait ressenti le jour de la Saint-François, il n'avait fait que retomber d'un accès dans l'autre, suite d'atteintes qu'on peut compter pour sa treizième crise, aussi décida-t-il de se mettre au régime et à la diète. Entre temps, ceux d'Augsbourg, ayant aussi reconnu leur faute, vinrent offrir leur soumission à l'empereur qui leur imposa une garnison. Ceux de Strasbourg agirent de même, et en ce temps Sa Majesté reçut la nouvelle de la mort du roi d'Angleterre.

84. [Février-avril 1547] L'empereur attendant, comme il a été dit, à Ulm le moment propice pour commencer son régime et soigner le mal dont on a parlé, chaque jour lui apportait nouvelle sur nouvelle de Jean-Frédéric de Saxe, qui, comme on l'a vu, s'était retiré à Gotha avec seulement quelques restes d'une si grande armée. On lui apprenait que non seulement ce prince accroissait chaque jour ses forces pour récupérer ce que lui avaient pris le roi des Romains et le duc Maurice, mais qu'il travaillait à s'emparer de leurs États, à exciter et à soulever leurs sujets, enfin à leur causer le plus de mal possible. Journellement lesdits roi et duc l'avisaient de cela, ce qui amena l'empereur à décider l'envoi d'une partie de l'armée qui lui restait et qui, à cause de la dernière campagne, se trouvait très diminuée. Ce qui la diminua encore fut l'intervention fort opportune du pape Paul, qui, sans parler de ses multiples services en partie énumérés plus haut et d'autres qu'il rendit ensuite à l'empereur en écrivant aux Suisses ce qu'il pensait devoir lui être très préjudiciable, chargea son nonce de dire à ce souverain qu'il rappelait les soldats italiens dont il avait jusque-là payé la solde. Quelque insistance que mît l'empereur pour l'en empêcher et l'inviter à prendre sa part dans l'honneur de la victoire, le pape ne voulut rien entendre et lesdits Italiens partirent. Tourmenté de voir que d'un côté il pouvait difficilement diviser ses forces et que de l'autre

vida ao que devia accodir. Todavia vendo o successo do d. João Federico e o desbarato e prisão do marquez Alberto de Brandemburg, que despois soccedeo, o qual fora dantes mandado da parte do Emperador com alguma gente de pee e de cavallo em soccorro del Rey seu irmão e do Duque Mauricio, tendo tambem neste mesmo tempo sabido a morte da Rainha dos Romanos, sua cunhada, considerando o pezar e sentimento que El Rey seu marido teria, assi polo consolar em hum caso como polo ajudar em outro, determinou de pospôr a dieta e, cura que para sua convalescencia determinava fazer, e deixando em Augusta, Ulma e Francofort os presidios que nellas tinha posto, partirse logo com o resto do seu exercito. E porque não soo não convinha dividilo, antes era necessario accrescentalo, ajuntou mais hum novo regimento de Tudescos. O que feito, se partio de Ulma e chegando á Norlingas se achou tão mal de muitas indisposições, que lhe sobrevieram por causa dos trabalhos que tinha passado, que foi constrangido deterse alli alguns dias. Mas vendo o inconveniente que podia resultar de mui comprida tardança, em liteira e como pode se pos á caminho assi indisposto e o conti (59) nuou atee Norimberga, aonde foi recebido como daquelles que não entraram na liga nem lhe foram contrarios. Alli recaio de sorte que foi forçado deterse mais do que quisera. Con tudo se esforçou e fez tanto que hora em liteira, como ditto he, hora doutro modo caminhou atee Eger. Neste caminho encontrou á El Rey seu irmão e ao Duque Mauricio e ao filho do Elector de Brandemburg, o qual seguindo a affeição que sua casa tivera sempre á de Austria, deixando todas as opiniões suspensas, se tinha concertado com o d. Rey de Romanos de lhe dar gente e ajudar nesta guerra, a qual, como ditto he, não era soomente com o Duque João Federico, mas tambem elle tinha de tal modo concitado aos de Boemia que se quiseram metter mais nella do que lhes estava bem.

85. Tendo sua Mag. chegado á Eger, vieram novas da morte del Rey de França, e suas Mag⁸ ordenaram de tal modo seus negocios que dalli á poucos dias se partiram com toda sua gente de guerra. E tendo o Emperador mandado hum dia antes ao Duque d'Alva, seu General, e outros Capitães por tirar alguns impedimentos que se podiam attra-

sa santé exigeait des soins, l'empereur ne savait que faire. Toutefois considérant les succès dudit Jean-Frédéric, la défaite et la captivité du margrave Albert de Brandebourg que l'empereur avait envoyé, avec quelques troupes d'infanterie et de cavalerie, au secours du roi Ferdinand et du duc Maurice, et informé aussi dans le même temps de la mort de la reine des Romains sa belle-sœur, il décida, tant pour consoler le roi son frère dans son chagrin que pour l'aider contre ses ennemis, de différer la diète et le régime dont il attendait la guérison, et, après avoir laissé à Augsbourg, Ulm et Francfort les garnisons qu'il y avait placées, de partir aussitôt avec le reste de son armée ; et parce que non seulement il convenait de ne pas l'éparpiller mais de la renforcer, il y joignit un nouveau régiment d'Allemands. Après quoi, l'empereur partit d'Ulm ; arrivé à Nördlingen, il se sentit si mal de certaines indispositions produites par les fatigues qu'il avait supportées, qu'il fut contraint de s'y arrêter quelques jours. Mais comprenant l'inconvénient qui pouvait résulter d'un long retard, en litière et tant bien que mal, il se mit, quoique indisposé, en route et arriva à Nuremberg, où il fut reçu comme il pouvait l'être par des habitants étrangers à la ligue et qui n'avaient pas été hostiles à l'empereur. Là il eut une rechute qui l'obligea à s'arrêter plus qu'il n'aurait voulu. Malgré cela, il prit courage et fit tant que, soit en litière, comme il a été dit, soit autrement, il arriva à Eger. En chemin, il se rencontra avec le roi des Romains, le duc Maurice et le fils de l'électeur de Brandebourg, lequel n'écoutant que l'affection que sa maison avait toujours portée à celle d'Autriche, s'était engagé, tout en réservant les questions litigieuses, à fournir un secours d'hommes au roi des Romains et à l'aider dans cette guerre, qui, comme il a été dit, ne concernait pas seulement le duc Jean-Frédéric, mais aussi les Bohêmes, excités par ce dernier et qui voulurent s'en mêler plus qu'il ne convenait à leurs intérêts.

85. [Avril 1547] Arrivé à Eger, l'empereur y reçut la nouvelle de la mort du roi de France, et Leurs Majestés réglèrent leurs affaires de telle sorte qu'au bout de peu de jours Elles partirent avec toutes leurs troupes. La veille, l'empereur avait envoyé en avant le duc d'Albe, son général, et d'autres capitaines pour débarrasser la route de

vessar no caminho (os quaes fizeram tam bem seu dever
que todos os lugares e praças que se acharam pelo caminho
e de huma e outra banda foram entregues, e os presidios
que dentro estavam desbaratados e suas bandeiras tomadas)
(59 v°), suas Mag^s se partiram o dia seguinte e de tal modo
se ouveram que ao cabo de nove dias chegaram á huma
casa do Duque Mauricio, chamada Somhof, e logo tanto
que chegarão foram o Duque Mauricio e o ditto seu General
reconhecer o baixo do rio para ver o que se devia fazer,
e despois de se tornarem e haver algumas novas e rebates
falsos souberam de certo que o Duque João Federico tinha
o arraial em Meissen da outra banda do rio Albis, tres
grandes legoas do campo dantes d°, onde suas Mag^s alo-
javão, e por quanto os soldados tinham caminhado todos
aquelles nove dias quasi sem descansar, pareceo bem ao
Emperador que descansassem ao outro dia despois que
chegaram, porque tinha para si que poderia haver necessidade de fazer algum bom negocio, como despois acconte-
ceo. E assi naquelle dia que o exercito descansou, por
não estar ocioso e saber novas dos enemigos, os mandou
per duas bandas reconhecer. Huns foram direitos á Meissen,
onde não acharam o campo dos adversarios, porque foram
certificados que se tinham partido á mea noute. E aquelle
lugar tornou á obediencia e os d^s descobridores acharam a
ponte queimada e quebrada. Os que forão (60) contra a
corrente do rio viram caminhar o exercito dos enemigos
da outra parte do mesmo rio, e polas tres horas despois do
meo dia viram alojar a vanguarda em hum lugar que tambem estava da outra banda do rio, chamado Milburg, outras
tres grandes legoas do campo de suas Mag^s, e julgaram,
conforme a bagagem que levavam, que a retraguarda não
se poderia alojar que não fosse junto da mea noute. Estes
avisos vieram quasi no mesmo tempo, que foi polas sinco
horas da tarde, ao emperador, e Deus sabe se se arrependeo
bem de se ter detido aquelle dia, porque lhe parecia que
não haveria tempo ao outro dia para poder alcançar aos
enemigos, o que todavia Deus por sua bondade remediou.
Porque, considerando que o seu campo tinha caminhado
quasi vinte e quatro horas, e que era impossivel que logo
se podessem desalojar e fazer grande jornada, e sendo tambem advirtido no mesmo dia que chegou á Somhof que

certains obstacles de nature à gêner la marche : ils firent si bien leur devoir que toutes les places des deux côtés de la route se rendirent, après la défaite de leurs garnisons et la remise de leurs étendarts. Leurs Majestés, parties le lendemain, firent telle diligence qu'au bout de neuf jours Elles arrivèrent à une résidence du duc Maurice appelée Somhof. Aussitôt arrivées, le duc Maurice et ledit général allèrent reconnaître le bas de la rivière pour voir ce qu'il y avait à faire. A leur retour, après avoir reçu quelques nouvelles et supporté quelques fausses alarmes, on apprit de bonne source que le duc Jean-Frédéric avait établi son camp à Meissen, de l'autre côté de l'Elbe, à trois grandes lieues du camp qu'occupaient Leurs Majestés. Comme les soldats avaient marché ces neuf jours sans presque se reposer, il parut convenable à l'empereur qu'ils se reposassent le lendemain de leur arrivée, car il pouvait être nécessaire d'engager une action sérieuse, ce qui en effet arriva. Le jour que l'armée prit du repos, l'empereur, pour ne pas demeurer oisif et savoir des nouvelles des ennemis, les fit reconnaître de deux côtés. Certains éclaireurs furent dirigés sur Meissen, où ils ne trouvèrent plus le camp des ennemis, car ceux-ci, comme ils l'apprirent, avaient décampé à minuit. Cette ville se rendit, et lesdits éclaireurs trouvèrent le pont brûlé et rompu. Ceux qui remontèrent le cours de la rivière virent marcher l'armée ennemie de l'autre côté de ladite rivière et, à trois heures après-midi, loger son avant-garde en un lieu, aussi situé sur l'autre bord, qu'on appelle Muhlberg, à trois grandes lieues du camp de Leurs Majestés ; ils estimèrent, vu les bagages qu'elle traînait après elle, que l'arrière-garde ne prendrait ses quartiers qu'aux environs de minuit. Ces avis arrivèrent presque en même temps, vers les cinq heures du soir, à l'empereur, et Dieu sait s'il se repentit de s'être reposé ce jour-là, car il lui semblait qu'il n'aurait pas le temps le lendemain d'atteindre les ennemis ; mais Dieu par sa bonté y pourvut. Considérant que les troupes avaient marché près de vingt-quatre heures, il jugea qu'elles ne pouvaient pas déloger tout de suite et entreprendre une longue marche. D'autre part, il avait été avisé le jour même qu'il arriva à Somhof qu'il y avait un gué ou deux près ou en face de Muhlberg, qu'on pouvait parfois passer malgré la largeur et la profondeur

havia hum vao ou dous junto ou de fronte de Milburg, o qual aindaque alto e largo algumas vezes se passava, mandou logo por El Rey seu irmão e o Duque Mauricio, aos quaes e tambem ao seu General communicou o que tinha no pensamento e vontade de fazer, e ainda que achou alguma contradição, principalmente por se ter por certo que não havia vao algum, (60 v°) todavia, approvando outros seu parecer, persistio nelle.

86. E por recompensar e remendar a falta que cuidava ter feito em não caminhar aquelle dia, de boa vontade se partira á mesma hora com toda sua gente de guerra, deixando os inuteis e a bagagem detras, mas foilhe isto contrariado por quanto o assento do campo estava cercado de hum ribeiro e tinha a saida difficultosa, e como era ja de noute não poderia deixar de haver ao sair grande confusão e desordem. E conformandose sua Mag. com esta opinião, vendo que era razoavel, determinou deixar a partida para a madrugada. E porque nenhuma cousa de que podesse ter necessidade lhe faltasse, mandou ao seu General que fosse logo tirando fora do campo algumas peças de artilheria ligeiras, e todos os carros de barcas e de pontes, porque, faltando vao, determinava ajudarse da ponte de barcas por passar de pressa a infanteria necessaria para sustentar e favorecer os de cavallo que tivessem passado pelo vao, e, a falta delle, de tentar e provar (fosse passando o rio ou doutra maneira) por todos os modos e vias fazer todo o damno e mal possivel aos Protestantes. Tomada esta conclusão e posto por obra o que por esta noute tinha ordenado, se foi á repousar tee a mea noute que se levantou, e logo fez dar sinal á cellar e pôr tudo (61) em ordem para partir rompendo a alva da manhãa. Antes que fosse dia, fez partir o seu General com alguns caballos ligeiros e arcabuzeiros á cavallo por ir diante e reconhecer a disposição e estado dos enemigos. E sua Mag., acabando de ouvir missa com El Rey seu irmão e o Duque Mauricio, o seguiram com a vanguarda. E tendo encaminhado toda a mais gente, como convinha, em rompendo a alva do dia, que neste tempo era ás tres horas da manhãa, se partio e chegou polas 8 horas com todo o exercito á pôrse de fronte do campo dos enemigos. E por quanto toda aquella manhãa fizera huma grande nevoa, a qual foi de grande impedimento ao

de l'eau. Il convoqua donc le roi son frère et le duc Maurice, auxquels ainsi qu'à son général il communiqua la pensée qu'il avait conçue et voulait exécuter. Il trouva chez eux quelque contradiction, surtout parce qu'on tenait pour certain qu'il n'y avait pas de gué du tout ; mais d'autres ayant approuvé son idée, il y persista.

86. [23 et 24 avril 1547] Pour racheter la faute qu'il croyait avoir commise en ne marchant pas ce jour-là, il serait de bon gré parti sur l'heure avec tous les combattants, laissant derrière lui les inutiles et le bagage, mais on le lui déconseilla, car l'emplacement du camp était ceint d'un ruisseau et avait une sortie difficile ; or, comme il faisait déjà nuit, il y aurait eu, à n'en pas douter, beaucoup de confusion et de désordre à la sortie. L'empereur, se rangeant à cette opinion qu'il trouva raisonnable, décida de différer le départ jusqu'au lendemain. Et pour que rien de ce qui pouvait être nécessaire ne lui manquât, il ordonna à son général de tirer aussitôt du camp quelques pièces d'artillerie légère et tous les chariots de barques et de ponts, car, le gué venant à manquer, il comptait s'aider de ponts de barques pour passer rapidement l'infanterie destinée à soutenir et appuyer la cavalerie qui aurait passé le gué, et, à défaut de gué pour la cavalerie, il voulait par tous les moyens imaginables, soit en passant la rivière soit d'autre façon, faire le plus de mal possible aux Protestants. Cette résolution et toutes les dispositions qu'il avait prescrites cette nuit étant prises, il alla se reposer jusqu'à minuit, puis se leva et donna le signal du boute-selle afin que tout fût en ordre pour partir au lever de l'aube. Avant le jour, il envoya son général avec quelques chevau-légers et arquebusiers à cheval reconnaître la position des ennemis. Ayant ouï la messe, l'empereur, accompagné du roi son frère et du duc Maurice, suivit avec l'avant-garde; puis ayant fait partir le reste de l'armée, comme il convenait, au lever du jour, qui est en cette saison à trois heures, il marcha et arriva vers huit heures avec toute l'armée vis-à-vis du camp des ennemis. Il faisait ce matin-là un fort brouillard qui entrava beaucoup la marche et donna une grande contrariété à l'empereur, vu les embarras qu'il pouvait lui causer

marchar, e de algum desgosto ao Emperador por ver a incommodidade e enfadamento que em tal tempo as nevoas lhe davam, as quaes ainda quando chegou de fronte do campo dos enemigos duravam de sorte que se não podia descobrir nada delles: con tudo, pondo o Emperador tudo nas mãos de Deus para que, se os quisesse conservar ou arruinar, sua vontade fosse feita, lhe aprouve por sua misericordia dar tanta claridade que se vio que conforme ao presupposto, que sua Mag. fizera o dia dantes, assi tinha soccedido. Porque os enemigos não soo não eram partidos, nem davão mostras de se (61 v°) partir, mas nem sabiam nada da vinda de suas Mag⁵ com o exercito; e alem disto a nevoa, que ao marchar fora contraria á suas Mag⁵, les tornou favoravel, porque aquella que ainda havia era bastante para impedir que os enemigos antes de tempo não descobrissem o exercito imperial, o qual não obstante a nevoa tinha caminhado em tão boa ordem que cada hum guardou a que lhe fora dada.

87. Suas Mag⁵ e o Duque Mauricio se adiantaram por ver de mais perto a opportunidade e disposição do lugar, onde o General do Emperador lhe veo dar novas do que tinha visto, todavia duvidando do vao. E assi suas Mag⁵ se foram á huma pequena aldea, lá mais perto, por buscar alguma pessoa que desse noticia daquelle vao. E lhes soccedeo tambem que encontraram hum mancebo do campo sobre huma jumenta, na qual tinha passado a noute dantes, e se offereceo á o mostrar. Suas Mag⁵ o mandaram ao seu General, e, entretanto qu'elles e o Duque Mauricio comiam hum bocado, fizeram ir diante hum bom numero de arcabuzeiros, para que, tanto que a nevoa caisse, começassem a festa, a qual no mesmo tempo caio e descobriram os enemigos o que tee então não tinham visto (porque elles cuidavam que a gente que chegara á borda do rio era como os que tinham visto o dia dantes nem fizerão delles caso) (62). Mas quando viram o que não cuidavam, logo tomaram novo conselho e começaram á abaixar tendas e pavilhões e subir á cavallo e pòrse em ordem de caminhar. E alem disto os pedaços da ponte que tinham os fizeram ir pelo rio abaixo a volta de Torgão e Vittemberga, cidades que erão do d. João Federico, parecendolhes de os salvar deste modo. Neste tempo suas Mag⁵ eram ja partidas da aldea onde almorçaram por

en un tel moment, et ce brouillard durait encore lorsqu'il arriva en face du camp des ennemis dont on ne pouvait rien distinguer ; mais l'empereur remit tout dans les mains de Dieu, soit qu'il voulût les conserver ou les détruire. Or, il plut à Dieu en sa miséricorde de laisser se produire une éclaircie qui justifia la supposition qu'avait faite l'empereur le jour précédent ; car non seulement les ennemis n'étaient pas partis ni ne faisaient mine de partir, mais ils montraient ne rien savoir de l'arrivée de Leurs Majestés avec l'armée. De plus le brouillard, qui d'abord avait contrarié la marche des souverains, leur devint favorable, attendu qu'en se prolongeant il empêcha qu'on ne découvrît trop tôt l'armée impériale, qui, malgré ce brouillard, avait marché en si bon ordre que chacun garda le rang qui lui avait été assigné.

87. [24 avril 1547] Leurs Majestés et le duc Maurice s'avancèrent pour voir de plus près les ressources et la disposition du lieu. Là le général vint les informer de ce qu'il avait vu, mais disant qu'il conservait des doutes au sujet du gué. Leurs Majestés se portèrent alors vers un petit hameau, le plus proche, pour y chercher quelqu'un qui les renseignât sur ce gué. Elles eurent la chance d'y rencontrer un jeune paysan monté sur une ânesse qui avait franchi le gué la nuit d'avant et s'offrit à le leur montrer. Leurs Majestés l'envoyèrent au général, et, pendant qu'Elles et le duc Maurice mangeaient une bouchée, Elles firent avancer un gros d'arquebusiers pour commencer la fête aussitôt que se dissiperait le brouillard. Il se dissipa au moment même et les ennemis aperçurent ce qu'ils n'avaient pas encore vu, car ils pensaient que les troupes établies sur le bord de la rivière étaient comme celles du jour précédent dont ils n'avaient pas fait cas ; mais lorsqu'ils virent ce qu'ils n'attendaient pas, ils changèrent aussitôt de dessein, plièrent leurs tentes, montèrent à cheval et se mirent en ordre de marche. En outre, ils firent descendre la rivière à leur matériel de ponts dans la direction de Torgau et de Wittemberg, pensant de cette façon le sauver. A ce moment, Leurs Majestés avaient déjà quité le hameau où Elles déjeunèrent pour ordonner ce qui

dar ordem ao mais que se devia fazer, tendo mandado alguns Ungaros e cavallos ligeiros e arcabuzeiros á cavallo por correr atee de fronte de Torgao, com os quaes despois que chegaram se escaramuçou e s'atiraram do d. Torgao alguns tiros d'artilheria. No caminho tiveram suas Mag^s novas do que acima se disse e como as barcas ião caminhando. Então o Emperador mandou ao seu General que fizesse adiantar os arcabuzeiros acima d^s, os quaes sua Mag. encontrou, e logo tornaram para o rio, e muitos entraram bem dentro nelle e se ouveram tam bem no atirar que, sem embargo de alguma resistencia que os adversarios fizeram com sua arcabuzeria e artilheria, foram constrangidos á deixar as pontes, as quaes alguns arcabuzeiros hespanhões, lançandose á nado com as espadas em as bocas, trouxeram á borda onde suas Mag^s estavam. Entretanto se começou hum (62 v°) pouco á apartar do rio parte do exercito contrario, polo que o mancebo acima ditto teve tempo de mostrar o vao. O que vendo sua Mag., ordenou que os Ungaros e alguns cavallos ligeiros e arcabuzeiros á cavallo o pasassem, o que elles fizeram galantemente. E por fim tendo disparado duas ou tres vezes huns contra outros, os enemigos tiveram por bem de desamparar o rio. Esta se pode bem contar e sem duvida ter pola sua 6ª falta e erro. Porque certamente, se elles quiseram guardar e defender o rio, por aquelle dia não se podera reconhocer o vao, nem desalojalos, e elles tiveram de noute lugar para se pôr em seguro. Elles devem saber o que os moveo á fazer isto.

88. Tendo os enemigos desamparado o rio, ao Emperador se fez grande instancia de fazer logo passar a gente de cavallo e seguir aos enemigos. Mas, considerando que por sua determinação e parecer tinha lá levado o exercito, respondeo que não fizera isto para receber affronta, antes entendia com o favor de Deus alcançar a honra da victoria. Isto disse, porque os enemigos estavam tão fortes de gente de cavallo como elle, e de mais tinham sinco para seis mil de pee com a artilheria, o que sua Mag. não podia ter tanto em prompto, porque era necessario tempo para lançar a ponte, a qual era curta para (63) rio tão largo, mas, ajudandose dos pedaços que tomaram, foi lançada a ditta ponte, e assi o Emperador determinou, entretanto que se lançava, mandar alguma pessoa principal da outra banda do rio com

restait à faire. Elles envoyèrent quelques Hongrois, des chevau-légers et arquebusiers à cheval courir jusqu'en face de Torgau, où s'engagea, quand ils y arrivèrent, une escarmouche, au cours de laquelle furent tirées de Torgau quelques volées d'artillerie. En chemin, Leurs Majestés apprirent cela et comment les barques descendaient le fleuve. Alors l'empereur ordonna à son général de faire avancer les arquebusiers susdits qu'il rencontra et qui revinrent aussitôt vers le fleuve ; beaucoup y entrèrent très avant et ouvrirent un feu si nourri que les ennemis, malgré la résistance qu'opposèrent leur arquebuserie et leur artillerie, furent contraints d'abandonner leurs ponts, que plusieurs arquebusiers espagnols, se lançant à la nage l'épée dans la bouche, amenèrent sur la rive où se trouvaient Leurs Majestés. Sur ces entrefaites, une partie de l'armée adverse commença à s'éloigner un peu du rivage, ce qui permit au jeune paysan dont il a été parlé de montrer le gué. Sa Majesté l'ayant vu, Elle ordonna que les Hongrois, quelques chevau-légers et arquebusiers à cheval le passassent, ce qu'ils firent bravement. Enfin, après deux ou trois décharges de part et d'autre, les ennemis trouvèrent bon d'abandonner le fleuve. On peut bien compter cet abandon et le tenir, sans aucun doute, pour leur sixième faute, car certainement s'ils avaient voulu défendre le fleuve ce jour-là, il n'eût pas été possible de reconnaître le gué ni de les déloger, et ils auraient eu la nuit le temps de se mettre en sûreté. Ils doivent savoir ce qui les poussa à se conduire ainsi.

88. [24 avril 1547] Après que les ennemis eurent abandonné le fleuve, on insista beaucoup auprès de l'empereur pour faire passer la cavalerie et pour suivre les ennemis. Mais ayant réfléchi que l'armée avait été conduite là par sa propre volonté et son avis, il répondit qu'il ne l'avait pas fait pour recevoir un affront mais pour obtenir, avec l'aide de Dieu, l'honneur d'une victoire. Et il tint ce langage parce que les ennemis étaient aussi forts en cavalerie que lui et commandaient de plus à cinq ou six mille fantassins, sans compter l'artillerie, ensemble que Sa Majesté ne pouvait pas avoir si vite sous la main, parce qu'il fallait du temps pour lancer le pont, un peu court pour un fleuve si large. Néanmoins, en s'aidant du matériel qu'on avait pris, le pont fut lancé et, pendant qu'on le lançait, l'empereur décida d'en-

cargo expresso de o advirtir no mesmo instante que visse apartados os enemigos por espaço de huma pequena legoa do rio. Porque tinha para si que esta distancia não era tão grande que, em tendo passado o rio, com o impedimento que os Ungaros e cavallos ligeiros dariam aos enemigos, não os podesse bem alcançar. E se elles quisessem tornar sobre sua Mag., a ponte estava ja tanto avante e se deu tal diligencia que havia gente de pee e artilheria para poder pelejar. Quando lhe veo o aviso que esperava, logo fez passar todos os Ungaros e cavallos ligeiros, e assi mais toda a vanguarda, onde ia o Duque Mauricio, a qual levava seu General; e tendo deixado numero de gente bastante para guarda do campo, logo despois suas Mag^s os seguiram com o corpo do exercito, e se deram tão boa diligencia que no fim d'algumas tres legoas d'Alemanha os alcançaram. E ainda que alguns fizeram difficuldade de os commetter soo com a gente de cavallo sem a de pee e a artilheria, visto que, como ditto he, elles estavam bem fortalecidos e parados junto á huma lagoa, vendo con tudo o Emperador ser ja tarde e que era (63 v°) impossivel, conforme ao caminhar que trouxera, que a gente de pee e artelharia o seguissem, considerando tambem quanto lhe importava dar fim á esta empresa e que, se elles escapavão desta vez, podia ser que durasse mais do que convinha, alem disto conhecendose nos enemigos hum certo pavor, e vendose no modo de fazer qualquer cousa que andavam como attonitos e pasmados, determinou com a gente de cavallo que havia em sua companhia fazer o que tinha para fazer. Polo que ordenou ao seu General que fosse diante e reconhecesse a disposição e postura dos adversarios, a qual achou tal que á entrada de hum bosque (onde os seus de pee estavam parados em boa ordem com alguma artelharia), juntamente com o Duque Mauricio e a vanguarda, carregaram sobre os seus de cavallo de sorte que os romperam, e estes romperam os de pee, e os que escaparam se puseram em fugida. E porque por causa da lagoa suas Mag^s não poderam com o corpo do exercito guardar a ordem em que dantes se tinham posto na campanha rasa, foram constrangidos á seguir a vanguarda, o que fizeram por guardar a ordem costumada, e por mais fortalecer e sustentar segundo o que fosse necessario.

voyer de l'autre côté du fleuve un officier supérieur avec la charge expresse de l'avertir aussitôt qu'il verrait les ennemis s'éloigner à la distance d'une petite lieue du fleuve ; il pensait qu'après avoir franchi le fleuve cette distance ne serait pas trop grande pour l'empêcher de les atteindre, vu qu'ils seraient retardés dans leur marche par les Hongrois et les chevau-légers. Si, d'autre part, ils voulaient se retourner contre l'empereur, le pont était déjà à ce moment assez avancé et l'on avait mis tant de diligence qu'on ne manquait ni d'infanterie ni d'artillerie pour combattre. Quand lui vint la nouvelle qu'il attendait, il fit aussitôt passer tous les Hongrois et les chevau-légers, et en outre toute l'avant-garde où se trouvait le duc Maurice et que commandait le général. Puis ayant laissé une garde suffisante dans le camp, Leurs Majestés suivirent aussitôt avec le gros de l'armée et marchèrent si vite qu'après environ trois lieues d'Allemagne, Elles atteignirent les ennemis. Quelques-uns estimaient difficile de les attaquer avec la seule cavalerie, sans infanterie ni artillerie, attendu qu'ils étaient, comme il a été dit, dans une forte position près d'un étang. Mais l'empereur, considérant qu'il était déjà tard et impossible, vu la distance déjà parcourue, que l'infanterie et l'artillerie marchassent sur ses pas, considérant encore combien il lui importait de terminer cette entreprise et que, si les ennemis échappaient cette fois, elle durerait peut-être plus qu'il ne convenait, il se détermina donc de faire ce qu'il voulait avec la seule cavalerie qui l'accompagnait, d'autant plus qu'il nota chez les ennemis un certain effroi et dans leurs mouvements la preuve qu'ils étaient comme interdits. Il donna donc ordre à son général de s'avancer et de reconnaître la position des ennemis ; celui-ci la trouva telle qu'à l'entrée d'un bois (où leur infanterie attendait en bon ordre avec quelque peu d'artillerie) il chargea, avec le duc Maurice et l'avant-garde, leurs cavaliers qu'il mit en déroute. Ces derniers portèrent le désordre dans l'infanterie et ceux qui échappèrent à la charge prirent la fuite. Et comme à cause de l'étang, Leurs Majestés ne purent pas avec le gros de l'armée garder l'ordre qu'Elles avaient maintenu en rase campagne, Elles furent contraintes de suivre l'avant-garde, ce qu'Elles firent pour se conformer à la coutume consacrée et pour servir de soutien quand cela serait nécessaire.

89. Foram seguidos os enemigos huma boa legoa d'Alemanha, (64) onde parando suas Mag^s souberam como o Duque João Federico era preso, e, tornando o seu General da caça desta rotta e desbarato (a qual durou toda a noute e parte do outro dia), lho mandou buscar e lhe foi por elle trazido e appresentado. Ao qual sendo encommendada de sua Mag. a boa guarda do ditto Duque, tomou a companhia necessaria para o levar com segurança. O Duque Hernesto de Branzvich tambem foi levado preso á sua Mag. e entregue á mesma guarda. Despois disto, suas Mag^s com a gente que puderam ajuntar, a qual tornava da mesma caça, se puseram em caminho para se tornar ao campo que estava da outra parte do rio, onde no caminho acharam os de pee e a artilheria ligeira que os seguiam o mais de pressa que podiam. Se lhes encargou a carriagem e bagagem que ficara no caminho. E despois de ter caminhado outras tres grossas legoas d'Alemanha, passando a ponte, chegaram ao campo á mea noute, que foi aos 24 de Abril. Detendose alli suas Mag^s dous dias, se partiram o 3º a volta de Torgao, que se rendeo logo ao Emperador, e no caminho lhe foram appresentadas todas as bandeiras e estandartes que se tomaram o dia da batalha. E continuaram suas Mag^s seu caminho atee assentar o campo diante de Vittemberga, onde lhe vieram novas da rotta que tivera junto de Brema o Duque (64 v°) Henrique de Bransvich, e tendo passado naquelle cerco tudo o que em casos semelhantes he de costume, o Elector Marquez de Brandemburg veo alli ter, pelo qual se começou, assi da parte do d. prisioneiro como da de sua molher e dous filhos seus, que estavam naquella cidade, a practicar e tratar de concertos, e de tal modo continuou á practica que a d. cidade se entregou ao Emperador, e assi tambem foram entregues outras praças, e outras derribadas, tudo segundo o que estava concertado; e conforme á isto dalli por diante o d. Duque João Federico ficou com guarda na corte de sua Mag., que deu o titulo de Elector e as praças que lhe pertenciam ao Duque Mauricio polos bons serviços que lhe fizera, e boa vontade e affeiçam que lhe tinha e mostrava. Tambem foram soltos o Marques Alberto de Brandemburg e o Duque Henrique de Bransvich e outros que foram dantes presos. El Rey de Romanos com o Duque Mauricio Elector, e a gente que consigo trouxeram, se partiram de Vittem-

89. [Avril-juin 1547] Les ennemis furent poursuivis une bonne lieue d'Allemagne. Quand Leurs Majestés s'arrêtèrent, Elles apprirent que le duc Jean-Frédéric était pris, et quand le général revint de la poursuite des fuyards (qui dura toute la nuit et une partie du jour suivant), l'empereur lui ordonna de chercher le duc, qui lui fut par ledit général amené et présenté. L'empereur confia la bonne garde du duc à son général qui l'entoura du nombre de soldats nécessaire pour le mener avec lui sûrement. Le duc Ernest de Brunswick, également fait prisonnier, fut conduit à Sa Majesté qui le mit sous la même garde. Cela fait, Leurs Majestés, avec les troupes qui avaient pris part à la poursuite et qu'Elles purent réunir, s'en retournèrent au camp de l'autre côté du fleuve. En route, Elles rencontrèrent l'infanterie et l'artillerie légère qui avaient suivi aussi rapidement que possible et à qui fut confié le soin des chariots et du bagage laissés par l'avant-garde. Puis après avoir marché encore trois autres bonnes lieues d'Allemagne et franchi le pont, Elles rentrèrent dans le camp à minuit le 24 avril. Après être demeurées là deux jours, Leurs Majestés partirent le troisième pour Torgau, qui se rendit aussitôt à l'empereur, et en chemin on lui présenta toutes les bannières et étendards pris le jour de la bataille. Puis, continuant leur route, Leurs Majestés mirent le siège devant Wittemberg, où leur arriva la nouvelle de la défaite près de Brême du duc Erich de Brunswick. Au cours du siège de Wittemberg, qui se poursuivit sans autre incident, l'électeur margrave de Brandebourg se rendit auprès de l'empereur et par son entremise fut commencée, tant au nom du prisonnier qu'au nom de sa femme et de ses deux enfants qui étaient dans ladite ville, une négociation qui aboutit à la reddition de la ville à l'empereur ; d'autres villes se rendirent et d'autres furent détruites, conformément à ce qui avait été arrêté. Conformément aussi aux conventions, le duc Jean-Frédéric demeura sous bonne garde à la cour de Sa Majesté, qui donna le titre d'électeur et les places dudit duc au duc Maurice, en récompense des bons services qu'il lui avait rendus et de l'affection qu'il lui portait et témoignait. L'empereur fit rendre la liberté au margrave Albert de Brandebourg et au duc Henri de Brunswick, ainsi qu'à d'autres faits prisonniers antérieurement. Le roi des Romains avec le duc électeur Maurice

berga dous dias antes que o Emperador se partisse, El Rey para remediar as alterações de Boemia e o Duque por segurar suas cousas conforme ao que entre todos estava concertado.

90. (65) Considerando o Emperador o muito tempo que havia que sostentava estas duas guerras e que em fim não havia cabeça alguma principal que se podesse levantar contra elle, determinou de suspender as forças, e quis que o que ainda restava por fazer se fizesse per via de brandura e per geral communicação do Imperio, presuppondo de ter huma Dieta, para o qual effeito se partio para Alla de Saxonia, a qual o recebeo com toda a obediencia. Neste caminho proveo assi á huma embaixada dos de Boemia, que lhe viera, como á El Rey seu irmão, de gente e forças necessarias para reduzir aquelle reino, o que logo El Rey despois fez. Sendo antes da sua partida de Vittemberga feitos alguns partidos, digo offerecimentos de reconciliação e arrependimento da parte de Lantsgrave de Hessen pelos Electores de Saxonia e Brandemburg, os quaes o Emperador rejeitou por serem muito geraes e de pouca importancia e segurança, lhe foi de novo por elles appresentado hum papel, o qual despois sendo pelos mesmos Electores e Lantsgrave approvado, e bem visto e considerado de sua Mag., polos contentar á todos o quis acceitar, e, segundo a disposiçaõ delle, sendo per todos ratificado, o d. Lantsgrave se veo appresentar na d. cidade de Alla á sua Mag., onde, despois de conhecer sua culpa e dar a obediencia que devia (65 v°), foi ordenado pelo Emperador á seu General que o tivesse na guarda que conforme ao d. papel se devia e podia fazer. E ainda que então e despois o d. Lantsgrave e os Electores quiseram que o Emperador usara doutra sorte, interpretando o escritto conforme á seus desejos, con tudo não se pode negar que o Emperador pode fazer o que fez, e que o que fez foi conforme ao papel. Muitos príncipes e cidades do norte que entraram na liga smalcaldiana e contribuiram para as guerras dittas, conhecendo seu erro, tornaram á obediencia do Emperador. E outras, que não foram da ditta liga nem tinham contribuido, mandaram seus deputados para lhe fazer e dar a devida e costumada obediencia e reconhecimento. Como he cousa ordinaria entre os soldados que, quando estão ociosos, buscam em que se empregar, não

et les troupes par eux amenées partirent de Wittemberg deux jours avant l'empereur, le roi pour apaiser les troubles de Bohême, et le duc pour consolider ses affaires, selon ce qui avait été résolu entre eux tous.

90. [Juin-juillet 1547] L'empereur, considérant que ces deux guerres avaient duré longtemps et qu'il ne restait aucun chef important qui pût lui tenir tête, décida de suspendre l'action militaire et de régler ce qui restait à faire par les moyens de douceur et avec la collaboration des représentants de l'Empire. Il résolut de convoquer une diète et à cet effet se rendit à Halle de Saxe qui le reçut en l'assurant de son obéissance. Pendant ce voyage, il eut à s'occuper d'une ambassade que lui envoyèrent les Bohêmes ainsi qu'au roi son frère pour obtenir les troupes nécessaires à la pacification de leur royaume ; il pourvut à cela plus tard. Avant son départ de Wittemberg, les électeurs de Saxe et de Brandebourg lui firent, au nom du landgrave de Hesse, certaines offres de soumission et de repentir qu'il repoussa, car ces offres lui parurent très vagues, peu importantes et sans garantie. Les mêmes personnes présentèrent à nouveau un écrit qui, après avoir été approuvé par lesdits électeurs et le landgrave, fut examiné de près par l'empereur qui en accepta la teneur pour les contenter tous. Après la ratification de cette convention par tous, ledit landgrave vint se présenter à Sa Majesté à Halle et lui prêter le serment d'obéissance qu'il lui devait. L'empereur ordonna alors à son général de tenir le landgrave sous sa garde, mesure qui, conformément audit acte, devait et pouvait être prise. Et quoique alors et ensuite ledit landgrave et les électeurs eussent voulu que l'empereur agît autrement, interprétant l'écrit selon leurs désirs, cependant on ne peut nier qu'il put faire ce qu'il a fait et que ce qu'il fit fut conforme à l'écrit. Beaucoup de princes et de villes du nord, qui avaient adhéré à la ligne de Smalkalde et contribué auxdites guerres, reconnaissant leur erreur, vinrent se soumettre à l'empereur. D'autres villes, non affiliées à la ligue et qui ne contribuèrent pas à la guerre, envoyèrent leurs députés pour lui prêter le serment usuel d'obéissance et de fidélité. L'empereur, ne sachant alors à quoi employer ses soldats, il arriva, chose fréquente quand ils sont oisifs et cherchent une occupation, qu'ils se mutinèrent entre eux et entre nations, ce qui fit

tendo o Emperador cousa em que os occupar, entre si mesmos e humas nações com outras se amotinaram, e começou á haver algumas differenças de não muy boa digistão. Con tudo sua Mag. accodio e deu tal ordem que, tendo tempo e modo de os poder apartar, os mandou alojar de sorte que todas as duvidas e inconvenientes cessaram. Isto (66) feito, sua Mag. tomou o caminho de Norimberga, e seguindo o intento dantes ditto convocou Dieta em Augusta.

91. Estas duas tão grandes victorias alcançadas, que Deus foi servido por sua immensa bondade de dar ao Emperador, lhe vieram de diversas partes muitas embaxadas, e alguns lhe mandaram dar os parabens que estavam bem pezarosos, porque pelas pratticas que naquelle tempo, hum pouco antes e despois se descobriram, assi da inquietação que ouve em Napoles como daquella que o conde de Fiesco fez em Genova e doutras paxões particulares que por ventura per instigação dalguns se moverão entre os de Sena, e outras de que se tem feito menção, se pode bem julgar a tenção e vontade que havia de perturbar e impedir tão boa obra, e as cousas do Emperador. Taes pode ser deixaram de se metter mais nestes negocios desconfiando do bom successo delles, dos quaes despois o arrependimento foi tal que, querendoo remediar, perderam o que tinham feito e posto da sua parte, e as cousas se trocaram de maneira que elles foram forçados á mudar seus desenhos e dissimular suas vontades. Se ellas não são quaes devem ser, Deus o queira remediar, como fez o passado, ordenando as cousas de (66 v°) maneira que seus desejos não tiveram effeito. Tudo isto feito, sua Mag. se partio de Norimberga, onde lhe deu o mal de tericia, e despois quasi o tinha deixado, mas continuando o caminho de Augusta lhe tornou e apertou de sorte que logo despois que alli chegou esteve muito doente. Antes que de todo convalescesse, fez sua proposta na Dieta para que se tratasse do remedio das cousas nella conteudas, as quaes todas eram encaminhadas ao serviço de Deus, bem, tranquillidade e união da Germania e defensão contra os que a quisessem offender. Aquella Dieta começada, veo ahi ter El Rey dos Romanos que tinha accabado de reduzir os Boemios á sua obediencia. Tambem despois veo á mesma cidade de Augusta a Rainha viuva de Ungria por algumas cousas que tinha ahi que deslindar. Neste tempo o Empe-

naître des querelles qu'il n'était guère possible de tolérer. Mais Sa Majesté y mit bon ordre, et, ayant trouvé le moment et le moyen de les séparer, leur fit donner des logements qui supprimèrent tous les motifs de difficultés et de disputes. Cela fait, Sa Majesté prit le chemin de Nuremberg et, selon l'intention qu'Elle avait exprimée, convoqua la diète à Augsbourg.

91. [Juillet-novembre 1547] Après les deux si grandes victoires que Dieu, dans son immense bonté, avait consenti à lui accorder, l'empereur reçut de divers côtés beaucoup d'ambassades, et certains lui envoyèrent des félicitations qui étaient bien marris de ses succès. On put constater en effet par diverses tentatives qui se produisirent alors, un peu auparavant ou plus tard, comme les troubles de Naples, ceux que le comte de Fiesque provoqua à Gênes, ceux que des passions privées et peut-être certains meneurs suscitèrent à Sienne, et d'autres dont il a été fait mention, combien on cherchait à entraver et à faire échouer l'œuvre si utile de Sa Majesté et en général toutes ses entreprises. Il y en eut peut-être qui renoncèrent à participer à ces mouvements, désespérant de les voir réussir, mais qui plus tard en éprouvèrent un tel regret qu'en voulant y remédier ils perdirent le bénéfice de ce qu'ils avaient fait et mis du leur, la situation ayant changé de telle sorte qu'ils furent contraints de modifier leurs intentions et de dissimuler leurs volontés. Si ces intentions et volontés ne sont pas ce qu'elles devraient être, Dieu veuille y pourvoir, comme il y pourvut par le passé en réglant les choses de manière que leurs désirs ne se réalisèrent point. Cela fait, l'empereur quitta Nuremberg où il fut atteint de la jaunisse. Le mal ayant beaucoup diminué, il continua sa route, mais aussitôt arrivé à Augsbourg il en fut repris et se sentit très souffrant. Avant d'être complètement guéri, il adressa sa proposition à la diète pour qu'elle s'occupât de porter remède aux choses qui y étaient exposées, cette proposition tendant toute entière au service de Dieu, au bien, à la tranquillité et à l'union de l'Allemagne, et aux moyens de défense contre ceux qui voudraient l'attaquer. Au cours de cette diète, le roi des Romains, qui avait achevé de réduire à l'obéissance les Bohêmes, vint rejoindre l'empereur, qui reçut aussi à Augsbourg la reine veuve

rador, despois da tericia, teve a gotta, que ainda que não foi tão geral como outras passadas, a teve per algumas vezes em tantos lugares que lhe durou atee a primavera do anno de 48 e foi a 14ª que teve, e naquella primavera por convalescer melhor tomou a agoa do pao da China. Durando a d. Dieta imperial ouve algumas practicas todas contrarias, e para impedir o bom effeito do que acima se trattou. Tambem o Concilio que, como ditto he, desde o (67) anno 29 o Emperador tinha sempre procurado e tanto feito que pelos Estados do Imperio na d. Dieta se acceitou o que estava convocado em Trento, no mesmo tempo, quando se havia de dar maior calor, o Papa Paulo de seu motu proprio, tentou de o trasferir á Bolonha e avocar á si. Com que tenção isto fosse, Deus o sabe. Vendo o Emperador o grande mal que disto poderia resultar, o contradisse e impedio sempre, e de tal modo persistio que o d. concilio está em Trento.

92. Neste tempo tendo saido sua Mag. da tericia e indo á caça por se refazer, teve novas como alguns particulares de Placencia, segundo elles diziam polo rigor e mao trattamento que o Duque Pero Luis, filho do d. Papa Paulo, lhes fazia, se levantaram contra elle e mattandoo se fizeram senhores da ditta cidade, offerecendo de a dar á quem lhes fizesse melhor partido: do que sendo auisado o Gouernador do Estado de Milão, de parte de sua Mag., antes que outros entrassem, acceitou o partido que lhe offereciam. Sua Mag. despois, polas causas dˢ e tambem por conservar e guardar o direito do Imperio, acceitou e confirmou o d. tratto. Não obstante tudo isto e as practicas dantes dˢ, se trattou na d. Dieta o que convinha para o effeito e fim polo qual se ajuntara e quanto á religião hum modo de viver atee que o Concilio (67 vº) se celebrasse em Trento. No mesmo tempo os soldados Tudescos que sua Mag. tinha para sua guarda se amotinaram, que foi causa de maior scandalo que de perigo, porque, inquirindose a causa do motim, se achou que fora mais por interesse de alguns particulares que por maa vontade dos soldados. E tendose concluido nella o que então se pode concluir, e havendo ja muito tempo que durava, com o parecer del Rey seu irmão e dos dˢ Estados fez huma boa prattica, e assi a ditta Dieta se accabou, e cada hum se foi

de Hongrie qu'appelèrent là certaines choses qu'elle avait à éclaircir. En ce temps, après la jaunisse, l'empereur eut la goutte, qui bien qu'elle ne fût pas si générale que dans d'autres accès, attaqua parfois tant de ses membres qu'elle lui dura jusqu'au printemps de l'année 1548. Cette attaque fut la quatorzième, et ce printemps là, pour y mieux remédier, il prit une tisane de bois de Chine. Pendant la diète, il y eut quelques tentatives pour empêcher la réussite des projets mentionnés précédemment. Le concile aussi, que, comme il a été dit, l'empereur avait sollicité depuis 1529 et dont il avait fait accepter par les États de l'Empire, dans ladite diète, la réunion à Trente, ce concile, au moment même où il devait agir avec le plus d'efficacité, le pape Paul par un *motu proprio* tenta de le transférer à Bologne et de l'évoquer à lui, Dieu sait dans quelle intention. L'empereur, voyant le grand mal qui pouvait en résulter, contredit cette mesure et s'y opposa toujours, et enfin, grâce à son insistance, le concile reste à Trente.

92. [Août 1547-septembre 1548] Sa Majesté étant guérie de sa jaunisse, et pendant qu'Elle chassait pour se remettre, reçut l'avis que quelques habitants de Plaisance, poussés, disaient-ils, par la sévérité et les mauvais traitements du duc Pierre-Louis, fils dudit pape Paul, s'étaient révoltés contre lui et, après l'avoir mis à mort, s'étaient emparés de la ville, s'offrant à la livrer à qui leur assurerait le meilleur parti. Le gouverneur de l'État de Milan, avisé de cela et avant que d'autres le prévinssent, accepta au nom de Sa Majesté le parti qu'ils lui proposaient. Sa Majesté ensuite, pour les motifs énoncés et pour maintenir le droit de l'Empire, accepta et ratifia ledit traité. Malgré tout cela et les pratiques indiquées ci-dessus, on prit des mesures dans la diète pour faire aboutir le projet qui avait motivé sa réunion, et, en ce qui concerne la religion, on y adopta un *modus vivendi* en attendant les décisions du concile réuni à Trente. Dans le même temps, les soldats allemands de la garde de l'empereur se mutinèrent, ce qui causa plus de scandale que de danger, car une enquête révéla que la mutinerie dépendait plutôt de l'intérêt de quelques particuliers que de la mauvaise volonté des soldats. Après que la diète eut mené ce qu'elle pouvait à bonne fin, l'empereur, considérant qu'elle avait duré déjà fort longtemps, sur le conseil du roi son

para sua casa. Antes que El Rey seu irmão se partisse, se concluio entre suas Mag.^s o casamento da filha primogenita do Emperador com o filho tambem primogenito del Rey seu irmão, que ao presente se chama Rey de Boemia. E por quanto o Emperador tinha tenção e desejo de mandar buscar o principe de Hespanha, seu filho, para ver aquellas terras e ser conhecido de seus vassallos, rogou aos d.^s Reys seu irmão e genro que quisessem aver por bem que o d. seu genro viesse á Hespanha á se casar e estar ahi juntamente em nome do Emperador, e em ausencia do principe seu filho, governando aquelles reinos: no que elles vieram, e logo o d. Rey de Boemia se partio de Augusta e passando por Italia se embarcou em Genova, desembarcou em Barcelona e foi pela posta á Valhadolid, onde (68) as bodas se celebraram. El Rey dos Romanos se partio logo despois para entender em seus negocios e o Emperador ficou ainda alli alguns dias por accabar de dar ordem ao que faltava por fazer. Todas estas cousas accabadas, sua Mag. Imperial se partio de Augusta, deixando em tres forças do estado de Vittemberga 2000 Hespanhões de presidio, e, tirando o que tinha posto em Augusta e deixando a republica bem provida e ordenada, tomou o caminho para Ulma, onde tambem, tirando o presidio, parte delle levou consigo no caminho que fez per Espira e pelo Rim atee Colonia, que foi a 9.ª vez que caminhou per aquella parte, e a 8.ª que tornou aos paeses baixos, onde, achando a Rainha sua irmãa em Lovanha, se foi á Bruxellas por entender nos negocios assi seus como daquelles estados.

frère et des États, fit une bonne proposition, puis la diète fut levée et chacun retourna chez soi. Avant le départ du roi, fut conclu entre Leurs Majestés le mariage de la fille aînée de l'empereur avec le fils aîné aussi du roi son frère, qui actuellement se nomme roi de Bohême. Et comme l'empereur avait l'intention d'appeler son fils le prince d'Espagne pour lui faire visiter les pays d'en deçà et se montrer à ses vassaux, il obtint de son frère et de son gendre que ce dernier allât en Espagne s'y marier et y demeurer avec sa femme pour gouverner ces royaumes au nom de l'empereur et pendant l'absence du prince son fils. Ils y consentirent, et aussitôt ledit roi de Bohême partit d'Augsbourg, traversa l'Italie, s'embarqua à Gênes, débarqua à Barcelone et se rendit par la poste à Valladolid où fut célébré le mariage. Le roi des Romains partit aussitôt pour mettre ordre à ses affaires et l'empereur demeura encore quelques jours à Augsbourg pour achever de régler ce qu'il lui restait à faire. Tout étant terminé, l'empereur partit d'Augsbourg, laissant dans trois places fortes du Wurtemberg deux mille Espagnols de garnison et faisant sortir la garnison qu'il avait mise à Augsbourg. Il pourvut au bon gouvernement de cette ville et s'achemina vers Ulm, d'où il tira aussi la garnison, en en conduisant avec lui une partie dans le voyage qu'il fit par Spire et par le Rhin jusqu'à Cologne. Ce fut la neuvième fois qu'il fit ce trajet et la huitième qu'il revint aux Pays-Bas, où, après avoir rencontré la reine sa sœur à Louvain, il passa à Bruxelles pour s'y occuper de ses affaires et de celles de ces États.

NOTES

§ 3. Jean d'Albret, sieur d'Orval, fut désigné le 15 septembre 1516 pour aller, comme ambassadeur de François Ier, recevoir le serment de Charles au sujet du traité de Noyon (*Le Journal d'un Bourgeois de Paris sous le règne de François Ier*, éd. Bourrilly, p. 40, note 2).

§ 4. « Sa Majesté... *vit* pour la première fois l'Espagne. » (Kervyn.) *Veo* est le parfait de *vir*, « venir ».

§ 6. « La première couronne ». Il fallait laisser cette expression et ne pas mettre, comme a fait K., « la couronne impériale ». A la suite du couronnement d'Aix la Chapelle, Charles n'était qu' « élu empereur des Romains », il ne devint réellement empereur qu'après avoir reçu en 1530, des mains de Clément VII, « les couronnes qui lui manquaient encore » (§ 15) : la couronne de fer des rois lombards et la couronne impériale d'or. C'est ce qui a fait dire à Brantôme, à propos des couronnements de Bologne : « Cet empereur demeura fort content, n'ayant rien eu tant en affection que ce couronnement, par plusieurs raisons, et principalement qu'il n'estoit que my-empereur, et ne l'appeloit-on que l'*esleu empereur*; non pas les Espagnolz, qui l'appeloient fort bien tout à trac *emperador*, sans le my-partir » (*OEuvres complètes*, éd. Lalanne, t. Ier, p. 48).

§ 8. Sur les différends entre Charles-Quint et François Ier en 1518, il faut consulter la correspondance de La Roche-Beaucourt, conservée dans les mss. français 2961, 2962, 2966, 3087 et Dupuy 264 de la Bibliothèque nationale, dont Gachard a publié de nombreux extraits (*La Bibliothèque nationale à Paris*, t. II, p. 37 et suiv.) et qui mériterait d'être mise au jour intégralement.

§ 9. La traduction de K. « les Français battus et chassés du royaume de Navarre qu'ils avaient occupé, de même qu'ils s'étaient établis à Fontarabie » n'est pas exacte, parce qu'elle trouble la chronologie. Les Français perdirent la Navarre par suite de la bataille de Noain du 30 juin 1521 et Fontarabie ne fut prise par Bonnivet que le 18 octobre 1521.

§ 10. Adrien s'embarqua, non pas à Barcelone, mais à Tarragone le 7 août 1522 (Gachard, *Correspondance de Charles-Quint et d'Adrien VI*, Bruxelles, 1859, p. xxxviii).

§ 11. La négociation secrète avec le connétable de Bourbon commença en 1522 (Mignet, *Rivalité de François I*^{er} *et de Charles-Quint*, t. Ier, p. 382 et suiv.). — On pourrait croire que les faits mentionnés dans le § 11 appartiennent tous à l'année 1523, mais la reprise de Fontarabie par les Espagnols n'eut lieu que le 27 février 1524 (Monluc, *Commentaires*, éd. P. Courteault, t. I, p. 61).

§ 12. Le Journal de Vandenesse dit que Charles prit la fièvre quarte à Valladolid en septembre 1524 et qu'elle lui dura cinq mois (Gachard, *Voyages des souverains des Pays-Bas*, t. II, p. 69). — Le marquis de Pescara, mentionné ici et qui mourut en 1525, se nommait D. Fernando Francisco et, dans l'usage courant, D. Fernando. — On se demande pourquoi Charles n'a pas rappelé ici qu'après la conclusion du traité de Madrid, il revit François Ier à Madrid, à Torrejón et à Illescas en février 1526 (Vandenesse, p. 73).

§ 14. En 1528, l'empereur ne séjourna pas à Valladolid. Parti de Burgos le 19 février, il se rendit à Madrid par Lerma et Buitrago. Il passa le reste de l'année dans la Nouvelle Castille, ou dans les royaumes d'Aragon et de Valence. Le premier accès de goutte et les cinq suivants ne sont pas mentionnés chez Vandenesse.

§ 16. Allusion à la bataille de Landriano où François de Bourbon, comte de Saint-Pol, fut battu le 21 juin 1528 par Antonio de Leiva.

§ 17. Vandenesse (p. 83) dit que Charles de Poupet, seigneur de La Chaulx, premier sommelier de corps, fut envoyé ratifier la paix de Cambrai, non pas de Gênes, mais de Savone. — L'infant Ferdinand, troisième enfant de Charles, naquit et mourut à Madrid en 1529, d'après le marquis de Borja, *Panteones de reyes y de infantes en el real monasterio de El Escorial*, Madrid, 1909, p. 49. Comment Charles n'apprit-il son décès qu'en 1530, à Augsbourg, où il arriva le 15 juin ? — C'est le cardinal Pompeo Colonna, et non le cardinal Caracciolo, qui remplaça à Naples, comme lieutenant général, Philibert de Chalon, prince d'Orange, mort devant Florence, le 3 août 1530. On se demande comment a pu être commise une telle erreur. Marino Caracciolo, qui remplit sous Clément VII de nombreuses et importantes missions diplomatiques, fut créé cardinal par Paul III et pourvu par Charles du gouvernement politique du Milanais en 1536. Il mourut à Milan le 28 janvier 1538.

§ 18. Le légat de Clément VII à Augsbourg fut le cardinal Lorenzo Campegio.

§ 21. Charles arriva à Ratisbonne le 28 mars 1532 et y séjourna jusqu'au 2 septembre : « Auquel temps Sa Majesté fut bien malade, à cause d'une jambe en quoy il s'estoit blessé allant à la chasse, venant par chemin » (Vandenesse, p. 102).

§ 24. Vandenesse ne parle pas de l'accouchement d'Isabelle de Portugal à Valladolid en juin ou juillet 1534. Il s'agit d'un enfant mort en très bas âge.

§ 25. L'insistance avec laquelle Charles parle de son beau-frère D. Luiz, ici et ailleurs, surprend un peu. Peut-être le traducteur portugais y est-il pour quelque chose, comme l'a pensé M. Waltz, *l. c.*, p. 46.

§ 28. Les « écrits » dont parle l'empereur et auquel il dédaigna de répondre doivent s'entendre de ceux que provoqua la fameuse harangue que Charles prononça à Rome, le 17 avril 1536, en présence de Paul III, des cardinaux et des ambassadeurs, et où il exposa en espagnol ses griefs contre François Ier pour inciter le pape à se déclarer contre ce souverain (L. von Pastor, *Geschichte der Päpste*, t. V, p. 174). A ce propos, Brantôme rapporte que Charles aurait été jusqu'à dire de François Ier : « Yo lo forçaré y metré a tal punto de guerra, que servirá para acabar el postrero capitulo de los *Illustres desdichados* de Bocacio » (*Rodomontades espaignolles*, Œuvres, éd. Lalanne, t. VII, p. 61). L'allusion est bien littéraire, et il est peu probable que l'empereur connût autrement que d'ouï dire le *De Casibus virorum illustrium*. L'autre mot rapporté plus loin dans le même ouvrage (Œuvres, t. VII, p. 72) pourrait être plus authentique. Charles aurait répondu à l'évêque de Mâcon, l'un des ambassadeurs de France, qui lui demandait de ne pas parler espagnol, mais une autre langue plus intelligible : « Señor obispo, entiendame si quiere, y no espere de mi otras palabras que de mi lengua española, la qual es tan noble que merece ser sabida y entendida de toda la gente christiana ». — L'euphémisme qu'emploie ici Charles — *accodir á empresa do enemigo*, « surveiller les mouvements de l'ennemi » — pour dissimuler les vraies causes de son échec en Provence et de sa retraite assez précipitée est décidément un peu fort. La vérité se lit entre autres chez Monluc, qui attribue la détresse de l'armée impériale au manque de farine et à l'abus que firent les lansquenets de raisins mal mûrs : « et si est-ce que ces ruptures de moulins... mirent le camp de l'Empereur en si grande nécessité qu'ils mangeoient le bled pisté à la turque. Et les raisins qu'ils mangeoient mit leur camp en un si grand désordre de maladie et mortalité, mesmement parmy les Alemans, que je pense qu'il n'en retourna jamais mil' en leur pays » (*Commentaires*, éd. P. Courteault, t. I, p. 120, et cf. le passage de Paul Jove cité par l'éditeur).

§ 29. Il n'est question d'un séjour de Charles à Tordesillas en 1537, avant son arrivée à Valladolid le 20 février, ni dans Vandenesse ni dans l'itinéraire dressé par D. Manuel de Foronda (*Estancias y viajes de Carlos V*, Madrid, 1895). — Hesdin capitula le 13 avril 1537 ; Saint-Pol avait été occupé au mois de mars et fut repris par le comte de Buren le 15 juin (Henne, *Histoire de Charles-Quint en Belgique*, t. VI, 183, 184 et 193). Montreuil se rendit à Buren le 23 juin. Annebault, venu pour ravitailler Thérouanne, fut battu au commencement de juillet (journée des Saquelets). Les trêves de dix mois furent arrêtées le 30 juillet à Bomy, village à deux lieues de Thérouanne (*Ibid.*, t. VI, p. 196 et 203). — La forme *Annibal*, que porte le texte portugais pour *Annebault*, n'est pas très étonnante, car on trouve dans des documents anglais de l'époque « Mons. *Hanyball* » et Sandoval écrit *Anibaldo*, voir *Carlos Quinto*, livre XXIV, § 2.

§ 30. L'infant D. Juan naquit à Valladolid le 19 octobre 1537 et mourut dans la même ville le 29 mars 1538 (Marquis de Borja, *Panteones de reyes y de infantes*, p. 45). Le P. Florez le fait naître tout à fait à tort en 1528 (*Memorias de las reynas catholiças*, t. II, p. 856) : il n'y avait pas place pour la naissance d'un infant en cette année-là, Marie, fille aînée de l'empereur, étant née le 21 juin 1528. Au surplus, Charles aurait dû dire ici : « son cinquième enfant », mais il avait oublié l'enfant mort en très bas âge l'an 1534.

§ 31. Il existe, sur l'incident naval rapporté dans ce paragraphe, une relation espagnole qui a été publiée dans la *Colección de documentos inéditos para la historia de España*, t. II, p. 392 et suiv. Cf. Ch. de la Roncière, *Histoire de la marine française*, t. III, p. 365. Le gouverneur de Provence mentionné ici était le comte de Tende, sénéchal de Provence et amiral du Levant (La Roncière, *l. c.*, t. III, p. 366). Sur les entrevues de Nice et d'Aigues-Mortes, voir les *Relaciones de Pedro de Gante, secretario del duque de Nájera*, publiées par Gayangos pour la Société des Bibliophiles espagnols, Madrid, 1873, p. 15 et suiv.

§ 34. La lettre par laquelle François Ier invita Charles à traverser la France a été publiée dans les *Papiers d'État de Granvelle*, t. II, p. 540.

§ 35. Dans ce paragraphe 35, l'empereur traite d'événements antérieurs à 1540, de la conduite de Charles d'Egmont (mort le 30 juin 1538), de ses prétentions sur la Gueldre, de son conflit avec l'évêque d'Utrecht, etc. — K. traduit mal la phrase « e ao presente sua Mag. as possue pacificamente » par « dont actuellement Sa Majesté *avait* la paisible possession ».

§ 36. Suite de l'affaire de Gueldre : Guillaume de Clèves, fils de Jean III, duc de Clèves et de Juliers, succède à Charles d'Egmont et épouse ses querelles. — La phrase : « E vendo sua Mag. Imperial *o que tinha,* e que per boa razão podia e devia procurar *havelo* de qualquer modo que fosse », a été mal rendue par K. : « Voyant *ce qui en était* et *ce que* par bonne raison elle pouvait et devait faire ». *O que tinha* se réfère à *direito* de la phrase précédente et *havelo* à *ducado.* — Plus bas K. a commis une grosse bévue. La phrase : « Se determinou [Sua Mag.] partir para a d. dieta, tendo feito primeiro trattar com os estados do Imperio do remedio das cousas delle em *Haguenau* » a été rendue : « résolut de partir pour ladite diète, *car déjà lorsqu'il était en Espagne,* il avait ouvert à ce sujet des négociations avec les États de l'Empire ». Il s'agit de la conférence de Haguenau, présidée par Ferdinand et qui s'ouvrit le 12 juin 1540. — Dans la phrase suivante, il est question de la conférence de Worms, qui eut lieu quelques mois plus tard et que Granvelle ouvrit le 25 novembre : l'empereur la suspendit le 18 janvier 1541, évoquant le débat à la diète de Ratisbonne (Janssen, *Geschichte des deutschen Volkes*, t. III, p. 474 à 476, et Pastor, *Geschichte der Päpste,* t. V, p. 275 et suiv.). — La phrase « quando se achasse na d. dieta » ne signifie pas « pendant qu'il [Granvelle] se trouverait à ladite diète », mais « pour le moment où il [l'empereur] se rendrait à la diète ».

§ 38. « No caminho teve parte do tempo que a sazão pedia ». Il faudrait, pour que la phrase eût le sens que l'auteur a voulu exprimer : « No caminho teve em parte o tempo que a sazão pedia » ou « No caminho teve parte do tempo o [tempo] que a sazão pedia ».

§ 39. « Ao xii dia » n'est pas « Après ces douze jours » (K.), mais « Le douzième jour ». — Vandenesse ni Foronda ne mentionnent le séjour de Charles au monastère de la Mejorada à Pâques 1542 ; en revanche, les *Mémoires* ne parlent pas de trois jours passés à Tordesillas du 23 au 25 janvier 1542, suivant Vandenesse, p. 201.

§ 40. « com cor de alguma fraca queixa ». K. Pour *com cor,* K. a lu *começou,* car il traduit : « commença par quelque légère plainte ». — Les mots « assegurandoo de todas partes » se rapportent à François Ier et non pas à Charles, comme le veut K. Le « grief de peu d'importance » dont il est ici question doit s'entendre du meurtre en 1541 d'Antonio Rincón et de Cesare Fregoso, voir la déclaration de guerre de François Ier du 10 juillet 1542 (Vandenesse, p. 212) et la réponse de Charles-Quint à la bulle de la convocation du Concile du 22 mai 1542 (*Ibid.*, p. 231, et cf. Pastor, *Geschichte der Päpste*, t. V, p. 470 et suiv.). — Ce paragraphe est le seul où l'on trouve un verbe employé à la première personne : « huma bulla chea de boa vontade e *não sei* que outros effeitos ». K. a traduit : « une bulle qui fut un témoignage de sa bonne volonté, mais qui n'eut guère d'autres effets », ce qui ne s'entend pas. Le sens semble être : une bulle qui ne contenait rien d'autre que des témoignages de bonne volonté. Quant à la tournure *não sei*, « je ne sais ». il est probable que le texte original ne la donnait pas et que le traducteur en est seul responsable.

§ 41. « Il congédia *assez* sèchement le légat » (K.). Non pas « *assez* » mais « *très* sèchement ». — Le légat envoyé par Paul III à l'empereur était le cardinal D. Miguel de Silva, évêque de Viseu. La réponse de Charles au pape, datée de Monzon, 8 octobre 1542, se trouve chez Lanz, *Correspondenz des Kaisers Karl V*, t. II, p. 378, sous la date fausse du 18 octobre ; cf. Pastor, *l. c.*, t. V, p. 477. — « e dalli foi ter com sua Mag. a Barcelona ». K. n'a pas compris *ter com*, qui revient cependant aux paragraphes 48, 62, 66, 89 et 91, et a traduit : « de là Sa Majesté se *rendit avec* lui (le prince) à Barcelone » ; mais Charles était déjà à Barcelone. Il s'agit du prince, qui était à Saragosse, et qui vint *rejoindre* son père.

§ 42. D'après Ch. de la Roncière, la tentative sur le château de Nice fut le résultat d'un piège tendu par Doria à François de Bourbon, comte d'Enghien, nommé lieutenant-général de la flotte du levant le 28 avril 1543 (*Histoire de la marine française*, t. III, p. 379).

§ 44. La phrase : « Sua Mag. ... indose chegando, o Duque Henrique de Bransvick, como bom amigo do ditto Duque de Cleves, lhe mostrou e declarou seu erro », a été rendue ainsi par K. : « Et comme le duc Henri de Brunswick arrivait comme ami dudit duc de Clèves, l'empereur lui démontra et lui exposa son erreur, etc. ». Il est évident que *indose chegando* se rapporte à l'empereur et que *mostrou* et *declarou* ont pour sujet Henri de Brunswick. Vandenesse. p. 262 : « Mardy, 4e [de septembre 1543], Sa Majesté et son camp vindrent devant Vannelot (Venlo)... Merquedy, 5e, devant ledict Vannelot... Le mesme jour fut despesché le duc de Brunswick pour rammener à seurté jusques au camp ledict duc de Clèves ». Cf. Gachard, article *Charles-Quint*, col. 673, d'après une lettre de l'empereur au prince Philippe : « Le 5 septembre, Henri de Brunswick quitte le camp impérial pour aller chercher le duc, qu'il amène le jour suivant, en compagnie du coadjuteur et du député de Cologne. L'empereur les reçoit le 7... Tous quatre s'étant agenouillés, le duc de Brunswick prend la parole en langue allemande. Il invoque, en faveur de Guillaume, sa grande jeunesse ; il rejette sur de mauvais conseils les fautes qu'il a commises ; il sollicite son pardon, promettant qu'il sera à l'avenir fidèle et obéissant à l'empereur ». — Le duc de Clèves épousa en 1546 l'archiduchesse Marie, fille de Ferdinand.

§ 45. *Ganhar por mão* ne signifie pas, comme le met K., « opposer des forces supérieures «, mais « prendre les devants ». — Les mots « fazendoa fortificar » ne visent pas Landrecies, comme le croit K. (« tandis qu'on travaillait aux fortifications »), mais la partie de l'armée établie aux environs de la ville. — La phrase « Isto feito.. atee Guisa » est mal construite chez K. Charles laisse devant Landrecies l'armée des Pays-Bas et emmène avec lui les troupes envoyées par Henri VIII. Le texte original dit deux fois la même chose : « *com a gente de guerra* que El Rey d'Inglaterra... lhe tinha mandado fez marchar o exercito, que consigo trazia, *juntamente com este* que veo d'Inglaterra ». — « Sua Mag. Imperial não querendo apartar seus exercitos, se foi para Avena ». K. traduit : « il ne voulut pas *s'éloigner de ses armées* », comme s'il y avait *apartarse de seus exercitos*.

§ 47. La retraite de François Ier sur Guise eut lieu le 4 novembre 1543. Charles-Quint n'en fut informé que le lendemain à huit heures du matin (Henne, *l. c.*, t. VIII, p. 151-152). « De ce adverty le matin, Sa Majesté leur donna la chasse jusques passez les boys de Bouchain, que sont en France trois grandes lieues, où fut atteint l'arrière-garde du roy et plusieurs de ses gens occiz, et partie de leurs vivres et bagaiges prins » (Vandenesse, p. 268). Le récit des *Mémoires* est bien plus circonstancié et contient une critique de Charles à l'adresse de ses propres troupes. — « E não sabendo o Emperador, por descuido dos seus, desta partida, atee no outro dia pela manhãa, foi no alcance del Rey. ». K. : « L'empereur, ayant par la négligence des siens ignoré ce départ jusqu'au jour suivant, *il résulta de cette ruse* qu'il ne put atteindre le roi avec son armée. » Il n'est pas question ici de « ruse. » — « Hum bosque ou charneca quasi de tres legoas » n'est pas « un bois ou bruyère, à une distance de trois lieues », mais « un bois ou une lande de près de trois lieues. » — « Por desordem da sua arcabuzeria (a qual pela maior parte seguira e accompanhara mais a bagagem que a gente de guerra). » K. mal : « à cause du désordre de ses arquebusiers (qui la plupart étaient suivis et accompagnés de plus de bagage qu'il ne convient à des gens de guerre) ».

§ 48. Sur les réponses de l'empereur au cardinal Farnèse, voir Gachard, article *Charles-Quint*, col. 682 et Pastor, *l. c.*, t. V, 498.

§ 49. La défaite des Impériaux près de Carignan doit s'entendre naturellement de la bataille de Cérisoles (14 avril 1544). Voir le récit de Monluc, *Commentaires*, éd. P. Courteault, t. I, p. 251 et suiv. Dans la phrase « Con tudo nada menos antes con maior diligencia, sabendo, etc., » il manque quelque chose.

§ 50. « Chalon em Campanha » est « Châlons en Champagne », et non pas, comme dit K., « une plaine près de Châlons ». — Sur l'action très efficace des « pistolets » allemands, voir l'ouvrage de MM. Albin Rozet et J.-F. Lembey, *L'Invasion de la France et le siège de Saint-Dizier par Charles-Quint en 1544*, Paris, 1910, p. 171 : « Une action plus vive et plus meurtrière eut lieu à l'ouest [de Châlons-sur-Marne, le 31 août 1544]. Une soixantaine de fusiliers allemands s'étaient portés de ce côté. 200 chevaux français, les voyant sans lance, les prennent pour des valets d'écurie et leur donnent la chasse. Les Allemands se serrent les uns contre les autres « comme un troupeau de porcs, en excellents cavaliers qu'ils sont » (Capilupo, dépêche datée de Crépy, le 19 septembre 1544) et tiennent tête. Leur fusil, arme toute nouvelle, fut fatal aux Français qui n'en avaient pas encore ; ils en prirent ou tuèrent une centaine et mirent le reste en fuite ». Les mêmes auteurs (*l. c.*, p. 387) citent un passage des *Mémoires* de Du Bellay où il est parlé des Français qui « furent tuez de coups de pistoles, qui sont petites harquebuses qui n'ont qu'environ un pied de canon, et tire-l'on avecques une main, donnant le feu avecques le rouet ».

§ 51. « Havia que fazer de novo » doit être pour « havia que refazerse de novo ». — « Era necessario porse de novo em ordem, *para o que* havia huma fermosa campina », ne doit pas être traduit, comme fait K., par « parce qu'on avait devant soi une plaine très belle », Charles veut dire qu'au delà de la Marne il y avait une belle plaine qui permettait la reformation de l'armée.

§ 53. Les premières négociations eurent lieu à Saint-Amand, le 29 août 1544 (A. Rozet et J.-F. Lembey, *l. c.*, p. 167).

§ 54. La phrase « determinou... se partio » est grammaticalement incorrecte. Il aurait fallu « determinou de partirse ».

§ 55. Sur le régime et la diète auxquels l'empereur se soumet pour la première fois, voir Vandenesse : « Le 10ᵉ de ce moys [de février 1545] Sa Majesté encommença à faire la diette et prendre le bois des Yndes ». Cf. aussi Gachard, *l. c.*, col. 692 et 693.

§ 56. Le bref de Paul III est du 24 août 1544. Sur la conduite de Charles à ce propos, voir Pastor, *l. c.*, t. V, p. 507.

§ 57. « Visto a grande soberba e obstinação dos Protestantes, receava que *por virtude* nenhuma cousa fizessem que conveniente fosse. » K. traduit : « il craignait que *réellement* on n'arrivât à aucun résultat convenable ». L'expression *por virtude* n'est pas claire. — La phrase « para quando e conforme ao que se podesse resolver » est mal construite.

§ 58. « No colloquio que dantes se convocara e tivera no d. lugar » de Worms. Allusion à la conférence de novembre 1540, dont il a été parlé au § 36. — Le cardinal Farnèse arriva à Worms le 17 mai 1545 (Pastor, *l. c.*, t. V, p. 521) ; il en repartit le 27 mai (*Ibid.*, p. 523). — Dans ce paragraphe K. a omis les mots « o que trazia á seu cargo » jusqu'à « suas Magestades ».

§ 59. La conférence de Ratisbonne s'ouvrit le 27 janvier 1546 et se termina en mars (Pastor, *l. c.*, t. V, p. 560, 561).

§ 60. La phrase sur la mort du duc d'Orléans : « a qual morte, que, *sendo natural*, pode parecer que foi ordenada de Deus » vise les bruits d'un empoisonnement qui circulèrent alors : « Murmuróse mucho su muerte, y la de su hermano Francisco, que tambien murió malogrado. Dezian que les avian dado veneno, con consejo è industria de Catalina de Medicis su cuñada, que desseó la muerte de Francisco, por verse Reyna de Francia, y no le pesó de la de Carlos, ni aun à su marido Henrico, tocado de envidia, por el favor que el Rey su padre, y el Emperador le hazian » (Sandoval, *Carlos Quinto*, livre XXVII, § 4). K. a mal traduit *sendo natural* par « *comme elle fut naturelle* ». C'est « *quoiqu'elle fût* » qui est le sens.

§ 61. Charles trouva les ambassadeurs de la ligue de Smalkalde à Maestricht le 19 février 1546 (Gachard, *l. c.*, col. 706). — K. traduit « usavam de mais vehemencia e de menos segredo do que á execução do negocio convinha » par « montraient beaucoup de véhémence et peu de discrétion, *comme il convenait* à l'exécution de l'affaire ». C'est un faux sens et c'est inintelligible. Charles dit que les envoyés du pape agissaient et parlaient trop pour la réussite de l'affaire.

§ 63. Ici K. a omis les mots « vieram conforme ao que se tinha trattado. Despois o mesmo lantsgrave ». — L'entrevue de l'électeur palatin et du landgrave avec l'empereur à Spire eut lieu le 29 mars. Janssen (*l. c.*, t. III, p. 616) dit le 18, mais l'empereur n'arriva à Spire, d'après Vandenesse, que le 24, et ce même auteur annonce l'arrivée dans ladite ville de l'électeur palatin et du landgrave les 26 et 29 mars (p. 331). — La conférence dont il est ici parlé est celle de Ratisbonne du 27 janvier 1546, qui dura jusqu'à la fin de mars 1546 (Pastor, *l. c.*, t. V, p. 560). — Le nouvel archevêque de Mayence, Sébastien de Heusenstam, élu le 20 octobre 1545 en remplacement d'Albert IV de Brandebourg, qui mourut le 24 septembre de la même année, arriva à Ratisbonne le 10 juillet 1546 (Vandenesse, p. 334).

§ 64. Ferdinand n'arriva à Ratisbonne que le 30 mai 1546 (Waltz, *l. c.*, p. 9, note 2), alors que l'empereur y était entré le 10 avril. On a rapproché le passage de ce paragraphe plein de ménagements pour Ferdinand de celui du *Commentaire* de D. Luis de Avila, où l'auteur déplore en termes assez secs l'arrivée tardive du roi des Romains. Après s'être plaint de la tiédeur du duc de Bavière, il ajoute : « y no solamente fue este inconveniente solo, mas aun el rey de Romanos por los negocios que se le ofrescieron, tardó en venir un mes mas de lo que su Magestad le esperava, siendo su venida tan necessaria... » Avila mentionne aussi le manque de réserve, souligné par Charles au § 61, de certains envoyés du pape et de certains ecclésiastiques : « no dexó de dañar mucho el poco secreto o poco recatamiento que algunos ecclesiasticos, que con passion o con affecion no supieron callar » (*Comentario de la guerra de Alemaña*, éd. d'Anvers, 1550, fol. 5 v°). — Dans la phrase « O que sua Mag. não tinha feito por menos alterar a Germania, atee que todos viram que não podia *al* fazer », etc. K. a lu *o* au lieu de *al* (*aliud*). Sa traduction s'en est ressentie, elle s'écarte beaucoup de l'original et ne donne d'ailleurs pas de sens : « Cependant l'empereur n'avait rien voulu faire afin de moins agiter l'Allemagne, *mais tous reconnurent qu'il ne dépendait pas de lui d'empêcher qu'il ne perdit, en attendant plus longtemps, beaucoup des avantages qu'il pouvait avoir* ». — Voici un exemple de bien mauvais style chez le traducteur portugais : « E visto como... o Duque Guilhelmo de Bavera se tinha offerecido, *incitado e induzido á* suas Mag^s á tomar as armas... »

§ 65. « Cependant l'empereur comprit... » (K.) Non pas l'empereur seul, mais l'empereur et son frère (*Suas Magestades*). — Les traités entre l'empereur, Ferdinand, le duc de Bavière et le pape furent signés les 6 et 7 juin 1546 (Pastor, *l. c.*, t. V, p. 565).

§ 66. Ferdinand quitta Ratisbonne le 20 juillet 1546 après les deux mariages de ses filles qui furent célébrés le 3 et le 17 du même mois (Vandenesse, p. 333 et 334). — Les pourparlers avec Maurice de Saxe aboutirent le 19 juin (Janssen, t. III, p. 623). — La lettre impériale dont il est ici parlé doit être celle que Charles adressa le 16 juin aux villes de Strasbourg, de Nuremberg, d'Augsbourg et d'Ulm (Janssen, t. III, p. 626). — La réponse aux députés des villes dissimulait le vrai motif des desseins de l'empereur qui fut toujours de détruire l'hérésie. Sur ce point la lumière est faite (Janssen, *l. c.*, t. III, p. 635). Il suffit de citer quelques lignes de la lettre de Charles à son fils du 10 août 1546 : « Por lo que antes de agora os havemos scripto, teneys bien entendido las causas grandes que huvo para venir a declarar esta guerra, ...solamente diremos que, como quiera que *nuestro fin y intencion ha sido y es*, como sabeys, *de hazerla por remedyo de la religion*, porque al principio parescio convenir, *se publicó y declaró que era con titulo de castigar los inobedientes*, y especialmente landgraff y el duque de Saxonia y otros desta calidad, *y assy se dio a entender a las ciudades imperiales de nuestra parte para mayor justificacion...* » (W. Maurenbrecher, *Karl V und die deutschen Protestanten*, p. 47*). — De quelles dates sont les entrevues avec les députés de la ligue de Smalkalde et avec les commissaires des Protestants à la diète? — La longue phrase « Neste tempo os deputados », etc., a été très mal traduite par K., qui a commis un faux sens en rendant « vieram ter com sua Mag. » par « elles (les villes) pouvaient s'aboucher avec Sa Majesté ».

§ 67. Fuessen fut pris par Sébastien Schärtlin von Burtenbach (celui que les Espagnols nomment *Xertel*) le 9 juillet. L'Ehrenberger Klause fut emportée dans la nuit du 9 au 10 (Le Mang, I, 15 et 16). — « Car il avait le dessein et la volonté bien arrêtée de rester mort ou vif empereur en Allemagne ». Le mot se retrouve chez Avila à propos de la décision de Charles d'occuper Landshut (esp. *Lançuet*) et il affirme l'avoir *souvent* entendu de la bouche même du souverain : « él entre tanto elegio una plaça aparejada para combatir, ...porque esto era lo que el tenia determinado de hazer, pues, no lo haziendo, se les avia de dexar a Alemaña en su poder pacificamente, lo qual su Magestad determinava que no fuesse assi, porque, como *muchas vezes yo le oy dezir* hablando en esta terrible guerra, que *muerto o bivo el avia de quedar en Alemaña* » (fol. 12vº). Le Mang (I, 29) croit que le mot, qui peint si bien l'état d'esprit de l'empereur, a été emprunté par lui au *Commentaire* d'Avila. C'est bien peu vraisemblable. — Les Impériaux quittèrent Ratisbonne le 3 août et par Neufarhn atteignirent en deux marches (*dos alojamientos*, Avila) Landshut.

§ 68. La ville de Rain, près du confluent du Lech et du Danube, se rendit aux Protestants le 10 août. — Les troupes du pape, les Espagnols de Lombardie et les Allemands de Schaumbourg arrivèrent à Landshut du 12 au 14 août (*Des Viglius van Zwichem Tagebuch des Schmalkaldischen Donaukrieges*, éd. A. von Druffel, Munich, 1877, p. 63). — L'erreur des *Mémoires* qui consiste à faire marcher l'armée impériale (le 15 août) de Landshut sur Neustadt, alors qu'elle marcha sur Ratisbonne par Neufahrn, a été longuement discutée par Le Mang (I, 35-37). Ses conjectures sur l'altération du texte ne se justifient pas : il vaut bien mieux admettre une erreur de mémoire. — Les Espagnols de Naples et les troupes du margrave Albert de Brandebourg arrivèrent à Ratis bonne les 17 et 18 août (Le Mang, I, 33). Les troupes du margrave Hans de Brandebourg-Kustrin et celle du maître de Prusse s'étaient déjà jointes à l'armée de Charles le 11 août et le 2 août (Le Mang, I, 39). — Dans les derniers mots du paragraphe : « donde sua Mag. tinha bem que fazer », *donde* semble un gallicisme, comme « *durando* este cerco » (§ 14), « *durando* este tempo » (§ 28), « *longa* absencia » (§ 34), « alto e *largo* » (85), « rio tan *largo* » (§ 88).

§ 69. Le Mang consacre à ce paragraphe un examen très approfondi (I, 43-46). Il croit erronée la désignation de Beilngries qui se trouve à quatre lieues au nord de Neustadt. Il suppose que Charles a voulu parler de Kösching.

§ 70. Cf. Le Mang, I, 49-53. Ce critique note ici avec raison que Charles s'attribue diverses mesures qui furent prises, d'après Avila, par le duc d'Albe.

§ 71. Cf. Le Mang, I, 56-58, et 62-67.

§ 72. Cf. Le Mang, I, 71-80. — L'observation de Le Mang sur le mot « réparer » qu'emploie K. est fondée, quoique le texte portugais ne porte pas *reparar*, mais *concertar*, qui, comme *reparar*, signifie aussi bien « arranger, ordonner » que « réparer ». — A la fin du paragraphe, les mots « á mesma hora que chegarão o primeiro dia » se réfèrent au départ des escadrons et non pas au départ de la grosse artillerie, comme le voudrait K. C'est ce qui ressort très clairement du récit d'Avila : « y aquella noche (celle du 3 au 4 septembre) passaron el rio pequeño el artilleria gruessa y carruaje, con tanta diligencia que otro dia, antes que amaneciesse, no se via tienda en todo el campo, sino solamente sus esquadrones, que començavan a passar el agua » (fol. 18). Sur l'erreur commise par Charles dans le compte des jours de cette action militaire devant Ingolstadt, voir Le Mang, I, 78.

§ 73. Le Mang, I, 84-87.

§ 74. Cf. Le Mang, II, 7, 9-10. — K. a omis les mots « e de novo tinha chegado ». — Avila dit aussi que Charles dut garnir l'étrier de sa selle pour protéger son pied atteint de la goutte : « por tener la pierna derecha muy mala de su gota, llevava por estrivo una toca de camino, y desta manera anduvo todo el dia » (fol. 36). Brantôme, qui a connu le livre d'Avila et qui lui a sans aucun doute emprunté ce détail, le rapporte à la bataille de Muhlberg, dans ses *Capitaines* : « Il se dict de ce brave empereur que, le jour mesme de la bataille, il estoit si mal mené de ses gouttes, qu'il portait une de ses jambes appuyée dans un linceul ou nappe attachée à l'arçon de la selle de son cheval, qui estoit un genest d'Espaigne très beau ». Dans une variante du même passage : « J'ay oui dire à de vieux soldats et cappitaynes hespaignols que, *durant la plus part de la guerre d'Alemaigne,* il en estoit si tourmenté et persécuté [des gouttes] qu'ordinairement il portoit un grand linge à l'arçon de la celle, pour mieux supporter et appuier ses jambes gouteuses comm' il fist à ceste bataille susdite » (*OEuvres complètes,* éd. Lalanne, t. I, p. 25). Ces deux versions sont bien caractéristiques de la façon de travailler de Brantôme.

§ 75. Cf. Le Mang, II, 10-11. — K. « deux pas », au lieu de « dix pas ».

§ 76. Cf. Le Mang, II, 11-12, 14-15. — « L'empereur voulut plus tard examiner la position ». Le 6 juillet 1550 (Le Mang, II, 11). Charles-Quint se trouvait alors dans la région. — La traduction de K. « ceux-là qui, *d'après la discussion,* avaient jugé que l'on *ferait mal de ne pas combattre* » rend mal « os que polo que ouviram julgaram que se fizera mal em não pelejar ». Il s'agit de ceux qui, sur le rapport d'autrui, jugèrent la question. — Le duc Albert de Brunswick mourut quelque temps plus tard des blessures reçues dans l'escarmouche du 5 octobre (Le Mang, II, 12 et 15). — Donawert se rendit le 9 octobre.

§ 77. Cf. Le Mang, II, 15-18. — Höchstädt et Dillingen se rendirent le 12 octobre ; Lauingen et Gundelfingen le 13. — L'objection de Le Mang qu'il y a quelque chose de contradictoire entre les mots « il s'établit près de Laubingen » et « bien qu'encore assez éloigné de la ville » ne porte pas, car le texte dit seulement « ainda que não muy perto do lugar ».

§ 78. Cf. Le Mang, II, 19, 21-23. — Encore un cas où la traduction de K. a induit en erreur Le Mang, qui reproche à l'empereur d'avoir dit que la rivière auprès de laquelle est situé Sontheim coule dans la direction d'Ulm. K. traduit très inexactement : « il franchit une rivière qui se nomme la Brenz, et s'établit dans un lieu situé sur le bord d'une *autre* rivière *qui coule vers* Ulm, nommé Sontheim. Or le texte dit ceci : « foi alojar sobre hum rio, que se chama Prens, em hum lugar, posto da banda do rio que fica para Ulma, chamado Sonthem ». Il n'est pas question de deux rivières, mais de la seule Brenz qui va se jeter dans le Danube dans une direction opposée à Ulm ; mais Sontheim est situé sur le côté de la rivière tourné vers Ulm. Avila dit : « se alojó con todo su campo, passado el rio Prens, sobre su ribera, en una aldea que se llama Soltum, tres leguas de Ulm » (fol. 43).

§ 79. Cf. Le Mang, II, 23-25. — « Tendo sua Mag. visto o sitio e disposição dos enemigos *este dia,* foi assentado de lhes fazer *ao outro* huma boa emboscada. » K. traduit : « il fut convenu que *ce jour-là* ». — « Tanto que querendo algum despois sua Mag. ordenar a d. emboscada como de feito devia ser, *tendo a posta* e mandando os corredores diante por tirar os enemigos, jamas foi possivel », etc. « En profitant d'une occasion favorable », dit K. pour « tendoa posta ». Ces mots se rapportent à *emboscada :* « quoiqu'il l'eût dressée ». — Le cardinal Alexandre Farnèse, qui souffrait beaucoup du climat allemand, quitta l'armée impériale le 25 octobre 1546 (Pastor, *l. c.*, t. V, p. 587). — Le membre de phrase « desque chegaram à Guinguem » porte sur l'établissement des Protestants et non sur la fortification de la colline par l'empereur, et c'est à tort que K. traduit « on commença, dès qu'ils furent arrivés à Giengen, et par plusieurs bonnes raisons, à fortifier la hauteur », etc.

§ 80. Cf. Le Mang, II, 26-29. — Le départ de Sontheim eut lieu le 31 octobre. — La nouvelle de la victoire de Ferdinand sur les troupes de Jean-Frédéric près d'Adorf arriva au camp impérial le 8 novembre au soir (*Viglius van Zwichem*, p. 169). A. von Druffel, éditeur du Journal de Viglius, reproche avec raison au traducteur des *Mémoires* d'avoir altéré ce passage. Le texte porte : « Estando sua Mag. no d. campo, teve novas da rrota *dos* de João Federico pela gente del Rey e do Duque Mauricio ». K. a omis *dos*, et présente la chose comme l'a fait Avila : « Despues que el Emperador partio de Soltum y se alojó en Laugingen, le vino nueva como el campo del rey su hermano avia desbaratado al duque Joan de Sassonia, que él y el duque Mauricio tenian tomada la mayor parte de aquel estado », etc. (fol. 49v°). — L'expression « huma *guerra guerreada* », signifie « une petite guerre, une guerre d'incursions », et non pas, comme le met K., « une *rude* guerre ». — Sur le point de savoir si les Protestants auraient dû attaquer les Impériaux, quand le 13 novembre ceux-ci décampèrent pour occuper une position plus saine au nord de Wittislingen, les *Mémoires* disent: « Se assi he e se commetteram erro, se deve deixar *ao que nisso ha* ». K. traduit : « S'il en est ainsi et s'ils ont commis une faute, il faut la laisser *à celui qui l'a faite* ». Ce sens ne semble pas bon, mais on n'est pas certain de l'autre qui a été adopté. — Les pourparlers avec les Protestants, comme le montre Le Mang (II, 29), sont postérieurs à l'annonce de la victoire de Ferdinand.

§ 81. Cf. Le Mang, II, 30, 32-34. La construction de la première phrase « Sua Mag. ha despois visto » est tout à fait incorrecte. Le Mang (II, 30) se demande si les mots « o que por sua Mag. e outros que o viram » se rapportent à une visite sur les lieux de l'empereur au commencement de 1547, quand il se rendit d'Ulm à Nördlingen, ou à la visite qu'il fit en 1550 pour reconnaître la position du 4 octobre ; mais il semble bien que l'inspection dont il s'agit ne fut faite que par les « autres ».

§ 82. Cf. Le Mang, II, 34-35. — Nördlingen se rendit le 26 novembre, Dinkelsbuhl le 29, Rothembourg le 3 décembre. — « Dingelspuzel, que tambem entrara na liga, *e ainda que de boa vontade se sustentara mais tempo* antes de fazer seu dever, todavia se entregou », etc. K. dit : « quoiqu'elle y eût librement persisté longtemps ». Inintelligible.

§ 83. Cf. Le Mang, II, 35-39. — « Não se chegando neste caminho ao exercito do Emperador mais do que está ditto » a été fort mal rendu par K. : « puisque dans cette route l'armée de l'empereur ne s'écartait pas de la direction indiquée plus haut ». — « Francofort, cidade Imperial, se rendeo *per elle* », c'est-à-dire « par l'entremise de Buren », le 29 décembre (Vandenesse, p. 334). K. a omis ces derniers mots. — Charles arriva à Halle le 16 décembre et y fut rejoint le 17 par le comte palatin, qui obtint son pardon le 20. — Ulm se rendit le 23 décembre, et le 24 Charles fit son entrée à Heilbronn. Les députés du duc Ulrich de Wurtemberg firent leur soumission le 8 janvier 1547, ceux d'Augsbourg le 27 et ceux de Strasbourg le 5 mars. La nouvelle de la mort de Henri VIII fut annoncée à Charles le 11 février à Ulm (Le Mang et Vandenesse, p. 338-341). — Les mots *terra chãa* ne signifient pas « pleine campagne » (K.), mais « plat pays ».

§ 84. Cf. Le Mang, III, 1-7. — Sur le départ des troupes papales et l'accusation que l'empereur porte contre Paul III d'avoir révélé aux Suisses par son nonce le traité du mois de juin 1546, voir Pastor, *l. c.*, t. V, p. 575, 576 et 593. Le bref qui prescrivait le rappel des troupes est du 22 janvier 1547. — La reine des Romains mourut le 27 janvier. — La défaite et la capture du margrave Albert de Brandebourg-Culmbach, qui avaient eu lieu le 2 mars (Janssen, *l. c.*, t. III, p. 658), fut connue de l'empereur le 10 mars (Le Mang, III, 5 ; le renvoi à Vandenesse est faux). — Ferdinand vint rejoindre son frère à Tirschenreuth le 5 avril (Vandenesse, p. 342). Maurice de Saxe avait rencontré l'empereur quelques jours auparavant (Le Mang, III, 7).

§ 85. Cf. Le Mang, III, 7-9. — « todos os lugares e praças que se acharam pelo caminho, *e de huma e outra banda*, foram entregues », etc., ne sont pas « les lieux et places du parti contraire » (K.), mais ceux et celles qui se trouvaient sur « les deux côtés du chemin ». — Le jour de repos fut le 23 avril.

§ 86. Sur la journée du 24 avril 1547 (bataille de Muhlberg) on a tant écrit qu'il paraît inutile de commenter à nouveau le récit de l'empereur, qui a été en dernier lieu très consciencieusement épluché par Le Mang, III, 9-22. On se bornera à quelques remarques de détail.

§ 87. Le fait que plusieurs arquebusiers espagnols se jetèrent à l'eau l'épée aux dents, pour ramener sur la rive occupée par les

Impériaux le pont de bateaux coupé par l'ennemi, est raconté partout. Brantôme, se fondant à la fois sur le *Commentaire* de D. Luis de Avila (fol. 83v°) et sur le récit que lui fit un capitaine Vallefrenière, page de D. Alvaro de Sande, a composé un récit espagnol de l'incident dont voici les principaux passages : « Assi subitamente se desnudaron diez harquebuseros espagnoles a la vista del emperador, y estos, nadando con las espadas atravesadas en las bocas, llegaron a algunas barquas, tirando a los ennemigos muchos harquebuzazzos de la ribera, y ganaronlas, y mataron a los que habian quedado dentro, y assi las truxeron... Y queriendo el bravo emperador reconoscer y galardonar tan valientes soldados, despues la ganada batalla (*sic pour* despues de ganada la batalla), mando venir los dichos soldados adelante Su Magestad y darles un vestido de terciopelo carmezi, otros dizen de grana, a su modo, y bien garnescido d'oro y plata, y cien ducados a cada uno, y grandes ventajas en sus compagnias; de manera que assi segnalados, adelante todo el campo, yvan braveando y passeando con gran superbia, de manera que toda la gente yva deziendo d'ellos : « Aqui estan los bravos y determinados de las barcas » (*Rodomontades espaignolles*; OEuvres, t. VII, p. 44). Il est curieux de noter, à propos de la récompense dont parle ici Brantôme, que l'ambassadeur vénitien Federico Badoaro cite au contraire comme exemple de l'avarice de Charles le cadeau qu'il fit à ces braves nageurs et qui consista, dit-il, en un pourpoint, une paire de chausses et quatre écus à chacun (Gachard, *Rélations des ambassadeurs vénitiens sur Charles-Quint et Philippe II*, Bruxelles, 1855, p. 24 et 31). Badoaro doit être dans le vrai, car la parcimonie, sinon l'avarice, de Charles semble bien attestée. Sastrow conte à ce sujet une drôle d'anecdote. A Spire en 1544, l'empereur, sollicité par un poète crotté, lui aurait fait répondre par le chancelier Naves : « Carmen placet Imperatori. Poeta petat quid velit; habebit. Si voluerit esse nobilis, erit. Si poeta laureatus, erit id quoque. Sed pecuniam non petat; pecuniam non habebit » (*Bartholomäus Sastrow, ein merkwürdiger Lebenslauf des sechszehnten Jahrhunderts*, Halle, 1860, p. 136).

§ 89. Parmi les trophées de Muhlberg conservés dans l'Armeria de Madrid il n'y a pas d'étendarts; on y voit seulement les armes de Jean-Frédéric : casque, cuirasse et chemise de maille avec la lame de l'épée, puis une des énormes bottes portées par l'électeur; l'autre, restée entre les mains du duc d'Albe, périt, dit-on, dans un incendie de son château d'Alba de Tormes. Voir la reproduction de ce trophée dans le *Catálogo histórico-descriptivo de la Real Armería de Madrid* par le comte de Valencia de Don Juan, Madrid, 1898, p. 365. Brantôme prétend qu'une des bottes de Jean-Frédéric fut apportée en France : « J'ay ouy dire à gens qui estoient à la cour de notre roy Henry II qu'avec les nouvelles que l'on y apporta de ceste grand deffaicte, on y apporta aussi par grand merveille une des bottes dudict duc, qui estoit si gros, gras et repret qu'aucuns courtizans brocquardeurs, la voyant si grosse à toute extrémité, rencontrarent là dessus qu'elle estoit propre et assez bastante pour servir d'un fourreau de bois de lict de camp » (*OEuvres complètes*, édit. Lalanne, t. I, p. 23). D'après Gonzalo de Illescas, une seule botte aurait été envoyée et montrée en Espagne : « Por cosa muy nueva y nunca vista, se traxo por España una bota suya, por muestra de la grande corpulencia y gruessa pierna que tenia, que cierto puso admiracion a todos los que le vieron » (*Historia Pontifical, libro sexto*, éd. de Burgos, 1578, fol. 412 v°). Il est étonnant que Charles dans ses *Mémoires* n'ait rien dit du butin considérable d'artillerie qu'il recueillit à la suite de cette campagne et dont Avila a fait un court recensement (fol. 95 v° et 105). Un certain nombre des pièces prises à Jean-Frédéric et au landgrave, bon artilleur, au dire d'Avila (fol. 43 v°), ont été reproduites à l'aquarelle dans le *Discurso del artilleria del Invictissim. Emperador Carolo V*, ms. Esp. 320 de la Bibliothèque nationale, qui porte aussi le titre allemand de *Beschreibung dess unüberwinlichsten Kaysers Caroli Quinti Geschüts* et dont un double se trouve à Vienne. Dans cette description figurée se trouve, outre des pièces « de la fundicion de S. M. », beaucoup de canons venant du château de Gotha, de Wittemberg, Augsbourg, Halle, Heilbronn, etc., et d'autres encore prises sur le lieu de la bataille. Plusieurs de ces pièces portent des inscriptions plaisantes : « der wylde drach ich bin genant... ich heis der drack, heute (hüte) dich wen ich lach... ich heis der straus, ich vliege zu ein ende in, und zum andern wider auss ». Sur le canon qui porte cette dernière inscription, on voit le landgrave représenté en pied. Un canon venant de Halle est décoré d'un fou qui joue de la viole, avec la légende : « ich bin von Hal, mit meiner geigen manches wird ich narrisch reigen » ; un autre, qui a la même origine, s'annonce ainsi : « ich heis der drack von Hal und fer (feure) aus mit grosen schal ». Pour en finir avec Muhlberg, rappelons que Charles fit venir Titien à Augsbourg pour y faire non seulement son portrait — le célèbre portrait équestre du musée du Prado — mais celui aussi de Jean-Frédéric, sous le harnois de guerre que l'un et l'autre portaient le jour de la bataille. Le comte de Valencia de Don Juan a fort habilement reconstitué pour l'Armeria le harnois de Charles-Quint et cité une lettre du peintre, datée d'Augsbourg, 1er septembre 1548, où il dit qu'il tardera encore six jours à terminer la peinture (*Catálogo*, etc., p. 61). Avila nous dépeint ainsi l'empereur le jour de Muhlberg

MOREL-FATIO.

(fol. 85) : « Il montait un cheval bai châtain, cadeau de Monsieur de Rye, chevalier de la Toison d'or et son premier sommelier de corps, que couvrait une housse de velours cramoisi frangé d'or. L'empereur portait des armes blanches et dorées, sans rien d'autre par dessus que l'écharpe très large de tafetas cramoisi frangée d'or, un casque allemand et une lance courte, comme qui dirait un épieu, à la main (*una media hasta casi benablo en la mano*). » Titien dans son portrait équestre a mis une vraie lance. — Le duc Erich de Brunswick-Calenberg, qui assiégeait Brême, fut complètement battu par les Protestants le 23 mai 1547 (Janssen, *l. c.*, t. III, p. 662). Les *Mémoires* écrivent *Henrique* comme Avila, faute qui n'est pas si surprenante que le pense Le Mang (III, 23) : pour des Espagnols et même pour des Français, Heinrich et Erich se confondent facilement. — Le margrave Albert de Brandebourg avait été fait prisonnier par Jean-Frédéric le 2 mars 1547 (cf. plus haut, § 84). Le duc Henri de Brunswick-Wolfenbüttel était au pouvoir du landgrave Philippe depuis l'année 1545 (Janssen, *l. c.*, t. III, p. 610). — Le Mang (III, 23) montre que Charles s'est trompé en disant que Ferdinand et Maurice de Saxe quittèrent Wittemberg deux jours avant lui. En fait, Ferdinand partit le 24 mai (Vandenesse, p. 344) et l'empereur ne quitta Wittemberg que le 6 juin pour se rendre à Halle. Quant à Maurice, il ne se sépara de l'empereur que le 25 juin. Les *Mémoires* ont suivi ici le *Commentaire* d'Avila.

§ 90. La question du traitement infligé au landgrave de Hesse a provoqué une foule de discussions qui ont été résumées par Janssen, *l. c.*, t. III, p. 663 à 667. On considère maintenant qu'aucun manque de parole ne saurait être imputé à l'empereur et que le landgrave, s'il a pu se croire trompé, n'avait pas à s'en prendre à son souverain, mais aux seuls négociateurs. Vandenesse, qu'on a un peu oublié en l'occurrence, met toute la faute sur Maurice de Saxe et l'électeur de Brandebourg, qui, dit-il, se reconnurent coupables : « Eulx, voyans leur tort, supplièrent Sa Majesté leur pardonner ce qu'ilz en avoient parlé et que la faulte venoit d'eulx; que Sadicte Majesté satisfaisoit à ce qu'estoit traicté, et qu'ils le maintiendroient contre tous ceulx qui vouldroient dire au contraire » (p. 347). — Le conflit dont il est parlé à la fin du paragraphe entre soldats allemands et espagnols se produisit à Halle au mois de juin. Avila l'a mentionné : « Sucedio en Hala una quistion entre los Españoles y Tudescos ; fue cosa que iva tan adelante quel Emperador salio y pusose en medio de los unos y de los otros. Fue remedio muy necessario, porque la cosa estava tan encendida que solo el Emperador, y no otro, bastava para remedialla, y assi lo hizo, aunque el remedio no dexava de tener el peligro que podia resultar de meterse entre dos partes, que ya de furiosas començavan estar ciegas » (fol. 101 v°). Cf. Le Mang, III, 25. Sur la collision de Halle, il y a un récit fort curieux dans les Mémoires de Sastrow (éd. citée, p. 214-217) mais trop circonstanciée pour pouvoir être reproduit ici. Le soldat espagnol Diego Nuñez Alba sonne une autre cloche dans ses *Dialogos de la vida del soldado*, éd. Fabié, Madrid, 1890, p. 237. — La convocation de la diète à Augsbourg est du 3 juillet (Janssen, *l. c.*, t. III, p. 668); l'ouverture eut lieu le 1er septembre.

§ 91. Les troubles de Naples en 1547, sous la vice-royauté de D. Pedro de Toledo, marquis de Villafranca, à propos de l'établissement de l'Inquisition. — La conjuration de Fiesque, en 1547 également, contre les Doria, et où Charles voulut reconnaître la main de Paul III (Pastor, *l. c.*, t. V, p. 595 et 619). — Les désordres — non pas « isolés », comme traduit K., mais dus à des haines privées — qui se produisirent à Sienne vers la même époque. Dans l'instruction au prince Philippe du 19 janvier 1548, l'empereur parle de Sienne : « Quanto á Sena, confiamos que el rey de Romanos, mi hermano, tomará la proteccion y amparo della, y como yo siempre la e tenido, por aver sido de contino devota al sacro Imperio y á mi aficionadissima, y aquietandose las discordias que son al presente allá, segun espero que será » (Sandoval, *Carlos Quinto*, livre XXX, § 5). — La phrase qui commence par « Taes pode ser » et finit par « não tiveram effeito », est inintelligible. Voici comment elle a été rendue par K. : « Il y eut telles personnes qui s'abstinrent de prendre une plus grande part aux événements, désespérant d'une bonne réussite, mais plus tard elles en eurent un tel regret que, en cherchant un remède, elles détruisirent ce qu'elles avaient fait et établi, et les choses changèrent à ce point qu'elles furent obligées de modifier leurs desseins et de dissimuler leurs volontés. Si ces personnes ne sont pas telles qu'elles doivent être, Dieu veuille y porter remède, comme il l'a fait par le passé, en réglant les choses de manière que leurs désirs ne s'accomplissent pas ». — Sur la jaunisse et la goutte qui assaillirent l'empereur à Nuremberg et à Augsbourg, voici ce qu'on lit dans Vandenesse : « Le dernier jour du moys de juillet Sa Majesté, se cuidant mectre en la diette du bois des Indes, se treuvant malade de la jaulnice, différa sa dicte diette. Joeudy, premier jour d'aougst 1547, Sa Majesté à Augsbourg. Durant lequel moys pensoit prendre ledict bois ; mais la jaulnice dont il fut bien malade l'en garda ... Joeudy, premier jour de mars 1548, stil de Rome, Sa Majesté, à Augsbourg, encommença la diette du bois des Indes » (p. 349 et 357). Le « bois de China » mentionné ici est une racine de la famille de la salsepareille. Dans la correspondance des serviteurs de Charles à Yuste, il est souvent parlé du « palo de las Indias y de la China » qu'on faisait prendre avec de la salsepareille au malade (Gachard, *Retraite et mort de Charles-Quint*, t. I, pp. 259, 282, 284 ; t. II, pp. 327, 365 et 381). Ce remède était si connu des familiers de l'empereur qu'ils disaient simplement en français, *la diète du bois*, ou, en espagnol, *tomar el palo*. — La phrase « a teve per algumas vezes em tantos lugares » ne doit pas se traduire, comme le fait K., par « elle [la goutte] se fit sentir à plusieurs reprises et *en plusieurs lieux* », mais « attaqua parfois tant de ses membres ». Cf. § 39 *in fine*. — Ferdinand arriva à Augsbourg le 21 octobre, la reine Marie de Hongrie le 23 novembre (Vandenesse, p. 350). Les choses que la sœur de l'empereur « avait à éclaircir » concernaient entre autres la succession à l'empire (voir Waltz, *l. c.*, p. 11).

§ 92. La chronologie de ce paragraphe est assez troublée. — L'empereur chassa en Bavière du 19 au 30 septembre 1547 (Vandenesse, p. 350). — Le meurtre de Pierre-Louis Farnèse eut lieu, à l'instigation de Ferrante Gonzaga, gouverneur de Milan, le 10 septembre (Pastor, *l. c.*, t. V, p. 621). — La mutinerie des soldats allemands est du 23 août. Vandenesse la conte en ces termes : « Le 23 [le 14e et le 27e d'après certains mss] les soldatz de cincq bannières, qu'estoient ceulx qui estoient esté en Saxe avec le marquis Albert et deffaictz à sa prinse, voulans estre payez de tout le temps qu'ilz avoient esté là jusques ils furent revenuz soubz bannières, vindrent devant le logis de Sa Majesté crier *ghelt, ghelt*, c'est-à-dire *argent, argent*, et altérant le peuple qu'ilz se mutinassent. Mais en une demie-heure furent appaisez, leur disant, de la part de Sa Majesté, qu'ilz seroient payez : ce qu'ilz ont esté, et après par le coronnel pugniz comme ilz méritoient » (p. 349). Il faut encore renvoyer ici à Sastrow qui fait du *motin* d'Augsbourg une description fort pittoresque. Il rapporte que l'argent dû aux lansquenets avait été perdu par le duc d'Albe au jeu chez l'électeur Jean-Frédéric ; il transcrit aussi les propos des soldats après qu'ils eurent reçu leur solde arriérée : « Malheur ! on aurait passé cela à Charles de Gand ? Enrôler des soldats et ne pas les payer ? Mais s'il ne nous avait pas payés, nous lui aurions appris à le faire et nous lui aurions donné comme il faut sur le casaquin », etc. (*Bartholomäus Sastrow*, éd. citée, p. 227). — La diète fut levée le 30 juin 1548. — Ferdinand partit d'Augsbourg le 2 juillet ; son fils Maximilien l'avait quitté le 11 juin pour se rendre en Espagne y épouser sa cousine Marie (Vandenesse, p. 372 et 359). Charles quitta Augsbourg le 13 août et arriva à Bruxelles le 22 septembre 1548.

ADDITIONS ET CORRECTIONS

P. 25, note 1. Au lieu de « Zapata e Venegas », il faut probablement lire « Zapata e Vargas ». Il n'y avait pas de Venegas parmi les membres du Conseil Royal d'alors, tandis qu'on y voit figurer le licencié Francisco de Vargas, celui dont on a dit *Averigüelo Vargas*, mot devenu célèbre : sa signature se trouve fréquemment dans les documents de chancellerie de l'époque des Comunidades à côté de celle du licencié Luis Zapata.

P. 63. Sur l'affaire des pasquins de Valladolid, on trouve la mention suivante dans les *Anales del emperador Carlos Quinto* de Francisco Lopez de Gómara, éd. Merriman, Oxford, 1912, p. 238 : « Castiga el Emperador á los que ponen pazquines en Valladolid, por infamadores ».

P. 67. La levée de l'interdiction des mules par mesure fiscale, pour venir en aide aux soldats d'Alger, est aussi marquée dans les *Anales* de Gómara (p. 238) : « Da el Emperador licencia de andar en mula para los hombres de armas que perdieron los suyos (*sic pour sus caballos*) en Argel ».

P. 82. A propos de la date de la mort d'Ocampo, on peut observer que Gómara, qui écrivait ses *Anales* vers 1557, considérait à ce moment le chroniste comme encore vivant : « Son histoire générale d'Espagne commence avec Noé : il aura du travail pour arriver au bout, mais, s'il tient ses promesses, le public lui en saura gré » (*Anales*, p. 235).

P. 83, l. 4. *Leguizama*. Lire *Leguizamo*. Le licencié et *alcalde de corte* Leguizamo joua un rôle important au temps des Comunidades (voir *Memorial histórico*, t. XL, p. 174).

P. 86. Busto est si peu connu qu'il vaut la peine de noter ce que des contemporains ont dit de lui. Gonzalo de Illescas rapporte qu'il lui entendit louer D. Alvaro de Sande d'avoir supprimé chez ses soldats l'habitude de jurer à tout propos et de prononcer des imprécations : « yo oy dezir al Doctor Busto, Chronista de Su Magestad, que don Alvaro avia quitado de entre la gente de guerra dos vicios con que se desdoran estrañamente : el uno el jurar a menudo, y el otro el renegar » (*Historia pontifical*, livre VI, fol. 407v° de l'éd. de Burgos, 1578). Selon Gómara, Busto, dont il estropie d'ailleurs le prénom, aurait commencé à écrire sa chronique en 1543 : « Escrive desde aqui el coronista Bi^{do} (sic) Busto su historia, el qual ha siempre andado despues acá con el Emperador » (*Anales,* année 1543, p. 243). Les *Introductiones grammaticas,* citées par Antonio et publiées en 1533, contiennent un privilège délivré à l'auteur au nom de l'impératrice-reine, pour cet ouvrage et un *Arte para aprender a leer y escrevir,* qui porte la date du 13 septembre 1532. Les dédicaces de ces deux petits livres élémentaires, destinés à l'instruction du prince Philippe, nous apprennent que Busto remplissait à cette époque les fonctions de maitre des pages de l'impératrice (Comte de La Viñaza. *Biblioteca histórica de la filología castellana,* n°s 112 et 400-402). Dans la dédicace de l'*Arte,* Busto dit qu'il a traduit l'*Institutio principis christiani* d'Érasme.

P. 105. L'ambassadeur espagnol près Clément VII, Micer Miguel Mai, envoya de Rome le 30 juillet 1529 une recommadation à l'empereur pour Paul Jove (P. de Gayangos, *Catalogue of the manuscripts in the Spanish language in the Bristish Museum,* t. II, p. 575). Grâce à D. Julián Paz, nous pouvons donner dans sa teneur et son orthographe aragonaise la dépêche de Mai : « S. C. C. R. M. Entre los ottros servidores mucchos que tiene V. M. aca es el Obispo Jovio que esta dara a V. M.: el qual, a mas de servir al Papa, scrive con mucha cura y diligencia la historia de lo que concorre, y porque essi en ella como en todas ottras cosas se muestra y es servidor de V. M., me ha parescido acompañyarle con esta carta, supplicando humilmente a V. M. que le conosca por tal, a fin que pueda perseverar en este proposito. Nuestro Señor felicite a V. S. C. C. R. M. como sus buenos servidores desseamos, de Roma a xxx de Julio MDXXIX. De V. S. C. R. M. humilde y devoto vassallo, servidor y criado que sus imperiales pies y manos beso humilmente. Mai. »

P. 133, l. 22. Au lieu de *Giovan di Gomara,* il faut corriger *Francesco Lopez di Gomara.*

P. 141. M. René Costes, professeur agrégé au lycée d'Agen, qui prépare un travail d'ensemble sur Antonio de Guevara écrivain, a récemment découvert qu'Ulloa, pour farcir le troisième livre de l'*Épistolaire,* s'est servi des Lettres de Hernando del Pulgar auxquelles il a fait plusieurs emprunts. On arrivera sans doute peu à peu à savoir d'où procèdent toutes ces additions aux recueils publiés en Espagne.

P. 170. La manie de la statistique est aussi très accusée dans le discours que l'empereur prononça à Bruxelles le 25 octobre 1555, lors de son abdication. Voir l'analyse de ce discours dans Gachard, article *Charles-Quint* de la *Biographie nationale belge,* col. 919.

P. 344. La revue *Costumes et uniformes* du mois de septembre 1912 contient un article fort intéressant par M. Maurice Leloir, avec illustration à l'appui, des « pistolets » et « pistoliers » allemands au xvie et au xviie siècle.

TABLE ALPHABÉTIQUE

DES

NOMS DE PERSONNES[1]

A

Acuña (D. Antonio de), évêque de Zamora, 29, 34, 85, 139, 140.
Adrien VI, pape, 8, 25, 29, 48, 118, 191, 195, 338.
Aguirre (le licencié), 83.
Aguirre (Miguel de), 83.
Alarcón (Fernando de), 199.
Albe (duc d'), voir Alvarez de Toledo.
Albe (duchesse d'), 134.
Albert de Bavière, 273.
Albert de Brandebourg, archevêque de Mayence, 269, 345.
Albert de Brandebourg, grand maître de l'ordre teutonique, 93.
Albert de Brandebourg-Culmbach, 279, 315, 327, 347, 351, 354, 356.
Albert de Brunswick, 295, 349.
Albornoz (cardinal Gil de), 42.
Albret (Jean d'), sieur d'Orval, 189, 337.
Alburquerque (duc d'), 34.
Alexandre de Médicis, 108, 111, 201, 215.

Almirante de Castille, voir Enriquez de Cabrera.
Almirante (D. José), 101.
Alphonse Ier, duc de Ferrare, 108.
Alphonse II, duc de Ferrare, 149.
Alphonse X, le Savant, roi de Castille, 13, 80.
Alphonse XI, roi de Castille, 18.
Alvarez de Toledo (D. Fernando), duc d'Albe, 112, 113, 128, 135, 173, 277, 297, 311-315, 319, 321, 325, 348, 352, 356.
Andrés (Juan), 127.
Andrés de Uztarroz (D. Juan Francisco), 86, 88, 90, 91, 97, 98, 100, 102.
Anghiera (Pietro Martire d'), 21, 27, 28, 33, 78, 118.
Anne, reine des Romains, 191, 273, 315, 351.
Anne, duchesse de Bavière, 273, 346.
Annebault (l'amiral Claude d'), 215, 340.
Antoine de Bourbon, duc de Vendôme, 233, 255.
Antonio (Nicolas), 35, 43, 69, 76, 86, 87, 97-99, 103, 123, 133, 358.

---

1. Les chiffres suivis d'un astérisque renvoient, pour chaque chroniste, aux passages qui le concernent spécialement. — Quoique l'ouvrage entier se rapporte à Charles-Quint, on a cru devoir rédiger dans cette table un article analytique au nom de Charles-Quint, où ont été relevés quelques traits le concernant. Le récit des *Mémoires* étant strictement chronologique, il n'y avait pas lieu de l'analyser dans cet article.

TABLE ALPHABÉTIQUE DES NOMS DE PERSONNES

Aragone (Giovanna d'), duchesse de Tagliacozzo, 129, 142.
Arconati Visconti (marquise), 11.
Arias Montano (Benito), 20.
Armstrong (Edward), 2.
Arroyo (Diego de), 138.
Atanagi (Dionigi), 131.
Avalos (D. Alfonso d'), marquis del Vasto, 111, 120, 141, 199, 209, 213.
Avalos (D. Fernando Francisco d'), marquis de Pescara, 119, 139, 140, 142, 195, 338.
Avila (D. Luis de), 45, 58, 65, 80, 87, 88, 112-114, 133, 145, 173, 174, 179, 346-349, 352-354.
Avila (D. Pedro de), marquis de Las Navas, 65.
Ayala (D. Juan de), 127.

B

Badajoz (évêque de), 139.
Badoaoro (Federico), 352.
Ballester y Castell (D. Rafael), 5.
Barberousse, 111, 209, 211, 235.
Barrio (Antonio), 71.
Barros (João), 133.
Baumgarten (Hermann), 1, 2, 39.
Bavière, v. Albert, Guillaume, Othon-Henri.
Béatrice de Portugal, duchesse de Savoie, 213, 215.
Beer (Rudolph), 81, 137, 138.
Belleforest (François de), 158.
Bembo (cardinal Pietro), 133.
Bernardo de Médicis, 152.
Bernays (J.), 21, 27.
Bétera (vicomte de), 5.
Beuter (Antonio), 129, 133.
Bindoni (Francesco), 149.
Birbiesca de Muñatones (Diego), 66.
Bongi (Salvatore), 125-127, 140.
Bonilla (D. Adolfo), 81.
Bonnivet (Guillaume Gouffier de), 337.
Borgia, v. François (saint).
Borja (marquis de), 338, 340.
Bourbon, v. Antoine, Charles, François.
Bracciano (duc de), 151.
Brandebourg, v. Albert, Jean, Joachim.
Brantôme, 158, 337, 339, 348, 352, 353.
Bruni (Leonardo), 56, 84.
Brunswick, v. Albert, Erich, Ernest, Henri.

Buendia (comte et comtesse de), 37.
Burckhardt (Jacob), 119.
Buren, v. Egmont.
Busto (Barnabé), 16, 17, 20, 86*-87*, 357.

C

Cabot (Sébastien), 100.
Calvete de Estrella (Juan Cristobal), 16, 17, 133, 138.
Campeggio (cardinal Lorenzo), 339.
Cano (Melchior), 109.
Cappella v. Galeazzo Capra.
Caracciolo (cardinal Marino), 203, 338.
Carlos (don), fils de Philippe II, 103, 131, 135, 263.
Carpi (prince de), v. Pio.
Carthagène (évêque de), 140.
Castaldo (Giambattista), 112, 113, 148.
Castanheda, v. Lopes de Castanheda.
Castañeda (le secrétaire), 25.
Castiglione (Baldasar), 154.
Castilla, 83.
Catalina García (D. Juan), 87, 92-94, 97.
Catherine d'Aragon, reine d'Angleterre, 213.
Catherine de Médicis, 219, 345.
Cavalli (Marino), 152.
Cerdá (Francisco), 71.
Ceri (Renzo da), 61.
Cervantes de Salazar (Francisco), 146.
César, 56, 175.
Chalon, v. Philibert de Chalon.
Charles-Quint, roi d'Espagne et empereur. — Ses principaux historiens récents, 1-5. — Travaux bibliographiques sur son histoire, 5-10. — Ses chronistes, 14 et suiv. — Compose avec les Grands, puis les domestiques, 31. — L'entrevue d'Aigues-Mortes, 61. — Les cortès de 1538-39, d'après Sepúlveda et Jove, 61, 117. — Ses ministres, 62. — Punitions qu'il inflige aux diffamateurs, 63. — Est soumis aux péages en Catalogne, 63. — Ce qu'il tire des revenus de l'archevêché de Tolède, 65. — Motifs de sa guerre contre les Protestants allemands, 65, 90. — Sa conduite à l'égard de l'électeur Jean-Frédéric, 66. — Son portrait au physique et au moral par Sepúlveda, 66. — Ses accès de goutte, 67, 136, 153, 171, 355. — Ses excès de table, 67, 136, 153. — Prognathisme

TABLE ALPHABÉTIQUE DES NOMS DE PERSONNES

inférieur, 67, 107, 136. — Ses rapports avec les historiens, 68. — S'occupe des travaux de Sepúlveda et d'Ocampo, 69, 83. — Tient un journal, 96. — Ses goûts de mécanique et d'horlogerie, 101. — Sa rencontre avec Paul Jove, 103. — Son portrait par Jove, 106. — Rapports avec Jove, 108. — Son ignorance du latin, 118, 154. — Son portrait par Ulloa, 135. — Mots plaisants qui lui sont attribués, 152. — Sa parcimonie, 153, 352. — Distribution de ses journées, 153. — Ses lectures, 154, 174. — Ses *Mémoires*, 157 et suiv. — Ses instructions de l'an 1543, 167. — Sa statistique, 170, 358. — Ses idées sur la succession à l'empire, 172. — Ses prétentions militaires, 173. — Son artillerie, 353. — Son costume à Muhlberg, 354.

Charles de Bourbon, connétable de France, 195, 197, 338,

Charles de Bourbon, duc de Vendôme, 187.

Charles de Bourbon, prince de la Roche-sur-Yon, 219.

Charles III, roi d'Espagne, 70.

Charles III, duc de Savoie, 213, 215.

Chieregato (Francesco), 110.

Chieti (évêque de), v. Trofino.

Chièvres, v. Croy.

Cirot (Georges), 5, 71, 80-82, 84, 93, 99.

Clément VII, pape, 43, 44, 106, 107, 119, 170, 197, 199, 201, 203, 207, 255, 339.

Clèves, v. Guillaume de Clèves.

Colomb (Christophe), 130.

Colomb (Ferdinand), 73, 130.

Colonna (Marcantonio), 129.

Colonna (cardinal Pompeo), 338.

Colonna (Prospero), 193.

Colonna (Vittoria), 119.

Côme de Médicis, 138, 151, 152, 213.

Connétable de Castille, v. Fernández de Velasco.

Córdoba, v. Fernández de Córdoba.

Córdoba (D. Fernando de), 140.

Córdoba (D. Pedro de), 120.

Corner (famille), 148.

Corte Maggiore (marquis de), v. Sforza Pallavicino.

Cortés (Fernand), 121, 123-126, 141.

Costes (René), 358.

Cota (Sancho), 10.

Crasso, 150.

Croy (Guillaume de), seigneur de Chièvres, 118.

D

Danemark, v. Isabelle et Jean.

Danvila (D. Manuel), 6-9, 25, 27, 40, 85.

Dauphin de France, v. François et Henri II.

Davila y Guevara (D. Sancho), 36.

Diaz (Alonso), 62.

Diaz (Juan), 62.

Diaz Tanco (Vasco), 133.

Dispero (D^r), 137.

Dolce (Lodovico), 129, 131-133, 144, 145, 148*-151*, 157, 158, 169.

Domenichi (Lodovico), 108, 124, 129.

Dorez (Léon), 43.

Doria (Andrea), 64, 65, 111, 174, 199, 201, 207, 209, 231, 235, 342, 355.

Doria (Filippino), 199.

Dormer (Diego), 86, 88, 90, 97, 100, 102.

Druffel (A. von), 178.

Dubois (Adrien), 151, 153, 164.

E

Egmont (Charles d'), duc de Gueldre, 225, 340, 341.

Egmont (Maximilien d'), comte de Buren, 215, 247, 281, 285, 287, 289, 311, 340, 351.

Éléonore, reine de Portugal et de France, 10, 195, 219, 255.

Élisabeth d'Autriche, fille de Ferdinand, princesse de Pologne, 265.

Emmanuel-Philibert, prince de Piémont et duc de Savoie, 149, 213.

Enghien, v. François de Bourbon.

Enríquez de Cabrera (D. Fadrique), almirante de Castille, 33, 141, 142, 194.

Enríquez del Castillo (Diego), 14.

Enríquez de Guzmán (D. Alonso), 76.

Érasme, 44, 358.

Eraso (Francisco de), 90.

Erich de Brunswick-Calenberg, 327, 354.

Ernest de Brunswick, 327.

Escalante (seigneurs d'), 23.

Espinel (D. Alonso), 22.

Espinosa (cardinal D. Diego de), 90.

F

Fabié (D. Antonio María), 49.
Faenza (évêque de), 108.
Faleti (Girolamo), 150.
Farnèse (cardinal Alexandre), voir Paul III.
Farnèse (cardinal Alexandre), 245, 261-265, 275, 343, 345, 350.
Farnèse (Octave), 263, 275.
Farnèse (Pierre-Louis), 333, 356.
Ferdinand le Catholique, 24, 81, 82, 101, 189.
Ferdinand Ier, roi des Romains, puis empereur, 8, 55, 66, 125, 138, 148, 154, 159, 172, 189, 191, 203, 205, 227, 235, 261, 265, 274-275, 315, 319-333, 346, 350, 351, 354, 356.
Fernández de Córdoba (Da Elvira), 119.
Fernández de Córdoba (D. Gonzalo), le Grand Capitaine, 53, 105, 119, 120.
Fernández de Córdoba (D. Gonzalo), troisième duc de Sesa, 62, 119, 120.
Fernández de Córdoba (D. Luis), deuxième duc de Sesa, 119.
Fernández de Navarrete (D. Martín), 100-103.
Fernández de Velasco (D. Iñigo), connétable de Castille, 25, 33, 139, 141, 191, 195.
Fernández de Velasco (D. Pedro), connétable de Castille, 62.
Fernando (l'infant), fils de Charles-Quint, 201, 338.
Ferrare (duc de), v. Alphonse Ier et II.
Ferrer del Rio (D. Antonio), 23, 29, 30, 61, 103.
Fiesque (Jean-Louis), comte de Lavagna, 331, 355.
Flandre (Louis de), seigneur de Praet, 114.
Florez (le P. Enrique), 23, 35, 36.
Fonseca (D. Antonio de), 39, 60.
Fonseca (D. Pedro de), 140.
Forner (D. Juan Pablo), 18, 19.
Foronda (D. Manuel de), 340, 341.
Fortesa (Gregorio), 126.
François Ier, roi de France, 53, 61, 111, 113, 169, 170, 187, 189, 193, 195, 197, 199, 211, 215-225, 231-235, 239-247, 251, 253, 265, 273, 315, 337-343.
François (le dauphin), 197, 345.
François de Borgia (saint), 158, 159, 165.
François de Bourbon, comte d'Enghien, 342.
François de Bourbon, comte de Saint-Pol, 201, 338.
Frédéric, comte palatin, 191, 205, 267, 269, 311, 345, 351.
Frédéric II, duc de Mantoue, 193.
Fregoso (Cesare), 341.
Fueter (Eduard), 115.
Fugger (famille), 163-165.
Furió Ceriol (Fadrique), 148.
Furstemberg (Guillaume de), 249.

G

Gachard (Louis Prosper), 2, 8, 9, 76, 136, 171.
Galeazzo Capra, 150.
Galíndez de Carvajal (Lorenzo), 25, 27.
Gallardo (D. Bartolomé José), 82.
Gante (Pedro de), 340.
García de Matamoros (Alfonso), 17, 41, 57, 73.
Garibay (Estéban de), 18.
Gasca (Dr Diego), 83, 91.
Gayangos (D. Pascual de), 76, 102, 137.
Gaztelú (Domingo de), 127, 138-140, 143.
Gerigk (Johannes), 21.
Ghilini (Girolamo), 131.
Giberti (Gian Matteo), 46, 110.
Gibraleón (marquis de), 55.
Giolito de' Ferrari (Gabriel), 123, 124, 126, 138, 139, 145, 148, 149.
Giovio (comte Giovanni Battista), 110.
Giovio (Paulo), évêque de Nocera, 56, 58, 68, 105*-122*, 124, 133, 135, 136, 150, 152, 358.
Girón (D. Pedro), 29, 34, 78.
Godoy Alcántara (D. José), 99.
Gómara, v. Lopez de Gómara.
Gomes (Duarte), 128, 149.
Gomez de Castro (Alvar), 88.
Gonsalve de Cordoue, v. Fernández de Córdoba.
Gonzaga (Cesare di), prince de Molfetta, 126.
Gonzaga (Ferrante di), prince de Molfetta, 125, 129, 138, 203, 214, 237, 245, 333, 356.
González (Tomás), 174.
González de Avila (Gil), 20, 25, 36, 37, 159.

Granvelle, v. Perrenot.
Graux (Charles), 87, 91, 92, 97.
Guazzo (Marco), 59.
Guevara (Alfonso de), 45.
Guevara (D. Fr. Antonio de), 17, 18, 20, 22*-41*, 110, 123, 124, 129, 130, 133, 138*-143*, 358.
Guevara (D. Beltran III de), 23, 24.
Guevara (Dr D. Fernando de), 25, 29, 30, 35, 36.
Guevara (Juan de), 66.
Guevara (D. Ladrón de), 23, 24.
Guevara (D. Pedro de), 24.
Guillaume de Bavière, 271, 273, 277, 279, 287, 346.
Guillaume de Clèves, 112, 225, 237, 239, 273, 341-343.
Guilliet (Michel), 179.
Guzman (Francisco de), 140.
Guzman de Silva (D. Diego de), 130.

H

Häbler (Konrad), 2.
Harrisse (Henry), 130.
Hasenberg (Jean-Horace), 159.
Hassan, v. Muley-Hassan.
Heidenheimer (Heinrich), 21.
Hémard de Denonville (Charles), évêque de Mâcon, 339.
Henne (Alexandre), 3, 178.
Henri VIII, roi d'Angleterre, 170, 187, 189, 191, 193, 194, 197, 239, 247, 251-255, 265, 273, 313, 343, 351.
Henri de Brunswick-Wolfenbuttel, 237, 281, 327, 342, 354.
Henri II, roi de France, 52, 55, 197, 221, 233, 239, 243, 345.
Hermosilla (Diego de), 83.
Hernández Ortiz (Diego), 9.
Hesse (landgrave de), v. Philippe.
Heusenstam (Sébastien de), archevêque de Mayence, 269, 345.
Hippolyte (cardinal) de Médicis, 44, 107.
Höfler (Constantin von), 6, 7, 9, 29, 77, 100, 134.
Hongrie, v. Louis.
Hontañon (Juan de), 85.
Hoyos, v. Lopez de Hoyos.
Hume (Martin), 29.
Hurtado (Lope), 120.
Hurtado de Mendoza (D. Diego), duc de l'Infantado, 140.

Illescas (Gonzalo de), 353, 357.
Infantado (duc de l'), v. Hurtado de Mendoza.
Isabelle la Catholique, 24.
Isabelle, reine de Danemark, 197.
Isabelle de Portugal, impératrice, 35, 101, 128, 134, 171, 197, 199, 201, 207, 209, 215, 221, 223, 339, 358.
Ixart (Antonio), 38.

J

Janssen (Johannes), 3.
Jean de Brandebourg-Custrin, 279, 248.
Jean Ier, roi de Castille, 139.
Jean, prince de Danemark, 205.
Jean III, roi de Portugal, 209.
Jean-Frédéric, électeur de Saxe, 66, 113, 273, 277, 303, 311-317, 327, 350, 352-354, 356.
Jeanne la Folle, reine de Castille, 28, 134, 189, 193, 215.
Joachim II, électeur de Brandebourg, 327, 329, 354.
João, prince de Portugal, 231, 233.
Jove (Paul), v. Giovio.
Juan (le prince don), fils des Rois Catholiques, 24.
Juan (l'infant don), fils de Charles-Quint, 215, 340.
Juan (Honorato), 48.
Juana (la princesse doña), fille de Charles-Quint, 69, 211, 231, 233.

K

Kervyn de Lettenhove (baron), 10, 161, 163, 164, 168, 169, 179, 180.

L

La Baulme (Philibert de), seigneur de Montfalconnet, 153.
La Cerda (D. Gaston de), duc de Medinaceli, 140.
La Cerda (D. Juan de), 83.
La Chaulx, v. Poupet de La Chaulx.
Ladrón de Guevara (famille), 31.
Lafuente (D. Modesto), 134.
Laiglesia (D. Francisco de), 6, 9, 167.

La Marche (Olivier de), 154, 175.
La Mark (Robert de), 191, 192.
Lannoy (Charles de), 195, 199.
Lanz (Karl), 1.
La Roche-Beaucourt (Sr de), 337.
La Roche-sur-Yon, v. Charles de Bourbon.
La Roncière (Charles de), 341, 342.
Las Casas (Barthélemi de), 48, 49, 56, 64.
Laso (D. Pedro), 63, 78.
Laso de la Vega (Garci), 63, 118.
La Torre (Felipe de), 126, 128.
La Torre (D. Francisco de), 126.
Lautrec, 120.
Leguizamo (licencié), 38, 357.
Leiva (Antonio de), 76, 201, 213.
Leiva (D. Sancho de), 87.
Leloir (Maurice), 358.
Le Mang (Richard), 173, 179, 347 et suiv.
Léon X, pape, 195.
Léonardon (Henri), 11.
Leti (Gregorio), 150.
Leva (Giuseppe de), 3.
Lhermite (Jean), 35.
Lipse (Juste), 115.
Lobera (Fr. Atanasio de), 17.
Lomelino (Francesco), 131.
Lopes de Castanheda (Fernão), 131.
Lopez de Gómara (Francisco), 133, 357.
Lopez de Haro (Alonso), 23.
Lopez de Hoyos (Juan), 131.
Lopez de Padilla (Pedro), 134.
Lorraine (cardinal Jean de), 217.
Los Cobos (D. Francisco de), 27, 32, 35, 62, 120, 121, 134, 217.
Louis XII, roi de France, 187.
Louis, roi de Hongrie, 53, 191, 197.
Louise de Savoie, reine de France, 201.
Lucena (Luis), 109.
Luiz (dom), infant de Portugal, 170, 197, 209, 215, 217, 339.
Luther, 43.

M

Machiavel, 154.
Mâcon (l'évêque de), v. Hémart de Denonville.
Madrid (Francisco de), 133.
Madruce (cardinal Christophe), 132, 138.
Mai (Micer Miguel), 358.

Mamerannus (Nicolas), 86.
Mantoue (duc de), v. Frédéric.
Marc Aurèle, 30.
Mareno (Pietro), 133.
Marguerite d'Autriche, 170, 189, 191, 195, 201, 205.
Marguerite, duchesse de Berri, 219.
Marie d'Autriche, duchesse de Clèves, 239, 273, 343, 346.
Marie de Juliers, mère de Guillaume de Clèves, 237.
Marie, infante d'Espagne et impératrice, 199, 207, 231, 335, 340, 356.
Marie, reine de Hongrie, 170, 180, 205, 227, 243, 255, 259, 265, 269, 335, 356.
Marie de Portugal, reine d'Espagne, 64, 134, 231, 243, 263.
Mariéjol (J.-H.), 21.
Martínez Silíceo (Juan), 48, 64, 65, 118.
Matamoros, v. García de Matamoros.
Mathys (Dr), 168.
Maurenbrecher (Wilhelm), 29, 167.
Maurice de Saxe, 162, 163, 273, 303, 313-321, 325-329, 346, 350, 351, 354.
Maximilien Ier, empereur, 24, 74, 75, 187, 191.
Maximilien II, empereur, 130, 172, 335, 356.
Mayence (archevêque de), v. Albert de Brandebourg et Heusenstam.
Médicis, v. Alexandre, Bernard, Côme, Hippolyte.
Mena (Juan de), 95.
Mendoza (D. Diego de), 88, 93, 127, 139.
Mendoza (cardinal D. Francisco de), 88, 118, 120.
Mendoza (Da Maria de), femme de Los Cobos, 134.
Mexía (Pedro), 16, 17, 20, 73*-79*, 103, 104, 127, 128, 132, 133, 148.
Moncada (D. Hugo de), 43, 109.
Moncada (D. Juan de), 33.
Monluc (Blaise de), 338, 339, 344.
Montaigne (Michel de), 74.
Montezuma, 121.
Montfalconnet, v. La Baulme.
Montmorency (connétable Anne de), 217.
Morales (Ambrosio de), 81, 88, 91, 92, 104, 158.
Mugnier (François), 178, 179.
Muley-Hassan, roi de Tunis, 211, 273.
Muñatones, v. Birbiesca.

TABLE ALPHABÉTIQUE DES NOMS DE PERSONNES

Murillo (Antonio), 71.
Muzio (Girolamo), 126.

N

Nassau (Henri de), 193, 213.
Nassau (René de), prince d'Orange, 237, 245.
Navagero (Bernardo), 152.
Navarrete, v. Fernández de Navarrete.
Navarro (Pedro), 120.
Naves (le vice-chancelier Jean de), 332.
Nebrixa (Antonio de), 118.
Neyla Diego, 58, 59.
Noreña ou Noroña Calderón (Dª Elvira de), 23.
Nuñez (Dr Francisco), 140.
Nuñez Alba (Diego), 355.
Nuñez de Guzmán (D. Ramiro), 45.

O

Ocampo (Florián de), 15-18, 20, 70, 79*-86*, 88, 89, 99, 157, 174, 357.
Ocampo (Lope de), 85.
Oñate (comte d'), 36.
Orange (prince d'), v. Philibert de Chalon et Nassau (René de).
Orléans (Charles duc d'), 221, 233, 239, 255, 259, 263, 345.
Ortega (Casimiro), 71.
Orval (sieur d'), v. Albret.
Othon-Henri de Bavière, 297.

P

Pacheco (D. Diego), 140.
Pacheco (Francisco), 74, 75.
Pacheco (Dª Maria), 29, 134, 139, 140.
Padilla, v. Lopez de Padilla.
Padilla (Juan de), 29, 34, 134, 139, 140.
Padilla (D. Lorenzo de), 20, 97*-100*.
Paez de Castro (Juan), 16, 17, 20, 86, 87*-97*, 102, 157.
Palacios (Pedro de), 83.
Paul III, pape, 44, 65, 97, 111, 169, 211, 213, 217-221, 229, 233, 235, 243, 255, 257, 261-267, 271, 313, 333, 339, 342, 344, 346, 351.
Paz (D. Julián), 11, 166, 358.
Pellicer (D. José), 98, 99.
Perez (Gonzalo), 88.
Perez de Oliva (Hernán), 126.

Perez Pastor (D. Cristóbal), 80.
Perrenot de Granvelle (Antoine), évêque d'Arras et cardinal, 160, 165, 166, 169, 172, 253.
Perrenot de Granvelle (Nicolas), 32, 108, 160, 169, 172, 217, 227, 235, 257, 341.
Pescara (marquis de), v. Avalos.
Philibert de Chalon, prince d'Orange, 197, 199, 201, 238.
Philippe Ier, le Beau, roi d'Espagne, 23, 24, 97, 99, 161, 187.
Philippe II, roi d'Espagne, 48, 50-52, 59, 60, 64, 66, 69, 70, 91, 92, 98, 100, 103, 116, 130-132, 134, 145-147, 157, 158, 168, 171, 180, 185, 197, 207, 223, 231-235, 243, 335, 346, 355, 358.
Philippe III, roi d'Espagne, 69, 70.
Philippe, landgrave de Hesse, 29, 113, 267, 269, 329, 345, 354.
Picatoste y Rodríguez (D. Felipe), 101, 102.
Piémont (prince de), v. Emmanuel-Philibert.
Pio (Alberto), prince de Carpi, 42-44.
Pirenne (H.), 3.
Pole (cardinal Reginald), 71.
Polybe, 154.
Pomponazzi (Pietro), 42.
Portugal, v. Béatrice, Isabelle, Jean, João, Luiz, Marie.
Poupet de la Chaulx (Charles de), 201, 338.
Praet (seigneur de), v. Flandre (Louis de).
Prescott (William H.), 119.
Priuli (Lorenzo de'), 126.
Prusse (le maître de), v. Schutzbar.
Pulgar (Hernando del), 358.

Q

Quijada (Luis), 166, 167.
Quintana (D. Manuel José), 49.
Quiñones (D. Fr. Francisco de), 26, 29, 44.

R

Ranke (Léopold von), 5, 72, 76, 103, 104, 115, 116, 122, 160, 161, 168, 169, 172.
Reiffenberg (baron de), 114, 164.
Requesens (D. Luis de), 127.

Rhua (Pedro), 32.
Ribadeneira (le P. Pedro de), 158, 165.
Rincón (Antonio), 341.
Rio (Baltasar del), 73.
Robertson (William), 2, 133.
Robortello (Francesco), 133, 150.
Rodríguez Villa (D. Antonio), 119.
Rœulx (comte de), 111.
Ronquillo (alcade Rodrigo), 39, 61.
Rosell (D. Cayetano), 76, 77, 79.
Roseo (Mambrino), 59.
Rubbrecht (D. Oswald), 136.
Ruscelli (Girolamo), 126, 129, 131, 132, 143*-147*, 158, 169.
Rye (M. de), 354.

S

Saint-Pol (comte de), v. François de Bourbon.
Salazar (Pedro de), 59.
Salazar y Castro (D. Luis de), 13, 17, 18, 23.
Salerne (prince de), v. Sanseverino.
San José (Fr. Gerónimo de), 15, 16.
San Pelayo Ladrón de Guevara (D. Julián de), 23, 25.
Sanchez de Arévalo (Rodrigo), 45.
Sande (D. Alvaro de), 125, 126, 352, 357.
Sandoval (Fr. Prudencio de), 10, 20, 35, 37-40, 61, 78, 90, 104.
Sanseverino (D. Ferrante), prince de Salerne, 145.
Sansovino (Francesco), 151*-154*.
Santa Cruz (Alonso de), 16, 17, 20, 100*-104*.
Sastrow (Barthélemi), 153, 352, 355, 356.
Savoie, v. Béatrice, Charles III, Emmanuel-Philibert et Louise.
Saxe, v. Jean-Frédéric et Maurice.
Schärtlin von Burtenbach (Sébastien), 347.
Schaumbourg, 347.
Schott (André), 56, 69, 70.
Schumacher (Hermann A.), 21.
Schutzbar (Wolfgang), maître de Prusse, 279, 348.
Sepúlveda (Juan Ginés de), 16-18, 20, 42*-72*, 87, 105, 108-110, 112, 115, 118, 168, 171.
Seripando, 150.
Serojas (Juan de), 138.
Sesa (duc de), v. Fernández de Córdoba.
Sforza (François), 150, 193, 201, 213.

Sforza Pallavicino, marquis de Corte Maggiore, 140.
Sigismond, roi de Pologne, 93.
Silva, v. Dubois.
Silva (D. Miguel de), évêque de Viseu, 233, 342.
Sleidan (Jean), 58, 62.
Snouckaert (Guillaume), 89, 150, 152, 153, 162, 164.
Soliman II, 17-19, 22, 23, 31-33, 37, 38, 41, 48, 65.
Sophi (le), 273.
Soria (D. Lope de), 127.
Soto (Fr. Domingo de), 75.
Soto (Fr. Pedro de), 29, 64, 75.
Stercke (Jean), 166.
Suarez (D. Pedro), 151.
Sylvanus, v. Dubois.

T

Tagliacozzo (duchesse de), v. Aragone.
Tasso (Bernardo), 144-146, 158.
Tavera (cardinal Juan), 65.
Tende (comte de), 219, 340.
Tiepolo (Niccolò), 154.
Tite Live, 56, 84.
Titien (le), 107, 353.
Toledo (D. Francisco de), 145.
Toledo (D. Pedro), marquis de Villafranca, 355.
Torrepalma (comte de), 71.
Treceño (seigneurs de), 23.
Trofino (Felice), évêque de Chieti, 43.
Turriano (Giovanni), 102.
Tuy (évêque de), 140.

U

Ulloa (Alfonso de), 22, 23, 35, 59, 119, 123*-143*, 148-151, 358.
Ulloa (Francisco de), 123-125, 140.
Ulloa (Martín de), 125.
Ulrich de Wurtemberg, 313, 351.
Urrea (D. Francisco de), 99.
Utrecht (évêque d'), 225.
Uztarroz, v. Andrés de Uztarroz.

V

Valencia (D. Diego de), 85.
Valencia de Don Juan (comte de), 353.

Valgrisi (Vincenzo), 123, 132, 140, 142.
Vallefrenière (capitaine), 352.
Van Male (Guillaume), 62, 88, 96, 114, 136, 154, 157, 159, 160, 162-166, 168, 169, 172, 174, 179.
Van Rossem (Martin), 231.
Vandenesse (Jean de), 63, 171, 174, 338, 341, 344-346, 351, 354-356.
Vargas (Bartolomé de), 127.
Vargas (licencié Francisco de), 357.
Vargas (D. Francisco de), ambassadeur à Venise, 127.
Vasto (marquis del), voir Avalos.
Vazquez (Juan), 69.
Vega (Hernando de), 33, 87.
Velasco, v. Fernández de Velasco.
Velasco (Dr Martín de), 90.
Velasco (famille), 31.
Vendôme (duc de), voir Antoine et Charles de Bourbon.
Venero (Alfonso), 133.
Vergara (Dr Juan de), 81-83, 88.
Viglius van Zwichem, 178, 347, 350.
Vignaud (Henry), 130.
Vilches (Bartolomé), 127, 128.
Villafranca (marquis de), v. Toledo.
Villegaignon (Nicolas de), 150.
Villena (Enrique de), 95.
Voigt (Georg), 9, 57, 66, 90, 108, 114.

W

Wadding (le P. Luc), 26.
Waltz (Otto), 163, 165, 168, 172, 339.
Warnkönig (L.-A.), 173.
Wurtemberg (duc de), v. Ulrich.

X

Ximénez Alfaro (Juan Antonio), 70, 71.
Ximénez de Cisneros (D. Fr. Francisco), 42, 81, 189.

Z

Zaltieri (Bolognino), 131.
Zapata (D. Luis), 16, 17, 98.
Zapata (licencié Luis), 25, 357.
Zárate (Agustín de), 83, 133.
Zenete (marquise del), 57.
Zúñiga (D. Antonio de), 33.
Zúñiga (D. Francesillo de), 11, 40.
Zúñiga (D. Juan de), 52.
Zurita (Gerónimo), 16, 17, 24, 86, 88-91, 100, 102, 104, 157.

TABLE DES MATIÈRES

	Pages
INTRODUCTION.	1
CHAPITRE I. — De l'historiographie officielle sous le règne de Charles-Quint..	13
CHAPITRE II. — D. Fr. Antonio de Guevara..	22
CHAPITRE III. — Juan Jinés de Sepúlveda.	42
CHAPITRE IV. — Pedro Mexía. — Florián de Ocampo. — Barnabé Busto. — Juan Paez de Castro. — D. Lorenzo de Padilla — Alonso de Santa Cruz.	73
CHAPITRE V. — Paul Jove..	105
CHAPITRE VI. — Alfonso de Ulloa. — Girolamo Ruscelli. — Lodovico Dolce. — Francesco Sansovino.	123

MÉMOIRES DE CHARLES-QUINT

Introduction...	157
Texte portugais et traduction française.	182
Notes.	337
TABLE ALPHABÉTIQUE DES NOMS DE PERSONNES.	359

www.ingramcontent.com/pod-product-compliance
Lightning Source LLC
Chambersburg PA
CBHW050537170426
43201CB00011B/1467